Droit des données 3.0

- Projet de recherche prioritaire du Laboratoire clé de la stratégie des mégadonnées
- Projet de recherche prioritaire du Laboratoire clé de Beijing pour la recherche scientifique urbaine basée sur les mégadonnées
- Projet financé par le Fonds éditorial des laboratoires d'idées de la Fondation de Beijing pour les échanges culturels internationaux entre les villes

DROIT DES DONNÉES 3.0

PERSPECTIVE LÉGISLATIVE

Laboratoire clé de la stratégie des mégadonnées

Édité par Lian Yuming

社会科学文献出版社
SOCIAL SCIENCES ACADEMIC PRESS(CHINA)

PETER LANG
Oxford • Bern • Berlin • Bruxelles • New York • Wien

Bibliographic information published by Die Deutsche Bibliothek
Die Deutsche Bibliothek lists this publication in the Deutsche Nationalbibliografie; detailed bibliographic data is available on the Internet at http://dnb.ddb.de.

A catalogue record for this book is available at the British Library.

Cover design: Brian Melville for Peter Lang

ISBN 978-1-80079-838-0 (print)
ISBN 978-1-80079-880-9 (ePDF)
ISBN 978-1-80079-881-6 (ePub)

Published by Peter Lang Ltd, International Academic Publishers, Oxford, United Kingdom
oxford@peterlang.com, www.peterlang.com

This publication has been peer reviewed.

Centre d'études du droit des données de l'Université de science politique et de droit de Chine

(Soutien académique)

Base de recherche à l'Université du Zhejiang du Laboratoire clé de la stratégie des mégadonnées

Base de recherche à l'Université de science politique et de droit de Chine du Laboratoire clé de la stratégie des mégadonnées

(Soutien spécial)

Aperçu général de l'Institution

Le Laboratoire clé de la stratégie des mégadonnées, créé en avril 2015, est une plate-forme de recherche interdisciplinaire, professionnelle, internationale et ouverte mise en place conjointement par le gouvernement populaire municipal de Guiyang et la Commission scientifique et technique de Beijing. Il est également le nouveau think-tank de haut niveau pour le développement des mégadonnées en Chine.

Sous l'égide de l'Institut international de développement urbain de Beijing et de l'Institut d'étude des stratégies de développement axées sur l'innovation de Guiyang, le Laboratoire clé de la stratégie des mégadonnées a créé ses centres de recherche à Beijing et à Guiyang, ainsi que des bases de recherche au Comité national chinois pour les termes en sciences et technologies, à l'Université du Zhejiang, à l'Université de science politique et de droit de Chine, à l'Académie scientifique et technologique de Shanghai et au GTCOM (Global Tone Communication Technology), et a approuvé la création de plates-formes de recherche respectivement sur l'innovation de la théorie de blocs de données et de son application, sur l'innovation de l'application des mégadonnées dans la prise de décisions en matière d'espace urbain, et sur l'innovation des mégadonnées relatives à la culture de la province du Guizhou. Tout cela constitue un nouveau système de recherche dit « deux centres, cinq bases et trois plates-formes » incarnant une nouvelle structure favorisant l'innovation synergique régionale.

Au cours de ces dernières années, le Laboratoire clé de la stratégie des mégadonnées s'est engagé dans l'étude théorique du nouvel ordre de la civilisation numérique et a publié une « trilogie de la civilisation numérique », à savoir les *Données en bloc*, le *Droit des données* et la *Chaîne de blocs de souveraineté*. La *Terminologie des mégadonnées* et le *Dictionnaire encyclopédique des mégadonnées*, compilés et publiée par le Laboratoire, constituent les premiers ouvrages de référence professionnels multilingues qui étudient de manière complète et systématique la terminologie des mégadonnées.

Présentation du rédacteur en chef

Lian Yuming, expert en urbanisme et stratégie de mégadonnées, professeur, est président de l'Institut international du développement urbain de Beijing.

Il est né à Xiangyuan, province du Shanxi, en 1964. Il est diplômé de licence de droit de l'Université du Shanxi, et docteur en génie de l'Université des géosciences de Chine (Beijing).

En 2001, il fonde l'Institut international du développement urbain de Beijing et propose la théorie de chaîne de valeur urbaine, qui est reconnue comme l'une des trois grandes théories de la concurrence. Il a été planificateur en chef pour le développement de la zone fonctionnelle des Jeux Olympiques de Beijing 2008, planificateur principal pour la construction environnementale de la zone olympique centrale de Beijing et conseiller en sécurité de santé pour les Jeux Olympiques et les Jeux Paralympiques de Beijing. Ses principaux ouvrages sont la « Trilogie du nouvel urbanisme » : *l'Éveil des villes*, la *Stratégie des villes* et *l'Intelligence des villes*.

En 2014, il fonde l'Institut d'étude des stratégies de développement axées sur l'innovation de Guiyang et devient conseiller stratégique en chef du gouvernement municipal de Guiyang, directeur du Laboratoire clé de la stratégie en mégadonnées et directeur du Centre d'études du droit des données de l'Université de science politique et de droit de Chine. Il dirige une « trilogie de la civilisation numérique », à savoir les *Données en bloc*, le *Droit des données* et la *Chaîne de blocs de souveraineté*. La Terminologie des mégadonnées éditée par Lian Yuming est le premier guide multilingue professionnel et intelligent au monde qui étudie de manière exhaustive et systématique la terminologie des mégadonnées.

Il est membre du 13e Comité national de la CCPPC (Conférence consultative politique du Peuple chinois), membre de la Commission des motions, membre du 11e et du 12e comités de Beijing de la CCPPC, vice-président du 11e, du 12e, du 13e et du 14e comités du district de

Chaoyang (Beijing) de la CCPPC. Il a remporté les prestigieux titres de « Travailleur modèle de Beijing », « Médaille du travail de la capitale » et « Talent scientifique, technique et de gestion émérite de Beijing ».

Comité de rédaction

Table des matières

Mot du rédacteur en chef

Le monde actuel est confronté à la pandémie du siècle et à une profonde transformation. En même temps, ces deux enjeux catalysent également notre passage vers un nouvel ordre mondial. Tout comme la crise financière de 2008 qui a changé la structure mondiale, la pandémie de la Covid-19 accélère les changements du paysage mondial de l'économie, des intérêts, de la sécurité et de la gouvernance qui avait pris forme pendant le siècle industriel. L'année 2020 est devenue un important tournant dans le passage de l'humanité d'une civilisation industrielle vers une civilisation numérique. Dans le passé, toutes les transformations de civilisation ont déclenché des innovations dans le monde juridique. Aujourd'hui, poussées par la pandémie de Covid-19 et la transformation numérique du monde, les innovations juridiques sont à l'avance. Une nouvelle ère nécessite de nouvelles réflexions et une nouvelle civilisation a besoin d'un espace nouveau. Les données en bloc, le droit des données et la chaîne de blocs de souveraineté sont justement trois découvertes théoriques majeures pour la civilisation numérique. Grâce à de nombreuses années d'efforts, la recherche sur le droit des données a accompli des avancées remarquables : le concept a donné naissance à des théories, puis à des textes de loi concrets. Ces évolutions nous ont amenés à tirer de nouvelles conclusions sur la construction juridique à l'ère numérique.

Premièrement, un système juridique mondial des données n'a pas encore été mis au point. À l'ère numérique, les risques liés à l'insuffisance de la sécurité, du droit, de l'éthique et à la perte de contrôle de la vie privée sont de plus en plus complexes. Dans une société qui évolue vers le numérique, les réseaux et l'intelligence, les théories juridiques et les méthodes de réglementation juridique traditionnelles rencontrent à la fois des difficultés théoriques et des lacunes pratiques. De toute évidence, la haute complexité et l'incertitude de l'ère numérique rendent sa construction juridique encore plus difficile. Alors que les systèmes existants ne peuvent pas répondre à la demande croissante des droits relatifs aux données, le système juridique mondial des données est loin de prendre forme, la réglementation des données est absente et le vide juridique persiste pour les activités en lien avec les données. Parallèlement, l'économie numérique mondiale est en expansion et l'économie numérique de la Chine entre dans une période de développement rapide. Il est donc crucial d'élaborer une loi fondamentale plus révolutionnaire pour l'ère numérique.

Deuxièmement, la législation sur les données est globalement en retard. Alors que l'utilisation des données est devenue un moyen important de croître notre richesse, la protection des droits des données est désormais une caractéristique de la civilisation numérique. En toute objectivité, au niveau mondial, la législation et les réformes sur les données sont en retard par rapport au développement de l'économie numérique, à la transformation de l'ère numérique et aux progrès de la civilisation numérique. Ce retard est particulièrement évident à une époque où la science et la technologie progressent à toute vitesse. Jusqu'à présent, la Chine demeure un pays qui apprend, s'adapte et se conforme aux règles internationales sur les données et fait peu de propositions en la matière. Sur de nombreuses questions, sa voix ne peut pas se faire entendre ou n'est pas entendue, ce qui est en décalage avec son rôle et son statut de grande puissance. Par conséquent, nous devons mener une innovation théorique et une exploration législative approfondies en renforçant la préparation des politiques internationales de gouvernance des données et l'étude des règles de gouvernance des données.

Troisièmement, la législation sur les données montre une tendance à la dispersion. Nous sommes dans une ère de division juridique caractérisées par des lois de plus en plus nombreuses et spécifiques à chaque domaine. Toutefois, le monde se dirige vers une ère d'intégration des systèmes et le système juridique avancera vers l'intégration. L'ère numérique est confrontée à de nombreuses questions complexes qui ne peuvent généralement pas être résolues par une loi spécifique. En effet, plus la structure et les relations sont complexes, plus nous avons besoin de solution systémique. Actuellement, la protection des données est dispersée dans différents domaines juridiques, dont notamment le droit civil, le doit pénal, le droit économique et le droit administratif. Les problèmes de répétition, de rupture, de conflit ou encore de vide juridique ressortent de plus en plus. Dans ce contexte, l'étude du droit des données doit s'accélérer pour former un champ juridique unique et le système fragmenté du droit des données doit être intégré de toute urgence par la législation afin de parvenir à une expression juridique systémique et codifiée.

Quatrièmement, nous pouvons nous inspirer de l'expérience des pays étrangers et des organisations en matière de législation sur les données. Ce n'est qu'en nous fondant sur une vision internationale, un état d'esprit mondial et en regardant vers le monde et l'avenir que nous pourrons résoudre les problèmes les plus récents et les plus complexes auxquels la civilisation numérique est affrontée. Actuellement, plus de 140 pays où organisations internationales dans le monde ont promulgué des lois sur la protection des données, et la législation spécifique à la protection des données est devenue une pratique internationale. Avec l'émergence des mégadonnées, de la chaîne de blocs, de l'intelligence artificielle et d'autres technologies, les lois étrangères sur la protection des données sont entrées dans une nouvelle phase de révision. Alors qu'à l'étranger, la théorie et la pratique en matière de législation sur les données arrivent à maturité, la Chine est encore à ses débuts dans ce domaine. Par conséquent, nous nous sommes appuyés sur plus de 600 politiques du monde entier relatives à la conformité des données et avons traduit, à partir d'une vingtaine de langues étrangères, de nombreux instruments juridiques en matière de protection des données pour compiler une collection de traductions sur le droit des données, qui couvre près de 100 pays ou organisations internationales. Sur cette base, nous avons analysé et comparé les différentes réglementations pour fournir une base théorique et une référence au travail législatif de la Chine en matière de données, de sorte que les points forts de la législation à l'étranger puissent être intégrés dans le système chinois du droit des données, le rendant ainsi plus inclusif, plus international et plus prospectif.

Cinquièmement, de nouvelles branches du droit ne cessent d'apparaître. Ces dernières années, de nouvelles disciplines comme le droit de l'informatique, le droit numérique et le droit de l'intelligence artificielle ont émergé et formé un domaine unique de recherche en droit, lequel est représenté par le droit des données. En tant qu'intégration du concept de l'état de droit en Chine et en Occident, le droit des données est un système commun de règles qui permettrait d'améliorer la gouvernance mondiale. Il s'agit d'une innovation institutionnelle basée sur la civilisation numérique, visant à étudier et à affronter l'impact des futures relations sociales sur les systèmes juridiques et les théories juridiques existants, et à construire un système commun de règles capable d'évoluer avec le temps et de s'adapter à la gouvernance mondiale de l'Internet. Nous appelons à la construction d'un système de disciplines juridiques, d'un système académique et d'un système de parole pour l'ère numérique en nous appuyant sur le droit des données pour promouvoir les changements dans la gouvernance mondiale de l'Internet et contribuer à la construction d'une communauté de destin pour l'humanité.

Lian Yuming
Directeur du Laboratoire clé de la stratégie des mégadonnées
Directeur du Centre d'études du droit des, Université de Science
Politique et de droit de Chine
Le 10 mars 2021

INTRODUCTION

De quel genre de droit des données avons-nous besoin ?

« Avez-vous imaginé qu'il existerait un monde en miroir dans l'univers, où tout est identique à notre monde, comme un univers parallèle ? » Le film *Redivider* a imagé une dimension miroir de notre monde. Aujourd'hui, cette imagination est en train de devenir une réalité, car le développement de la technologie numérique accélère la migration des humains depuis l'espace physique vers l'espace numérique. Cette migration, d'une ampleur sans précédente, a déjà commencé pour une partie de la population. Tout change à toute vitesse, ce qui nous effraie et nous anime d'espoirs à la fois. Nous savons peu sur ce monde numérique et éprouvons de la peur. Face à l'avenir, quelles décisions et réformes devons-nous adopter aujourd'hui ? De nombreuses questions nous préoccupent. Le monde numérique étant un espace commun de l'humanité, son développement et sa gouvernance sont la responsabilité et le devoir communs de tous les pays. Pour promouvoir la réforme de la gouvernance mondiale de l'Internet, il est primordial de consolider la confiance mutuelle dans le développement du monde numérique, de renforcer la gouvernance commune du monde numérique et d'améliorer les règles pour le développement du monde numérique. Ce sont des choix importants pour construire une communauté de destin dans le cyberespace et une garantie essentielle pour le développement durable et sain du monde numérique.

1. La législation sur les droits des données devrait prêter attention à trois équilibres.

Équilibre entre protection et utilisation des données. La protection et l'utilisation des données sont tous deux importantes dans le développement de l'industrie numérique. Traditionnellement, les préoccupations du droit civil concernant les données et les informations personnelles sont axées sur la protection du droit à la vie privée. Elles visent à protéger la tranquillité de notre vie personnelle et à s'assurer que la divulgation des données est sous le contrôle de la personne concernée et respectée dans toute la mesure du possible. Avec l'application de plus en plus répandue de la technologie numérique, le développement de la société humaine dépendra de plus en plus de l'exploration et de l'utilisation des données. Dans ce contexte, mettre l'accent uniquement sur la protection des données n'est plus suffisant pour répondre efficacement aux besoins de développement de l'époque (Zhu Xinli et Zhou Xuyang 2018). Ainsi, dans le processus législatif du droit des données, il est nécessaire d'équilibrer la relation entre la protection et l'utilisation des données. En d'autres termes, il faut étudier la façon de réglementer l'exploration, l'analyse et l'utilisation des données, y compris la collecte et le stockage, en évitant efficacement les fuites et l'utilisation abusive des données pour garantir la sécurité des données. Pour cette raison, nous devons construire de toute urgence un mécanisme d'équilibrage dynamique axé sur « l'incitation à l'utilisation des données et la protection efficace des données » afin de combiner les deux volets.

Équilibre entre droit de partage et droit à la vie privée. Le droit de partage est au cœur du droit des données. En tant que construction institutionnelle basée sur l'altruisme, il offre une solution au problème du partage des données. De son côté, le droit à la vie privée repose essentiellement sur la réalisation de ses intérêts personnels uniques par le contrôle de son degré d'ouverture ou de fermeture à autrui. À l'ère numérique, il existe un conflit féroce entre le partage des données et la protection de la vie privée en matière d'autodétermination, de confidentialité des espaces et de confidentialité des informations. Ce conflit est dû à l'opposition entre l'intérêt public et l'intérêt personnel, entre l'intérêt de la propriété et l'intérêt de la personnalité, dans le contexte des nouvelles technologies. Afin d'exploiter pleinement la valeur des données et de parvenir à un équilibre des intérêts, le droit des données devrait respecter plusieurs principes fondamentaux en ce qui concerne la relation entre le partage des données et la protection de la vie privée, dont notamment le principe de la priorité de l'intérêt public, le principe de la dérogabilité, le principe de la proportionnalité et le principe de l'égalité de protection. En outre, la portée et les limites du partage des données doivent être déterminées par une législation spéciale de sorte à réglementer strictement les procédures de partage des données, à renforcer le contrôle du partage des données et à améliorer les mécanismes de responsabilité et de recours en cas de violation de la vie privée lors du partage des données.

Équilibre entre droit interne et droit international. Le droit interne et le droit international sont deux systèmes juridiques parallèles, et leur développement coordonné est une exigence fondamentale de la vie internationale contemporaine. D'un côté, nous désapprouvons la mauvaise tendance à promulguer des lois nationales pour s'opposer aux normes universellement reconnues du droit international ; de l'autre côté, nous refusons également d'utiliser les droits de l'homme comme prétexte pour porter préjudice à la souveraineté de l'État sous le couvert du droit international. Alors que le paysage mondial d'aujourd'hui connaît des changements et des transformations colossaux et que l'humanité est entrée dans une nouvelle ère marquée par des défis et des risques en constante évolution, la Chine a proposé l'idée d'une communauté de destin pour l'humanité pour guider le monde vers une paix permanente et un développement durable. Conformément à l'idée d'une communauté de destin pour l'humanité, le droit international devrait s'inspirer de la culture traditionnelle chinoise et adopter progressivement une approche axée sur le partage et non sur le conflit des lois. Plutôt que de sélectionner une seule loi applicable parmi plusieurs lois contradictoires, l'approche du partage tient compte de toutes les lois nationales en lien avec le différend et les étudie pour garantir l'impartialité des entités selon le principe de proportionnalité, afin d'obtenir le jugement le plus rationnel et le plus harmonieux. Le droit des données est une innovation juridique fondée sur l'innovation scientifique et technologique, et la question du partage est au cœur de ses préoccupations. Basé sur l'altruisme, le droit des données défend l'idée du partage juridique et préconise la reconstruction du système de discours et de valeurs du droit international sur la base de la coexistence harmonieuse des cultures. Il explore une nouvelle voie pour résoudre les conflits juridiques par la construction d'une communauté juridique internationale centrée sur le droit des données, contribuant ainsi à l'édification d'une communauté de destin pour l'humanité.

2. La législation sur les droits des données devrait résoudre quatre confusions majeures.

La première confusion est celle des individus. Qui doit contrôler les données personnelles ? À qui appartiennent la souveraineté, la propriété, le droit d'utilisation, le droit d'échange, le droit de partage et le droit de traitement des données ? Comment protéger la propriété des données ? Ce sont des questions importantes qui doivent être abordées dans la législation du droit des données. Actuellement, les données exploitées par les entreprises sont essentiellement des données personnelles. Face aux risques de sécurité, la protection des données personnelles est au cœur des préoccupations législatives et réglementaires des pays. Le statut de « propriétaire » des individus en tant qu'objets auxquels se réfèrent les données personnelles a été reconnu par la législation et leurs droits sont en train d'être progressivement développés. Par exemple, l'UE a adopté le Règlement général sur la protection des données (RGPD) et d'autres lois pour fournir un cadre juridique à la protection des données à caractère personnel. De nombreux droits relatifs aux données personnelles ont été explicitement établis, dont notamment le droit à la portabilité des données, le droit à l'information, le droit de rectification, le droit à l'effacement, le droit d'accès, le droit à la réparation, le droit à l'oubli et le droit de retirer son consentement. La législation chinoise sur les données personnelles est plutôt fragmentée et se trouve principalement dans le droit civil. Celui-ci prévoit la protection des droits relatifs aux données personnelles de deux façons : le droit de réclamer des droits de la personnalité et le droit d'engager la responsabilité délictuelle. Toutefois, les recours en droit civil concernant les droits relatifs aux données personnelles présentent de nombreux problèmes : les canaux de réparation civile non suffisants, la définition des responsabilités en cas de violation des données personnelles implicite, le coût des procédures de recours judiciaire trop élevé pour les individus, les procédures longues, la charge de la preuve difficile et les risques faibles encourus en cas de violation des données personnelles. Toutes ces failles favorisent la survenance à répétition des violations de droits relatifs aux données personnelles.

La deuxième confusion est celle des structures. D'abord, la législation actuelle de la Chine en matière de droit des données est encore très insuffisante. En particulier, les objets de protection sont mal définis ; les droits des personnes concernées sont incomplets ; le statut des personnes morales et des organisations non constituées en société reste à discuter ; les droits et obligations sont incomplets et la responsabilité juridique n'est pas en place. À l'heure actuelle, les violations de données personnelles sont en augmentation et la fraude aux télécommunications et le harcèlement résultant de la divulgation de données personnelles sont fréquents, ce qui représente une grande menace pour les droits personnels et les droits de propriété des citoyens. Ensuite, faute de règles d'application pertinentes, les structures judiciaires disposent d'un pouvoir discrétionnaire excessif en matière de droit des données. De plus, l'absence de critères uniformes pour déterminer les « faits graves » et les « faits extrêmement graves » conduit à des décisions différentes sur des cas similaires dans la pratique judiciaire. Enfin, il est difficile de trouver l'équilibre entre le développement et la supervision de l'industrie numérique. L'industrie numérique est une industrie en évolution permanente, notamment en ce qui concerne ses moyens de développement, ses risques et la confiance du marché, ce qui crée des difficultés au gouvernement pour la détermination des objectifs et du programme de sa gouvernance. Les pratiques traditionnelles du gouvernement, en matière de rythme de formulation des politiques réglementaires et de mise en œuvre des règles, sont remises en question.

La troisième confusion est de l'ordre technologique. La technologie est une clé qui peut ouvrir à la fois la porte du paradis et la porte de l'enfer. Le monde vers lequel elle nous emmènera dépend de l'orientation et de la réglementation du droit. « Nous sommes dans une ère où le développement technologique entraîne des changements de la nature humaine » (Xie Fang 2013). À mesure que l'espace physique et l'espace numérique fusionnent, la vie numérique deviendra notre mode de vie le plus important. Si l'objectif de la science est la recherche de la vérité, celui du droit est la recherche du bien. Toutefois, la recherche de la vérité ne suit pas toujours une direction juste et il arrive que nous fassions progresser la science et la technologie sans en comprendre le sens. Ce n'est que sous la direction d'une gouvernance juridique juste (représentée par le droit des données) que la technologie numérique (représentée par la chaîne de blocs) puisse nous faire avancer vers un avenir meilleur et œuvrer pour le bien. Selon Wang Yangming, grand philosophe chinois de la dynastie des Ming, nous sommes tous nés avec la conscience. Cette conscience est notre capacité innée de différencier le bien et le mal. Le bien regroupe toutes les capacités et tous les efforts qui contribuent à la réalisation de soi et à celle des autres et qui aident à faire de ce monde un endroit meilleur, avec plus d'amour et de lumière. L'idée d'orienter le développement technologique vers le bien est fondée sur l'aspiration de l'humanité à la liberté, au développement et à l'émancipation. Elle envisage une science plus humaine et un monde humain plus intelligent sur le plan scientifique. Sa proposition montre que nous avons acquis une meilleure compréhension de la relation entre l'homme et la technologie. La technologie est une capacité, et le bien est un choix. La culture juridique du droit des données étant l'altruisme et le partage, il favorise la gouvernance fondée sur la conscience et promeut la technologie vers le bien. Dirigés par une culture de l'altruisme et du partage, la technologie et le droit interagiront l'un avec l'autre tout en restant chacun indépendant et formeront une unité dans la diversité. L'homme, la nature et la société coexisteront en harmonie. Les organismes vivants et les systèmes inertes cohabiteront également sans conflits.

La quatrième confusion concerne l'avenir. Le développement de la société humaine est, en fin de compte, une histoire de liaisons : nous sommes passés des liaisons de trafic aux liaisons de communication, puis aux liaisons de réseau et maintenant aux liaisons de données. Ces liaisons reconstruisent constamment l'ensemble de l'ordre social. Parallèlement, au cours de l'histoire mondiale des systèmes juridiques, le droit n'a cessé d'évoluer pour s'adapter à l'apparition de nouvelles entités : ethnies, cités, États ou encore organisations internationales. Avec le développement de la technologie numérique, le droit devra inévitablement intervenir dans de nouveaux domaines. Si l'humanité a bénéficié de milliers d'années de préparation et des siècles de transition pour passer des règles juridiques de l'âge agricole à celles de l'âge industriel, elle n'aura pas autant de temps pour se préparer à l'âge numérique. Alors que nous profitons de la liberté temporelle et spatiale accordée par le cyberespace, certains individus commencent également à utiliser la nature technique et virtuelle du réseau pour essayer de briser les règles juridiques de la société traditionnelle. Les règles juridiques traditionnelles peuvent-elles continuer à s'appliquer ? Comment continuer à les appliquer ? Seront-elles efficaces ? La reconstitution des règles juridiques dans la nouvelle ère est un enjeu commun de tous les pays du monde. Face à l'avenir, le droit devrait étudier en priorité les systèmes de prévention des risques, les systèmes de sujets de droit et des systèmes permettant de garantir la liberté et l'égalité des personnes physiques dans une société numérique. Dans la construction de ces systèmes, il est impératif d'examiner les considérations d'intérêt et les relations de valeur sous-adjacentes. Pour cette raison, la préoccupation du droit des données est d'analyser si l'évolution des relations dans la société numérique conduira à des changements importants dans les relations juridiques. De quelle manière les changements significatifs dans les relations juridiques se manifesteront-ils ? Quel sera leur impact sur les réglementations existantes basées sur les relations juridiques actuelles ? Si nous comparons la société existante à une jeune pousse, pour qu'elle devienne la plante idéale, nous devons la tailler à l'aide du droit des données, afin d'éviter qu'elle ne se développe sauvagement et mette en danger l'existence même de l'humanité.

3. La législation sur les droits des données devrait examiner cinq relations majeures.

La première relation majeure est celle avec les autres lois pour déterminer le positionnement de base du droit des données. D'abord, il faut étudier sa relation avec le Code civil. Le Code civil fait partie du droit privé et traite principalement des relations personnelles et de propriété entre des sujets égaux. En revanche, le droit des données représente une intégration profonde des droits public et privé : d'une part, il protège le droit privé en matière de données par le biais d'un système de droits et d'un mécanisme de procédure civile fondé sur celui-ci ; d'autre part, il défend le droit public relatif aux données par la création d'organismes de réglementation gouvernementaux, la formulation de normes juridiques et des moyens administratifs tels que des amendes. Vus sous cette perspective, le droit des données et le Code civil sont deux branches du droit qui se croisent par moments. Ensuite, il faut étudier la relation entre le droit des données et la loi sur la cybersécurité, la loi sur la sécurité des données et la loi sur la protection des informations personnelles. D'un point de vue fonctionnel, la loi sur la sécurité des données est une loi essentielle du domaine numérique pour mettre en œuvre le « concept global de sécurité nationale » de la loi sur la sécurité de l'État, en mettant l'accent sur la sécurité nationale en lien avec les données importantes. De son côté, le droit des données s'intéresse à des questions plus spécifiques comme le marché et l'allocation des données, l'établissement des droits et des pouvoirs sur les données, le libre accès et le partage des données, la circulation et le commerce des données, la sécurité et la conformité des données. En outre, les éléments de la Loi sur la cybersécurité liés aux données seront progressivement absorbés et remplacés par les textes du droit des données et la loi sur la sécurité des données. De cette manière, la loi sur la cybersécurité pourra se concentrer sur des questions essentielles telles que la « protection 2.0 » des niveaux de sécurité réseau, la protection de l'infrastructure critique et les systèmes de contrôle de la cybersécurité. Ainsi, le droit des données fournira le texte juridique fondamental dans le domaine numérique. Avec la loi sur la cybersécurité, la loi sur la sécurité des données et la loi sur la protection des informations personnelles, il formera le cadre juridique général pour la protection et l'utilisation des données.

La deuxième relation majeure est celle entre les différents droits des données. Le Code civil prévoit que « les personnes physiques jouissent du droit à la vie privée. Aucune organisation ni aucun individu ne peut porter atteinte à la vie privée d'autrui par l'espionnage, le harcèlement, la divulgation, la publication ou autres moyens ». Toutefois, dans le Code civil, les données personnelles sont définies seulement comme « un intérêt de la personne physique qui doit être protégé par la loi ». Elles ne constituent pas encore un droit proprement dit. Le champ de cet intérêt se limite à « l'accès ou la copie » des données, au « droit de s'opposer et de demander une correction ou d'autres mesures en cas d'erreurs dans les données » et au « droit de demander au responsable de traitement de supprimer dans le plus bref délai les données en cas de non-respect des lois ou des accords ».

Ainsi, dans l'affaire opposant Ren Jiayu et la société Baidu, le tribunal a jugé qu'il n'existait pas de droit à l'oubli en Chine, lequel est un droit spécifique du RGPD de l'UE. Dans ce contexte, pourquoi devons-nous protéger les droits des individus en matière de données ? D'une part, les violations des droits relatifs aux données personnelles, telles que les marchés noirs, la divulgation et l'utilisation abusive des données, sont fréquentes et inquiétantes. Comme l'a fait remarquer Zang Tiewei, porte-parole de la Commission des affaires législatives du Comité permanent de l'Assemblée populaire nationale, « la collecte et l'obtention illégales, l'utilisation abusive et le commerce illicite des données sont des problèmes préoccupants. Ils nuisent à la tranquillité de la vie et mettent en danger la vie, la santé et la sécurité des biens des populations ». D'autre part, les droits des données revêtent une grande importance pour le développement de l'économie numérique de la Chine. Si l'économie numérique est le tronc et la couronne d'un arbre, partie visible qui lui apporte des bénéfices évidents, les droits des données seront alors les racines souterraines qui jouent un rôle tout aussi important. Par conséquent, la construction d'un système de droits des données est particulièrement importante pour le droit des données. À cet égard, il faut d'une part étudier la nécessité d'ajouter à la liste des droits existants (le consentement éclairé, le droit d'accès, le droit à la réplication, le droit de rectification et le droit à l'effacement) de nouveaux droits tels que le droit à l'oubli, le droit à la portabilité et le droit de propriété sur les données, et d'autre part, chercher à améliorer le caractère systémique, la pertinence et l'opérabilité des lois pour les droits existants grâce à des techniques législatives plus élaborées.

La troisième relation est celle entre les organismes de régulation spécialisés et généraux. Dans l'Union européenne, le RGPD exige que des autorités de contrôle indépendantes soient établies au niveau de l'UE et dans les États membres pour superviser la mise en œuvre du règlement. Il confère à ces autorités de contrôle des pouvoirs d'enquête, le pouvoir d'adopter des mesures correctrices, des pouvoirs d'autorisation et des pouvoirs consultatifs et met en place un cadre complet de recours administratifs pour les personnes concernées, lequel inclut le droit d'introduire une réclamation auprès d'une autorité de contrôle. Aux États-Unis, bien qu'il existe la Commission fédérale du commerce (*Federal Trade Commission*,

FTC) qui se charge de l'application des lois relatives à la vie privée au niveau fédéral, chaque secteur a ses propres organismes de régulation, tels que le Bureau de protection des consommateurs en matière financière (*Consumer Financial Protection Bureau*, CFPB) pour les données du secteur financier, le département de la Santé pour les données médicales et le département de l'Education pour les données d'éducation. Quel modèle de régulation devons-nous adopter pour le droit des données ? Faut-il établir des organismes de régulation indépendants comme en Union européenne afin de résoudre les problèmes de l'application des lois dus à la confusion des rôles au niveau du gouvernement, des entreprises, des capitaux et des établissements publics ? Ou faut-il maintenir le statu quo et poursuivre le modèle américain composé d'une commission fédérale et d'institutions complémentaires ? Étant donné que la législation des droits des données implique de divers domaines et services et que l'application de la loi est plus exigeante dans des secteurs spéciaux (finance, médical et santé, etc.), la création d'une autorité indépendante commune de régulation des données ne parviendra pas à résoudre les problèmes pratiques, mais affaiblira plutôt le pouvoir de réglementation dans une certaine mesure et affectera la mise en œuvre des lois nationales. Nous recommandons donc le modèle américain. Par exemple, la *Loi sur la protection des informations personnelles de Chine (projet)* précise que les services d'État chargés du cyberespace sont responsables de la coordination globale en matière de protection des données personnelles. En même temps, les services d'État chargés du cyberespace et les services compétents du Conseil des affaires d'État chinois sont responsables de la protection des données personnelles, du contrôle et de la régulation pertinente dans leurs domaines de compétence respectifs.

La quatrième relation est celle entre la responsabilité et la souplesse juridiques. « La responsabilité juridique, en tant que mécanisme de garantie du fonctionnement du droit, est indispensable dans l'État de droit (Zhang Wenxian 2001, p. 101) ». Dans le système juridique d'un pays, à l'exception de la Constitution, de la loi organique et de la loi d'habilitation, la plupart des lois comportent des dispositions relatives à la responsabilité juridique. Par exemple, le RGPD de l'Union européenne prévoit un mécanisme de sanctions qui inclut des mesures coercitives (avertissement, blâme) et des amendes administratives pouvant s'élever jusqu'à 20 000 000 EUR ou, dans le cas d'une entreprise, jusqu'à 4 % du chiffre d'affaires annuel mondial total de l'exercice précédent. L'établissement des responsabilités juridiques dans le cadre de la législation en matière de droit des données est un processus d'équilibre. D'un côté, les responsabilités juridiques doivent produire un effet dissuasif suffisant en augmentant considérablement les amendes pour les entreprises, et de l'autre, il convient d'éviter d'appliquer de façon excessive le droit pénal, car cela pourrait menacer le développement de l'industrie des données. Dans le même temps, les responsabilités juridiques strictes doivent s'accompagner de mécanismes flexibles d'application de la loi. Le chercheur chinois Pr He Yuan préconise la construction d'un système d'application de la loi associant les procédures de réconciliation et les accords. Plus précisément, il propose de définir l'établissement d'un mécanisme de conformité des données par les entreprises comme une condition à l'application des procédures de conciliation, et d'introduire des dispositions complètes sur la conformité des données d'entreprise dans les accords. Les entreprises devront communiquer régulièrement des rapports à la société et auront la possibilité de se mettre en conformité dans une période prédéfinie.

La cinquième relation est celle avec les règles internationales. Le droit international, y compris le droit international public et le droit international privé, est l'ensemble des normes ayant un effet juridique dans plus de deux États et qui régissent les droits, les obligations et les relations entre les sujets. De son côté, le droit interne désigne l'ensemble du système juridique interne d'un État souverain. Le droit international, en tant que système de règles, couvre presque tous les domaines d'activité des États. Aujourd'hui, le droit international et les droits internes constituent ensemble le système juridique complet de la société humaine. En ce qui concerne la législation du droit des données, il est certain que les pays chercheront à obtenir des consensus plutôt à créer des différences. L'importance de la coordination et de la coopération entre les pays est de plus en plus évidente et les États devront, dans une certaine mesure, céder une partie de leur souveraineté judiciaire. Sans la coopération internationale, il serait facile de contourner les règles juridiques nationales en matière de données par des activités transnationales, laissant ainsi un grand espace pour l'illégalité. Ainsi, la construction d'une communauté juridique internationale est un choix inévitable. Étant donné que le droit entretient une étroite relation avec l'idéologie, les valeurs et les intérêts nationaux, la mondialisation du droit exige non seulement la convergence des règles juridiques, mais également la convergence des cultures et des valeurs. La communauté juridique internationale doit donc se construire sur une quête commune de valeurs et sur la foi dans la primauté du droit. Dans le cyberespace, les données étant l'élément le plus fondamental, les droits des données sont les droits les plus fondamentaux. La sauvegarde de la souveraineté nationale des données et la protection des droits des citoyens sur les données personnelles devraient devenir des règles communes. Sur cette base, le droit des données pourrait servir de norme commune de base pour la gouvernance mondiale de l'Internet, afin de guider et de réglementer le comportement des États en matière de gouvernance juridique de l'Internet et de coordonner les droits et obligations des États dans la gestion du cyberespace.

Bibliographie

1. Xie Fang, « 科幻、未来学与未来时代 » [Science-fiction, futurologie et ère future], *Chinese Social Sciences Today*, 25/01/2013, p. A5.
2. Zhang Wenxian, *法哲学范畴研究* [De la philosophie du droit], China University of Political Science and Law Press, 2001.
3. Zhu Xinli et Zhou Xuyang, « 大数据时代个人数据利用与保护的均衡 – "资源准入模式"之提出 » [L'équilibre entre l'utilisation et la protection des données personnelles à l'ère des mégadonnées : la proposition du « mode d'accès aux ressources »), *Journal of Zhejiang University* (édition Sciences humaines et sociales), 2018, n° 1.

CHAPITRE I

Choix de valeurs dans la législation sur les droits des données

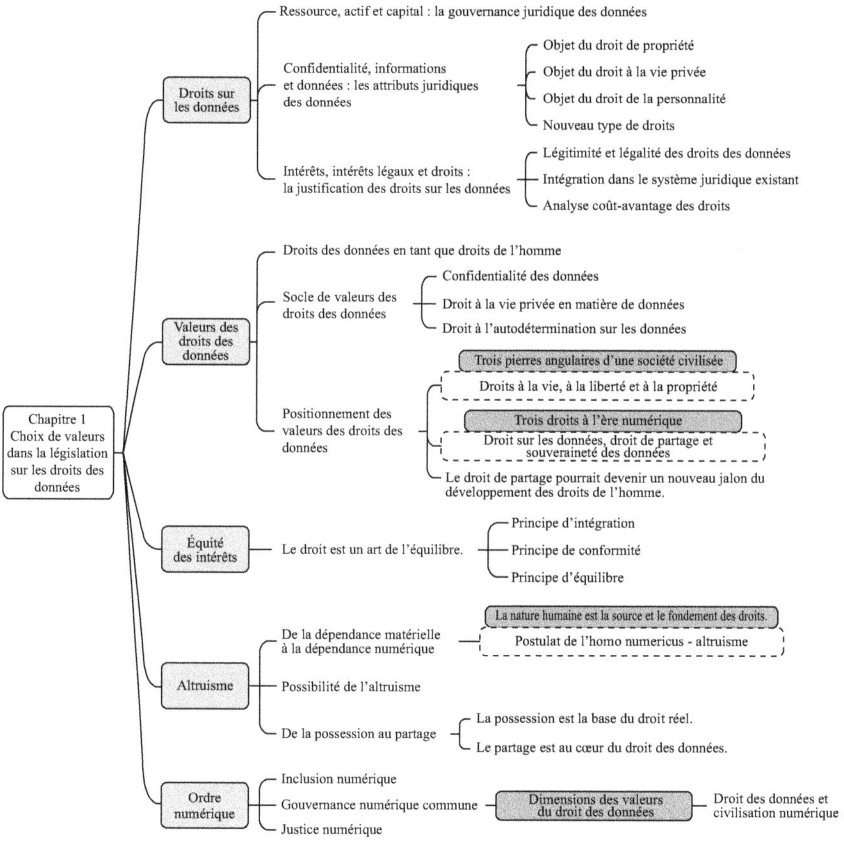

Aujourd'hui, l'évolution de l'ensemble de la société humaine vers la mise en réseau, la donnéification et l'intelligence artificielle crée une incertitude sans précédent pour la gouvernance sociale, la gouvernance nationale et la gouvernance mondiale. La pandémie de Covid-19 a mis en évidence et intensifié notre dépendance à l'égard de la technologie de gouvernance. De nombreuses questions juridiques attendent d'être étudiées et résolues pour promouvoir la modernisation du système et des capacités de gouvernance numérique. L'incertitude et la certitude sont des attributs fondamentaux du droit. Dans la plupart des cas, l'incertitude du droit est un phénomène neutre. Elle devient problématique seulement si elle commence à affecter profondément les connaissances et la pratique juridiques (Liu Zegang 2020). Le droit des données, en tant que proposition scientifique et sujet de recherche en phase avec notre temps, est une réponse du droit à l'ère numérique. Fondé sur l'évaluation des tendances futures de la technologie, de la société et de la gouvernance juridique, il reflète une interprétation du passage de la civilisation industrielle à la civilisation numérique par le droit et pourrait devenir une solution novatrice pour la réforme du système mondial de gouvernance de l'Internet et la construction d'une communauté de destin dans le cyberespace. De par leur nature même, les lois ont toujours un décalage avec l'avancement de la société. Si les lois sont fixes, la doctrine du droit est souple. Ce n'est qu'en interprétant les lois avec une doctrine « vivante » que les lois peuvent être en phase avec les changements et le développement de chaque époque. Par conséquent, l'étude des valeurs et la poursuite idéologique du droit des données est nécessaire et urgente pour perfectionner le système juridique en matière de données. Elle jettera les bases pour la législation des droits des données, car en matière de législation, la question à traiter en priorité n'est pas l'établissement d'un système de règles, mais le choix des valeurs fondamentales. Tout processus législatif est à la fois un processus d'établissement de règles et un processus de pondération des valeurs. La législation du droit des données ne fait pas exception. Sa question fondamentale est l'équilibre des intérêts, son orientation fondamentale le partage altruiste et son objectif est de construire un ordre numérique.

1.1 Droits sur les données

La question de savoir si les données constituent un droit ou un simple intérêt est liée à la définition de la nature juridique des données, à la portée de la protection et à l'ordre de priorité de la protection des données. Pour Karl Marx, le droit devrait être basé sur la société. Si la deuxième révolution industrielle (en particulier le boom du journalisme) a donné naissance au concept de la vie privée, la troisième révolution industrielle (en particulier le développement des ordinateurs) a engendré la nécessité de protéger les informations personnelles, tandis que la technologie numérique et l'économie numérique ont engendré les droits de l'homme numériques. L'autonomisation en matière de données est inévitable. À notre ère, la légitimité des droits étant la norme, les droits des données sont naturellement la pierre angulaire du droit des données. « La législation est un processus de compréhension et d'expression des intérêts. Pour ajuster correctement les différents intérêts, nous devons d'abord les comprendre (Guo Daohui 1997, p. 10) ».

(1) Ressource, actif et capital

Avec le développement des mégadonnées, les données seront inévitablement considérées comme des ressources, des actifs et du capital. « Nous entrons dans l'ère de la capitalisation des données[1] ». Dans l'ensemble, le développement de la valeur des données est divisé en trois phases : dans la première phase, les données sont considérées comme une ressource

1 Guo Yike, directeur du Data Science Institute, a résumé le développement de l'économie des données en quatre étapes. À la première étape, les données étaient simplement des informations pour enregistrer et mesurer le monde physique. À la deuxième étape, elles sont devenues une ressource pour fournir des produits et des services. À la troisième étape (aujourd'hui), les données deviennent un actif à mesure que leur propriété est définie. Elles génèrent de la richesse et commencent à faire partie des actifs de l'individu. À la quatrième étape (futur), les données deviendront un capital, dont la valeur sera réalisée par la circulation et les transactions.

permettant d'enregistrer et de représenter le monde réel ; dans la deuxième phase, les données, en plus d'être une ressource, sont un actif important de l'individu ou de l'entreprise et permettent de créer de la richesse ; dans la troisième phase, les caractéristiques des données en tant que ressource et actif sont développées davantage et transformées en capital au moyen de transactions et d'autres mouvements.

Données en tant que ressource : Après un premier traitement, les données à l'état du brut peuvent devenir des données de haute qualité pouvant être collectées et utilisées. Différente des économies agricoles et industrielles, l'économie numérique a la particularité d'utiliser les données comme facteur clé de production. De plus, contrairement aux facteurs de production traditionnels comme la main-d'œuvre, la terre et le capital, les données sont une ressource renouvelable, non-polluante et infinie. Les données ne sont pas directement obtenues dans la nature, mais sont produites par les humains, et les données traitées peuvent devenir de nouvelles ressources : elles sont donc renouvelables. Elles sont également non-polluantes car l'acquisition et l'utilisation des données ne créent pas de pollution pour l'environnement. Enfin, les données sont infinies. Contrairement aux ressources traditionnelles qui diminuent avec l'utilisation, plus les données sont utilisées, plus elles seront volumineuses.

Données en tant qu'actif : Une fois appliquées à des scénarios, les ressources de données peuvent acquérir une utilité pratique et connaître des changements qualitatifs. À mesure que l'économie numérique évolue, nous nous sommes rendu compte que les données présentaient des caractéristiques d'un actif. Les actifs désignent les ressources détenues ou contrôlées par une entreprise qui sont constituées par les transactions commerciales du passé ou par d'autres événements et qui devraient apporter des avantages économiques à l'entreprise. Par définition, un actif a trois caractéristiques fondamentales : il est réel, contrôlable et économique. En d'autres termes, un actif doit être une chose déjà existante, sur laquelle l'entreprise a la propriété ou le contrôle, et qui devrait apporter des avantages économiques à l'entreprise. Tenant compte de ces trois caractéristiques, les actifs de données sont des données quantifiables qu'une entreprise a formées au cours de ses activités de production, d'exploitation et de gestion, qui devraient apporter des avantages économiques à l'entreprise. L'entreprise doit posséder ou contrôler l'ensemble du processus de production et d'application de ces données. Ainsi, lorsque les données deviennent contrôlables et quantifiables, avec une valeur réalisable, elles se transforment en actifs.

Données en tant que capital : La capitalisation des données est un processus par lequel les facteurs de données sont répartis dans la société par les transactions et la circulation des données. Selon le rapport *The Rise of Data Capital* (« montée du capital de données ») publié par le MIT Technology Review Custom en partenariat avec Oracle, les données sont devenues un capital qui, comme le capital financier, peut générer de nouveaux produits et services. Cependant, contrairement au capital physique, le capital de données est non concurrentiel et irremplaçable. En effet, si le capital physique ne peut pas être utilisé par plus d'une personne en même temps, le capital de données peut être utilisé par un nombre illimité d'utilisateurs grâce au caractère reproductible des données. Si le capital physique est remplaçable (nous pouvons remplacer un baril de pétrole par un autre), le capital de données ne l'est pas, parce que différentes données contiennent des informations et des valeurs différentes. Le processus de capitalisation des données consiste à convertir la valeur et la valeur d'usage des actifs de données en actions ou en fonds propres et à les transformer en capital par des transactions de données. En d'autres termes, la valeur des données en tant que capital n'est pleinement reflétée qu'à travers les flux de données. Cela soulève un autre défi majeur pour tous les secteurs : la question du droit de propriété des données. Pour assurer le bon déroulement des transactions de données, il est indispensable de définir d'abord le droit de propriété des données (Zhang Li 2019, pp. 6–8).

Le monde actuel connaît une vague d'hyper-mondialisation, laquelle est différente de la mondialisation avant les années 1980. La mondialisation entre la fin de la Seconde Guerre mondiale et les années 1980 était celle des systèmes économiques souverains, alors que la mondialisation actuelle est axée sur la répartition mondiale des facteurs de production. La technologie numérique et l'économie numérique sont devenues les domaines prioritaires de la concurrence mondiale. La révolution numérique et la transformation intelligente déclenchent de nouveaux changements dans les principaux facteurs de production, et les ressources numériques telles que les données, les algorithmes, la puissance de calcul deviennent des facteurs stratégiques. Comme le souligne Han Fei, légiste de la Chine ancienne, « pour mieux gouverner, les lois doivent s'adapter aux changements ; pour obtenir de bons résultats, la gouvernance doit être adaptée à la réalité sociale ». À mesure que les données deviennent un facteur de production, il est important d'accélérer la législation pour les protéger, à l'instar de la protection des terres, du travail, du capital, de la technologie et des connaissances. De ce fait, la qualification juridique et la protection juridique des données comme facteur de production sont les questions les plus urgentes à l'heure actuelle. Puisque les données partagent objectivement la nature commune de tous les facteurs de production participant à la distribution, les individus devraient avoir le droit de disposer et de jouir des données en fonction de leur propriété sur les données. Cependant, notre compréhension de l'allocation de ce nouveau type de facteur de production est encore à ses débuts, et beaucoup de sujets restent encore à explorer en ce qui concerne la définition des droits de propriété sur les données, l'allocation des données par le marché, la distribution des intérêts et le modèle de protection des données.

(2) Confidentialité, informations et données

En 1968, le concept de protection des données a été présenté pour la première fois à la Conférence internationale des Nations Unies sur les droits de l'homme. Cette année fut également connue comme le début de la « révolution des données ». Par la suite, la notion de données à caractère personnel ou d'informations personnelles a été introduite dans la législation de nombreux pays. Le milieu universitaire considère généralement la loi de Hesse (Allemagne) de protection des données de 1970 comme la première loi du monde dédiée spécialement à la protection des données personnelles, la loi sur les données de 1973 de Suède (*Datalagen* en suédois) comme la première loi nationale sur la protection des données personnelles et le RGPD de l'Union européenne de 2018 comme la législation la plus stricte jamais adoptée en matière de protection des données. Petit à petit, la législation pour la protection des données, une question qui a émergé dans le Land de Hesse en Allemagne, s'est étendue à de nombreux pays et régions du monde en moins de 50 ans. Depuis les années 1970, l'Organisation de coopération et de développement économiques (OCDE), la Coopération économique pour l'Asie-Pacifique (APEC) et l'Union européenne ont successivement publié des normes, des lignes directrices et des règlements sur la protection des données personnelles, et plus de 140 pays et régions ont promulgué des lois en la matière. Toutefois, ces lois nationales n'ont pas une nomenclature uniforme et portent trois grandes catégories de noms axées sur la vie privée, les informations personnelles et les données personnelles respectivement[2]. Leur relation est comparable à un nœud gordien : celui qui arrive à le dénouer deviendrait roi de l'Empire d'Asie. Les milieux législatifs, judiciaires et théoriques nationaux et étrangers, en particulier le milieu théorique, montrent tous une certaine confusion dans l'utilisation de ces termes. Par conséquent, il est nécessaire de différencier ces notions proches pour définir les différents types de recours et éviter un surcoût lié à la mise en conformité.

Relation entre informations personnelles et vie privée. La protection de la vie privée est née de la deuxième révolution industrielle tandis que la protection des informations personnelles est le produit de la troisième révolution industrielle. Ce sont deux notions distinctes qui présentent des différences en matière de contenu, d'extension, de valeurs fondamentales, de principe de protection, de pouvoirs et de responsabilité délictuelle. Le Code civil chinois définit le droit à la vie privée comme un droit indépendant de la personne et protège directement les droits et intérêts des citoyens en matière de vie privée, tout en distinguant la vie privée et les informations personnelles. Tout d'abord, ces deux notions sont différenciées dans le titre du chapitre VI de la partie « Droits de la personnalité ». Ensuite, le Code civil définit la « vie privée » comme la tranquillité de la vie personnelle et les espaces, les activités et les informations privés d'une

2 Étant donné que le terme de « renseignements personnels » vient principalement de la traduction de « données personnelles », nous l'incluons dans le terme « données personnelles ».

Tableau 1-1 Définition de la vie privée, des informations personnelles (renseignements personnels) ou des données personnelles dans les principaux pays et par les organisations internationales

	Pays / Organisation	Loi	Définition
Vie privée	Chine	Code civil	La vie privée désigne la tranquillité de la vie personnelle et les espaces, les activités et les informations privées d'une personne physique dont elle ne souhaite pas être connues par autrui.
Informations	Chine	Code civil	Les informations personnelles désignent toute information, enregistrée électroniquement ou par d'autres moyens, qui, seule ou en combinaison avec d'autres informations, permet d'identifier une personne physique, y compris les noms complets, les dates de naissance, les numéros d'identification, les informations biométriques personnelles, les adresses, les numéros de téléphone, les adresses e-mail, les informations de santé, les informations de localisation, etc. Lorsque les informations personnelles sont des informations privées, les règles du droit à la vie privée s'appliquent et dans le cas contraire, les règles de protection des informations personnelles s'appliquent.
	Japon	Loi sur la protection des informations personnelles	Les informations personnelles désignent toute information permettant d'identifier une personne physique particulière.
	Corée du Sud	Loi sur la protection des renseignements personnels dans les organismes publics	Les renseignements personnels font référence aux symboles, textes, sons, audio, vidéo et autres informations relatifs à une personne physique, qui, en combinaison avec le nom, le numéro d'identification et d'autres informations, permettent d'identifier la personne (y compris les informations qui seules ne permettent pas d'identifier la personne, mais qui permettent l'identification après une simple combinaison avec d'autres informations).

	Pays / Organisation	Loi	Définition
	Canada	Loi fédérale sur la protection des renseignements personnels et les documents électroniques	Les renseignements personnels sont des renseignements liés à une personne identifiable.
	Australie	Privacy Act	Les informations personnelles désignent toute information ou opinion (y compris les informations et les opinions faisant partie d'une base de données) sur une personne identifiée ou une personne raisonnablement identifiable, que l'information ou l'opinion soit vraie ou non, qu'elle soit enregistrée sous une forme matérielle ou non.
	Inde	Loi sur la protection des données personnelles	Les données personnelles désignent les données concernant ou relatives à une personne physique qui est directement ou indirectement identifiable, eu égard à toute caractéristique, trait, attribut ou tout autre élément de l'identité de cette personne physique, que ce soit en ligne ou hors ligne, ou eu égard à toute combinaison de ces caractéristiques avec toute autre information, et incluent toute déduction tirée de ces données à des fins de profilage.
	Brésil	Loi générale sur la protection des données (LGPD)	Les données personnelles désignent toute information relative à une personne physique identifiée ou identifiable.

(*Continué*)

Tableau 1-1 Continué

	Pays / Organisation	Loi	Définition
Données	Union européenne	Règlement général sur la protection des données (RGPD)	Une donnée personnelle désigne toute information se rapportant à une personne physique (personne concernée) identifiée ou identifiable. Est réputée être une « personne physique identifiable » une personne physique qui peut être identifiée directement ou indirectement, notamment par référence à un identifiant, tel qu'un nom, un numéro d'identification, des données de localisation, un identifiant en ligne, ou à un ou plusieurs éléments spécifiques propres à son identité physique, physiologique, génétique, psychique, économique, culturelle ou sociale.
	Singapour	Loi sur la protection des données personnelles	Une donnée personnelle désigne toute donnée, vraie ou non, concernant une personne physique qui peut être identifiée (a) à partir de cette donnée ; ou (b) à partir de cette donnée et d'autres informations auxquelles l'organisation a ou est susceptible d'avoir accès.
	Royaume-Uni	Loi de protection des données (Data Protection Act)	Une donnée personnelle désigne toute donnée relative à une personne physique qui peut être identifiée à partir de cette donnée ou à partir de cette donnée et d'autres informations auxquelles le responsable du traitement a ou est susceptible d'avoir accès.
	France	Loi Informatique et Libertés	Une donnée personnelle désigne toute information relative à une personne physique identifiée ou qui peut être identifiée directement ou indirectement par référence à un numéro d'identification ou à un ou plusieurs éléments qui lui sont propres.

	Pays / Organisation	Loi	Définition
	Allemagne	Loi fédérale sur la protection des données	Une donnée personnelle désigne toute information relative au statut privé ou spécifique d'une personne identifiée ou identifiable (personne concernée).
		Loi de Hesse de protection des données	Une donnée personnelle désigne toute information relative à la situation personnelle et factuelle d'une personne physique spécifique ou identifiable (personne concernée).

Source : informations publiques.

personne physique dont elle ne souhaite pas être connues par autrui[3], ce qui implique que certaines informations personnelles peuvent être des informations privées. Enfin, le Code civil donne une indication claire sur la manière d'appliquer la loi : « Lorsque les informations personnelles sont des informations privées, les règles du droit à la vie privée s'appliquent et dans le cas contraire, les règles de protection des informations personnelles s'appliquent ». Toutefois, cela ne signifie pas que les informations personnelles sont incluses dans la vie privée. Les informations personnelles sont axées sur l'identification de la personne concernée[4], tandis que la vie privée

3 La proposition de considérer la vie privée comme un droit de l'homme trouve son origine dans l'article 12 de la Déclaration universelle des droits de l'homme (DUDH) adoptée par les Nations Unies en 1948, qui stipule que « Nul ne sera l'objet d'immixtions arbitraires dans sa vie privée, sa famille, son domicile ou sa correspondance, ni d'atteintes à son honneur et à sa réputation. Toute personne a droit à la protection de la loi contre de telles immixtions ou de telles atteintes ». Cet article est considéré comme une base directe pour la protection du droit à la vie privée des individus et a été intégralement repris par l'article 17 du Pacte international relatif aux droits civils et politiques (PIDCP).

4 Même si la définition des informations personnelles dans la législation varie d'un pays à un autre, elle met toujours l'accent sur le caractère identifiable des informations (Paul M. Schwartz et Daniel J. Solove, « Reconciling Personal Information in the United States and European Union » [Rapprochement des informations personnelles aux États-Unis et dans l'Union européenne], *Calif. L. Rév*, n° 102, 2014]. En observant les dispositions de l'article 1034 du Code civil chinois et de l'article 4 du RGPD, nous pouvons constater que le Code civil chinois considère une information comme personnelle dès que cette information, seule ou combinée à d'autres informations, permet d'identifier indirectement une personne physique spécifique. De son côté, le RGPD précise que les informations personnelles peuvent concerner une personne physique identifiée ou identifiable. Actuellement, il est généralement admis que les informations ne peuvent être considérées comme des informations personnelles que si elles permettent d'identifier l'individu. Dans ce cas seulement, leur collecte, leur traitement et leur utilisation peuvent constituer une atteinte à la vie privée de l'individu. Toutefois, les exemples d'informations personnelles donnés par chaque législation sont différents. Par exemple, les exemples donnés par le RGPD sont un identifiant, tel qu'un nom, un numéro d'identification, des données de localisation, un identifiant en ligne, ou un ou plusieurs éléments spécifiques propres à l'identité physique, physiologique, génétique, psychique, économique, culturelle ou sociale de la personne physique. Quant aux autres éléments, des interprétations complémentaires seront nécessaires pour déterminer s'ils peuvent être

met l'accent sur le caractère privé (He Yuan 2020, p. 49). En matière de valeurs fondamentales, le droit à la vie privée s'intéresse au maintien et à la protection de la tranquillité de la vie personnelle, tandis que la protection des informations personnelles s'intéresse à l'équilibre des intérêts entre le contrôle et la circulation des informations. Si la vie privée appartient davantage à la sphère privée, les informations personnelles impliquent à la fois la protection et l'utilisation et nécessitent de concilier les intérêts personnels et publics. Ainsi, dans la législation moderne, la protection des informations personnelles s'est progressivement séparée du droit à la vie privée de la sphère privée pour former un système de droit public relativement indépendant (Zhou Hanhua 2020), dont l'objectif législatif consiste à trouver un équilibre entre les intérêts individuels et la libre circulation des informations. Tel est le cas du RGPD de l'UE, qui se définit comme « règlement relatif à la protection des personnes physiques à l'égard du traitement des données à caractère personnel et à la libre circulation de ces données ». En termes de principe de protection, la protection des informations personnelles suit des principes qui lui sont propres, tandis

considérés comme des informations personnelles dans la juridiction de l'espace économique européen. Comme le RGPD, le Code civil chinois donne une liste d'informations personnelles à titre d'exemple et non exhaustive. En revanche, d'autres pays et régions ont choisi l'approche énumérative dans leur législation. Par exemple, aux États-Unis, le Massachusetts limite spécifiquement les informations personnelles aux « noms, numéros de sécurité sociale, numéros de permis de conduire, numéros de compte financier, numéros de carte de crédit ou de débit ». Dans ce cas, la protection sera insuffisante car elle ne couvre pas les données non énumérées qui, combinées à d'autres informations, permettent d'identifier une personne physique. Contrairement à la pensée législative de la Chine selon laquelle le droit à la vie privée existe en même temps que les données et les informations personnelles, la vie privée et la liberté personnelle ont d'abord apparu comme un terme général sans définition claire dans les lois et règlements en Europe. Par exemple, la directive 95/46/CE s'intéresse à « la protection des libertés et droits fondamentaux des personnes physiques, notamment de leur vie privée, à l'égard du traitement des données ». Cette ambiguïté de définition a existé jusqu'à ce que le RGPD remplace, pour la première fois, « le droit à la vie privée », une notion large et peu claire, par « le droit à la protection des données à caractère personnel », posant ainsi une base claire pour le système de droits en matière de protection des données personnelles au sein de l'Union européenne.

que la protection de la vie privée ne porte que sur la détention et la confidentialité des informations. Les Lignes directrices de l'OCDE de 1980 énoncent les principes suivants applicables à la protection des données : le principe de la limitation en matière de collecte, le principe de la qualité des données, le principe de la spécification des finalités, le principe de la limitation de l'utilisation, le principe des garanties de sécurité, le principe de la transparence, le principe de la participation individuelle et le principe de la responsabilité. L'article 41 de la *loi sur la cybersécurité de la République populaire de Chine* (ci-après dénommée « loi sur la cybersécurité ») stipule que « la collecte et l'utilisation des informations personnelles doivent être conformes aux principes de la légalité, de la légitimité et de la nécessité ». En termes de pouvoirs, le droit aux informations personnelles a non seulement des pouvoirs sous-jacents, mais aussi des pouvoirs « actifs » comme les droits à l'information, à la modification et à la suppression, qui ne sont pas contenus dans le droit à la vie privée. En ce qui concerne la détermination des violations, la violation de la vie privée présuppose une atteinte aux droits, tandis que la violation des informations personnelles présuppose une violation des règles de protection des informations personnelles. Par ailleurs, les violations d'informations personnelles engagent non seulement la responsabilité civile, mais impliquent souvent une responsabilité administrative et pénale (He Yuan 2020, p. 50).

Relation entre informations personnelles et données. Toutes les données n'ont pas une valeur informative, et toutes les informations ne sont pas des données. L'information est ce que les données reflètent, et les données sont une forme de l'information (Xie Yuanyang 2015). Dans le cyberespace, les données personnelles et les informations personnelles se chevauchent très largement. Toutefois, strictement parlant, ces deux notions ne peuvent se remplacer que partiellement, mais pas totalement (Zhou Sijia 2020). Les droits sur les données et les droits sur les informations ne peuvent être assimilés, car ils sont différents en termes de sujet de droit, d'objet de droit, de nature et de contenu. Ces dernières années, de nouveaux types d'intérêts et de droits liés aux données ont vu le jour, et différents sujets de droits des données ont commencé à revendiquer des changements dans le système juridique de protection des données. La définition de la nature juridique des données, qui est également la source de protection juridique

Tableau 1-2 Portée des informations personnelles selon les lois et règlements chinois

Texte juridique	Exemples d'informations personnelles
Article 1034, paragraphe 2, du Code civil	Noms complets, dates de naissance, numéros d'identification, informations biométriques personnelles, adresses, numéros de téléphone, adresses e-mail, informations de santé, informations de localisation, etc. d'une personne physique.
Articles 76 de la Loi sur la cybersécurité	Noms complets, dates de naissance, numéros d'identification, informations biométriques personnelles, adresses, numéros de téléphone, etc. d'une personne physique.
Article 4 du Règlement sur la protection des informations personnelles des utilisateurs de télécommunications et d'Internet	Noms complets, dates de naissance, numéros d'identification, adresses, numéros de téléphone, identifiants, mots de passe, etc.
Article 12 du Règlement de la Cour populaire suprême sur l'application des lois aux cas de violation des droits et intérêts personnels par le biais de réseaux d'information	Informations génétiques, dossiers médicaux, informations de santé, casier judiciaire, adresse du domicile, activités privées, etc.
Article premier de l'Interprétation de la Cour populaire suprême et du Parquet populaire suprême sur l'application des lois aux affaires pénales impliquant la violation des informations personnelles	Noms complets, numéros d'identification, coordonnées personnelles, adresses, numéros de compte, situation patrimoniale, données de déplacement, etc.

(*Continué*)

Tableau 1-2 Continué

Texte juridique	Exemples d'informations personnelles
Point 20 du procès-verbal de la Conférence nationale sur les travaux de justice civile 2015	Pour les utilisateurs de réseau : identifiants et mots de passe d'authentification, adresses de port, temps de connexion, journal de navigation Web, adresses des pages Web, mots-clés utilisés pour les moteurs de recherche ; pour les individus : noms complets, profession, situation familiale, situation de mariage, empreintes digitales, audio, vidéo, etc.
Article 3.1 du Code de sécurité des informations personnelles – Technologies de sécurité de l'information	Noms complets, dates de naissance, numéros d'identification, informations biométriques personnelles, adresses, coordonnées personnelles, historique et contenu de communication, identifiants et mots de passe, situation patrimoniale, informations de crédit, données de déplacement, information sur l'hébergement, information de santé, information sur les transactions, etc.

Source : informations publiques.

des données, est importante dans tous les aspects de la conception des systèmes de protection des données. Or, les points de vue sur la question divergent dans le monde académique : certains considèrent les données comme un sujet du droit de propriété, d'autres comme un sujet du droit à la vie privée, d'autres encore comme un sujet du droit de la personnalité, ou comme un nouveau type de droits. Avec le développement approfondi du numérique, des réseaux et de l'intelligence, de plus en plus d'universitaires préconisent l'établissement d'un statut indépendant pour les droits des données, en les considérant comme un nouveau type de droits distinct du droit de la personnalité et du droit de propriété, qui porte à la fois des intérêts patrimoniaux et personnels. Pour ceux qui considèrent les données personnelles comme un intérêt patrimonial, les personnes concernées sont propriétaires des données et les données personnelles peuvent être protégées selon le modèle de protection de la propriété. Pour ceux qui classent les données personnelles dans la vie privée, une violation des données personnelles est essentiellement une violation du droit à la vie privée et la législation sur la protection des données personnelles doit adopter le modèle de protection de la vie privée. Cette approche est préconisée par les États-Unis. Pour ceux qui considèrent les données personnelles comme un sujet du droit de la personnalité, les intérêts personnels traduits par les données personnelles font partie de la dignité humaine et la protection des données personnelles devrait être fondée sur un modèle de protection du droit de la personnalité. Cette approche est adoptée notamment par l'Allemagne. Outre ces courants, d'autres universitaires ont proposé de créer un nouveau modèle de protection pour les droits des données, en les considérant comme un nouveau type de droits distinct du droit de la personnalité et du la personnalité, mais qui porte à la fois des intérêts de la propriété et de la personnalité. Dans tous les cas, les milieux universitaires sont arrivés à un consensus sur le fait que les données personnelles impliquent à la fois des intérêts patrimoniaux et personnels. L'idée selon laquelle les données personnelles sont un sujet du droit de propriété peut jouer un rôle important dans la protection des intérêts patrimoniaux relatifs aux données personnelles, mais elle est de toute évidence insuffisante pour protéger les intérêts personnels relatifs aux données. À l'inverse, l'idée de classer les droits relatifs aux données personnelles dans le droit à la vie privée ou le droit de la personnalité permet de mieux protéger les intérêts personnels relatifs aux données, mais ne peut pas couvrir la protection des intérêts patrimoniaux relatifs aux données (Wang Dongsheng 2019, p. 53). Par conséquent, afin de concilier la protection des intérêts patrimoniaux et personnels relatifs aux données, nous partageons l'idée de considérer les droits relatifs aux données personnelles comme un nouveau type de droits. Toutefois, la question de savoir si les données sont plutôt des intérêts ou des droits continue de prêter à controverse.

(3) Intérêts, intérêts légaux et droits

Les intérêts, les intérêts légaux[5] et les droits font partie intégrante du système des droits et intérêts civils et peuvent se convertir dans certaines conditions. Les droits et les intérêts légaux contiennent tous deux des éléments d'intérêt et sont des moyens de réaliser les intérêts. Les intérêts sont l'essence même et la pierre angulaire des droits. Leur réalisation est le point de départ et l'objectif des droits. Un droit est l'institutionnalisation d'intérêts légitimes. Au cœur des droits, la justice est le pont qui relie les intérêts et les droits (Peng Chengxin 2004). En termes quantitatifs, les intérêts sont les plus nombreux, suivis par les intérêts légaux, puis les droits (Li Yan 2008). Dans l'affaire du « droit d'embrasser », le tribunal a jugé que « tout droit doit se fonder sur une base juridique [...] Un intérêt n'équivaut pas à un droit et tous les intérêts ne peuvent pas donner lieu à une réparation judiciaire [...] Aucune loi ni aucun règlement administratif chinois ne comporte de disposition sur le droit d'embrasser. Par conséquent, sa revendication est sans fondement juridique[6] ».

C'est dans l'article 111 des Dispositions générales du code civil que le droit civil chinois prévoit pour la première fois une protection explicite

5 Au sens large, les intérêts légaux font référence à tous les intérêts protégés par la loi et incluent en ce sens les droits ; au sens strict, les intérêts légaux désignent les intérêts protégés par la loi autres que les droits.

6 L'affaire Tao Liping contre Wu Xi portant sur l'indemnisation des dommages corporels causés par un accident de la circulation (2001), Cour populaire de la province du Sichuan, affaire civile n° 832.

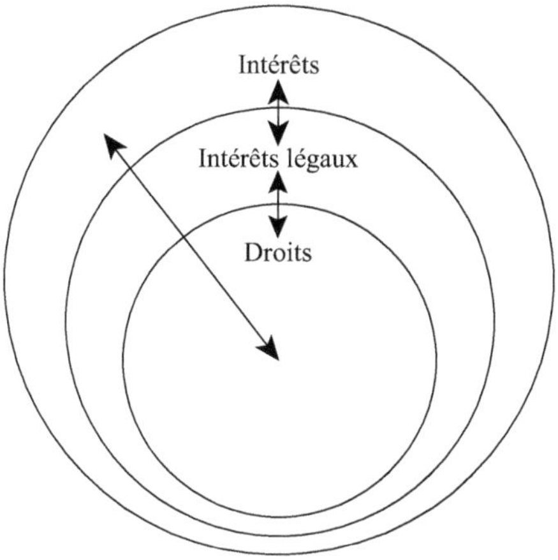

Figure 1-1 Relations entre intérêts, intérêts légaux et droits (Li Yan 2008).

des informations personnelles (voir Tableau 1-3). Ledit article stipule que « les informations personnelles des personnes physiques sont protégées par la loi ». Par l'article 127 qui dispose que « si la loi prévoit des dispositions sur la protection des données et de la propriété virtuelle sur l'Internet, ces dispositions doivent s'appliquer », les données sont pour la première fois explicitement incluses dans la protection des droits civils. Cela représente également une reconnaissance officielle des données en tant que droit légal. Au sens littéral, l'article 127 n'établit pas les données comme un droit. Cependant, puisque l'article se trouve dans le chapitre des droits civils, une analyse logique permet de déduire que les données sont considérées comme un objet des droits civils. Globalement, les Dispositions générale du code civil sont ouvertes et prudentes à l'égard de la nature juridique, des moyens de protection et du modèle d'utilisation des données et les dispositions sur ces questions sont plutôt de l'orientation générale, mais l'article 127 a levé le rideau de la pratique législative en matière de droits sur les données. Par la suite, le Code civil chinois a conservé les concepts de la vie privée, des informations personnelles et des données initialement proposés par les Dispositions générales du code civil, établissant ainsi un cadre de base dans lequel le droit à la vie privée, les droits sur les informations et les droits sur les données coexistent. De cette manière, le Code civil fournit

Tableau 1-3 Différentes interprétations du terme « informations personnelles » de l'article 111 des Dispositions générales du code civil

Courant	Interprétation
Courant des intérêts légaux	Selon les *Interprétations des Dispositions générales du code civil* de Pr Wang Liming, « l'article stipule simplement que les informations personnelles doivent être protégées par la loi. Puisqu'il n'utilise pas l'expression de "droit sur les informations personnelles", les informations personnelles ne sont pas considérées comme un droit personnel spécifique par les Dispositions générales du code civil. Toutefois, l'article fournit la base juridique de la protection des informations personnelles des personnes physiques ».
	Selon les *Interprétations et guide d'application des Dispositions générales du code civil* de Pr Long Weiqiu et Pr Liu Baoyu, « lors du deuxième examen, le projet de loi a inclus la question des informations personnelles, mais compte tenu de la complexité du sujet, les informations personnelles ne sont pas traitées simplement comme un droit civil, encore moins comme un droit de la personnalité. Le texte a choisi de confirmer la protection des informations personnelles par la loi en général, tout en laissant une certaine marge de manœuvre quant à la relation entre les informations personnelles et les intérêts patrimoniaux, entre les informations personnelles et le développement de l'économie des données ».

Courant	Interprétation
Courant du droit de la personnalité « approximatif »	Selon les *Commentaires des Dispositions générales du code civil* de Pr Chen Su, « en affirmant que les personnes physiques jouissent, en plus du droit à la vie privée, de droits civils en matière d'informations personnelles, l'article définit dans une certaine mesure un droit sur les informations personnelles. Bien que l'article ne prévoie pas directement le droit des personnes physiques sur les informations personnelles, il est déclaratoire et confirmatif quant à leurs droits civils ».
	Selon l'*Interprétation des Dispositions générales du code civil* de Pr Zhang Xinbao, « le Comité juridique a estimé que les droits relatifs aux informations personnelles étaient des droits importants dont jouissent les citoyens de la société moderne de l'information et que la protection explicite des informations personnelles revêtait une réelle importance pour défendre la dignité humaine des citoyens, les protéger contre toute immixtion illégale et maintenir un ordre social normal ».
Courant du droit de la personnalité	Selon les *Essentiels et interprétation de cas des Dispositions générales du code civil* de Pr Yang Lixin, « cet article dispose que les personnes physiques jouissent d'un droit sur les informations personnelles et qu'aucune entité ne peut porter atteinte à ce droit ».
Attitude des législateurs	Selon l'*Interprétation des Dispositions générales du code civil* de Li Shishi, « cet article stipule que les autres entités civiles ont l'obligation de protéger les informations personnelles des personnes physiques » et que « toute violation de cette obligation entraîne la responsabilité civile, administrative, et même pénale ».
	Selon la *Lecture des Dispositions générales du code civil* de Pr Zhang Rongshun, les droits relatifs aux informations personnelles sont des droits importants dont jouissent les citoyens de la société moderne de l'information et la protection explicite des informations personnelles revêt une réelle importance pour défendre la dignité humaine des citoyens, les protéger contre toute immixtion illégale et maintenir un ordre social normal.

Source : informations publiques.

une base législative pour l'affinement ultérieur des dispositions relatives à la protection des informations personnelles, tout en laissant de la place à la législation spécifique aux données.

Alors que notre monde entre dans l'ère numérique, les espaces physiques et numériques fusionnent progressivement. La technologie numérique représentée par l'Internet, les mégadonnées, l'Internet des objets, la chaîne de blocs et l'intelligence artificielle est devenue le symbole majeur de cette époque. La vie et la survie de l'humanité en dépendent fortement et les besoins des personnes pour une vie meilleure sont plus largement exprimés comme des besoins en matière de technologie numérique. Selon le Rapport sur le développement de l'Internet en Chine 2020, la Chine compte 1 319 millions d'utilisateurs d'Internet mobile à la fin de 2019, soit 32,17 % du nombre mondial d'internautes. En même temps, les données sont devenues une ressource stratégique importante et un facteur clé de production. Elles couvrent et enregistrent tous les aspects de la vie d'une personne de sa naissance à son décès et représentent une nouvelle façon d'exprimer les droits de l'homme dans la nouvelle ère. Le 12 juin 2020, le Secrétaire général des Nations Unies, António Guterres, a présenté une feuille de route pour l'élargissement de la coopération numérique, dont l'objectif premier est de connecter, de respecter et de protéger les peuples à l'ère numérique. L'une des missions de la feuille de route consiste à garantir le respect des droits de l'homme dans le domaine numérique[7]. Les droits de l'homme sont en train de connaître une profonde refonte numérique à l'issue de laquelle les « droits de l'homme numériques » naîtront.

Le 25 mai 2018, le Règlement général sur la protection des données (RGPD) entre en vigueur. L'article premier du RGPD dispose que le « règlement protège les libertés et droits fondamentaux des personnes physiques, en particulier leur droit à la protection des données à caractère personnel ».

7 António Guterres estime que le monde est en train de passer de l'analogique au numérique à un rythme plus rapide que ce que nous pouvons prévoir, ce qui apporte de grands espoirs, mais crée aussi des risques majeurs. La pandémie de Covid-19 nous a dévoilé de façon amplifiée les avantages et les dangers du monde numérique. D'un côté, la technologie numérique a amélioré la capacité de secours du personnel médical, de l'autre, les abus technologiques, les discours de haine, la discrimination et la maltraitante se propagent dans l'espace numérique.

Le RGPD accorde aux personnes concernées plusieurs droits en matière de données personnelles, dont notamment le droit à l'information, le droit d'accès, le droit de rectification, le droit à l'oubli, le droit à la limitation du traitement, le droit à la portabilité des données et le droit d'opposition. Le 25 mai 2020, les données sont apparues comme un droit pour la première fois dans le Rapport de travail de la Cour populaire suprême de Chine[8]. Le 20 juillet 2020, dans les Avis sur la fourniture de services judiciaires et de garanties pour accélérer l'amélioration de l'économie socialiste de marché dans la nouvelle ère, la Cour populaire suprême et la Commission nationale de développement et de réforme ont demandé à « renforcer la protection des monnaies numériques, de la propriété virtuelle sur réseau, des données et d'autres droits et intérêts nouveaux » et à « renforcer la protection des droits des données et la sécurité des informations personnelles[9] ». Le 15 juillet 2020, le Règlement sur les données de la zone économique spéciale

8 Le Rapport de travail de la Cour populaire suprême présenté par Zhou Qiang à la troisième session de la 13ème Assemblée populaire nationale indique clairement qu'il faut « renforcer la protection des droits relatifs aux données et de la sécurité des informations personnelles et durcir les peines pour les violations d'informations personnelles telles que la divulgation et la vente illégale, pour aider le développement de l'économie numérique », et que « le renforcement de la protection judiciaire des droits relatifs aux données sera bénéfique à l'utilisation des mégadonnées, au développement de l'économie numérique et à la protection de la vie privée des citoyens ».

9 Les Avis de la Cour populaire suprême et de la Commission nationale de développement et de réforme sur la fourniture de services judiciaires et de garanties pour accélérer l'amélioration de l'économie socialiste de marché dans la nouvelle ère (document n° 25, 2020) ont appelé à renforcer la protection des droits relatifs aux données et de la sécurité des informations personnelles. Les Avis précisent qu'il faut respecter les lois de l'économie socialiste de marché et le développement des industries liées aux données, protéger la collecte, l'utilisation, les transactions des données et les produits intellectuels qui en résultent, conformément à la loi, améliorer le système juridique de protection des données, gérer correctement les différents types de litiges liés aux données, promouvoir l'intégration profonde des mégadonnées avec d'autres nouvelles technologies, nouveaux domaines et nouveaux modèles industriels, et favoriser le développement novateur du marché des données. Les Avis appellent également à mettre en œuvre les dispositions du Code civil relatives à la protection des intérêts personnels, à améliorer le mécanisme de garantie judiciaire pour les droits et intérêts des personnes physiques relatifs aux

de Shenzhen (projet) propose pour la première fois le droit des données[10]. À l'heure actuelle, aucun consensus fondamental n'a été trouvé sur la structure du droit des données. D'une part, il existe une tension considérable entre les besoins de la personne concernée et la satisfaction des objets de droits en raison de la diversité et de la complexité des données ; d'autre part, les droits sur les données en tant que nouveau type de droits ont des caractéristiques propres qui rendent leur spectre très différent des droits classiques et donc difficile à accepter par tous. Or, les intérêts, les revendications, les qualifications, les libertés et les choix sur lesquels nous insistons ne peuvent devenir des droits protégés par la loi que lorsque leur légitimité est définie par la loi (Fan Jinxue 2003). En effet, la notion de légitimité a imprégné l'histoire du développement des droits, de la *Politique* d'Aristote (la justice et la légitimité sont placées au cœur des droits et intérêts collectifs) au contrat social de Thomas Hobbes, en passant par l'utilisation du droit par les Romains pour défendre la justice (Yan Lidong 2019). Pour qu'un intérêt devienne un droit, trois conditions minimales doivent être remplies : premièrement, l'intérêt est légitime ; deuxièmement, il est pris en compte par le système juridique existant ; et troisièmement, le droit est fondé sur une analyse coût-avantage. Plus précisément, en droit civil, que ce

données biologiques et sociales, à délimiter une frontière entre le développement de la technologie de l'information et la protection des informations personnelles et à équilibrer la relation entre les informations personnelles et l'intérêt public.

10 Le droit des données est l'une des innovations clés du Règlement. Premièrement, le Règlement stipule pour la première fois que les personnes physiques, les personnes morales et les organisations non constituées en société jouissent du droit des données conformément aux lois, à la règlementation et aux dispositions du Règlement. Il définit le droit des données comme le droit de décider, de contrôler, de traiter, de jouir des données spécifiques et le droit d'être endommagé lorsque ses intérêts en matière de données spécifiques sont atteints. Deuxièmement, le Règlement précise que les personnes physiques jouissent du droit des données sur leurs données personnelles conformément à la loi. Troisièmement, il définit les données publiques comme un nouveau type d'actifs appartenant à l'État. Par conséquent, l'État est titulaire du droit des données publiques, lequel pourra être exercé par le gouvernement municipal de Shenzhen au nom de l'État. Quatrièmement, il stipule que les acteurs du marché des données (en tant que facteur de production) jouissent du droit des données sur les données qu'ils collectent légalement et sur les données qu'ils produisent eux-mêmes.

soit la création d'un droit par le droit statutaire ou la mise à disposition d'une procédure de recours pour protéger un intérêt, il est nécessaire d'étudier si l'intérêt constitue un intérêt légitime qui doit être légalement protégé et s'il peut être couvert par le système de droits et intérêts civils existant. Il faut également coordonner les valeurs contradictoires, en particulier le conflit entre la protection de l'intérêt et la préservation du droit à une liberté de conduite raisonnable (Cheng Xiao 2019).

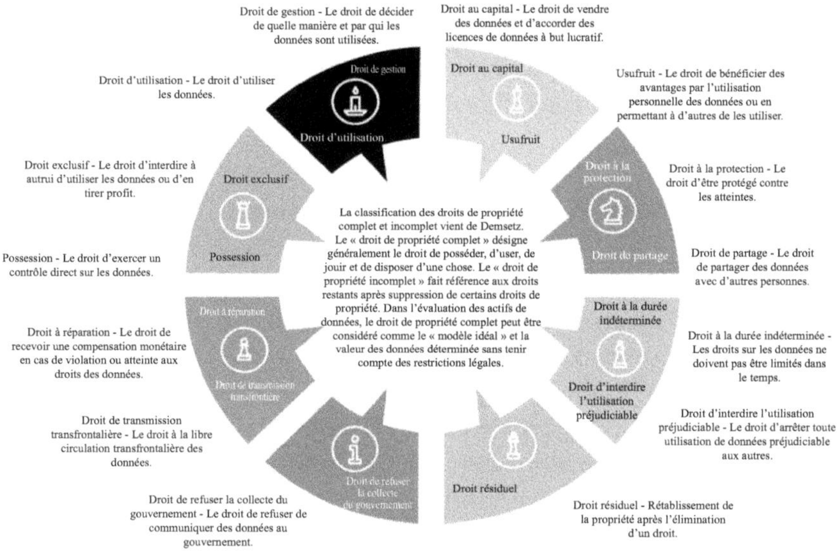

Figure 1-2 Théorie des faisceaux de droits sur les données (Deloitte, AliResearch, 2019, p. 16).

1.2 Valeurs des droits des données

Avec le développement de la société et l'approfondissement de la recherche, les droits de l'homme acquièrent constamment de nouvelles connotations. La reconnaissance des droits des données dans le domaine des droits de l'homme est une tendance du développement du système constitutionnel dans divers pays. Plus précisément, ces pays penchent pour institutionnaliser les droits des données en tant que droits fondamentaux de l'homme et à les transformer en droits statuaires. Tout droit traduit des valeurs. Les droits en tant qu'orientation de valeurs dans une société démocratique sont liés à d'autres objectifs de valeurs de la société, notamment les objectifs en matière de droits de l'homme, d'équité, d'efficacité et de liberté. Il en est de même pour les droits des données qui, en tant que droits fondamentaux de l'homme, revêtent une importance non négligeable pour les individus, les sociétés et les nations. Une réflexion approfondie sur les valeurs que les droits des données doivent incarner ou réaliser peut à la fois répondre à la question de leur légitimité et de leur faisabilité et aider à explorer les moyens de leur réalisation.

(1) Droits des données en tant que droits de l'homme

La dimension humaine étant l'âme de la civilisation de l'État de droit, elle doit être accentuée dans la construction d'une société numérique fondée sur le droit. Cela consiste à faire de la dignité humaine, de la liberté humaine et du développement humain la préoccupation ultime de la construction d'une société numérique de droit. Le Secrétaire général Xi Jinping l'a transformé en une proposition politique et juridique contemporaine et réelle en insistant sur la primauté du peuple, la place centrale et dominante du peuple. Il a souligné que la construction de l'État de droit devrait être bénéfique au peuple, obtenir le soutien du peuple et protéger le peuple, clarifiant ainsi l'essence juridique et la dimension contemporaine de la construction de l'État de droit. Comme l'a fait remarquer Pr Trachtman, le cyberespace est en train de passer d'un système de *terra nullius* centré sur la technologie à système de droits centré sur l'homme (Joel P. Trachtman 2013, p. 106). Bien que les activités de données soient basées sur la technologie, l'objectif fondamental de la technologie numérique est de répondre aux besoins objectifs des personnes et de parvenir à un développement centré sur l'être humain. La société numérique basée sur les données et les algorithmes doit être une société d'humains et non d'objets. Plus précisément, la construction d'un ordre social et juridique centré sur l'être humain dans une société numérique consiste à faire de la protection des droits de l'homme numériques le cœur de l'ordre juridique.

Les droits de l'homme numériques incarnent le droit fondamental des personnes à un modèle de survie et à des besoins de développement numérique dans une société numérique. La proposition de droits des données est une nécessité pour renforcer le respect des responsabilités et des obligations en matière de droits de l'homme numériques par le secteur public et les plates-formes, s'assurer que la technologie est au service du bien, pour faire entendre la voix de la Chine sur la scène internationale juridique, prendre de l'avant dans l'établissement des règles dans le cyberespace et enrichir la diversité de la civilisation humaine. Les milieux universitaires estiment généralement qu'il y a eu trois transformations historiques au cours de l'évolution des droits de l'homme dans le monde. La première, la deuxième et la troisième générations de droits de l'homme portent sur les personnes, les biens, les choses et les comportements au sens physique, et la notion d'informations ou de données n'y est pas abordée. Les préoccupations en matière de sécurité, d'environnement et de numérique sont devenues les principales caractéristiques du système des droits de l'homme de quatrième génération, lequel est conduit par les droits de l'homme numériques. Toutefois, les droits de l'homme numériques n'annulent ni ne réfutent les trois premières générations de droits de l'homme, mais en sont l'extension et la progression et forment avec elles le système des droits de l'homme de la nouvelle ère. Les droits de l'homme numériques bénéficient d'un riche fondement juridique : de nombreux documents portant sur les droits de l'homme à différents niveaux, tels que des conventions internationales, régionales et des politiques nationales, reconnaissent les droits de l'homme numériques comme des droits fondamentaux de l'homme.

La proposition des droits de l'homme numériques « est fondée sur une société constituée de relations de production et de vie dans les espaces physiques et virtuels. Elle exprime l'orientation de l'information numérique des êtres humains et des intérêts connexes, et sa revendication principale est le plein développement des personnes dans une société intelligente (Ma Changshan 2019 ». Son objectif est d'éliminer les menaces aux droits de

Tableau 1-4 Comparaison des quatre générations de droits de l'homme

	Première génération de droits de l'homme	Deuxième génération de droits de l'homme	Troisième génération de droits de l'homme	Quatrième génération de droits de l'homme (Droits de l'homme numériques)
Contexte	Née dans la Révolution française de 1789, dans le contexte d'une révolution bourgeoise contre la féodalité et l'autocratie.	Née au début du XXᵉ siècle après la révolution d'Octobre en Russie, dans le contexte d'une révolution socialiste qui s'oppose à l'exploitation capitaliste et aux disparités croissantes entre les riches et les pauvres.	Née dans les années 1950 et 1960 pendant les mouvements de libération des peuples coloniaux et opprimés, dans le contexte des révolutions nationales pour l'indépendance nationale, la libération nationale et la démocratie politique.	Née avec la quatrième révolution technologique, représentée par la technologie numérique, et les changements radicaux dans l'économie et la société, dans le contexte d'une révolution de l'information.

	Première génération de droits de l'homme	Deuxième génération de droits de l'homme	Troisième génération de droits de l'homme	Quatrième génération de droits de l'homme (Droits de l'homme numériques)
Revendications	Droit à la vie, liberté individuelle, liberté de croyance, liberté de religion, liberté d'expression et de la presse, liberté de réunion et d'association, liberté de circuler et de choisir sa résidence, droit de ne pas être arbitrairement arrêté ou détenu, droit de ne pas être l'objet d'immixtions dans sa correspondance, droit de vote et d'autres droits politiques. Un accent est mis sur l'inviolabilité du droit de propriété.	Droit à la survie, au travail, au repos, aux soins de santé, à l'éducation, à un niveau de vie suffisant et à l'association syndicale, etc., en plus des revendications de la première génération de droits de l'homme.	Droit à la paix, au développement, à l'environnement, au patrimoine commun de l'humanité, l'autodétermination des peuples, etc.	Autonomie, droit à l'information, droit d'expression, droit à une utilisation équitable, droit à la vie privée, droit de propriété en matière d'informations et de données, etc.

(*Continué*)

Tableau 1-4 Continué

	Première génération de droits de l'homme	Deuxième génération de droits de l'homme	Troisième génération de droits de l'homme	Quatrième génération de droits de l'homme (Droits de l'homme numériques)
Essence	Il s'agit de faire respecter les libertés individuelles sous une forme juridique, de s'opposer à l'immixtion de l'État dans les libertés et les droits des individus et d'exiger que l'État assume son obligation de s'abstenir d'agir.	Il s'agit d'exiger que l'État fournisse des conditions sociales et économiques de base pour promouvoir la réalisation des libertés individuelles, en mettant l'accent sur son obligation d'agir pour la réalisation des droits de l'homme.	Il s'agit des revendications de nature collective qui se concentrent sur l'autodétermination et le développement des nations et des peuples.	L'objectif est d'éliminer les menaces aux droits de l'homme telles que la discrimination algorithmique, la fracture numérique, la société de surveillance et l'hégémonie des algorithmes, et d'accroître l'autonomie des personnes à l'ère numérique en renforçant la protection des droits de l'homme de l'*homos numericus*.

Source : Wang Guanghui, 人权法学 [Sur les droits de l'homme], Tsinghua University Press, 2015 ; Qi Yanping, 人权观念的演进 [Evolution du concept des droits de l'homme], Shandong University Press, 2015 ; Ma Changshan, « 智慧社会背景下的"第四代人权"及其保障 » ['Quatrième génération de droits de l'homme' et sa protection dans le contexte d'une société intelligente], China Legal Science, 2019, n° 5.

l'homme telles que la discrimination algorithmique, la fracture numérique, la société de surveillance et l'hégémonie des algorithmes, et d'accroître l'autonomie des personnes à l'ère numérique en renforçant la protection des droits de l'homme de l'*homos numericus*. Le contenu des droits de l'homme numériques est riche et « comprend à la fois la réalisation des droits de l'homme par la technologie numérique, les droits de l'homme dans la vie numérique ou l'espace numérique et les normes en matière de droits de l'homme dans la technologie numérique et le fondement juridique des droits de l'homme numériques, etc. » (Zhang Wenxian 2019). Derrière l'émergence des droits de l'homme numériques se cache une révolution numérique, qui apporte, à l'instar des révolutions précédentes, de l'émancipation de l'esprit et des innovations institutionnelles à l'humanité. En revanche, dans cette révolution, les relations de production et de vie de l'ère industrielle traditionnelle sont transformées par les progrès technologiques plutôt que par la lutte armée. En termes de logique interne, le développement des droits de l'homme numériques diffère de celui des trois générations précédentes. En effet, qu'il s'agisse de la sécurité économique, de la survie, du développement et de la participation politique, les trois premières générations de droits de l'homme partagent essentiellement deux caractéristiques : premièrement, leurs revendications sont fondées sur la nature biologique des êtres humains, et deuxièmement, elles sont développées dans un cadre logique de l'espace physique. En revanche, les revendications et le développement objectif des droits de l'homme numériques ne constituent ni une expansion des droits de l'homme de l'ère industrielle et commerciale traditionnelle, ni une augmentation du nombre ou des types de droits, mais un changement fondamental des droits à l'ère numérique. Tout développement et changement des droits de l'homme entraînent une mise à niveau et un bond en avant dans leurs valeurs fondamentales établies. La deuxième génération de droits de l'homme est allée au-delà de la première avec une conception plus substantielle des droits sociaux, culturels et économiques ; la troisième génération de droits de l'homme a surpassé la deuxième avec la notion de droits collectifs qui met l'accent sur la survie et le développement (Ma Changshan 2019). De même, les droits de l'homme numériques ne sont pas une simple extension, mais une mise à niveau des droits de l'homme traditionnels apportée par la société intelligente et la révolution numérique. Face à une révolution technologique, à la fois porteuse d'opportunités et de défis, cette mise à niveau doit contenir efficacement les risques liés au développement du numérique, des réseaux et de l'intelligence et transformer largement les progrès en capacité des humains à se développer librement, en dépassant ses limites biologiques, pour se rapprocher plus des valeurs et de la dignité humaines.

(2) Socle de valeurs des droits des données

Théorie de la confidentialité. En tant qu'origine du droit à la vie privée, la « théorie de la confidentialité basée sur les relations sociales » a été développée à partir d'une jurisprudence importante de 1848[11]. La décision de l'affaire en question s'appuie sur deux motifs principaux : le premier motif est le droit de chacun de garder sa situation en privée. Le juge Bruce a souligné, dans un obiter dictum de la décision, « qu'une personne a le droit de garder sa situation en privé […] Une fois que ses informations sont divulguées au public, la tranquillité de sa vie, voire sa carrière, pourrait être détruite[12] ». Le second motif est la responsabilité d'abus de confiance. Le juge a conclu que l'obtention des copies par Strange auprès d'un imprimeur de Windsor « constituait nécessairement un abus de confiance, de confidentialité ou de contrat » et que l'imprimeur « violait également ses obligations en matière de confidentialité ». « Aucun commis ne peut rendre public ce qu'il apprend dans l'exécution de son

11 Il s'agit de l'affaire Prince Albert c. Strange. Dans cette affaire, la reine Victoria et son époux, le prince Albert, ont créé un certain nombre de gravures représentant la vie familiale et ont confié les plaques de cuivre à un imprimeur de Windsor pour créer des copies que le couple a montrées à des amis proches. À partir des copies obtenues auprès d'un assistant de l'imprimeur, l'éditeur William Strange a créé un catalogue des gravures et en a imprimé 50 exemplaires. Le prince Albert a décidé de poursuivre Strange en justice, et la décision de la *Court of Chancery* a interdit à Strange de publier le catalogue des gravures du couple royale. (He Yuan, *数据法学* [Étude du droit des données], Peking University Press, 2020, p. 32.)

12 Voir Prince Albert v. Strange, (1848) 41 Eng. Rep.1171 (Ch.).

travail » sous peine d'injonction par la loi[13]. En réalité, en droit coutumier, il existe depuis longtemps un système juridique fondé sur la théorie de la confidentialité pour protéger les informations personnelles des personnes physiques contre la divulgation par d'autrui. Cette théorie peut remonter au serment d'Hippocrate d'il y a plus de 2 000 ans et est largement incarnée dans le droit anglais sous deux aspects : la protection de la relation de confiance et la protection de la confidentialité des communications. Plus précisément, la protection de la relation de confiance prévoit des privilèges en droit de la preuve, qui protège les parties contre la divulgation de leurs informations secrètes aux tribunaux ou à la société ; l'obligation de ne pas divulguer les informations d'autres parties en cas de relations sociales spécifiques mettant en avant la confiance ; une définition de l'extorsion qui inclut la divulgation de la vie privée d'autrui (maladies, comportement immoral ou casier judiciaire) ; et l'obligation du gouvernement de garantir la confidentialité des informations personnelles qui lui sont fournies par les citoyens. En matière de confidentialité des communications, outre la protection de la confidentialité dans les relations d'affaires telles que les relations professionnelles et les contrats, le droit anglais garantit également la confidentialité des communications dans diverses relations sociales, qui, à l'époque, se composaient essentiellement de lettres, de textes et de télégrammes. Le droit anglais considère les communications comme une relation de confiance et, par conséquent, interdit aux parties intéressées de les rendre publiques (Neil M. Richards et Daniel J. Solove 2007, p. 123).

Théorie du droit à la vie privée. La première conception de cette théorie est « le droit d'être laissé seul » proposé par Samuel D. Warren et Louis D. Brandeis. Tout comme la théorie de la confidentialité, Warren et Brandeis se sont inspirés de la décision du juge Bruce dans l'affaire Prince Albert c. Strange. Cependant, plutôt que de discuter de la vie privée sous l'angle des relations sociales, ils ont adopté une approche différente en faisant de l'affaire une jurisprudence qui protège les pensées, sentiments et émotions personnels contre la publication. Selon eux, le principe qui a été appliqué

13 Voir Prince Albert v. Strange, (1848) 41 Eng. Rep.1171 (Ch.).

pour protéger les écrits personnels et toutes autres productions de l'intellect ou des émotions n'est en réalité pas le principe de la propriété privée, à moins que ce mot ne soit utilisé dans un sens étendu et inhabituel, mais le droit à la vie privée (Samuel D. Warren et Louis D. Brandeis 1890, p. 205). La deuxième conception de cette théorie est la classification des atteintes à la vie privée selon William L. Prosser. En 1960, le professeur Prosser, fondateur de la loi sur la protection de la vie privée aux États-Unis, a publié un article intitulé « Privacy » dans la revue *California Law Review*, dans lequel il a résumé quatre types de violation de la vie privée : intrusion dans la vie ou les affaires personnelles d'autrui ; divulgation publique de faits privés ; publicité dégradant l'image d'autrui ; et appropriation du nom ou de l'image d'autrui pour son profit personnel (William L. Prosser 1960, p. 389). Cette classification a profondément influencé la législation sur la protection de la vie privée et la justice aux États-Unis. Cependant, au fur et à mesure que la société évolue, cette classification devient incapable de répondre et de résoudre les problèmes réels, car elle limite fortement la portée du recours des lois sur la protection de la vie privée quand il s'agit des questions juridiques à l'ère de l'information. La troisième conception de cette théorie est « le contrôle de la vie privée » proposé par Alan F. Westin. En 1967, dans son ouvrage *Privacy and freedom*, Alan F. Westin, fondateur de la théorie du contrôle de la vie privée aux États-Unis, a défini pour la première fois « le droit à la vie privée des informations ». Il considère que « la vie privée est le droit des individus […] de déterminer eux-mêmes quand, comment et dans quelle mesure les informations les concernant sont communiquées (Zhang Min'an 2014, p. 2) ». La Cour suprême des États-Unis a également validé ou renforcé la doctrine de Westin par la jurisprudence judiciaire. Par exemple, dans l'affaire Griswold c. Connecticut en 1965, la Cour suprême des États-Unis a confirmé « le droit à la vie privée autonome » et a invalidé la *Comstock law* interdisant la contraception, en estimant que les individus avaient le droit de décider librement de leurs affaires privées sans intrusion gouvernementale. Puis, l'affaire Katz c. États-Unis de 1967 a établi « le droit à la vie privée physique ». En effet, la Cour suprême a conclu que l'écoute téléphonique nécessitait un mandat de perquisition, car les individus jouissaient du droit à la vie privée et devaient être protégés contre l'intrusion gouvernementale, non seulement dans leurs lieux de résidence, mais également dans d'autres lieux privés. Dans l'affaire Whalen c. Roe de 1977, la Cour suprême a, pour la première fois, exposé de façon systémique « le droit à la vie privée des informations » et a conclu que les individus devaient avoir le contrôle de leurs informations personnelles. Le contrôle de sa vie privée est au cœur du droit à la vie privée des informations. Avec l'avènement de l'ère numérique, les données deviennent de plus en plus importantes pour les individus, la société et l'État, et le contrôle de sa vie privée se traduit progressivement en contrôle de ses données. Ces dernières années, l'une des questions fondamentales de la législation américaine sur les données représentée par la California Consumer Privacy Act (CCPA) est la base de légitimité du contrôle et du traitement des données personnelles. La réponse principale à cette question est un mécanisme de consentement basé sur la théorie du contrôle de ses données (He Yuan 2020, p. 36).

Théorie du droit à l'autodétermination informationnelle. « Le droit à l'autodétermination informationnelle » a été confirmé pour la première fois par la Cour constitutionnelle fédérale allemande dans sa décision de 1983 relative au recensement démographique. La décision a invalidé l'effet juridique de la loi relative au recensement de la population qui prévoyait une vaste collecte des informations personnelles, et a proposé la notion novatrice du droit à « l'autodétermination informationnelle » sur la base de dispositions générales de la Loi fondamentale, notamment le paragraphe 1 de l'article premier portant sur la dignité de l'être humaine et le paragraphe 1 de l'article 2 portant sur le droit au libre développement de sa personnalité (Zhao Hong 2017). Plus précisément, la Cour constitutionnelle fédérale d'Allemagne a conclu que dans le contexte du traitement moderne des données, « le droit au libre développement de sa personnalité » prévu par la Loi fondamentale comprenait la protection des données à caractère personnel contre la collecte, le stockage, l'utilisation et le transfert sans restriction. Ainsi, ce droit fondamental garantirait le droit des individus de déterminer, de divulguer ou d'utiliser eux-mêmes leurs données personnelles (Zhang Yuanquan 2009, p. 39). En s'appuyant sur le droit au libre développement de sa personnalité, la Cour constitutionnelle fédérale d'Allemagne a introduit explicitement le droit à l'autodétermination informationnelle et a dessiné les contours de ce droit. Il s'agit à la fois d'un droit constitutionnel et privé, et sa protection est une mission commune du droit constitutionnel et du droit privé. Toutefois, la Cour constitutionnelle fédérale d'Allemagne n'a pas accordé de portée illimitée au droit à l'autodétermination informationnelle. Les individus n'auront pas de contrôle absolu ou illimité de leurs propres informations. « Puisque les individus développent leur personnalité au sein de la société commune, leurs informations, y compris personnelles, sont le reflet de faits sociaux et ne sont pas uniquement liées à eux-mêmes (Zhao Hong 2017) ». Dès sa proposition, le droit à l'autodétermination informationnelle de l'Allemagne a été positionné comme un droit constitutionnel, ce qui lui a accordé une portée de protection large, contrairement aux lois de protection de la vie privée des États-Unis. En tant que droit constitutionnel, il couvre « toute donnée de personnes physiques (directement) identifiées ou (indirectement) identifiables », répondant ainsi de manière efficace aux besoins de protection de l'information de l'ère des mégadonnées (Zhao Hong 2017) ».

(3) Positionnement des valeurs des droits des données

Selon la doctrine des droits naturels de John Locke, toute personne a droit à la vie, à la liberté et à la propriété. Les droits à la vie, à la liberté et à la propriété constituent les trois pierres angulaires de la société moderne. En tant que nouvelle catégorie indépendante de droits de l'homme, les droits des données nécessitent l'application combinée des droits public et privé, des droits substantiel et procédural. Ils pourraient devenir le quatrième droit fondamental de l'être humain après les droits à la vie, à la propriété et à la liberté. Les données et les droits des données sont les caractéristiques de la civilisation numérique et celle-ci pourrait être évaluée par la mesure dans laquelle les droits des données sont utilisés et protégés. Les droits des données sont des droits de l'homme dans l'espace de vie numérique, qui se réalisent à travers la technologie numérique et la primauté du droit dans le domaine des données. Basés sur les éléments de données, ils ont comme objet de droits les intérêts relatifs aux données et portent essentiellement sur la propriété, l'utilisation et la protection des données. Les droits des données sont un ensemble de droits qui englobent les droits de différents sujets à l'égard du même objet, y compris des droits en matière de personnalité, de vie privée, de propriété et de souveraineté[14]. Les droits des données incluent le droit sur les données, le droit de partage et la souveraineté des données, parmi lesquels le droit de partage joue un rôle central. Leur objectif est de contrer l'hégémonie numérique, les violences numériques et les monopoles numériques, en éliminant ou en faisant face à la fracture numérique, l'atteinte à la vie privée, la discrimination algorithmique et d'autres défis liés aux droits de l'homme pour favoriser la justice dans le domaine du numérique. Les droits de l'homme numériques permettent d'orienter la science et la technologie numériques vers la primauté du droit et un développement bénéfique à l'humanité. Ils revêtent une grande importance pour la vie commune de l'humanité et la construction d'un ordre numérique.

Les droits des données ont une valeur et des implications juridiques extrêmement riches et constituent un système à multiples niveaux et dimensions basé sur la préservation des intérêts relatifs aux données. La valeur de ce système réside dans la fonction et le rôle sociaux qu'il incarne. Actuellement, les droits des données sont largement reconnus et acceptés par les États de droit comme un faisceau de droits qui continuent d'être enrichis et élargis. D'une part, les droits des données incarnent les valeurs de l'indépendance, de la dignité et de la liberté : les intérêts légaux autonomes sur les données sont le reflet de l'autodétermination et de la liberté de l'être humain ; la réalisation des droits de la personnalité et de la propriété en matière de données est garantie par la réalisation du libre arbitre ; la libre circulation des données et la liberté de contrôler les données sont garantis par la protection de la

14 L'article 37 de la loi chinoise sur la cybersécurité promulguée en 2016 stipule explicitement que les données importantes doivent être stockées en Chine, exprimant ainsi l'idée de la souveraineté en matière de gestion des données.

liberté. D'autre part, les droits des données incarnent des valeurs de la démocratie et maintiennent l'ordre : leur réalisation est une condition préalable à la diversité démocratique des données et à la réalisation de l'autonomie des données, et représente un équilibre relatif entre les droits privés et publics, tout en reflétant l'éthique des données, l'autoréglementation des entreprises et la réglementation de l'industrie. Nous avons lieu de croire que la place des droits des données dans l'état de droit futur devrait et sera certainement établie, perfectionnée et protégée. En effet, « pour que les droits des données deviennent des droits légaux reconnus par la loi, ils doivent non seulement être définis de façon précise, mais aussi être soigneusement étudiés pour déterminer leur valeur intrinsèque spécifique, plutôt que d'être utilisés de façon ponctuelle à des fins juridiques périphériques (Peter Stein et John Shand 2004, p. 268) ».

Le droit moderne s'étant développé sur la base de la renaissance du droit romain, l'un de ses principes fondamentaux est le caractère unique des valeurs promus : il donne la conviction que le système de valeurs maintenu par l'ordre juridique actuel est unique. Toutefois, l'évolution de la société numérique a brisé ce principe et exigeait la coexistence de valeurs multiples afin de concilier et de tenir compte des différentes revendications de droits et des différentes orientations de valeurs (Lü Zhongmei 2005, p. 61). Le droit des données s'appuie précisément sur un tel positionnement juridique. La diversité des valeurs incarnées dans les droits des données et la compatibilité de ces valeurs répondent mieux à la question de la légitimité et de la faisabilité du droit des données. Plus important encore, elles fournissent une idée intéressante pour la gestion de trois types de relations : en matière de relation entre l'être humain et les données, il faut garantir la réalisation des droits de l'homme numériques ; en matière de relation entre les personnes, il faut favoriser l'inclusion numérique ; et en matière de relation entre les citoyens et l'État, il faut promouvoir la réalisation de la justice numérique. La législation des droits des données est non seulement une exigence de la construction du système juridique, mais aussi une tendance générale nécessaire à la satisfaction des besoins réels de la société et au maintien de l'harmonie et de la stabilité sociales.

1.3 Équité des intérêts

Le droit est un art de l'équilibre. Aucune loi n'est neutre et chaque loi a inévitablement son propre choix d'intérêts et son jugement de valeur. Les conflits d'intérêts étant universels, l'équilibre des intérêts est une question fondamentale du droit. La position de chaque loi révèle l'intention subjective du législateur ou la fonction objective de la loi dont elle est l'âme. Notre conception des intérêts est la condition préalable à la résolution des conflits et à l'ère numérique, et se montre très complexe. Dans un contexte marqué par la pluralité des sujets d'intérêt, la diversité des besoins, la complexité des relations d'intérêt et l'intensification des conflits d'intérêts, la construction d'un mécanisme pour équilibrer les intérêts relatifs aux données est un sujet important. En matière d'ajustement des relations, la tâche centrale du droit consiste à trouver l'équilibre dans la gestion des conflits d'intérêts. Dans la législation des droits des données, l'équilibre des intérêts devrait être guidé par trois principes fondamentaux : intégration, conformité et équilibre. Les données sont un produit public. La protection des droits sur les données devrait primer sur la protection des intérêts relatifs aux données, les intérêts de personnalité relatifs aux données devraient prévaloir sur les intérêts de propriété et l'intérêt public devrait l'emporter sur l'intérêt privé.

(1) Principe d'intégration

« L'objectif est le créateur de toute loi (Edgar Bodenheimer 2004, p. 114) ». L'équilibre des intérêts dans la législation en matière de données devrait être orienté vers l'objectif de la législation, lequel consiste à traiter les problèmes de relation relatifs aux données, afin de parvenir à la protection et à une bonne utilisation des données. La protection implique à la fois de la préservation (passive) et de l'amélioration (active). Ainsi, la protection des données peut être divisée en deux niveaux : le premier niveau correspond à la préservation des intérêts relatifs aux données et le second à la croissance de la valeur des données.

Les données impliquent à la fois des intérêts personnels de la personne concernée et de l'intérêt public. Les intérêts personnels nécessitent d'être protégés par le droit des données personnelles et peuvent parfois entrer en conflit avec l'intérêt public, lequel est notamment lié à la circulation des données en tant que nouveau type de facteur de production dans la société. En effet, les données constituent un nouveau type de facteur relevant à la fois du domaine de la personnalité et de celui de la propriété. Leur collecte et leur utilisation ne sont pas un simple processus de convergence de la richesse, mais un processus d'équilibre entre les intérêts personnels et publics. En plus de concerner les intérêts des personnes concernées, le traitement des données peut être une question de l'intérêt public. Pour déterminer s'il faut accorder la priorité à l'intérêt public ou à l'intérêt personnel, il est nécessaire d'étudier les conflits d'intérêts pour parvenir à un équilibre relatif. Dans le domaine des domaines, les conflits d'intérêts peuvent se résumer en conflit entre les besoins croissants en matière de protection et d'utilisation des données et les capacités insuffisantes pour les satisfaire. Il s'agit donc d'un conflit entre les intérêts personnels et les intérêts de propriété. Dans le cadre de la pondération des intérêts personnels et des intérêts de propriété, nous ne devrions pas insister sur des priorités « absolues, exclusives, éliminatoires et mécaniques ». Au lieu de cela, il faut chercher à désamorcer la situation néfaste dans laquelle les intérêts personnels et les intérêts de propriété sont en concurrence et isolés les uns par rapport aux autres, en promouvant leur convergence sur le principe d'intégration, afin de parvenir à une situation gagnant-gagnant où les intérêts personnels et les intérêts de propriété sont coordonnés et équilibrés.

Dans le domaine des données, les intérêts personnels et les intérêts de propriété reflètent ensemble la diversité des valeurs. Leur conflit trouve l'origine dans la tension entre la confidentialité et le caractère patrimonial des données. Pour cette raison, la législation des droits des données doit être centrée sur les personnes et porter attention à leurs revendications légitimes. Les intérêts personnels et les intérêts de propriété sont tous deux des intérêts légitimes qui doivent être protégés par la législation. Malgré leur conflit, ils ne s'excluent pas mutuellement. Selon Robert Alexy, les conflits entre les intérêts légitimes ne peuvent pas être résolus avec une approche exclusive, mais seulement par l'équilibre. Ce principe peut être considéré comme la base de la légitimité pour la résolution des conflits d'intérêts dans le domaine du droit des données.

Au fur et à mesure que les données pénètrent dans tous les domaines, les intérêts personnels, commerciaux, sociaux et nationaux qu'elles portent deviennent symbiotiques dans de multiples dimensions et les conflits se croisent. Partant de ses capacités et valeurs, chaque pays adopte son modèle d'équilibre des intérêts et construit son propre système de protection des données pour maximiser ses intérêts. Par exemple, l'Union européenne, par le biais du RGPD, a établi un modèle qui autorisait l'utilisation des données personnelles sur l'autorisation de la personne concernée. Le RGPD accorde aux personnes concernées sept droits des données personnelles : le droit à l'information, le droit d'accès, le droit de rectification, le droit de suppression, le droit à la limitation du traitement, le droit à la portabilité et le droit d'opposition, en vue de réorganiser le système mondial des règles relatifs aux données avec des normes de protection élevées. De son côté, la loi japonaise sur la protection des données personnelles insiste sur le consentement éclairé seulement pour « les informations personnelles nécessitant une attention particulière ». Pour les informations personnelles à caractère général, la loi japonaise restreint seulement leur utilisation abusive. Forts de ses solides capacités scientifiques et technologiques, les États-Unis préconisent vigoureusement l'utilisation libre des données et un modèle de flux qui autorise en principe l'utilisation des données personnelles, avec des restrictions lorsque les conditions le permettent. Par exemple, la California Consumer Privacy Act de 2018 prévoit la protection de la vie privée des citoyens sur la base du large accès aux données personnelles. Enfin, en Corée du Sud, trois lois en matière de données (loi sur la protection des informations personnelles, loi sur les informations de crédit et loi sur les réseaux d'informations) ont étendu la portée des informations personnelles que les individus et les entreprises peuvent collecter et utiliser, ce qui a allégé efficacement les restrictions sur l'utilisation des données et a jeté les bases pour le développement de l'industrie des données.

(2) Principe de conformité

Le principe de conformité signifie que les différents sujets des relations juridiques, telles que les personnes concernées, les responsables du traitement et les sous-traitants, doivent non seulement respecter les lois, les réglementations et les politiques réglementaires, mais aussi se conformer aux normes, aux principes de gouvernance et aux codes éthiques pertinents. En cas de non-conformité, les responsables du traitement et les sous-traitants peuvent être confrontés à des sanctions juridiques et réglementaires, à des pertes matérielles et à des atteintes à la réputation.

Le principe de conformité inclut plusieurs notions, notamment la légitimité des données, la conformité des données, la gouvernance des données et l'éthique des données. Plus précisément, un système de conformité des données implique l'établissement et l'amélioration des mécanismes de gouvernance de la conformité sur la base de l'identification, de l'analyse et de l'évaluation des risques, afin de permettre des réponses et un contrôle efficace des risques liés aux données. Bien que ces systèmes ne puissent pas éliminer les violations commises par les responsables du traitement et les sous-traitants, ils permettent de les diminuer considérablement. Dans certains pays, les systèmes de conformité des données établis et effectivement mis en œuvre par les responsables du traitement et les sous-traitants peuvent servir de défenses pour atténuer ou même exempter leur responsabilité administrative, pénale ou civile, et il est fort probable que ces défenses soient acceptées par les régulateurs ou les tribunaux.

La prémisse et le fondement du principe de conformité sont le principe de légalité qui est constitué de sept sous-principes : principe d'autorisation, principe de transparence, principe de limitation de la finalité, principe d'exactitude, principe de limitation du stockage, principe d'intégrité, principe de confidentialité et principe de responsabilité. Le principe d'autorisation signifie que la personne concernée doit consentir au traitement de ses données à une ou plusieurs fins spécifiques. Le principe de transparence signifie que les responsables du traitement et les sous-traitants sont tenus de traiter les données des personnes concernées de manière légale et transparente. Le principe de limitation de la finalité signifie que les responsables du traitement et les sous-traitants collectent des données à des fins spécifiques, claires et légitimes et ne peuvent pas traiter les données recueillies d'une manière contraire à la finalité initiale. Le principe d'exactitude signifie que les responsables du traitement et les sous-traitants ont l'obligation de s'assurer que les données sont exactes et mises à jour régulièrement. Ils doivent ainsi prendre toutes les mesures raisonnables pour s'assurer que les données erronées incompatibles avec la finalité du traitement sont supprimées ou rectifiées en temps opportun. Le principe de limitation du stockage signifie que les responsables du traitement et les sous-traitants ne doivent pas stocker les données non désensibilisées ou non anonymisées plus longtemps qu'il n'est nécessaire pour la finalité du traitement. Les principes d'intégrité et de confidentialité signifient que les responsables du traitement et les sous-traitants sont tenus de traiter les données des personnes concernées d'une manière qui assure la sécurité des données, y compris l'adoption de mesures techniques ou organisationnelles appropriées pour protéger les données contre le traitement non autorisé ou illégal, la perte, l'endommagement, la destruction et la divulgation accidentels. Sur la base de ces principes, les responsables du traitement et les sous-traitants assument leurs obligations juridiques relatives à la légitimité et à la conformité du traitement de données, et sont responsables de leurs actes, tels que la fuite de données ou les dommages aux droits de la personne concernée causées par leurs actions délibérées et négligentes (He Yuan 2020, pp. 12–16).

(3) Principe d'équilibre

Les intérêts relatifs aux données étant complexes, il est nécessaire de mettre en place des dispositions institutionnelles pour les pondérer et parvenir à un équilibre global. En d'autres termes, la protection des données ne consiste pas à accorder aux individus un droit privé unique, mais plutôt à élaborer un code de conduite fondé sur un équilibre entre intérêts divers. C'est également le modèle qui a toujours été adopté par la législation européenne sur la protection des données personnelles. Dès l'élaboration de la Convention pour la protection des personnes à l'égard du traitement automatisé des données à caractère personnel (Convention 108)[15], le Conseil de l'Europe a fait de la protection des données personnelles une

15 Elle est communément appelée « Convention 108 », car elle est le 108e traité dans la liste complète des traités du Conseil de l'Europe. Au niveau international, la Convention 108 est reconnue comme l'instrument juridique international le plus important pour la protection des données personnelles.

question de protection des droits individuels et a décidé d'utiliser le principe de légalité du traitement, plutôt que la décision individuelle, comme base juridique pour l'utilisation (ou le traitement) des données personnelles. Au moment de la révision de la Convention 108 en 2012, les experts ont estimé qu'il n'était pas nécessaire de définir « le droit à la protection des données et à la vie privée » dans l'amendement : « Il ne serait pas utile d'essayer de définir le droit à la vie privée dans une convention sur la protection des données. Il s'agit d'un ensemble d'intérêts qui se manifestent de différentes manières dans des contextes différents et doivent parfois être mis en balance avec d'autres intérêts. Il est plus approprié d'exprimer un ensemble de principes généraux. Il existe d'autres instruments tels que la Convention européenne des droits de l'homme et des jurisprudences qui l'interprètent, où des déclarations générales de protection de la vie privée sont appropriées et différents mécanismes sont utilisés pour leur mise en œuvre (Sylvia Kierkegaarda, Nigel Watersb, Graham Greenleafc, Lee A. Bygrave, Ian Lloyd et Steve Saxbyf 2011, pp. 223–231) ». Le RGPD a été justement élaboré dans le but d'équilibrer la protection des droits relatifs aux données personnelles et le flux des données. Le considérant (4) du Règlement stipule explicitement que « le traitement des données à caractère personnel devrait être conçu pour servir l'humanité. Le droit à la protection des données à caractère personnel n'est pas un droit absolu ; il doit être considéré par rapport à sa fonction dans la société et être mis en balance avec d'autres droits fondamentaux, conformément au principe de proportionnalité[16] ». Puis, le paragraphe 1 de l'article premier précise que « le présent règlement établit des règles relatives à la protection des personnes physiques à l'égard du traitement des données à caractère personnel et des règles relatives à la libre circulation de ces données ». Enfin, le paragraphe 3 de l'article premier souligne l'importance de l'équilibre en disposant que « la libre circulation des données à caractère personnel

16 Paragraphe (4) des considérants du RGPD. Voir le Règlement (UE) 2016/679 du Parlement européen et du Conseil du 27 avril 2016, relatif à la protection des personnes physiques à l'égard du traitement des données à caractère personnel et à la libre circulation de ces données, et abrogeant la directive 95/46/CE (règlement général sur la protection des données).

au sein de l'Union n'est ni limitée ni interdite pour des motifs liés à la protection des personnes physiques à l'égard du traitement des données à caractère personnel ».

En Chine, la *Loi relative à la prévention et au contrôle des maladies infectieuses* stipule que les patients ont l'obligation de s'isoler pour prévenir la propagation de l'épidémie, donnant ainsi la priorité à l'intérêt public. En d'autres termes, elle autorise le pouvoir public à restreindre et à priver les individus de leurs droits dans des circonstances exceptionnelles. Dans le cadre de la prévention et du contrôle de la pandémie de Covid-19, les intérêts individuels compatibles avec l'intérêt public sont pleinement protégés par la loi. Lorsque les intérêts individuels sont en conflit avec l'intérêt public, le patient doit faire des compromis, lesquels ne se limitent pas à des restrictions du droit à la liberté, mais comprennent également la cession de ses droits des données. Les Avis sur la protection efficace des informations personnelles et l'utilisation des mégadonnées pour soutenir la prévention et le contrôle conjoints, publiés le 4 février 2020 par la Bureau de la Commission centrale des affaires du cyberespace, incarnent pleinement le principe d'équilibre. D'une part, le document souligne l'importance de la protection des informations personnelles dans la prévention et le contrôle conjoints de Covid-19. Par exemple, il est stipulé qu'à l'exception des organisations autorisées par la loi, « aucune autre unité ou personne ne peut collecter et utiliser des informations personnelles sans le consentement de la personne concernée sous prétexte de les utiliser pour la prévention et le contrôle de l'épidémie ». Il est également précisé que « les informations personnelles collectées dans le cadre de la prévention et du contrôle de l'épidémie ne doivent pas être utilisés à d'autres finalités », disposant ainsi « le principe de la portée d'utilisation minimale ». D'autre part, les Avis préconisent l'utilisation des mégadonnées, y compris les informations personnelles, pour soutenir la prévention et le contrôle de l'épidémie. Par exemple, sur la base d'une protection adéquate des informations personnelles, « les entreprises qui en ont la capacité sont encouragées à utiliser les mégadonnées sous la direction des services pertinents pour analyser et prévoir le déplacement des personnes clés, telles que les cas confirmés, les cas suspects et les cas contacts, afin de fournir un appui à la prévention et au contrôle de l'épidémie à l'aide des mégadonnées ».

L'intérêt public est l'une des catégories d'intérêts importantes dans le domaine de la protection des données. Sa réalisation exige également que les systèmes de protection des données favorisent et protègent la collecte, l'utilisation et la circulation des données. En somme, les intérêts relatifs aux données sont divers. Cette multiplicité des intérêts a déterminé que l'utilisation des données personnelles n'était pas une question qui concerne uniquement les individus (Priscilla M. Regan 1995). Les données personnelles portent des intérêts individuels, sociaux et publics, et leur protection doit tenir dûment compte de la réalisation de ces trois types d'intérêts (Gao Fuping 2019). Les intérêts de l'individu et l'intérêt public sont interdépendants et complémentaires mutuellement. Lorsque cela est nécessaire pour la réalisation de l'intérêt public, les individus doivent renoncer à tout ou partie de leurs droits sur les données personnelles. Cette renonciation ne signifie pas le rejet total des intérêts de l'individu, mais des dérogations et des concessions raisonnables et proportionnées. En réalité, l'objectif de la protection des droits des données est de limiter l'utilisation abusive des données tout en garantissant leur utilisation raisonnable par la société, de sorte que la protection des données soit équilibrée avec la circulation rationnelle des données. L'intérêt public est un principe important de la société moderne régie par l'État de droit. Ce principe est une réponse à la socialisation des droits, une exigence inévitable d'une société connectée, et un concept fondamental d'une société régie par l'État de droit (Liang Shangshang 2016). Le principe de l'intérêt public est un concept inclusif qui ne préconise ni l'expansion illimitée des intérêts privés, ni la croissance infinie de l'intérêt public des données. Il met en avant la coexistence de différents intérêts sur la base d'une priorité appropriée de l'intérêt public et préconise une tension modérée entre l'intérêt public et les autres types d'intérêts[17]. Bien entendu, l'intérêt public reste un concept très vague et

17 Par exemple, le paragraphe 2 de l'article 29 de la Constitution du Japon prévoit que « la propriété privée peut être expropriée pour utilité publique ». Le paragraphe 2 de l'article 10 de la Constitution chinoise dispose que « dans l'intérêt public, l'État peut, selon les dispositions de la loi, exproprier et réquisitionner la terre pour cause d'utilité publique et moyennent indemnité » ; et le paragraphe 3 de l'article 13 prévoit que « dans l'intérêt public, l'État peut exproprier et réquisitionner les biens privés pour cause d'utilité publique et moyennent indemnité, conformément à la loi ». En d'autres termes, l'État peut limiter, déroger ou même priver des individus de leurs intérêts pour l'intérêt public.

Tableau 1-5 Évolution du concept de l'intérêt public en Occident

Stades	Éléments essentiels
Époque romaine : une vision holistique des intérêts	Premièrement, l'intérêt public, représenté par les intérêts de la cité-État, est conforme aux intérêts individuels des citoyens ; deuxièmement, l'intérêt public, représenté par les intérêts de la cité-État, a priorité sur les intérêts de l'individu ; et troisièmement, l'intérêt public est un critère de valeur pour juger de la légitimité et de la légalité du gouvernement. Nous pouvons constater que les notions fondamentales du concept contemporain de l'intérêt public y sont déjà présentes. L'époque romaine a façonné la tendance d'évolution de la vision de l'intérêt public en Occident et a eu un impact étendu et considérable sur les générations futures.
Époque médiévale : une vision de l'intérêt public sous la théologie	La priorité de l'intérêt public est maintenue. « Les intérêts de la communauté l'emportent sur les intérêts des individus et sont plus sacrés ». La vision de l'intérêt public de Thomas d'Aquin va plus loin : il définit et étudie l'intérêt public d'une perspective spirituelle, enrichissant considérablement son contenu.
Époque moderne : une vision de l'intérêt public sous le contrat social	En matière de relation entre le droit et l'intérêt public, les défenseurs du contrat social considèrent que la législation devrait être fondée sur l'intérêt public. En d'autres termes, l'objectif du droit est l'intérêt public. Pendant cette période, la compréhension de l'intérêt public ne se limite plus à des valeurs abstraites, mais se situe plutôt dans la pratique sociale concrète, c'est-à-dire que l'intérêt public devient un principe de construction sociale, ce qui est une contribution majeure.

(Continué)

Tableau 1-5 Continué

Stades	Éléments essentiels
Époque contemporaine : des visions pluralistes de l'intérêt public	À partir du XIXe siècle, les relations sociales sont devenues de plus en plus complexes, les conflits d'intérêts s'intensifient et de nouvelles visions des intérêts ne cessent d'émerger. Premièrement, Jeremy Bentham et John Stuart Mill ont proposé une vision de l'intérêt public basée sur l'utilitarisme. En d'autres termes, les bénéfices utilitaires sont le critère de légitimité de toutes les actions et les intérêts de l'individu sont considérés comme le fondement de l'intérêt public et les seuls intérêts réalistes. Deuxièmement, John Maynard Keynes a proposé une vision de l'intérêt public centrée sur la société. Troisièmement, John Rawls et Friedrich Hayek ont proposé une vision néolibérale de l'intérêt public, qui donne la priorité aux intérêts de l'individu et refuse même l'existence indépendante de l'intérêt public. Quatrièmement, les communautaristes, qui défendent la place prioritaire de la société, ont souligné que le bien public devrait l'emporter sur le bien individuel, que l'intérêt public était supérieur aux intérêts de l'individu et que la poursuite de l'intérêt public devrait être la vertu fondamentale de tout citoyen. Cinquièmement, le courant de la nouvelle gestion publique a suggéré de réformer le mécanisme d'offre de l'intérêt public. En d'autres termes, pour répondre aux besoins de biens et de services publics croissants et diversifiés de la société, il est nécessaire de changer le modèle traditionnel d'offre du gouvernement, en introduisant un mécanisme de concurrence de marché et en renforçant le rôle des organisations à but non lucratif. Dans l'ensemble, les visions de l'intérêt public de cette période montrent une tendance à un développement diversifié. Cette tendance est à la fois une réponse théorique aux réalités sociales et un approfondissement de notre compréhension de l'intérêt public.

Source : informations publiques.

une question en suspens, tant au milieu de la recherche théorique qu'à celui de la justice. En raison de sa nature abstraite, il n'existe pas encore de définition universellement reconnue de l'intérêt public, ce qui est aussi une cause importante de son affaiblissement dans la pratique concrète. Bien que la Constitution et le Code civil chinois aient établi le principe fondamental de l'intérêt public et que ce principe soit largement appliqué dans la pratique judiciaire en Chine, de nombreux problèmes attendent encore des éclaircissements théoriques.

1.4 Altruisme

Comme l'indiqua David Hume, « il est évident que toutes les sciences, d'une façon plus ou moins importante, ont une relation à la nature humaine, et que, si loin que l'une d'entre elles peut sembler s'en écarter, elle y revient toujours d'une façon ou d'une autre » (David Hume 1996, p. 6). Toutes les sciences humaines sont basées sur l'étude de l'homme et de la nature humaine. Basés sur des postulats différents de la nature humaine, les systèmes adoptent des méthodes différentes pour organiser, diriger, contrôler et motiver les hommes. L'homme au sens juridique est la configuration de l'image de l'homme en droit. Ces dernières années, les chercheurs chinois et étrangers ont approfondi leur étude sur la vision de l'homme dans le système juridique et ont constaté des évolutions intéressantes : en droit constitutionnel, « l'homme de l'identité » évolue vers « l'homme de l'égalité et de la liberté » ; en droit civil, « l'homme abstrait » évolue vers « l'homme concret » ; en droit de l'environnement, « l'homme économique » évolue vers « l'homme écologique » ; en droit social, « l'homme atomisé » évolue vers « l'homme unifié » ; en fondement juridique, « l'homme éthique » évolue vers « l'homme scientifique ». Aujourd'hui, l'être humain est en train de devenir l'*homo numericus*. Cette évolution indique non seulement la donnéification des personnes, mais également un stade avancé de la civilisation numérique. De même, dans le système juridique, l'homme tend à passer d'*Homo economicus* à *Homo numericus*. Le postulat de l'*homo numericus* est un postulat de la nature humaine basé sur l'altruisme pour le système juridique des données. Parmi les postulats classiques de la nature humaine, l'*homo economicus* met l'accent sur la recherche d'intérêt personnel de l'homme et l'*homo socialis* sur la nature sociale non économique de l'homme. De son côté, le postulat de l'*homo numericus* souligne le penchant altruiste et la volonté de partager de l'homme. Toutefois, lorsque l'*homo numericus* recherche, crée et réalise la valeur des données, il poursuit le principe de maximisation de la valeur. Par conséquent, la clé d'un système des droits des données fondé sur le postulat de l'*homo numericus* est de parvenir à un équilibre entre la protection efficace des données et la promotion d'une meilleure utilisation des données. Il est à rappeler que l'*homo numericus* ne peut pas couvrir toutes les caractéristiques de l'homme en droit des données. En réalité, l'homme a déjà de multiples images dans le droit moderne. À l'avenir, l'*homo numericus* sera probablement la facette majeure de l'homme en droit ajustée ou complétée par d'autres facettes.

(1) Proposition du postulat de l'homo numericus

En 1966, Cornelius Gallagher, membre de la Chambre des représentants des États-Unis, a émis l'avertissement suivant lors de l'audience publique d'un centre de données fédérales : « "L'homme informatique", tel que je le vois, serait dépouillé de son individualité et intimité. S'appuyant sur la standardisation instaurée par les progrès technologiques, son statut dans la société se mesurerait aux ordinateurs et il perdrait son identité personnelle. Sa vie, ses talents et son gagne-pain seraient réduits à un disque, avec très peu d'alternatives possibles » (Priscilla M. Regan 1995, p. 72). « L'homme informatique » fut à la fois un avertissement et une prophétie. En moins d'une décennie, la crainte de Galagher est devenue une réalité. En 1973, le département de la Santé, de l'éducation et des services sociaux des États-Unis[18] a publié un rapport intitulé *Records, Computers, and the Rights of Citizens*, qui décrivait les préoccupations croissantes concernant

18 Aujourd'hui département de la Santé et des Services sociaux.

les systèmes d'enregistrement informatisés[19]. En 2004, le professeur américain Daniel Solove, spécialisé dans la protection de la vie privée, a publié un ouvrage intitulé *The Digital Person: Technology and Privacy in the Information Age* (« La personne numérique : technologie et vie privée à l'ère de l'information »). Dès le début de son ouvrage, Daniel Solove a décrit de manière tranchante la crise à laquelle nous sommes confrontés à l'ère de l'information : « Nous sommes au milieu d'une révolution de l'information, et nous commençons seulement à comprendre ses implications. Au cours des dernières décennies, nous avons assisté à une transformation radicale de la façon dont nous effectuons nos achats, nos opérations bancaires et nos activités quotidiennes, des changements qui ont entraîné une prolifération sans précédent d'enregistrements et de données. Les détails qui étaient autrefois laissés dans des souvenirs flous ou des bouts de papier décolorés sont désormais conservés à jamais dans la mémoire numérique des ordinateurs, dans de vastes bases de données contenant d'énormes données personnelles. Nos portefeuilles sont remplis de cartes de guichet automatique, de cartes d'appel, de cartes de fidélité et de cartes de crédit, qui peuvent toutes être utilisées pour enregistrer où nous sommes et ce que nous faisons. Chaque jour, des ruisseaux d'informations affluent dans les cerveaux électriques pour être filtrés, triés, réarrangés et combinés de centaines de manières différentes. La technologie numérique permet de préserver les détails de nos allées et venues quotidiennes, de nos goûts et aversions, de qui nous sommes et de ce que nous possédons. Il est de plus en plus possible de créer un collage électronique qui couvre une grande partie de la vie d'une personne – une vie capturée dans des

19 « Il fut un temps où les informations sur un individu avaient tendance à être obtenues lors de contacts vis-à-vis impliquant une confiance personnelle et une certaine symétrie, ou équilibre entre le donneur et le receveur. De nos jours, un individu doit de plus en plus fournir des informations sur lui-même à de grandes institutions relativement anonymes pour qu'elles soient traitées et utilisées par des étrangers – inconnus, invisibles et, trop souvent, insensibles. Parfois, l'individu ne sait même pas qu'une organisation tient un dossier à son sujet. Souvent, il peut ne pas le voir, et encore moins contester son exactitude, contrôler sa diffusion ou contester son utilisation par d'autrui ».

enregistrements, une personne numérique composée dans les réseaux informatiques intégrés du monde » (Daniel Solove 2006, p. 1).

Sans aucun doute, 15 ans plus tard, la majorité des Chinois s'identifient à la situation décrite par le professeur Daniel Solove. Une Chine numérique se dresse aujourd'hui devant le monde d'une manière sans précédent. Les données sont présentes dans tous les détails de la vie des Chinois. Dans certains secteurs de l'économie numérique, représentés par Alipay, les vélos partagés et les achats en ligne, la Chine a devancé les pays occidentaux. Le chemin de fer à grande vitesse continue également de s'intégrer à la technologie numérique afin d'améliorer le rendement opérationnel et la qualité du service. Aujourd'hui, les changements de la vie entraînés par la technologie numérique sont plus visibles, plus vastes et plus profonds. Il devient ainsi inévitable d'affronter les problèmes liés à « l'homme informatisé » et à « l'homme numérique » dont le peuple américain s'inquiète depuis plus d'un demi-siècle (Sun Ping 2018, p. 5). Tout devient nombre : toutes les personnes et tous les objets existeront sous la forme de données. Les données couvrent chaque étape de notre vie, de la naissance à la mort, et nous sont devenues indispensables. Cette dépendance à l'égard des données est apparue alors que nous continuons de dépendre de nos semblables et des objets. À mesure que « l'homme naturel » se transforme en « homme numérique », l'image, la connotation et l'extension de l'être humain seront profondément modifiées. « À l'ère des mégadonnées, le monde est constitué de données et toutes les relations sociales peuvent être représentées par des données. L'homme est la somme des données en lien avec lui (Li Guojie 2014) ». Toute relation sociale devient finalement des relations de données étroitement liées à la protection de la vie privée et au partage altruiste. Les lois qui régissent ces relations devraient également devenir des lois basées sur les données. Parallèlement, les droits de l'homme sont en train d'être remodelés par la numérisation. De ce fait, nous devons construire une nouvelle vision des droits de l'homme basée sur l'*homo numericus* et mettre en place des mécanismes de protection correspondants afin de lui fournir un soutien juridique (Ma Changshan 2019).

L'*homo numericus* est une nouvelle manifestation de la nature humaine à l'ère numérique. L'histoire a montré que chaque évolution de la nature humaine avait apporté un impact sans précédent à notre vision de la législation et aux valeurs mises en avant dans la législation. À l'ère du droit privé, l'homme en droit est un *homo economicus*, tandis que le droit social est né dans la remise en question de l'égoïsme de l'*homo economicus*[20] et après la découverte de la nature sociale et l'altruisme de l'homme. Il s'agit sans aucun doute d'un tournant majeur dans l'histoire du droit, mais ce n'est en aucun cas le dernier, car la nature humaine continue et continuera d'évoluer, de développer et de s'améliorer avec le temps. À l'heure actuelle, à mesure que les crises mondiales de sécurité des données se produisent de manière de plus en plus fréquente, une fois de plus, l'humanité constate que les postulats de la nature humaine existants, comme « l'*homo socialis* », ne suffisent plus pour résoudre les conflits entre l'homme et les données et qu'il est nécessaire de les remettre en question pour aller au-delà des barrières et limites existantes par des réflexions plus profondes. Le postulat de l'*homo numericus*, fondé sur le penchant altruiste de l'homme, constitue l'un des résultats de ces réflexions et représente la nouvelle manifestation de la nature humaine à l'ère des mégadonnées. « La nature humaine est la source et le fondement des droits, tandis que les droits sont une demande et une manifestation de la nature humaine. Seuls les droits fondés sur la nature humaine peuvent s'enraciner dans la société. Par conséquent, notre niveau de compréhension des droits et notre capacité à défendre les droits

20 Les économistes réalisent de plus en plus que le postulat de l'*homo economicus*, qui représente un modèle de pensée défini, fait face à de rudes défis à notre époque de développement intelligent et d'informatisation, car il ne peut pas expliquer l'existence bien réelle de comportements altruistes, qui prouve directement l'insuffisance de ce postulat basé sur la recherche d'intérêt personnel. « Nous devons reconnaître, avec honnêteté, les limites et l'incapacité du postulat de l'*homo economicus* », toutefois, « nous n'avons pas à le rejeter mais simplement à le dépasser » (voir Yang Chunxue 2005). Du point de vue de la philosophie économique, la doctrine de l'intérêt personnel rationnel se trouve confrontée à un dilemme lorsqu'elle tente d'expliquer le comportement économique des hommes contemporains. Face aux déséquilibres, à l'asymétrie de l'information et aux incertitudes fréquentes de l'économie de marché au XXe siècle, le modèle de l'homme rationnel qui cherche à maximiser son utilité est remis en cause. De plus, si l'humanité a survécu, prospéré et créé des civilisations brillantes, c'est exactement parce que l'homme n'est pas complètement égoïste et éprouve des sentiments altruistes pour ses parents, ses amis et même des inconnus. Pour ainsi dire, l'humanité n'aurait pas atteint son niveau de développement actuel sans les comportements altruistes entre les individus.

sont déterminés par notre niveau de compréhension de la nature humaine (Tu Yongqian 2019) ». À chaque époque, la nature humaine porte des caractéristiques propres à son temps et fait évoluer les valeurs du droit. L'évolution de la nature humaine à l'ère des mégadonnées, traduite par l'*homo numericus*, fera aussi évoluer les valeurs du droit, certainement en faveur de la sécurité, du partage et de l'altruisme.

(2) Possibilité de l'altruisme

C'est au XIXe siècle que le philosophe et éthicien français Auguste Comte forgea le mot « altruisme », révélant de manière abstraite la rationalité de l'altruisme chez l'homme à partir de ses instincts et de sa nature. « De la même manière que l'homme a des exigences rationnelles sur sa pensée, il a des exigences rationnelles sur son comportement et l'altruisme en fait partie » (Thomas Nagel 1978, p. 3). Dans une société numérique, la structures des relations détermine que la décentralisation, le décloisonnement, la disparition des frontières sont le mécanisme interne de la société, que l'ouverture, le partage, la coopération et le bénéfice mutuel en sont l'esprit fondamental. Ces caractéristiques font que le développement de la société est axé sur les personnes et que l'altruisme est la valeur fondamentale de notre époque. Les énormes excédents apportés par la coopération engendrent un esprit altruiste qui peut nous sortir du dilemme du prisonnier. Les propositions de valeur altruistes augmentent la volonté des gens de transférer et de partager leurs droits des données, favorisant ainsi la transformation positive des transferts et des partages. En quelque sorte, le système des droits des données joue un rôle de « sage-femme » favorisant l'altruisme.

Dans la *Théorie des sentiments moraux*, Adam Smith a souligné dès le début la nature altruiste de l'homme : « aussi égoïste que l'homme puisse être supposé, il y a évidemment certains principes dans sa nature qui le conduisent à s'intéresser à la fortune des autres et qui lui rendent nécessaire leur bonheur, quoiqu'il n'en retire rien d'autre que le plaisir de les voir heureux » (Adam Smith 2015, p. 5). Francis Bacon estime également « qu'il y a, dans la nature de l'homme, une inclination et un penchant secrets vers l'amour des autres » (Francis Bacon 1983, p. 36). Selon la théorie de la hiérarchie des besoins d'Abraham Maslow, les comportements d'un individu visant à satisfaire un besoin inférieur sont souvent égoïstes, tandis que les besoins supérieurs ne peuvent être satisfaits que par la coopération et le partage avec d'autres individus. Un certain degré d'altruisme est donc nécessaire à la satisfaction de tels besoins : « Plus celui-ci est supérieur dans la hiérarchie des besoins, plus il révélera une inclination naturelle au partage » (Wang Tian'en 2018). En d'autres termes, plus le besoin est supérieur, plus il faudra de partage et d'altruisme pour le satisfaire. Les besoins inférieurs une fois satisfaits, l'individu cherchera à satisfaire les besoins de niveaux supérieurs jusqu'à la réalisation de soi. Dans ce processus, il y a des opportunités et des possibilités de résoudre les conflits entre l'intérêt personnel et l'altruisme. Ainsi, lorsque l'individu tente de satisfaire uniquement ses besoins matériels les plus élémentaires, il est raisonnable qu'il recherche la maximisation des intérêts personnels. Cependant, une fois qu'il monte dans la hiérarchie des besoins, l'intérêt personnel et l'altruisme ne seront plus en concurrence l'un avec l'autre, mais semblent intégrés l'un à l'autre. Alors que la division du travail s'affine et que les gens sont reliés plus étroitement que jamais dans la chaîne du travail, les intérêts de l'individu ne pourront se réaliser que par la satisfaction des besoins des autres, de la société et de la nation. Si chacun ne cherche qu'à maximiser ses intérêts personnels et ferme les yeux sur les intérêts des autres, nous nous retrouverons dans le « piège hobbesien ». Le préjudice mutuel qui se produit dans notre société est fondamentalement dû à une vue courte de l'intérêt personnel. Lorsque cette vue n'est pas corrigée par des règles, la société évolue vers un monde où chacun fait du mal aux autres. Au contraire, si chacun est prêt à abandonner une partie de ses propres intérêts au profit des autres, une société « Un pour tous, tous pour un » deviendra possible.

Martin Novak, biologiste à l'Université Harvard, estime que la coopération est la source de la créativité dans tout processus évolutif, que ce soit celui des cellules, des organismes multicellulaires, ou celui des fourmilières, des villages et des villes. Pour relever les nouveaux défis de la gouvernance mondiale, l'humanité doit trouver de nouveaux moyens de coopération basés sur l'altruisme. Ce n'est qu'en coopérant les uns avec les autres, en poursuivant le principe du transfert d'intérêts et en recherchant un équilibre entre les intérêts particuliers des différents pays et nations et la communauté de destin pour l'humanité, que les parties prenantes parviendront à tirer le maximum d'avantages des données. L'histoire montre qu'avec le développement de la société civile, la part barbare, avide et égoïste des êtres humains diminue, tandis que la mentalité altruiste, l'écoute du cœur et l'idée de partage deviennent leurs valeurs essentielles. Les êtres humains se sont engagés dans une voie de développement dominée par l'altruisme. La proposition du droit des données signifie que les êtres humains ont acquis une meilleure compréhension de leur relation avec les données. Ils se sont rendu compte qu'ils devraient faire tout leur possible pour améliorer le bien-être de la société dans le domaine des données selon le principe de cession qui favorise le plus l'intérêt général de la société. En ce qui concerne la société, c'est de son devoir de créer des systèmes pour renforcer l'altruisme, réveiller l'esprit altruiste des gens et promouvoir une relation plus harmonieuse entre les personnes et les données.

(3) De la possession au partage

La possession est la base du droit réel, tandis que le partage est au cœur du droit des données. Lors de la conception du droit des données, nous devons voir la part d'altruisme présente dans la nature humaine, mobiliser et encourager le côté bon de la nature humaine, tout en réprimant la tendance au mal de l'homme. L'altruisme doit être le fondement du droit des données, ainsi que le point de départ et le point final de la préparation et de l'application des lois dans ce domaine. Le droit des données sera le système juridique pour ajuster la propriété des données, les droits sur les données, l'utilisation et la protection des données, ainsi que la norme de base pour réglementer les comportements en lien avec les données et maintenir l'ordre des données. Son défi consiste à parvenir à un équilibre entre la protection efficace des droits et une meilleure utilisation des données, et à préserver l'intérêt public et la sécurité publique tout en favorisant le libre partage des données personnelles. C'est pourquoi la cession de certains droits sur les données par les citoyens sera la clé pour réaliser l'équilibre entre la protection juridique et l'utilisation rationnelle. En d'autres termes, l'objectif législatif du droit des données devrait être de promouvoir la circulation et l'utilisation des données, plutôt que d'enfermer les données dans une boîte juridique étanche.

Comme l'a dit un jour Gustav Radbruch, « la préoccupation du système juridique n'est pas de forcer les gens à fixer les yeux à tout moment comme des gardes, mais de leur permettre de contempler occasionnellement et allègrement les étoiles brillantes, les arbres et fleurs en pleine floraison ainsi que la nécessité de la liberté et des vertus » (Gustav Radbruch 2001, p. 9). Le fait d'utiliser l'altruisme comme la dimension humaine du droit des données signifie que celui-ci prend l'altruisme comme point de départ et exprime des exigences de l'altruisme. L'altruisme sera au cœur de ses contenus ; le partage, objectif ultime de l'altruisme, sera sa valeur suprême ; façonner et promouvoir l'altruisme chez l'homme sera son objectif principal. Bien entendu, cela ne signifie pas que le droit des données ne poursuivra pas d'autres objectifs, telles que la sécurité, l'efficacité, le rendement et l'ordre. Toutefois, ces objectifs ne peuvent pas se substituer à l'objectif de favoriser l'altruisme.

Le droit privé classique est fondé sur la rareté des objets (principalement des biens corporels) qui a entraîné la nécessité de définir juridiquement la propriété. Ce modèle de répartition des droits sur les ressources résultant de leur rareté est généralement efficace dans les sociétés traditionnelles et crée une interdépendance juridique entre les objets et les droits. Il répond à une loi économique de la société industrielle : à mesure que les biens deviennent de plus en plus disponibles (c'est-à-dire que le marché sature), la valeur des biens diminue. En revanche, cette loi fondamentale de l'économie industrielle ne s'applique pas au domaine des données, car de la même manière que la généralisation des télécopieurs ou des téléphones a augmenté leur valeur, la croissance et la généralisation des données augmentent la valeur des réseaux. Le système des droits sur les données devrait éviter les facteurs négatifs découlant de la multiplicité des discours et aller vers l'établissement d'une responsabilité sociale pour la circulation bénéfique des données, en partant de la protection active des droits. La défense des droits ne peut se faire au détriment de la responsabilité sociale, et celle-ci peut limiter le développement incontrôlé des droits. Lorsque les lois sont insuffisantes pour répondre aux besoins de la société réelle en termes de droits et de responsabilités, la promotion d'une responsabilité sociale altruiste pourrait être plus réaliste dans le cas de la législation du droit des données. Les données en tant que bien public naturel sont soumises au principe inhérent du partage réciproque. Par conséquent, le droit des données devrait adopter une approche théorique nouvelle basée sur l'abondance plutôt que sur la rareté des biens, orientée vers la protection de l'intérêt public plutôt que celle de l'intérêt privé, et axée sur la nécessite du contrôle plutôt que sur le renforcement du contrôle, établissant ainsi l'altruisme et le partage comme les valeurs fondamentales du droit des données (Mei Xiaying 2019).

1.5 Ordre numérique

Le droit est un complexe d'ordre et de justice (Edgar Bodenheimer 2004, p. 332). Il constitue un moyen prioritaire et courant de prévenir le désordre, d'y mettre fin et de le corriger. L'ordre et la justice sont des critères importants pour évaluer les innovations dans le domaine juridique. L'ordre occupe la première place dans le système des valeurs juridiques et sert de valeur fondamentale pour la législation. Celle-ci, dans une certaine mesure, signifie ordre. En d'autres termes, par sa nature, les lois sont promulguées pour établir et maintenir un certain ordre, et l'un des objectifs importants de la législation est de conduire à l'unité, à la continuité et à la certitude de la société dans son ensemble (Edgar Bodenheimer 2004, p. 234). Le développement rapide des technologies numériques a entraîné des fractures, des incertitudes et des risques pour l'ordre existant, mais a également donné un élan puissant à la construction d'un nouvel ordre. Le risque le plus important est l'échec de la réglementation juridique, et le défi le plus dur est le dysfonctionnement de l'ordre juridique. Ils se manifestent notamment par des « déficits de gouvernance ». En d'autres termes, le système de gouvernance, les règles de gouvernance, la capacité de gouvernance et les technologies de gouvernance existants ne sont plus en mesure de relever efficacement tous les défis posés par les technologies numériques, ce qui entraîne une perte de contrôle et du désordre, voire met en danger les droits civils, le bien-être social, l'ordre public, la sécurité nationale et la paix mondiale (Zhang Wenxian 2020). Comme le dit la devise d'une tribu nomade, « si vous avancez trop vite, votre âme ne parviendra pas à vous suivre ». Cette devise décrit très bien la situation actuelle du développement du numérique : l'humanité est déjà entrée dans l'ère numérique, mais le secteur présente d'importants risques et des confusions. Dans une société numérique, les théories juridiques et les méthodes de réglementation juridique traditionnelles rencontrent à la fois des difficultés théoriques et des lacunes pratiques. La gouvernance sociale, la gouvernance nationale et la gouvernance mondiale montrent des déficits, ce qui rend nécessaire et urgente la construction d'un ordre juridique pour la société numérique. Pour intégrer les technologies numériques dirigées par les données et les algorithmes ainsi que leur impact social dans la régulation juridique, il est impératif de construire un ordre juridique fondé sur l'inclusion numérique, la gouvernance numérique commune et la justice numérique. Il s'agit à la fois d'une mission prioritaire pour remédier aux « déficits de gouvernance » et de la garantie fondamentale d'une économie numérique stable et durable.

(1) Inclusion numérique

L'inclusion est une marque de la civilisation moderne et une vertu de la gouvernance juridique moderne. L'avènement de la société numérique nécessite l'établissement et le maintien d'un ordre juridique inclusif sur le plan numérique. L'ouverture, la partageabilité et la nature altruiste des données exigent un ordre social qui respecte les différences et soit inclusif. Cet ordre social doit permettre de résoudre ou d'atténuer les différences et les conflits relatifs aux données sur la base de la légitimité et de l'éthique. Il sera soutenu conjointement par les progrès technologiques et la rationalité juridique. Pour faire face efficacement aux contraintes de la transformation sociale provoquée par le développement des technologies numériques, nous devrions adopter une approche systématique, synergique et inclusive de la primauté du droit, de sorte à mieux comprendre les mécanismes, l'ordre, les capacités de gouvernance et d'autres questions, afin de former un système d'état de droit plus inclusif et de construire une société meilleure régie par l'état de droit.

Dans une société numérique, la gestion des relations dialectiques nécessite une pensée à la fois numérique et juridique. Ces relations sont nombreuses. Par exemple, il y a la relation entre les droits et intérêts relatifs aux données et les risques liés aux données, la relation entre la sécurité des données et le développement des données, la relation entre la protection des données et l'intérêt public des données, la relation entre la liberté des données et la réglementation des données, la relation entre la confidentialité des données et le partage des données, la relation entre les droits de propriété sur les données et le bien-être apporté par les données, ou encore la relation entre l'incitation à l'innovation et la tolérance aux défaillances en matière de données. Ces relations peuvent être conflictuelles, comme la contradiction structurelle entre l'offre et la demande de données, la contradiction sociale entre la protection et l'utilisation des données, le conflit entre les droits publics et les droits privés relatifs aux données et la concurrence entre les puissances numériques et les pays faibles en matière de développement des données. Ces relations d'intérêts, relations dialectiques et conflits de valeurs sont nombreux et peuvent perdurer longtemps. Ils nous obligent à adopter une attitude sérieuse, une approche rationnelle et à équilibrer les valeurs dans la formulation et la mise en œuvre des lois pour éviter de privilégier les uns au détriment des autres.

Il est nécessaire de s'inspirer des systèmes étrangers de civilisation numérique dans une attitude plus ouverte, pluraliste et globale. Objectivement parlant, les technologies numériques ont d'abord émergé en Europe et aux États-Unis. Les pays développés d'Europe et les États-Unis rencontrent encore plus de problèmes que nous en matière de technologies numériques et de gouvernance de la société numérique. Ils ont également de l'avance sur nous dans la régulation juridique et la gouvernance éthique des technologies numériques. Leurs expériences méritent notre étude et leurs pratiques avancées méritent que nous en inspirions. Par exemple, dès 1995, l'Union européenne a adopté une directive sur la protection des données. Le RGPD qu'elle a adopté en 2016 est actuellement la législation la plus systémique, la plus précise et la plus stricte en matière de protection des données du monde. Bien entendu, une protection trop stricte des données entraverait également le développement de l'industrie des données en Union européenne. Autre exemple, en 2017, le Parlement fédéral allemand a adopté une loi « visant à améliorer l'application de la loi sur les réseaux sociaux » (loi « NetzDG »), qui donnait une définition juridique aux plates-formes de réseaux sociaux, étendant ainsi le champ de réglementation juridique à Facebook, Twitter, YouTube et d'autres réseaux sociaux présents en Allemagne qui publiaient des informations au public et aux utilisateurs dans le but de réaliser des bénéfices. Sur cette base, la loi « NetzDG » a défini les responsabilités des plates-formes en ligne, les responsabilités réglementaires du gouvernement et les obligations des réseaux sociaux en matière de vérification et de régulation des contenus. La même année, l'Allemagne a modifié sa loi sur la circulation routière par l'établissement de normes juridiques pour les véhicules autonomes, y compris les notions fondamentales de la conduite autonome, les droits et devoirs des conducteurs, jetant ainsi une base juridique pour le développement de la conduite autonome. Autre exemple encore, les « Principes sociaux pour une intelligence artificielle centrée sur l'humain » publiés par le Japon en 2018 stipulent clairement que la recherche et l'application de l'intelligence artificielle devraient être fondées sur la dignité humaine, la diversité, l'inclusion et la durabilité. Le document propose plusieurs principes à suivre, notamment la place centrale de l'humain, l'application en éducation, la protection de la vie privée, la sécurité, la concurrence loyale, l'équité, la responsabilité, la transparence et l'innovation. Ces principes s'inspirent de l'expérience de l'Union européenne, tout en tenant compte des enseignements à tirer. Les lois et documents susmentionnés ont énoncé des concepts, propositions et valeurs, défini des principes et règles, élaboré des systèmes et mécanismes et fourni des procédures de mise en œuvre. Ils ont également été révisés et améliorés dans la pratique. Tout cela mérite que nous les étudiions et que nous nous en inspirions (Zhang Wenxian 2020).

(2) Gouvernance numérique commune

La gouvernance commune est un principe fondamental d'une bonne gouvernance, et l'ordre juridique numérique doit être façonné par la gouvernance numérique commune. La gouvernance d'une société numérique est plus complexe que la gouvernance de toute autre forme sociale, car elle doit cibler de façon spécifique la technologie numérique tout en couvrant l'ensemble des citoyens dans un contexte du numérique. Pour réduire le « déficit de la gouvernance numérique », il est primordial de lutter contre la fracture numérique, d'établir un système de règles pluraliste et une structure de gouvernance commune basée sur de bonnes pratiques, afin de bâtir un ordre juridique numérique soutenu conjointement par le droit et la technologie, par le droit et l'éthique et par la diversité. Il s'agit également d'un choix inévitable pour construire un nouvel ordre juridique dans une société numérique.

Premièrement, le nouvel ordre juridique doit se baser sur la coopération entre le droit et la technologie. Cela a pour but de promouvoir l'intégration profonde des atouts institutionnels et de la technologie numérique, de sorte à faire jouer pleinement le rôle fondamental de la technologie et le rôle protecteur du droit et à rendre la réglementation informatique complémentaire avec les règles juridiques, les algorithmes et les lois nationales. À l'heure actuelle, la Chine bénéficie non seulement des atouts institutionnels d'un système juridique socialiste aux caractéristiques chinoises, mais aussi des avantages dans les technologies numériques telles que le commerce électronique, l'Internet, les mégadonnées, le cloud computing, l'Internet des objets, la chaîne de blocs, l'intelligence artificielle, etc. Il est à prévoir que lorsque la technologie sera profondément intégrée au système chinois, les atouts institutionnels et les avantages technologiques formeront une nouvelle force globale qui produira certainement une grande efficacité de gouvernance. Par ailleurs, de nombreux signes indiquent que la gouvernance chinoise est en train de connaître une amélioration majeure à l'aide de la technologie : plusieurs provinces ont mis en place des plates-formes de mégadonnées pour faciliter le traitement des affaires par les organes publics et judiciaires ; le pays a créé le premier tribunal en ligne du monde (aujourd'hui, Hangzhou, Pékin et Guangzhou ont successivement créé des tribunaux en ligne) ; l'intelligence artificielle est déployée dans l'ensemble du pays pour rendre plus accessibles les services des organes publics, des tribunaux, des parquets et de la police ; et la plate-forme chinoise des actes de jugement (<http://wenshu.court.gov.cn/>) est devenue l'un des sites de jugements les plus consultés du monde. Dans le même temps, la cogestion par le droit et la technologie exige également une intégration interdisciplinaire des sciences juridiques et des sciences naturelles pour guider la technologie vers le bien. Comme l'a souligné David Neuberger, ancien président de la Cour suprême du Royaume-Uni, dans son discours devant la Royal Society, « l'état de droit est absolument fondamental dans une société civilisée. En particulier, à la lumière des développements de grande envergure et en évolution rapide dans tant de domaines scientifiques, il est essentiel que les scientifiques connaissent les règles juridiques et les limites appropriées de leur travail. Et il est tout aussi essentiel que les avocats soient tenus au courant des développements scientifiques, car le droit doit suivre le rythme des développements technologiques » (Lord Neuberger 2020).

Deuxièmement, le nouvel ordre juridique doit se baser sur la coopération entre le droit et l'éthique. Comme l'a souligné le Secrétaire général Xi Jinping, « le droit est la morale écrite et la morale est le droit du cœur ». L'éthique est à la fois le fondement et la destination du droit. Aujourd'hui, le droit fait face à des défis sans précédent liés au développement technologique. Nous devons prêter une attention particulière aux technologies de pointe et répondre activement à ces défis, maîtriser les risques, coordonner le développement de la technologie avec celui du droit et de l'éthique, et promouvoir activement la transformation du droit, de l'état de droit et des principes juridiques en réponse à la transformation sociale. En particulier, il est nécessaire d'examiner et de réfléchir sur les relations morales humaines et l'ordre numérique dans le contexte de la technologie numérique en associant l'éthique et les principes juridiques. Ces réflexions devraient comporter deux aspects dont le premier est un réexamen des acteurs de la société[21].

21 Le « Plan de développement de l'IA de la nouvelle génération » publié par le Conseil des affaires d'État chinois souligne la nécessité d'étudier les questions juridiques pertinentes et d'établir un système de responsabilisation. Il définit clairement « l'établissement d'un système de lois, de règlements, de normes ethniques et de politique pour régir l'intelligence artificielle » comme un objectif stratégique, et propose de « formuler des lois, des règlements et des normes éthiques qui favorisent le développement de l'IA », de sorte à lui fournir une mesure de garantie. De plus, le plan souligne qu'il est nécessaire de participer activement à la gouvernance mondiale dans le domaine de l'IA et de renforcer la recherche sur les grands

Le système juridique traditionnel, en particulier celui des sujets de droit traditionnels, a été ou est confronté à des défis sans précédent[22]. À l'avenir, la société humaine pourrait être composée de « personnes physiques »,

enjeux internationaux communs tels que l'aliénation des robots et la protection de la sécurité. Il appelle également à approfondir la coopération internationale dans les lois et règlements ainsi que dans les règles internationales sur l'IA, à répondre ensemble aux défis mondiaux et à optimiser l'allocation de ressources innovantes à l'échelle mondiale. Le plan précise qu'il faudrait participer aux dialogues mondiaux et s'aligner au niveau international en matière de spécifications, de normes et de méthodes réglementaires pour le développement de l'IA. Il indique également qu'il faut renforcer la recherche sur les lois et règlements concernant l'IA et clarifier les droits, obligations et responsabilités en lien avec l'IA, tout en se concentrant sur l'étude du statut juridique de l'IA.

22 A l'ère du numérique, le pouvoir des données et les relations en lien avec les données exigent des principes et un système juridiques différents de ceux qui régulaient le travail à la chaîne du XIXe siècle et l'automatisation du XXe siècle. Dans une analyse de la signification de la personnalité juridique, le spécialiste japonais du droit civil Echi Hoshino a souligné : « même les êtres autres que l'être humain, seront reconnus s'ils sont aptes à agir en tant que sujets de droits et d'obligations en droit privé » (Hoshino Echi, 2004, p. 21). L'historien israélien Yuval Noah Harari estime que « les lois humaines en sont venues à reconnaître des entités d'intersubjectivité telles que les entreprises ou les pays, en les appelant des "personnes morales". Toyota ou l'Argentine n'ont ni corps ni esprit. Pourtant, tous deux sont liés par le droit international, peuvent posséder des terres et de l'argent et peuvent devenir plaignants ou défendeurs devant les tribunaux. Peut-être que dans un proche avenir, l'algorithme pourrait également obtenir un tel statut » (Yuval Noah Harari 2017, p. 293). Alors qu'un vif débat se déroule dans le cercle universitaire, les législateurs entrent également en scène. En 2017, la Commission des affaires juridiques (JURI) du Parlement européen a proposé d'attribuer, dans la législation future, le statut de personne électronique aux robots intelligents les plus sophistiqués, de sorte qu'ils soient responsables des dommages qu'ils pourraient causer et puissent appliquer leur personnalité électronique aux cas où ils prennent des décisions autonomes ou interagissent avec des tiers de manière indépendante (Voir le Rapport contenant des recommandations à la Commission concernant des règles de droit civil sur la robotique 2015/2103 (INL), de la Commission des affaires juridiques du Parlement européen, <http:/www.europarl.europa.eu/sides/getDoc.do?pubRef=-//EP//NONSGML+REPORT+A8-2017-0005+0+DOC+PDF+V0//EN>). La Russie a suivi de près : dans l'article 1er de la loi Grishin, elle a proposé de donner aux robots le statut juridique de « robot-agent ». L'article stipule qu'un robot-agent est

de « robots » et de « clones humains ». Citant l'exemple des dommages corporels causés par un véhicule sans conducteur, David C. Vladeck, professeur de droit au Law Center de la Georgetown University, a soulevé la question des robots en droit et des conséquences juridiques de leurs actions. Il estime que le statut juridique des robots est un problème auquel la législation doit faire face (David C. Vladeck 2014, pp. 129–150). « Avec le développement de robots intelligents, nous devront peut-être réviser ou réécrire notre Constitution et nos lois » (Phil Mcnally, Sohail Inayatullah 1988, pp. 119–136). Le second aspect des réflexions devrait porter sur la façon de répondre à la restructuration sociale et à d'autres défis d'une société à risque. L'objectif ultime de la technologie numérique devrait être la réalisation des intérêts de l'humanité, y compris le respect de la personne humaine, la protection des droits de l'homme et l'élimination des risques. À cette fin, il faut construire des relations humaines et un ordre social sains basés sur la technologie numérique, et définir les normes éthiques et les principes juridiques à suivre par les différents acteurs dans la R&D et l'application de la technologie numérique. En un mot, il s'agit de s'appuyer sur les valeurs humaines pour orienter la technologie vers le bien.

Troisièmement, le nouvel ordre juridique doit se baser sur la diversité. Actuellement, la société humaine, l'espace informatique et le monde physique sont en train de fusionner. L'humanité partage un monde numérique et la société devient de plus en plus une communauté de destin où les uns et les autres sont étroitement liés. La gouvernance du monde numérique est un projet systémique complexe qui nécessite à la fois la souplesse de l'éthique et la rigidité du droit, notamment pour construire un système de normes sociales orienté vers l'éthique, un système de restrictions technologiques basé sur des algorithmes et un système de prévention et de contrôle des risques garanti par le droit. Pour mener à bien la gouvernance du numérique, il est important de bâtir un système de gouvernance à plusieurs niveaux avec la participation et la coopération concertée des organismes gouvernementaux, des organisations professionnelles, du public et

censé posséder des biens indépendants et assumer la responsabilité de ses propres dettes vis-à-vis de ces biens, qu'il peut recevoir et exercer des droits civils et assumer des obligations civiles en son propre nom (Zhang Jianwen 2018).

d'autres acteurs divers pour former un modèle de gouvernance commune et une force globale de gouvernance dans la société numérique. La formulation de principes éthiques, de normes techniques, de lois et de règlements nous aidera à orienter le développement technologique vers le bien et à rendre la technologique bénéfique pour l'humanité. Les « Décisions du Comité central du PCC sur plusieurs grandes questions de l'approfondissement intégral de la réforme » adoptées par la quatrième session plénière du 19e Comité central ont souligné « qu'il était nécessaire de renforcer et d'innover la gouvernance sociale et d'améliorer le système de gestion sociale caractérisé par la direction du comité du Parti, la responsabilité du gouvernement, la consultation démocratique, la coordination des différents milieux sociaux, la participation du grand public, la garantie de l'état de droit et le soutien de la technologie, afin de construire une communauté de gestion sociale dans laquelle chacun a une responsabilité, assume sa responsabilité et bénéficie de sa participation ». Cela résume parfaitement le sens et l'esprit de la « communauté de gestion sociale ». Dans le monde numérique, les acteurs ne sont pas des adversaires incompatibles, mais des coéquipiers qui font face à de futurs défis ensemble. Les gouvernements, les entreprises Internet, les organisations de la société civile et les individus devraient tous assumer pleinement leurs responsabilités. Cela signifie que la communauté de gestion sociale est, tout d'abord, une communauté de pratique et de responsabilité. En même temps, elle est une communauté d'intérêts, de valeurs, de droits et de destin, car elle doit bénéficier à tous. En ligne avec la logique de la construction commune, de la gouvernance commune et du partage, la communauté de gestion sociale est fondée sur la responsabilité de chacun et a pour objectif la jouissance de tous.

(3) Justice numérique

La justice est la valeur fondamentale de la société moderne et un indicateur important qui reflète les progrès globaux de la société. Pour John Rawls, « la justice est la première vertu des institutions sociales comme la vérité est celle des systèmes de pensées » (John Rawls 1988, p. 3). La justice n'est pas seulement une exigence intrinsèque du droit, mais aussi l'âme et la source vitale de l'appareil judiciaire. Alors que la société humaine entre dans l'ère numérique, l'inégalité entre les acteurs sociaux déclenchée par la fracture numérique devient une nouvelle forme d'exploitation. Cette inégalité se traduit par l'injustice sociale provoquée par le déficit numérique. Il semble bien que l'humanité soit confrontée à un défi commun : celui de « transformer un monde injuste bâti par les capitalistes numériques transnationaux, dans lequel les travailleurs numériques sont hautement exploités, en un monde équitable et juste, exempt d'exploitation et d'oppression » (Zhou Yanyun et Yan Xiurong 2016, p. 267).

Dans leur ouvrage *Digital Justice: Technology and the Internet of Disputes*, Ethan Katsh et Orna Rabinovich-Einy, fondateurs de la théorie de la justice numérique et parrains de l'ODR (Online Dispute Resolution), ont proposé pour la première fois le concept de la justice numérique dans le monde de l'Internet, affirmant que la justice numérique remplacerait progressivement la justice traditionnelle pour devenir le principe et le critère du monde numérique. La proposition du concept de la justice numérique est non seulement une étape importante dans l'étude de la justice, mais nous fournit également une instruction pour aller vers l'avenir, comprendre et maîtriser l'avenir. Selon Lord Justice Briggs, « les tribunaux traditionnels sont le produit de l'ère industrielle, tandis que les tribunaux en ligne sont le produit de l'ère de l'Internet ; les premiers deviendront inévitablement moins importants pour laisser la place aux seconds. Nous devons être prêts à dépenser du temps, des ressources financières et des efforts pour construire des tribunaux en ligne ! Les tribunaux en ligne seront le nouveau type de tribunal le plus révolutionnaire et le plus bouleversant de notre époque ; ils changeront la façon dont les tribunaux et les parties réalisent la justice » (Lord Justice Briggs 2017). À l'ère numérique, l'égalité, la liberté, la démocratie, la primauté du droit, l'ordre et la justice seront tous redéfinis.

Depuis Aristote, l'une des questions centrales de la doctrine de la justice est la définition des résultats justes, obtenus à travers un processus spécifique. La justice numérique diffère de la justice classique de bien des façons. Premièrement, elle s'inscrit dans le contexte d'une société numérique. Dans une telle société, les lois et les règles sociales doivent être redéfinies et notre vision de la justice doit être revue. Deuxièmement, la justice numérique est un concept « ascendant ». En effet, la technologique numérique a déjà commencé à révolutionner notre vision de la justice et à exercer un impact profond sur la résolution des différends en ligne et la justice sur Internet. Elle aide à orienter les affaires et améliore l'efficacité du règlement des différends, tout en diminuant considérablement les coûts, ce qui transforme de manière fondamentale la voie de la justice centrée sur les tribunaux. Troisièmement, la justice numérique est un concept dynamique. Contrairement à d'autres visions de la justice, elle ne constitue pas une réponse définitive, unique et exacte. Dans une société numérique, la justice numérique dépend de l'engagement, de l'accomplissement, de la pratique et de la réalisation de chacun (Zhao Lei et Cao Jianfeng 2020).

Bibliographie

1. Gustav Radbruch, *Aphorismen zur Rechtsweisheit* [Aphorismes sur la sagesse juridique], trad. Shu Guoying, China Legal Publishing House, 2001.
2. Edgar Bodenheimer, *Jurisprudence: The Philosophy and Method of the Law*, trad. Deng Zhenglai, China University of Political Science and Law Press, 2004.
3. John Rawls, *A Theory of Justice*, trad. He Huaihong et al., China Social Science Press, 1988.
4. Hoshino Echi, *私法中的人 – 以民法财产法为中心* [Personne en droit privé : Focus sur le droit civil et le droit de la propriété], trad. Wang Chuan, China Legal Publishing House, 2004.
5. Peter Stein et John Shand, *Legal Values in Western Society*, trad. Wang Xianping, China Legal Publishing House, 2004.
6. Lord Justice Briggs, « Ultimate Reform: the Way of Delivering Just and the Approach of Accessing to Justice: British Online Court's Concept, the Scope of Acceptance, and the Basic Stages », trad. Zhao Lei, *China Review of Administration of Justice*, 2017, n° 2.
7. Francis Bacon, *Essais*, trad. Shui Tiantong, The Commercial Press, 1983.
8. Lord Neuberger, « Science and Law: Contrasts and Cooperation », trad. Ge Feng, *Southern Weekend*, <http://www.infzm.com/contents/119170>, 10/08/2020.
9. David Hume, *Traité de la nature humaine*, trad. Guan Wenyun, The Commercial Press, 1996.
10. Adam Smith, *Théorie des sentiments moraux*, trad. Jiang Ziqiang et al., The Commercial Press, 2015.

11. Daniel Solove, *The Digital Person: Technology and Privacy in the Information Age*, New York, New York University Press, 2006.
12. David C. Vladeck, « Machines without Principles: Liability Rules and Artificial Intelligence », *Washington Law Review* 89, (2014).
13. Joel P. Trachtman, *The Future of International Law: Global Government*, Cambridge University Press, 2013.
14. Neil M. Richards et Daniel J. Solove, « Privacy's Other Path: Recovering the Law of Confidentiality », *Georgetown Law Journal* 96, No. 1 (2007): 123.
15. Paul M. Schwartz et Daniel J. Solove, « Reconciling Personal Information in the United States and European Union », *Calif. L. Rev* 102, (2014).
16. Phil Mcnally et Sohail Inayatullah, « The Rights of Robots », *Futures* 20, No. 2 (1988).
17. Prince Albert v. Strange, (1848) 41 Eng. Rep. 1171 (Ch.).
18. Priscilla M. Regan, *Legislating Privacy: Technology, Social Values, and Public Policy*, Chapel Hill: The University of North Carolina Press, 1995.
19. Samuel D. Warren and Louis D. Brandeis, « The Right to Privacy », *Harvard Law Review* 4, No. 5 (1890).
20. Sylvia Kierkegaarda, Nigel Watersb, Graham Greenleafc, Lee A. Bygrave, Ian Lloyd et Steve Saxbyf, « 30 Years on-The Review of the Council of Europe Data Protection Convention », *Computer Law & Security Review* 108, No. 27 (2011).
21. Thomas Nagel, *The Possibility of Altruism*, Princeton: Princeton University Press, 1978.
22. William L. Prosser, « Privacy », *California Law Review* 48, No. 3 (1960).
23. Cheng Xiao, « 民法典编纂视野下的个人信息保护 » [Protection des informations personnelles dans la perspective du Code civil], *China Legal Science*, 2019, n° 4.
24. Deloitte, AliResearch, *数据资产化之路 – 数据资产的估值与行业实践* [Les données comme un actif : évaluation de la valeur des données et pratiques du secteur], 2019.
25. Fan Jinxue, « 权利概念论 » [Sur la notion des droits], *China Legal Science*, 2003, n° 2.
26. Gao Fuping, « 个人信息使用的合法性基础 人信数据上利益分析视角 » [Bases légales pour l'utilisation des informations personnelles – une perspective analytique des intérêts relatifs aux données], *Journal of Comparative Law*, 2019, n° 2.
27. Guo Daohui, « 论立法中的利益分配与调节 » [Sur la répartition et l'ajustement des intérêts dans la législation], dans *Xiangjiang Law Review* (vol. 2), Hunan Press, 1997.

28. He Yuan, *数据法学* [Étude du droit des données], Peking University Press, 2020.
29. Li Guojie, « 数据共享：大数据时代国家治理体系现代化的前提 » [Partage de données : une condition préalable à la modernisation de la gouvernance nationale à l'ère des mégadonnées], *China Information Weekly*, 25/08/2014.
30. Li Yan, « 民事法益与权利、利益的转化关系 » [La relation entre les intérêts légaux civils, les droits et les intérêts], *Social Sciences Review*, 2008, n° 3.
31. Liang Shangshang, « 公共利益与利益衡量 » [Équilibre entre l'intérêt public et les autres intérêts], *Tribune of Political Science and Law*, 2016, n° 6.
32. Liu Zegang, « 大数据隐私权的不确定性及其应对机制 » [L'incertitude du droit à la confidentialité des mégadonnées et son mécanisme de réponse], *Zhejiang Academic Journal*, 2020, n° 6.
33. Lü Zhongmei, *沟通与协调之途：论公民环境权的民法保护* [La voie de la communication et de la coordination : sur la protection des droits environnementaux des citoyens en droit civil], China Renmin University Press, 2005.
34. Ma Changshan, « 智慧社会背景下的"第四代人权"及其保障 » ['Quatrième génération de droits de l'homme' et sa protection dans le contexte d'une société intelligente], *China Legal Science*, 2019, n° 5.
35. Mei Xiaying, « 在分享和控制之间：数据保护的私法局限和公共秩序构建 » [Entre partage et contrôle : les limites du droit privé face à la protection des données et la construction de l'ordre public en matière de données », *Peking University Law Journal*, 2019, n° 4.
36. Peng Chengxin, « 从利益到权利一以正义为中介与内核 » [La justice en tant qu'intermédiaire et noyau dans la transformation des intérêts en droits], *Legal System and Society*, 2004, n° 5.
37. Qi Yanping, *人权观念的演进* [Evolution de la notion des droits de l'homme], Shandong University Press, 2015.
38. Sun Ping, *"信息人"时代：网络安全下的个人信息权宪法保护* [L'ère de « l'homme de l'information » : la protection constitutionnelle des droits sur les informations personnelles dans le cadre de la sécurité des réseaux], Peking University Press, 2018.
39. Tu Yongqian, « 权利的人性分析 – 兼论人格权独立成编 » [Analyse de la nature humaine dans les droits, ou sur l'établissement indépendant des droits de personnalité], *Tribune of Political Science and Law*, 2019, n° 2.
40. Wang Dongsheng, *个人信息的刑法保护* [Protection des informations personnelles par le droit pénal], Law Press China, 2019.
41. Wang Guanghui, *人权法学* [Droit des droits de l'homme], Tsinghua University Press, 2015.

42. Wang Tianen, « 重新理解"发展"的信息文明"钥匙" » [Re-interpréter la « clé du développement » de la civilisation de l'information], *Social Sciences in China*, 2018, n° 6.
43. Xie Yuanyang, « 信息论视角下个人信息的价值一兼对隐私权保护模式的检讨 » [La valeur des informations personnelles du point de vue de l'information : une discussion sur le modèle de protection de la vie privée], *Tsinghua Law Journal*, 2015, n° 3.
44. Yan Lidong, « 以"权利束"视角探究数据权利 » [Une étude des faisceaux de droits sur les données], *Oriental Law*, 2019, n° 2.
45. Yang Chunxue, « 经济人的"再生"：对一种新综合的探讨与辩护 » [La « Renaissance » de l'*homo economicus* : discussion et défense d'une nouvelle synthèse], *Economic Research Journal*, 2005, n° 11.
46. Zhang Jianwen, « 格里申法案的贡献与局限 –里俄罗斯首部机器人法草案述评 » [Les contributions et les limites de la loi Grishin : Commentaire sur le premier projet de loi russe relatif aux robots], *Journal of East China University of Political Science and Law*, 2018, n° 2.
47. Zhang Li, *数据治理与数据安全* [Gouvernance des données et sécurité des données], Posts & Telecom Press, 2019.
48. Zhang Min'an, *信息性隐私权研究* [Étude du droit à la vie privée des informations], Sun Yat-sen University Press, 2014.
49. Zhang Wenxian, « 构建智能社会的法律秩序 » [Ordre juridique pour une société intelligente], *Oriental Law*, 2020, n° 5.
50. Zhang Wenxian, « 新时代的人权法理 » [Principes des droits de l'homme dans la nouvelle ère], *Humain Rights*, 2019, n° 3.
51. Zhang Yuanquan, « 德国之信息自决权 » [Le droit à l'autodétermination informationnelle de l'Allemagne], publié à la quatrième Conférence nationale des doctorants en droit public, 2009.
52. Zhao Hong, « 信息自决权在我国的保护现状及其立法趋势前瞻 » [L'état actuel du droit à l'autodétermination informationnelle en Chine et sa tendance législative], *China Law Review*, 2017, n° 1.
53. Zhao Lei et Cao Jianfeng, « "数字正义"扑面而来 » [Avènement de la justice numérique], *Procuratorate Daily*, 22/01/2020, p. 3.
54. Zhou Hanhua, « 个人信息保护的法律定位 » [Positionnement juridique de la protection des informations personnelles], *Studies in Law and Business*, 2020, n° 3.
55. Zhou Sjia, « 个人数据权与个人信息权关系的厘清 » [Une étude de la relation entre les droits sur les données personnelles et les droits sur les informations personnelles], *ECUPL Journal*, 2020, n° 2.
56. Zhou Yanyun et Yan Xiurong, *数字劳动和卡尔•马克思* [Travail numérique et Karl Marx], China Social Science Press, 2016.

CHAPITRE 2

Questions centrales de la législation sur les droits des données

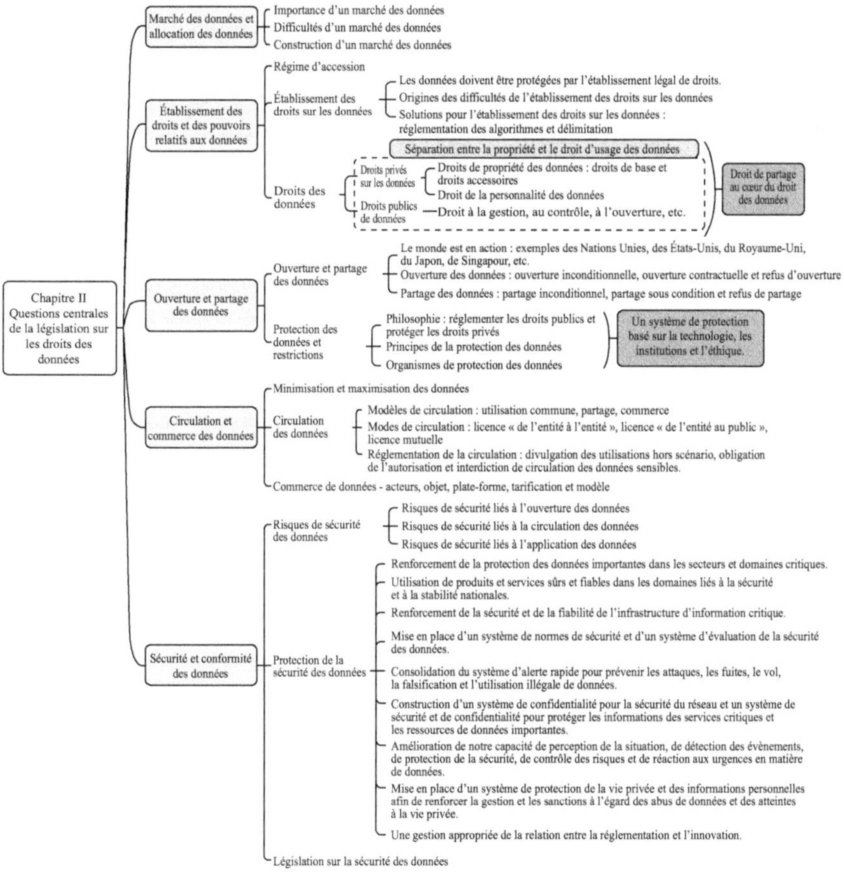

La législation sur la protection des données personnelles dans les années 1970 fut un signe important de notre prise de conscience des questions relatives au droit des données. Compte tenu de la base juridique, académique et numérique du droit des données, sa législation doit aborder en priorité plusieurs questions centrales, notamment le marché et l'allocation des données, la confirmation des droits et des pouvoirs relatifs aux données, l'ouverture et le partage des données, la circulation et l'échange des données, ainsi que la sécurité et la conformité des données. Parmi ces questions centrales, le développement d'un marché de facteurs dans lequel les données sont considérées comme des facteurs essentiels participant à la distribution aidera à orienter le développement de l'économie numérique et à guider les entreprises à accorder plus d'importance aux données, pour libérer des forces productives et promouvoir l'émergence de nouvelles catégories, de nouveaux modèles et de nouveaux avantages de l'économie numérique. La confirmation des droits des données est le point de départ logique pour clarifier la structure de propriété des données. Elle vise à définir les relations de pouvoir et d'intérêt des personnes concernées et le mécanisme d'attribution des droits de propriété sur les données, afin de mettre en place un système de droits et de pouvoirs crédible. L'ouverture, le partage, le commerce et l'échange des données sont des méthodes importantes de circulation de données et constituent des préalables indispensables à la maximisation de la valeur des données. La sécurité et la conformité des données sont au cœur de la législation en matière de données. Elles visent à protéger les données contre les attaques, la divulgation, le vol, la falsification et l'utilisation illégale.

2.1 Marché des données et allocation des données

À la suite de la proposition de la quatrième session plénière du 19e Comité central du Parti communiste chinois de considérer les données comme un facteur de production participant à la distribution selon sa contribution, le Conseil des Affaires d'État chinois a publié un ensemble d'Avis pour la construction d'un système et des mécanismes plus complets en faveur de l'allocation des facteurs axée sur le marché (ci-après « les Avis »). Ce document, qui a défini pour la première fois les politiques fondamentales relatives aux données en tant que facteur de production, vise essentiellement à « promouvoir l'ouverture et le partage des données gouvernementales », à « valoriser les données de la société en tant que ressources » et à « renforcer l'intégration des ressources de données et la sécurité des données ». Puis, le 29 octobre 2020, la cinquième session plénière du 19ᵉ Comité central du PCC a adopté les Recommandations sur la formulation du 14ᵉ Plan quinquennal de développement économique et social national et des objectifs à l'horizon 2035 (ci-après « les Recommandations »), en insistant sur la nécessité de « faire avancer la réforme des facteurs de production, y compris la terre, la main-d'œuvre, le capital, la technologie et les données, en faveur de leur développement axé sur le marché ». Ces deux documents témoignent une prise de conscience de plus en plus forte de l'État chinois vis-à-vis du marché des données et de l'allocation des données en tant que facteurs. En considérant les données comme un nouveau facteur de production, la Chine va, d'une part, mettre davantage l'accent sur l'importance des données comme ressource stratégique de base pour le pays et, d'autre part, prêter plus d'attention au développement du marché des données et à la structure du système institutionnel relatif aux données.

(1) Importance d'un marché des données

Les facteurs de production sont un terme économique qui « désigne l'ensemble des ressources de la société nécessaires à la réalisation des activités de production et d'exploitation. C'est l'ensemble des facteurs de base nécessaires au fonctionnement de l'économie nationale, à la mise en œuvre de la production et de l'exploitation par les acteurs du marché » (Shen Rong 2020). Les facteurs de production varient considérablement selon les contextes sociaux et les époques. À l'ère agricole, la terre et le travail étaient les facteurs de production les plus importants. Au début du XXᵉ siècle, lorsque la deuxième révolution industrielle touchait à sa fin, les forces sociales productives ont été grandement renforcées et les activités économiques ont été progressivement rendues plus industrialisées et organisées, avec des échelles plus importantes. Dès lors, l'organisation elle-même devient la clé de la production. Depuis, à mesure que la productivité progresse et que les modes de production évoluent, la technologie s'affirme de plus en plus comme un facteur de production. À l'ère de l'économie numérique, les données peuvent non seulement nous aider à mieux organiser et planifier notre production et nos opérations, mais peuvent également rendre nos jugements et nos prévisions plus précis, créant une énorme richesse pour la société. Dans ce contexte, il est naturel que les données soient considérées comme un facteur de production (Guo Xiaobei 2020).

« Le fait que les données deviennent un facteur de production reflète l'effet multiplicateur des données sur l'augmentation de la productivité à mesure que la transformation numérique des activités économiques s'accélère. En effet, les données sont devenues le nouveau facteur de production le plus représentatif de notre époque » (Liu He 2019). Cela se traduit dans trois aspects. Premièrement, les données participent à la production et a un effet multiplicateur sur d'autres facteurs de ressources. Elles peuvent accroître la productivité économique et favoriser la création de nouveaux produits et services, comme en témoigne leur contribution à la croissance économique. Deuxièmement, les données participent à la distribution et remplacent dans une certaine mesure des facteurs de production classiques tels que le travail, la terre, le capital et la technologie, entraînant des changements dans la structure économique et les facteurs et formant un impact considérable sur la répartition des revenus. Troisièmement, grâce à leur haute mobilité, leur faible coût, leur caractère infini et leur externalité économique, les données stimulent le développement de divers secteurs de l'économie nationale et contribuent à augmenter la productivité globale des facteurs (Guo Xiaobei 2020). Selon les statistiques disponibles, la transformation numérique a contribué plus de 40 % à l'augmentation de la productivité du travail aux États-Unis au cours des 10 dernières années. « Actuellement, les données jouent un rôle de plus en plus important dans l'économie mondiale, et la concurrence entre les principaux pays pour dominer l'économie numérique à travers les ressources de données est de plus en plus féroce. L'augmentation continue de la valeur des données signifie non seulement que la place des données dans l'économie et la société est de plus en plus importante, mais traduit également un changement constant dans tous les domaines en lien avec les données » (Wang Qiang et Chen Qiyun 2020). Les données, en tant que facteur de production, est en train de devenir une nouvelle variable qui modifie le paysage de la concurrence mondiale.

L'évolution des données vers les ressources, les mégadonnées et les facteurs de production, ou encore le développement des données axé sur le marché, sont des tendances importantes d'une économie moderne caractérisée par l'économie numérique. Par rapport aux terres, au travail, au capital et à la technologie, les données présentent de nouvelles caractéristiques, telles que la complexité des acteurs et des droits, l'abondance des ressources, la corrélation étroite entre les facteurs et des effets de débordement plus importants (voir Tableau 2-1). De plus, elles peuvent être dérivées, partagées et sont non consomptibles. « Elles brisent les contraintes imposées à la croissance par l'offre limitée de ressources naturelles et fournissent les bases et les possibilités d'une croissance durable et d'un développement

Tableau 2-1 Comparaison entre les données et d'autres facteurs de production (Yang Tao 2020)

Élément de comparaison	Terre	Travail	Capital	Technologie	Données
Acteurs	Acteur simple	Acteur simple	Acteurs diversifiés	Acteurs diversifiés	Acteurs complexes
Droits de propriété	Droits de propriété clairs	Droits de propriété clairs	Droits de propriété clairs	Droits de propriété clairs	Droits de propriété complexes
Rareté	Ressources rares	Ressources rares	Ressources plutôt rares	Ressources plutôt rares	Ressources abondantes
Relation avec d'autres facteurs	Plutôt indépendante	Se croise avec d'autres facteurs.	Se croise avec d'autres facteurs.	Se croise avec d'autres facteurs.	Se croise fortement avec d'autres facteurs.
Effet de débordement	Effet peu visible	Effet peu visible	Effet visible	Effet visible	Effet multiplicateur

perpétuel. Les données sont devenues un facteur clé de l'économie numérique et participeront également à la circulation et à la distribution sur le marché, ce qui signifie que les facteurs traditionnels du marché vont acquérir les caractéristiques de l'ère numérique pour évoluer vers des facteurs de production encore plus avancés » (Zhang Hanqing 2020). En même temps, les données seront le moyen de production le plus important de l'ère des nouvelles infrastructures. Ces nouvelles infrastructures apporteront la généralisation de 5G (cinquième génération de technologie de communication mobile), le développement d'applications intelligentes et l'émergence de nouveaux modèles économique, tous basés sur les données. Sans les données, aucune application ni aucune intelligence artificielle ne pourra fonctionner.

(2) Difficultés d'un marché des données

En tant que nouveau facteur de production de l'ère de l'économie numérique, les données ont la particularité d'être atomiques, abondantes, non structurelles, non homogènes et non exclusives. Elles représentent un coût marginal zéro et permettent des rendements d'échelle croissants. Ces caractéristiques créent de nouveaux problèmes et défis pour tous les aspects du cycle de vie des données, y compris la définition des droits, l'ouverture, la tarification, les transactions, l'utilisation, la sécurité, la conformité et la destruction des données.

Premièrement, la coordination dans le domaine des données est faible. Le rapport du 19ᵉ Congrès national du PCC souligne que « tout doit être placé sous la direction du Parti, que ce soit les organisations du Parti, le gouvernement, l'armée et la société civile, quel que soit l'endroit où l'on se trouve ». La direction du Parti sur les données est à la fois une tendance et une nécessité. Toutefois, en cette matière, la Chine a encore du chemin à faire avant de devenir une puissance numérique, qu'il s'agisse de droit, de politique ou de technologie. D'une part, la coordination au niveau national est insuffisante. Depuis 2015, la Conférence conjointe interministérielle pour le développement des mégadonnées joue un rôle de coordination important, mais elle ne parvient pas à offrir une prise de décision intégrée plus professionnelle et plus précise, qui est nécessaire à la construction d'un marché de données à très grande échelle. Au niveau des ministères et des commissions nationales, plus de 70 % des départements, organes ad hoc et institutions relevant directement du Conseil des affaires d'État chinois ont publié des documents sur les mégadonnées dans leurs domaines correspondants et ont entrepris la construction de systèmes de mégadonnées pour leurs industries. Toutefois, certains problèmes tels que les barrières au marché des données, la fragmentation et la duplication des mesures demeurent évidents. La coordination entre les régions, entre les secteurs et entre les systèmes reste difficile et une force globale n'est pas encore formée. D'autre part, des problèmes de coordination se reflètent également au niveau local. Depuis la réforme institutionnelle lancée en 2018, plus de 20 gouvernements provinciaux, dont ceux du Shandong, du Guangdong, du Guangxi, du Zhejiang et du Guizhou, ont mis en place des institutions pour le développement des mégadonnées (voir Tableau 2-2). Toutefois, en raison de l'absence de directives et de normes unifiées au niveau national, ces institutions ont adopté des appellations, des niveaux administratifs et des fonctions différents. En termes de niveau administratif, certaines institutions sont départementales (Bureau provincial des mégadonnées du Shandong), d'autres vice-départementales (Administration provinciale des données des services publics du Guangdong). En termes d'affiliation, certaines institutions relèvent du gouvernement provincial (Administration provinciale de développement des mégadonnées du Guizhou), d'autres de la Direction administrative provinciale (Administration provinciale des données des services publics du Guangdong), de la Direction provinciale de l'industrie et des technologies de l'information (Bureau provincial du service des données publiques du Shaanxi), ou encore de la Commission pour le développement et la réforme (Administration provinciale des mégadonnées du Fujian). Les différences d'affiliation et de fonctions ont conduit à des mécanismes opérationnels différents.

Deuxièmement, la législation sur les données doit avancer. Les données, en tant que nouveau facteur de production, ont un système de droits relativement complexe. La définition des droits des données est un défi énorme pour tous les pays du monde, tant au niveau juridique que technique. « Le fait que les droits de propriété des données soient indéfinis

Tableau 2-2 Institutions de gestion des mégadonnées créées par différentes provinces après la réforme institutionnelle de 2018

Province	Institution	Affiliation	Niveau
Shandong	Bureau provincial des mégadonnées du Shandong	Affilé directement au gouvernement provincial	Départemental
Guangdong	Administration provinciale des données des services publics du Guangdong	Affilée à la Direction administrative provinciale	Vice-départemental
Guangxi	Bureau pour le développement des mégadonnées de la région autonome zhuang du Guangxi	Affilé directement au gouvernement de la région autonome	Départemental
Zhejiang	Administration provinciale du développement des mégadonnées du Zhejiang	Affilée à la Direction administrative provinciale	Vice-départemental
Chongqing	Administration municipale pour l'application et le développement des mégadonnées de Chongqing	Affilé directement au gouvernement municipal	Départemental
Anhui	Administration provinciale des ressources de données de l'Anhui	Affilé directement au gouvernement provincial	Départemental
Guizhou	Administration provinciale du développement des mégadonnées du Guizhou	Affilé directement au gouvernement provincial	Départemental
Fujian	Bureau du Groupe directeur pour la construction du Fujian numérique (Administration provinciale des mégadonnées)	Affilée à la Commission provinciale pour le développement et la réforme	Vice-départemental

Tableau 2-2 Continué

Province	Institution	Affiliation	Niveau
Jilin	Administration provinciale des services publics et de la construction numérique du Jilin	Affilé directement au gouvernement provincial	Départemental
Henan	Administration provinciale des mégadonnées du Henan	Affilée à la Direction administrative provinciale	Vice-départemental
Shaanxi	Direction provinciale de l'industrie et des technologies de l'information (Bureau provincial du service des données publiques)	Affilée à la Direction provinciale de l'industrie et des technologies de l'information	–

Source : informations publiques.

entrave sérieusement la distribution des données sur le marché et pose même un risque de conformité pour les entreprises » (Liu Li 2020). « À l'heure actuelle, la législation chinoise relative à l'ouverture des données, aux transactions de données et à la sécurité des données nécessite de toute urgence d'être améliorée. D'abord, en ce qui concerne l'ouverture des données, le *Règlement de la République populaire de Chine sur l'accès public à l'information du Gouvernement* doit s'adapter aux tendances du libre accès des données. Les principes et les plates-formes de l'ouverture des données ainsi que les systèmes de gestion des données doivent encore être améliorés. Ensuite, la définition de la propriété des données et les transactions de données sont des processus changeants et complexes qui impliquent des acteurs variés. Enfin, le problème épineux de la sécurité des données accroît aussi la difficulté de la confirmation des droits des données » (Shi Yang, Wang Jiandong et Guo Qiaomin 2020). Dans le même temps, les pays occidentaux ont fait des progrès considérables ces dernières années en promulguant de nombreuses lois et réglementations spéciales. « Les États-Unis ont adopté la Freedom of Information Act, les Electronic Freedom of

Information Act Amendments, la Privacy Act et d'autres lois pour garantir l'ouverture des données publiques ; le Royaume-Uni a mis en œuvre la Protection of Freedoms Act, la Directive PSI (directive 2003/98/CE sur la réutilisation des informations du secteur public) et d'autres réglementations pour surveiller et restreindre l'accès du gouvernement aux données » (Ye Runguo et Chen Xuexiu 2016). Du côté de la Chine, bien que la *Loi sur la cybersécurité* et le Code civil chinois prévoient la protection des informations et des données personnelles, le pays manque de dispositions juridiques spécifiques et de règles de mise en œuvre précises en matière de données. La législation chinoise sur la protection des droits des données est clairement derrière celle des pays occidentaux (Tian Weilin 2018) et elle n'est pas encore en mesure de résoudre correctement les questions législatives liées au marché des données.

Troisièmement, la réglementation du marché des données demeure une tâche difficile. L'intégration de la technologie numérique au système du marché a perturbé les relations entre les acteurs sur le marché des données et a également entraîné de nouvelles règles de concurrence et de nouvelles méthodes réglementaires. La majorité des réglementations existantes du marché ont été formulées et produites à l'ère de l'économie agricole et de l'économie industrielle et ne sont pas en phase avec le développement de l'économie numérique à bien des égards (Shi Yang, Wang Jiandong et Guo Qiaomin 2020). « Si nous sommes déjà à la pointe de la technologie des données, nous avons encore des retards à rattraper en termes d'offre institutionnelle pour la réglementation des données » (Liu Xiaojuan 2017). Parallèlement, plusieurs problèmes épineux doivent être résolus. Premièrement, nous manquons de législation uniforme sur les droits des données, les transactions de données, l'ouverture des données et la protection de la vie privée. Un système juridique des données attend d'être formé. Deuxièmement, nos normes relatives aux données manquent de clarté et nos moyens règlementaires ne sont pas suffisamment diversifiés. Dans de nombreux domaines, les règles ne sont pas précises et les critères de conformité restent à définir. Bien que la *Loi sur la cybersécurité* autorise les services de l'État chargés des affaires du cyberespace à coordonner le travail en matière de cybersécurité et la réglementation connexe[1], cette règlementation est de

1 Voir l'article 8 de la *Loi sur la cybersécurité de la République populaire de Chine.*

l'ordre général et non professionnel. Il manque des dispositions détaillées nécessaire à sa mise en œuvre, ainsi que des mécanismes pour promouvoir la réglementation des données de manière intégrée ou encore des institutions de réglementation technique professionnelle. Troisièmement, la législation sur les données a adopté une méthodologie classique, avec des contraintes et des sanctions peu lourdes, ce qui la rend peu opérationnelle.

(3) Construction d'un marché des données

Les données sont un nouveau facteur de production et leur développement doit s'appuyer sur trois piliers : le droit, la technologie et l'éthique. « Il faut utiliser à la fois "la main invisible" et "la main visible" pour créer un modèle dans lequel le marché et le gouvernement forment un tout indivisible, jouent des rôles complémentaires, se coordonnent et se renforcent mutuellement[2] ». Des efforts concertés devraient être menés dans différents domaines afin de promouvoir la construction d'un marché des données caractérisé par une définition claire des droits, une circulation ordonnée et une distribution efficace des facteurs. Cela permettrait aux données de jouer un rôle crucial dans la croissance de la productivité de l'économie du marché, en favorisant l'interconnexion entre les industries, en optimisant la structure économique et en façonnant de nouveaux avantages concurrentiels à l'ère de l'économie numérique.

La construction d'un marché des données nécessite la mise en place de plates-formes de service public pour faciliter la circulation des données de la société. La construction de ces plates-formes de base revêt une grande importance dans l'amélioration du marché des données. Avec la généralisation accélérée de 5G, de la chaîne de blocs, de l'intelligence artificielle, de l'information quantique et d'autres nouvelles technologies, l'infrastructure du marché des données sera confrontée à des goulets d'étranglement importants dans les 10 prochaines années. La construction d'une infrastructure

2 Voir le discours du 26 mai 2014 de Xi Jinping, Secrétaire général du Comité central du Parti communiste de Chine, lors de la présidence de la 15e étude collective du Bureau politique du 18e Comité central.

nouvelle sera l'occasion d'accélérer la mise en place d'un système national intégré de centres de données et de bâtir un système de service public pour la circulation des données axée sur quatre priorités : le partage des données entre les services gouvernementaux, l'ouverture des données entre les services gouvernementaux et les entreprises, l'intégration des données d'entreprises et publiques et l'échange des données entre les entreprises. Plus précisément, « la première tâche consiste à approfondir le travail d'intégration et de partage des systèmes d'administration, pour construire un système national d'échange de données et promouvoir le partage des données administratives entre les régions, les services et les niveaux. La deuxième tâche est l'amélioration du système d'ouverture des données publiques. Il faudrait élaborer un calendrier et des plans pour le libre accès des données et rendre des ensembles de données accessibles gratuitement, sans compromettre la sécurité des données et la protection de la vie privée. La troisième tâche consiste à rationaliser les canaux de collecte et d'envoi de données des gouvernements à tous les niveaux vis-à-vis des institutions civiles, pour mettre en place un mécanisme unifié de coopération et de collecte des données conformément à la loi et à la réglementation et promouvoir l'interaction entre les plates-formes de données gouvernementales et les plates-formes de données sociales. La quatrième tâche consiste à créer des plates-formes qui couvrent toutes les étapes de la circulation des données, y compris le rapprochement des transactions de données, la supervision des transactions, la tarification des transactions et l'arbitrage des litiges, afin de fournir des mécanismes clairs pour l'enregistrement, l'évaluation, la tarification, le suivi des transactions et l'audit de sécurité dans le domaine des données » (Shi Yang, Wang Jiandong et Guo Qiaomin 2020). Sur cette base, nous devrions construire une infrastructure numérique nouvelle à très grande échelle, créer un réseau national numérique et promouvoir la coopération Est-Ouest dans le domaine des données, en favorisant une convergence plus étroite entre les ressources industrielles de l'Est et les capacités de calcul et d'énergie de l'Ouest. Dans le même temps, il faudrait coordonner la construction des centres de données régionaux stratégiques dans la mégalopole Pékin-Tianjin-Hebei, la région de la Grande Baie de Guangdong-Hong Kong-Macao, le delta du Yangtsé et le delta de la Rivière des Perles, afin de parvenir à un développement coordonné entre l'Est et l'Ouest par le développement des données.

La construction d'un marché des données nécessite également la création d'un climat propice à la circulation des données en tant que facteur de production. En d'autres termes, nous devrions nous orienter vers la distribution des données sur le marché, adopter les principes de l'ouverture, du partage, de l'efficacité et de la sécurité, tirer pleinement partie des atouts du gouvernement et du marché et renforcer les systèmes en matière de confirmation des droits sur les données, de tarification des données, d'accès au marché des données, de concurrence loyale, de circulation transfrontalières et de prévention des risques, afin de créer un environnement de marché des données sain et durable. « Premièrement, au niveau organisationnel, il faudrait mettre en place un mécanisme conjoint interministériel pour promouvoir l'affectation des données et créer des services d'administration générale spécialisés dans la gestion des données, afin de faire avancer de manière intégrée la gestion et la réglementation en matière de distribution des données. Deuxièmement, au niveau institutionnel, il faudrait accélérer la formulation de lois et de règlements fondamentaux tels que la *Loi de la République populaire de Chine sur la sécurité des données*, la *Loi de la République populaire de Chine sur la protection des informations personnelles*, la *Loi de la République populaire de Chine sur la propriété des données* et la *Loi de la République populaire de Chine sur le commerce des données*, afin de fournir la base juridique et la ligne rouge pour une distribution efficace des données. Troisièmement, au niveau de l'application des règles, il conviendrait d'accélérer l'élaboration des dispositions précises et opérationnelles pour mettre en œuvre la définition des droits de propriété des données, l'ouverture et le partage des données, la construction d'un système de marché, la protection des informations personnelles, la sécurité des données et les flux transfrontaliers de données. Quatrièmement, au niveau de l'inventaire des actifs, des moyens spécialisés devraient être mis en œuvre pour recenser rapidement les ressources nationales de données, en établir un catalogue et un inventaire, afin de jeter les bases permettant au pays de renforcer sa gestion des données en tant que facteur de production » (Wang Lei 2019).

Enfin, la construction d'un marché des données demande l'intégration profonde entre les données et d'autres facteurs de production. L'intégration sera la clé de la numérisation de l'univers. « L'intégration est une tendance inaltérable de notre époque. Sans être inaccessible, elle est notre poursuite commune et se situe au cœur du progrès scientifique et technologique[3] ». La mise en œuvre de la stratégie « Data + » et la promotion de l'intégration profonde entre les données et d'autres facteurs de production novateurs sont importantes pour améliorer les chaînes de valeur de l'industrie. Il est donc nécessaire d'explorer la mise en place d'un cadre juridique des données en promouvant la synergie entre les talents, la technologie, l'industrie, l'innovation et le financement à l'aide de la chaîne des données, afin de favoriser l'établissement d'un système industriel moderne dans lequel l'économie numérique, l'économie réelle, la technologie de gouvernance, la finance moderne et la revitalisation rurale se développent de façon coordonnée (Shi Yang, Wang Jiandong et Guo Qiaomin 2020). Premièrement, il faudrait promouvoir l'intégration en profondeur entre les données et l'économie réelle, de sorte à mieux orienter la production du secteur des données, à maximiser la valeur de l'industrie des données et à favoriser la transformation et la modernisation de l'économie réelle, en la rendant plus grande et plus forte. Deuxièmement, il convient de promouvoir l'intégration en profondeur entre les données et la revitalisation rurale, en mettant en œuvre la stratégie nationale de « campagne numérique » sans oublier les trois questions rurales (à savoir l'agriculture, les zones rurales et les paysans), afin de faire avancer la révolution industrielle dans les zones rurales. Troisièmement, il est nécessaire de promouvoir l'intégration en profondeur entre les données et les services publics, de sorte à faciliter les démarches administratives à travers les données et à améliorer efficacement la qualité de vie de la population. Quatrièmement, il est important de promouvoir l'intégration en profondeur entre les données et la gouvernance sociale, de sorte à améliorer la capacité de gouvernance du gouvernement, à moderniser le système de gouvernance et à parvenir à une véritable gouvernance humaine assistée par les données et les algorithmes.

3 Voir le discours du 26 mai 2018 prononcé par Sun Zhigang, alors secrétaire du Comité provincial du Parti du Guizhou et président du Comité permanent de l'assemblée populaire provincial du Guizhou, lors de la cérémonie d'ouverture de la China International Big Data Industry Expo (CIBDIE) 2018.

2.2 Établissement des droits et des pouvoirs relatifs aux données

Aujourd'hui, le mécanisme d'établissement des droits sur les données est encore au stade de l'étude, mais il attire de plus en plus l'attention des industries, du milieu universitaire et des décideurs. L'établissement des droits sur les données est essentiel à l'identification des actifs de données et à la configuration efficace des ressources de données. Depuis le 13e Plan quinquennal, l'État chinois a demandé à plusieurs reprises que les droits sur les données soient définis. D'abord, le Programme national d'informatisation du 13e Plan quinquennal souligne que la législation sur la propriété et la gestion des données devrait être accélérée. Ensuite, les Avis directeurs du Bureau général du Conseil des affaires d'État chinois sur la promotion du développement régulé et sain de l'économie de plate-forme (Avis 2019-38) précisent qu'il faudrait étudier la possibilité d'établir des règles et des procédures pour régir la définition des droits, la circulation, les transactions et le développement des applications en matière de ressources de données, et renforcer la protection de la vie privée et la gestion de la sécurité dans le domaine des données. Puis, au cours de la session annuelle de la 13e Assemblée populaire nationale (APN), le Comité financier et économique de l'APN a proposé d'améliorer les règles régissant la propriété des données, les droits sur les données et les transactions de données. Enfin, pendant le 19e Congrès national du PCC, le secrétaire général Xi Jinping a souligné qu'il faudrait formuler des systèmes pour l'octroi des droits sur les données, l'ouverture, la circulation et la transaction des ressources de données, afin d'améliorer le système de protection des droits de propriété relatifs aux données. Toutefois, la législation n'a toujours pas répondu de façon précise à la question de la propriété des données. L'article 127 du Code civil chinois, qui dispose que « si la loi prévoit des dispositions sur la protection des données et de la propriété virtuelle sur l'Internet, ces dispositions doivent s'appliquer », élude également la question. En effet, la logique de cette disposition ne peut pas traduire pleinement les valeurs préconisées et les exigences de l'État en matière de renforcement de la protection des données (Jiang Fan 2020).

La définition de la propriété des données joue un rôle déterminant dans la distribution des intérêts apportés par la valeur des données et la répartition des responsabilités en matière de qualité et de sécurité des données (Institut d'étude de droit Jingdong 2018, p. 10). « L'absence de clarté quant aux relations de propriété des données peut conduire à des conflits de propriété dans le développement et l'utilisation ultérieurs des données. Plus sérieusement encore, lorsque la propriété des données n'est pas claire, les droits et les responsabilités relatives à l'analyse et à la corrélation des mégadonnées sont également difficiles à définir. De même, la sécurité des données et la vie privée peuvent difficilement être assurées » (Wang Hailong, Tian Youliang et Yin Xin 2018). Ces problèmes, qui entravent sévèrement l'ouverture, le partage et la circulation des données, ainsi que les transactions de données et l'attribution des droits de propriété sur les données, sont des questions centrales qui doivent être abordées dans la législation.

Régime d'accession. L'accession consiste à regrouper des choses de différents propriétaires pour former une chose indivisible ou de nature nouvelle (Xie Zaiquan 2003, p. 505). Elle se réalise de trois façons principales : association, incorporation et transformation[4]. Le régime d'accession est l'une des méthodes d'acquisition de la propriété et un moyen important de définir les droits. Elle occupe une place essentielle dans le système juridique mondial. Les pays avec un système de droits de tradition civiliste ont tous intégré le régime d'accession dans leur droit réel et les pays de droit coutumier ont également établi des bases d'accession dans leurs systèmes juridiques de propriété. Par exemple, des dispositions relatives à l'accession sont énoncées

4 L'association désigne une situation dans laquelle des choses de différents propriétaires sont associées et peuvent être identifiées séparément, mais il est difficile de les diviser ou la division serait excessivement coûteuse. L'incorporation désigne une situation dans laquelle des choses de différents propriétaires sont incorporées et ne peuvent plus être identifiées séparément, ou leur identification serait excessivement coûteuse. La transformation désigne une situation dans laquelle des biens mobiliers d'un autre propriétaire sont transformés en choses nouvelles. La principale différence entre l'association et l'incorporation est qu'après l'incorporation, la propriété initiale des choses n'est plus identifiable, alors qu'après l'association, la propriété initiale des choses peut toujours être identifiée.

aux articles 547 à 577 du Code civil français[5], à l'article 950 du Code civil allemand[6], à l'article 246 du Code civil japonais[7] et à l'article 814 du Code civil de la région chinoise de Taïwan[8]. Le régime d'accession joue un rôle important dans la détermination de la propriété des choses, l'utilisation efficace des choses, la croissance de la richesse sociale et la réduction des coûts de transaction (Xie Zaiquan 2003, p. 505). Les données en tant que facteur de production sont fondamentales à l'ère de l'économie numérique, et leur complexité dépasse de loin celle des facteurs de l'ère de la révolution industrielle, comme le pétrole, le charbon et même le capital. Avec les données, la production à l'échelle nécessite une collecte d'énormes quantités de données (Yang Dong 2020). Nous devons aujourd'hui résoudre de toute urgence les problèmes entraînés par cette collecte de données, dont notamment le manque de clarté dans la propriété des données et la difficulté

5 Dans le Titre II du Livre II du Code civil français, le Chapitre Ier est intitulé « Du droit d'accession sur ce qui est produit par la chose (Articles 547 à 550) » et Chapitre II « Du droit d'accession sur ce qui s'unit et s'incorpore à la chose (Articles 551 à 577) ».

6 L'article 950 du Code civil allemand : dispose ce qui suit : (1) Quiconque fabrique un nouveau bien meuble en transformant ou en modifiant une ou plusieurs substances acquiert la propriété du nouveau bien, à moins que la valeur de la transformation ou de la modification soit sensiblement inférieure à la valeur de la substance. La transformation comprend également l'écriture, le dessin, la peinture, l'impression, la gravure ou un traitement similaire de la surface. (2) Tous les droits existants sur la substance expirent lors de l'acquisition de la propriété du nouveau bien.

7 L'article 246 du Code civil japonais prévoit que : 1) Si une personne (« Transformateur ») apporte un travail aux biens meubles d'autrui, la propriété de la chose ainsi travaillée revient au propriétaire des matériaux ; à condition, toutefois, que, si la valeur dérivée du travail dépasse de manière significative la valeur des matériaux, le transformateur acquiert la propriété de la chose transformée. (2) Si le transformateur fournit une partie des matériaux, le transformateur acquiert la propriété de la chose transformée, limitée à la valeur de ces matériaux fournis plus la valeur dérivée du travail dépassant la valeur des matériaux d'autrui.

8 L'article 814 du Code civil de la province chinoise du Taïwan prévoit que : 1) Lorsqu'une personne apporte un travail à un bien meuble d'autrui, la propriété du bien meuble sur lequel le travail est effectué appartient au propriétaire des matériaux. Cependant, si la valeur du travail fourni dépasse manifestement la valeur des matériaux, la propriété du bien sur lesquels le travail est effectué appartient au transformateur.

d'établir des droits sur les données, et ce, avec une plus grande efficacité, des coûts réduits, une meilleure organisation et une meilleure répartition des intérêts. En cas d'accession, les données sont étroitement intégrées et il devient pratiquement impossible ou difficile de séparer leur propriété à l'issue de leur association, incorporation ou transformation. Il est donc nécessaire d'appliquer des règles d'accession pour déterminer la propriété des données accessoires, de sorte qu'elles ne puissent pas être restaurées ni séparées de leur principal. Il faudrait mettre en place un régime d'accession dans la législation afin que les données incorporées deviennent des données nouvelles et soient régies par une propriété unique, sans permettre aux parties concernées de les séparer de force ou de les restituer.

Définition de la notion de l'établissement des droits sur les données. « Les notions sont un outil essentiel et indispensable pour résoudre les problèmes juridiques. Sans des notions spécifiques et strictement définies, nous ne pouvons pas réfléchir sur les questions juridiques de manière claire et rationnelle » (Max Rheinstein 1945, p. 45). À l'heure actuelle, les milieux universitaires et industriels n'ont pas encore trouvé de consensus quant à la signification de l'établissement des droits sur les données. Du Zhenhua estime que « l'établissement des droits sur les données consiste à clarifier juridiquement la propriété des données provenant de différentes sources » (Du Zhenhua et Cha Hongwang 2016), et « à déterminer les titulaires de droits, c'est-à-dire la ou les personnes ayant le droit de posséder, d'utiliser et de jouir des données, et les personnes ayant des responsabilités en matière de protection de la vie privée » (Du Zhenhua 2015). Zhou Linbin et Ma Ensi ont proposé de voir la notion d'un point de vue juridique et économique. Selon eux, « l'établissement des droits sur les mégadonnées consiste à clarifier la propriété initiale des mégadonnées, y compris la nature des droits, le contenu des droits et l'appartenance des droits » (Zhou Linbin et Ma Ensi 2018). Pour la plate-forme d'échange de mégadonnées de Pékin, « l'établissement des droits sur les données consiste à clarifier les relations entre les parties aux transactions, telles que leurs responsabilités et leurs droits, et à protéger leurs droits et intérêts légitimes, tout en fournissant un rôle d'orientation dans d'autres aspects relatifs aux données, tels que les titulaires de droits sur les données, la nature des droits des données, la source des données, l'acquisition des données, la durée et la finalité d'utilisation des données, la quantité, le format, la granularité des données, la nature de l'industrie des données et les modes de transaction de données, afin d'orienter les parties vers un modèle de transactions scientifique, uniforme et sécurisé » (Peng Yun 2016). Ainsi, il est à constater que l'établissement des droits sur les données est destiné à encourager l'innovation pour augmenter les externalités positives, à réduire l'impact des asymétries d'information pour maximiser la demande effective, ou à nous approcher du monde de coût de transaction nul (Coase). Trois questions y sont centrales : les titulaires de droits, l'objet des droits et le contenu des droits. En d'autres termes, il faudrait déterminer qui devrait profiter des intérêts attachés aux données, quelles données doivent être réglementées par la législation et quels droits spécifiques dont les personnes concernées devraient jouir.

La pratique internationale en matière d'établissement des droits sur les données. Au niveau international, les tentatives d'établir des droits sur les données sont nombreuses, telles que le RGPD et le règlement relatif au libre flux des données à caractère non personnel dans l'Union européenne. Par ces deux règlements, l'Union européenne divise les données en données à caractère personnel et données à caractère non personnel. Les droits sur les données à caractère personnel se rapportant à une personne physique identifiée ou identifiable sont attribuées à cette personne physique. Pour les données à caractère non personnel, des droits de l'utilisateur professionnel sont attribués aux entreprises. Toutefois, la tentative de l'Union européenne en matière de droit des données n'a pas été couronnée de succès et la division des données selon leur caractère personnel ou non personnel n'est pas adaptée à la réalité. En effet, la portée des données à caractère personnel est trop vaste et à l'ère numérique, pratiquement toutes les données, une fois combinées à d'autres données ou traitées, sont associées à des personnes physiques. En conséquence, le même ensemble de données contient souvent à la fois des données personnelles et non personnelles. Leur séparation est très difficile, voire impossible, et provoquerait des résultats contre-productifs. Contrairement à l'Union européenne, les États-Unis ont adopté une voie plus pragmatique. Aux États-Unis, les données personnelles sont placées sous le droit à la vie privée et les menaces aux informations privées entraînées par l'Internet sont atténuées par « le droit à la confidentialité des informations ». Des lois sectorielles sont promulguées dans les domaines financier, médical et des communications, et sont soutenues par l'autoréglementation des industries, pour former un mécanisme relativement flexible. La Chine doit tirer pleinement parti de l'expérience et des leçons de l'Union européenne et des États-Unis en matière de droit des données, en se concentrant sur quatre nécessités : la nécessité de prendre pleinement en compte le stade de développement de l'économie numérique et les circonstances particulières du pays ; la nécessité de ne pas franchir la ligne rouge du respect de la vie privée et de la protection des données sensibles ; la nécessité de maintenir le flux et le partage des données comme objectif principal et la nécessité d'utiliser la technologie numérique pour concrétiser l'établissement des droits sur les données (PricewaterhouseCoopers Chine 2020).

Les solutions pour l'établissement des droits sur les données. La recherche en matière d'établissement des droits sur les données doit porter une attention particulière au mécanisme de production des droits des données et explorer la base sociale sous-jacente, en particulier la situation contextuelle, l'environnement social et les changements culturels (Yu Bohua 2017). L'établissement des droits sur les données et la construction d'un système de transfert de droits nécessitent une réponse institutionnelle et technologique. La définition des relations de propriété des données est une mission très urgente. Traditionnellement, les droits sont octroyés sur la présentation d'un certificat de propriété ou sur l'examen de spécialistes. S'agissant des données, ces méthodes manquent de fiabilité technique et comportent des facteurs potentiellement incontrôlables tels que la falsification. Compte tenu de la nature particulière des ressources de données, nous pouvons actuellement recourir à deux technologies pour l'établissement des droits. D'une part, pour les scénarios où les données doivent être physiquement diffusées et échangées, et où la propriété doit être clarifiée, il est recommandé d'utiliser la technologie de la chaîne de blocs : l'immuabilité, la signature numérique, le mécanisme de consensus, le contrat intelligent et d'autres technologies de la chaîne de blocs aident à définir les droits et à contrôler l'ensemble du cycle de vie des données, y compris leur production, leur collecte, leur transmission, leur utilisation et les produits qu'elles génèrent. Ainsi, la chaîne de blocs fournira une base technique solide pour le partage et la circulation des données. Plus précisément, les propriétaires, producteurs et utilisateurs des actifs de données rejoignent le réseau de la chaîne de blocs en tant que nœuds importants et utilisent la chaîne de blocs pour synchroniser le consensus et pour documenter toutes les étapes de vie des données, y compris la génération, la circulation et les transactions. La chaîne de blocs enregistre non seulement les données elles-mêmes, mais également l'identité des sujets pertinents et l'historique de leurs opérations. L'historique du réseau est enregistré par chaque nœud *via* le mécanisme de consensus et aucune partie ne peut se soustraire à sa responsabilité ou nier les faits. De cette manière, tous les participants peuvent contribuer au réseau avec leurs actifs de données et surveiller le mouvement des actifs et la distribution des avantages à l'aide du contrat intelligent. Ce partage des revenus et des risques favorisera grandement la circulation des actifs de données. D'autre part, pour les scénarios où les données doivent circuler et être partagées entre les différents acteurs économiques, être regroupées et analysées pour produire de nouvelles données et deviennent difficiles à diviser en raison de l'implication de plusieurs parties, il est recommandé d'utiliser la technologie du calcul multi-partie sécurisé. En effet, dans de tels scénarios, le droit à l'utilisation des données et le droit à l'exploitation des données jouent un rôle particulièrement important, et le calcul multi-partie sécurisé pourrait fournir un appui technique à la circulation et au partage des données sans modifier la possession et le contrôle réels des données, ou lorsque la propriété des données n'est pas claire. Les plates-formes de calcul multi-partie sécurisé permettent d'appliquer la puissance de calcul sur les données et favoriseront ainsi le partage et l'utilisation des données, ainsi que l'innovation, tout en garantissant la sécurité des données d'entreprise et la protection de la vie privée (PricewaterhouseCoopers Chine 2020).

L'établissement des droits sur les données personnelles. Le sujet de droit des données personnelles étant l'individu, ces données impliquent à la fois des droits personnels et de propriété. Elles contiennent la dignité, la liberté de la personne concernée, de la valeur commerciale et de la valeur pour l'administration publique (Institut d'étude de droit Jingdong 2018, p. 55). Sauf disposition expresse de la législation nationale, l'individu doit posséder la propriété de ses propres données, soit jouir de droits sur ses données personnelles. « Les personnes physiques jouissent des droits sur leurs données personnelles conformément à la loi. Aucune organisation ni aucun individu n'est autorisé à porter atteinte à ces droits[9] ». L'individu a le droit de posséder, d'utiliser et de disposer de ses données personnelles et d'en tirer profit. En particulier, s'agissant de ses données personnelles, l'individu jouit du droit d'accès[10], du droit de modification[11], du droit de suppression (droit à l'oubli)[12], du droit à la restriction du traitement[13], du droit à la portabilité[14] et du droit à l'objection[15], etc. Lors de la collecte de données personnelles, la classification et le traitement des données doivent être précisés. Il revient à l'utilisateur de décider si ses données peuvent être collectées ou non, à l'exception de celles dont la collecte est requise par la législation nationale[16]. Les données personnelles doivent être conservées dans des centres ou comptes de données dédiés et leur utilisation par d'autres individus ou organismes doit être limitée à la durée autorisée et encadrée par un contrôle nécessaire (Wei Lubin 2018, pp. 40–41).

L'établissement des droits sur les données d'entreprise. « Les données d'entreprise font référence aux données effectivement contrôlées et utilisées par l'entreprise, y compris les données financières et opérationnelles telles que les données commerciales, ainsi que les données d'utilisateur légalement collectées et utilisées par l'entreprise » (Shi Dan 2019). À l'instar des données personnelles, les données d'entreprise sont privées. Sauf disposition

9 Voir l'article 11 du Règlement sur les données de la zone économique spéciale de Shenzhen (projet).

10 Voir l'article 15 du RGPD.

11 Voir l'article 16 du RGPD.

12 Voir l'article 17 du RGPD.

13 Voir l'article 18 du RGPD.

14 Voir l'article 20 du RGPD.

15 Voir l'article 21 du RGPD.

16 Certaines données personnelles peuvent être collectées par les autorités compétentes de l'État sans l'accord de la personne concernée, telles que les données d'état civil, les données fiscales personnelles et d'autres données relevant du champ d'application de l'autorité gouvernementale. Le RGPD prévoit également des dispositions similaires, telles que l'article 5, paragraphe 1, alinéa (b) qui dispose que « le traitement ultérieur à des fins archivistiques dans l'intérêt public, à des fins de recherche scientifique ou historique ou à des fins statistiques n'est pas considéré, conformément à l'article 89, paragraphe 1, comme incompatible avec les finalités initiales ("limitation des finalités") ».

spéciale, les entreprises détiennent la propriété de leurs propres données et jouissent de droits sur leurs données. Il est important de distinguer les données d'entreprise et les données détenues par une entreprise. En effet, l'entreprise n'est pas propriétaire des données personnelles des clients, car ces données ne sont pas produites par l'entreprise. Dans le cadre du contrat, une entreprise ne peut avoir qu'un droit d'utilisation limitée sur les données relatives aux clients. En d'autres termes, la propriété des données d'entreprise et la propriété des données détenues par une entreprise sont différentes. En conséquence, il existe deux types de revendications en matière de droits sur les données d'entreprise : la première revendication propose d'accorder aux entreprises des droits sur toutes les données qu'elles détiennent (y compris les données personnelles des utilisateurs qu'elles ont collectées) ; la seconde revendication propose de trier les données détenues par les entreprises pour leur accorder des droits sur certaines catégories de données. Étrangement, à l'heure actuelle, les universitaires préconisent principalement la première revendication, tandis que le milieu professionnel soutient largement la seconde proposition (Xu Wei 2019). Compte tenu de la complexité et de la nature particulière des données, après avoir étudié les points de vue d'experts et d'universitaires tels que Long Weiqiu (Long Weiqiu 2018), Xu Ke (Xu Ke 2017), Ding Daoqin (Ding Daoqin 2017) et Yang Lixin (Yang Lixin et Chen Xiaojiang 2016), nous sommes plus enclins à adopter la proposition du milieu professionnel, selon laquelle il est nécessaire de trier les données d'entreprise et d'établir des droits différents sur différents types de données. Par exemple, Ding Daoqin divise les données en données de base et données à valeur ajoutée. Pour les données de base, l'utilisateur, en tant que fournisseur des données, devrait rester propriétaire de ses données ; pour les données à valeur ajoutée, le sous-traitant devrait être propriétaire des données résultant du traitement, de l'édition et de l'analyse des données de base. De même, Yang Lixin, Chen Xiaojiang et d'autres chercheurs distinguent les données brutes et les données dérivées et soutiennent que les entreprises devraient jouir de droits absolus sur les données dérivées. En d'autres termes, ils proposent d'établir un droit spécifique de propriété sur les données dérivées, tel un nouveau type de propriété intellectuelle. Bien que des chercheurs comme Ding Daoqin utilisent le caractère identifiable ou non identifiable des données comme critère pour distinguer les données de base des données à valeur ajoutée, il semble que le critère fondamental pour différencier les données est leur traitement ou non par l'entreprise (Xu Wei 2019). Avec cette compréhension, la règle générale du droit d'accession peut également s'appliquer à l'établissement des droits sur les données d'entreprise.

L'établissement des droits sur les données publiques. « Les données publiques désignent les textes, les données, les images, les audio, les vidéo et autres ressources d'information enregistrés et conservés sous une certaine forme par les services d'administration publique dans le cadre de l'exercice de leurs fonctions conformément à la loi[17] ». Les données publiques existent principalement sous deux formes : données du public et données d'administration. Les données du public sont générées par le public et ne sont pas privées. Toutefois, le public est généralement non spécifique et il ne peut pas assumer le rôle de sujet de données. Par conséquent, il est inapproprié d'accorder au public des droits sur les données du public. Ces droits devraient être confiés au gouvernement qui devrait établir des modalités de gestion des données du public[18]. En outre, les services d'administration publique[19] étant des services de l'autorité publique, leurs données ne sont pas non plus privées et doivent être considérées comme des actifs appartenant à l'État. Dans la pratique législative, les droits sur les données d'administration publique sont généralement dévolus à l'État et le gouvernement exerce son droit de gérer et d'utiliser les données. Par exemple, l'article 7 de la Réglementation sur la gestion du partage des ressources de données

17 Cette définition des « données publiques » est basée sur l'article 2 du Règlement d'application de Chengdu relatif à l'administration des données publiques.

18 Les données collectives sont une catégorie spéciale de données du public, car elles sont générées par un sujet spécifique d'une portée claire, tel que l'ensemble d'une classe ou d'un village. Dans ce cas, elles peuvent être générées par le gouvernement à travers des modalités de gestion ou être gérées par le collectif lui-même à travers une consultation collective, ou encore être co-gérées par le gouvernement et le collectif.

19 Les services d'administration publique désignent les comités du Parti, les assemblées populaires, les gouvernements, les conférences consultatives politiques, les tribunaux, les parquets ainsi que les unités publiques et les organisations sociales ayant des fonctions administratives conformément aux lois et règlements (voir l'article 3, paragraphe 2, de la Réglementation sur la gestion du partage des ressources de données liées aux affaires administratives de Xi'an).

liées aux affaires administratives de Xi'an stipule que « la propriété des ressources de données des affaires administratives est dévolue à l'État et relève de la gestion des actifs publics. Avec l'autorisation du gouvernement municipal, le service municipal chargé de la gestion et du développement de l'industrie des mégadonnées exerce le droit d'administration globale des ressources de données et est responsable de la gestion globale, du développement autorisé, de l'utilisation, de la mise en valeur, de la supervision et de l'orientation des données d'administration publique de la ville de Xi'an ». L'article 4 du Règlement provisoire de la municipalité de Changsha sur la gestion des ressources de données gouvernementales prévoit que « la propriété des données générées et collectées par les services administratifs à tous les niveaux de la municipalité de Changsha agissant conformément à leurs obligations légales est dévolue au gouvernement populaire municipal de Changsha ». L'article 12 du Règlement sur l'ouverture et le partage des données liées aux affaires administratives de Guiyang stipule que « les organes administratifs ont le droit d'administrer et d'utiliser les données gouvernementales qu'ils collectent conformément à la loi ». L'article 21 du Règlement sur les données de la zone économique spéciale de Shenzhen (projet) prévoit que « les données publiques sont un nouveau type d'actifs publics et l'État est titulaire des droits sur ces données. Le gouvernement municipal de Shenzhen exerce ces droits au nom de l'État et autorise le service municipal de coordination des données à élaborer des modalités de gestion des données publiques et à organiser leur mise en œuvre[20] ». En outre, la Réglementation sur la gestion du partage des ressources de données liées aux affaires administratives de Xi'an définit également les pouvoirs et le contenu des droits relatifs aux données d'administration publique. Son article 6 stipule que « les droits relatifs aux ressources de données des affaires administratives comprennent la propriété, le droit à la gestion, à la collecte, à l'utilisation des données et le droit de jouir des données ». Puis, l'article 8 précise que « les services administratifs ont le droit de collecter, de gérer et d'utiliser les ressources de données des affaires administratives dans l'exercice de leurs fonctions officielles ». Enfin, l'article 9 stipule que « les

20 Voir l'article 21 du Règlement sur les données de la zone économique spéciale de Shenzhen (projet).

entreprises et organismes pertinents ont le droit d'utiliser des ressources de données des affaires administratives et le droit de jouir de la réutilisation des ressources de données, avec l'autorisation du service municipal chargé du développement et de la gestion de l'industrie des mégadonnées ».

Séparation entre la propriété et le droit d'usage des données. Dans l'économie industrielle, le droit d'user et de disposer des choses fait partie intégrante du droit de propriété (Jiang Qiping 2012). À l'ère numérique, la propriété (en réalité seulement le droit de disposer) et le droit d'usage sont en train d'être séparés. Par exemple, l'Avis du Comité municipal de Chengdu du PCC et du gouvernement populaire municipal de Chengdu sur la prévention et le contrôle de Covid-19 et les efforts à mener pour atteindre les objectifs de développement économique et social de 2020 exige explicitement que la gestion des services d'exploitation des données publiques soit améliorée et que la séparation entre la propriété des données et le droit d'usage des données soit étudiée. À l'avenir, le droit d'usage sera plus important que la possession, car il permet de rendre accessibles ses propres ressources pour échanger et établir des liens avec autrui. « L'économie mondiale tout entière est en train de basculer du matériel vers des éléments intangibles. Elle s'éloigne de la propriété pour se diriger vers le droit d'usage, de la valeur des copies pour se diriger vers la valeur des réseaux. Elle avance vers un monde inévitable marqué par des remixages constants et croissants » (Kevin Kelly 2016, p. 242). À l'heure actuelle, la séparation entre la propriété et le droit d'usage des données est déjà pratiquée dans de nombreux cas concrets. Alors que nous cherchons encore à déterminer la structure juridique de la propriété des données, les faits montrent que la possession est un élément bien moins important que *l'usus* et le *fructus* des données. Au cœur du droit de propriété des données, la séparation entre la propriété et le droit d'usage est en train de bouleverser l'ordre économique existant. Les données sont réplicables, partageables, séparables, non consommables, non exclusives et représentent un coût marginal zéro. Ces particularités font d'elles une marchandise spéciale avec de la valeur propre et de la valeur d'usage, mais aussi un capital avec des possibilités d'expansion. Ces particularités déterminent également que le travail numérique sera une source et un vecteur de valeur émergent à l'ère des mégadonnées. En apportant de nouveaux moyens de concurrence et de croissance, le travail lié aux données accentue la profondeur et l'ampleur de la restructuration des chaînes de valeur mondiales. La puissance des données entraîne de profonds changements dans les relations de données. Ces changements sont en train de déclencher un mouvement économique et social plus large et poussent une économie concurrentielle à évoluer vers une économie du partage. En effet, le partage est une force révolutionnaire irréfutable et de plus en plus de ressources sociales seront partagées à l'avenir. L'essence de l'économie du partage est justement d'affaiblir la propriété et de libérer le droit d'usage. En séparant le droit d'usage de la propriété, le droit de partage permet de former un modèle de développement partagé dans lequel les gens ne cherchent pas à posséder les données mais seulement à les utiliser. La théorie de valeur partagée deviendra sûrement une théorie révolutionnaire après la théorie de la plus-value.

Le système de pouvoirs du droit des données. « Le droit des données désigne le droit du sujet de décider, de contrôler, de traiter, de jouir des données spécifiques et son droit d'être endommagé lorsque ses intérêts en matière de données spécifiques sont atteints[21] ». Ces données peuvent être divisées en données privées et données publiques. En fonction du sujet de droit, nous pouvons différencier les droits publics de données et les droits privés de données. Le sujet des droits publics de données est l'État. Celui-ci a le pouvoir d'administrer et de réglementer les données ainsi que le pouvoir de gérer, de contrôler et de protéger les données sur son territoire. Les droits publics de données incluent trois aspects : le premier aspect est le droit à la gestion, c'est-à-dire le pouvoir et la compétence judiciaire de l'État sur l'ensemble du cycle de vie des données, y compris la production, la transmission et les transactions de données sur son territoire. Le deuxième aspect est le droit au contrôle, ce qui signifie que l'État peut prendre des mesures pour protéger efficacement l'exactitude et l'intégrité des données sur son territoire. Le troisième aspect est le droit à l'ouverture, ce qui signifie que l'État a le droit de publier et de partager des données publiques qu'il détient. Il s'agit également d'un devoir et d'une responsabilité des États modernes et d'une mesure importante favorisant la modernisation du système de

21 Voir l'article 4 du Règlement sur les données de la zone économique spéciale de Shenzhen (projet).

gouvernance et la capacité de gouvernance de l'État. De leur côté, les droits privés de données entrent plutôt, mais pas exclusivement, dans le champ d'application du droit civil. En droit civil, nous pouvons distinguer les droits personnels et les droits de propriété en fonction de l'objet de droit. Selon ce principe, les droits des données devraient également être divisés en droits personnels sur les données et droits de propriété sur les données (Zhu Baoli 2019). Les droits personnels sur les données comprendraient le droit de la personnalité des données et le droit à l'identité des données. En termes de hiérarchie globale des droits, les droits des données sont une notion générale hyponyme de droit de la propriété des données. À l'instar des autres droits de propriété, le droit de la propriété des données est un ensemble comportemental de droits, soit un faisceau de droits, qui inclut la possession, le droit d'user, de jouir et de disposer.

2.3 Ouverture et partage des données

L'ouverture et le partage sont des caractères sociaux importants des données. Pour suivre l'évolution de notre époque, il faudrait explorer la création d'un système d'ouverture et de partage des données, et introduire des réglementations et des politiques de protection des données, pour rendre les données accessibles au grand public. Actuellement, l'ouverture des données est promue de façon progressive dans les pays et les régions du monde entier et en la matière, les États-Unis et le Royaume-Uni sont en avance. Du côté de la Chine, l'accent est mis sur le libre accès aux données gouvernementales, qui est même devenu une stratégie nationale. Une série de lois, de réglementations et de politiques ont été formulées pour encourager l'ouverture, le partage et l'utilisation des données gouvernementales. La protection des données étant la condition préalable et la pierre angulaire de l'ouverture des données, la mise en place d'un mécanisme de garantie de la sécurité[22] est le principe fondamental de

22 Voir les Mesures provisoires relatives au partage des informations de l'administration publique (51/2016).

l'ouverture des données dans tous les pays. L'ouverture des données est un développement à valeur ajoutée pour la protection des données. En effet, à travers l'analyse, l'excavation et la recherche de données partagées et ouvertes[23], et par le développement de technologies en faveur de la sécurité et de l'utilisation des données réseau[24], l'ouverture des ressources publiques de données, l'innovation technologique et le développement économique et social seront favorisés[25]. Pour parvenir à l'équilibre dynamique de l'ouverture et de la protection des données, il faut mener de pair l'incitation au développement et le renforcement de la protection. Cela nécessite une réglementation prudente et une protection de l'innovation, ainsi que de la recherche institutionnelle.

L'ouverture des données aux États-Unis a commencé avec le libre accès aux informations gouvernementales. Du point de vue institutionnel, elle est fondée sur la pensée des théoriciens de la Guerre d'indépendance et le « droit de savoir »[26] formulé par Kent Cooper. Les dispositions de la Constitution américaine relatives à la liberté d'expression et à la liberté de la presse garantissent le libre accès aux informations gouvernementales. En effet, le premier amendement de la Constitution des États-Unis dispose que « le Congrès n'adoptera aucune loi relative à l'établissement d'une religion ou à l'interdiction de son libre exercice ; ou pour limiter la liberté d'expression, de la presse ou le droit des citoyens de se réunir pacifiquement ou d'adresser au Gouvernement des pétitions pour obtenir réparations des torts subis ». En 1789, la Housekeeping Act (« loi sur les ménages ») promulguée par le Congrès américain stipule que les autorités administratives doivent divulguer des informations dans une publication unifiée, et que le Gouverneur a le pouvoir de décider librement de ce qui

23 Voir l'article 30 du Règlement sur la promotion du développement et de l'application des mégadonnées de la Province du Guizhou.

24 Voir l'article 18 de la *Loi sur la cybersécurité de la République populaire de Chine*.

25 Voir l'article 18 de la *Loi sur la cybersécurité de la République populaire de Chine*.

26 En janvier 1945, le rédacteur en chef de l'Associated Press, Kent Cooper, déclare dans le *New York Times* que « le droit de savoir désigne le droit du peuple de connaître le fonctionnement et l'information du gouvernement. Sans le respect du droit de savoir des citoyens, il n'y aura pas de liberté politique dans aucun pays, ni même dans le monde.

est divulgué, c'est-à-dire le pouvoir de décider de la surveillance, de l'utilisation et de la garde des dossiers, des documents et des finances liés à son activité. Plus tard, les États-Unis ont adopté la Federal Registration Act (1935) et l'Administrative Procedure Act (1946), et créé le journal officiel *Federal Register* pour publier les informations du gouvernement fédéral. Ces textes stipulent que le public peut demander au gouvernement de publier des informations, mais que le gouvernement a le droit de refuser la demande. Dans la pratique, le gouvernement américain invoquait souvent l'article 3 de l'Administrative Procedure Act, qui prévoit la nécessité de la confidentialité dans l'intérêt public, pour rejeter des demandes de publication d'informations qui auraient dû être rendues publiques. La situation fut radicalement changée en 1966 avec la promulgation de la Freedom of Information Act 1966, qui stipule que le public a le droit de demander toute information aux agences du gouvernement fédéral qui sont tenues de décider de telles demandes et, si une demande est rejetée, d'en indiquer les raisons et d'informer la personne de son droit de faire appel. Toute décision prise par les agences du gouvernement fédéral au sujet de la publication d'informations peut faire l'objet d'un appel ou d'un contrôle juridictionnel[27]. Par la suite, sous la pression du public et des médias, le Congrès des États-Unis a apporté plusieurs modifications à la Freedom of Information Act et a adopté la Privacy Act et le Government in the Sunshine Act.

27 La Freedom of Information Act, adoptée en 1966, est une loi qui prévoit la publication d'informations gouvernementales par les agences fédérales des États-Unis. Elle est référencée à la Section 552 du Titre 5 : le gouvernement et la fonction publique fédérale, Code des États-Unis. Conformément à cette loi, l'ouverture devrait être la norme, tous ont le même droit de demander l'ouverture des informations gouvernementales et de bénéficier de l'aide juridictionnelle. La Freedom of Information Act définit notamment les droits de la population en ce qui concerne l'accès à l'information administrative et les obligations des autorités administratives en ce qui concerne la publication de leurs informations. Ainsi, elle exige que l'administration fédérale et les agences d'administration indépendantes publient des informations sur le *Federal Register*, tout en précisant les documents et les dossiers exemptés par l'obligation de publication. La Freedom of Information Act est un jalon dans l'ouverture de l'administration publique aux États-Unis et constitue un indicateur important de la concrétisation du « droit de savoir » des citoyens (Li Yunchi 2012).

Dès lors, les États-Unis ont inauguré le printemps de l'ouverture des données[28]. Le 21 janvier 2009, soit le premier jour de son mandat présidentiel, Barack Obama a publié un *Mémorandum sur la transparence et l'Open-gouvernement*, qui énonçait les principes de la transparence, de la participation et de la coopération[29] à l'égard du gouvernement. Il a également

28 La Freedom of Information Act, la Privacy Act et la Government in the Sunshine Act constituent une base et une garantie importantes pour le système d'ouverture des données du gouvernement fédéral des États-Unis. Elles veillent à rechercher un équilibre entre l'accès public à l'information et la protection de la vie privée, et jouent un rôle important dans la réglementation de la publication d'informations gouvernementales par le gouvernement fédéral américain et la protection de la vie privée des citoyens (Voir Lu Jianying, Zheng Lei, et Sharon S. Dawes 2013).

29 Le *Mémorandum sur la transparence et le gouvernement ouvert* indique ce qui suit : « Le gouvernement doit être transparent. La transparence encourage la responsabilité et fournit des informations aux citoyens sur ce que fait leur gouvernement. L'information conservée par le gouvernement fédéral est un atout national. Mon administration prendra les mesures appropriées, conformément à la loi et à la politique, pour divulguer rapidement les informations sous des formes que le public peut facilement trouver et utiliser. Les départements et agences exécutifs devraient exploiter les nouvelles technologies pour mettre en ligne des informations sur leur fonctionnement et leurs décisions et les rendre facilement accessibles au public. Les département et agences exécutifs devraient également solliciter les avis du public pour identifier les informations les plus utiles au public. Le gouvernement doit être participatif. L'engagement du public renforce l'efficacité du gouvernement et améliore la qualité de ses décisions. Les connaissances sont largement dispersées dans la société, et les agents publics bénéficient d'un accès à ces connaissances dispersées. Les départements et agences exécutifs devraient offrir aux Américains des opportunités accrues de participer à l'élaboration des politiques et de faire bénéficier leur gouvernement des avantages de leur expertise et de leurs informations collectives. Les départements et agences exécutifs devraient également solliciter les avis du public sur la façon dont nous pouvons augmenter et améliorer les possibilités de participation du public au gouvernement. Le gouvernement devrait être collaboratif. La coopération engage activement les Américains dans le travail de leur gouvernement. Les départements et agences exécutifs devraient utiliser des outils, des méthodes et des systèmes innovants pour coopérer entre eux, à tous les niveaux de gouvernement, et avec les organisations à but non lucratif, les entreprises et les particuliers du secteur privé. Les départements et agences exécutifs devraient solliciter les avis du public afin d'évaluer et d'améliorer leur niveau de coopération et d'identifier de nouvelles opportunités de coopération ».

annoncé qu'il dirigerait « le directeur de la technologie, en coordination avec le directeur du Bureau de la gestion et du budget (OMB) et l'administrateur des services généraux, pour coordonner le développement par les départements exécutifs et agences appropriés, dans les 120 jours, des recommandations pour l'*Open Government Directive* », afin d'établir un système de gouvernement ouvert fondé sur une ouverture active[30]. La même année, en mai, les États-Unis créent Data.gov, le premier portail de données ouvertes au monde[31], et exigent que les services fédéraux publient leurs données de manière régulière et tangible. Les données relatives au budget, aux dépenses du gouvernement et aux élections sont les cibles prioritaires de ce programme d'ouverture de données dans le cadre du gouvernement ouvert. En décembre 2012, Barack Obama signe la Stratégie nationale pour le partage et la sécurité de l'information et annonce l'Initiative de R&D sur les mégadonnées. En mai 2013, il signe le décret exécutif intitulé « Faire de l'ouverture et de la lisibilité par machine la nouvelle valeur par défaut pour les informations gouvernementales », exigeant que le gouvernement fédéral rende ses données entièrement publiques et stipulant que toutes les données gouvernementales futures devraient être ouvertes et lisibles par machine par défaut. En 2014, les États-Unis adoptent la DATA Act afin de

30 Les trois principes de la directive Open Government sont la transparence, la participation et la coopération. Cette directive demande à faire avancer le travail exigé par la Freedom of Information Act. En exigeant que plus de données soient publiées sur les sites Web du gouvernement, elle vise à favoriser le dialogue public par l'accès public aux informations gouvernementales.

31 Plusieurs sites de données fédérales ouvertes ont été créés auparavant, y compris FedStats.gov, le premier site d'information ouverte créé par le gouvernement américain en 1997, USAspending.gov et Recovery.gov crées en 2007. Depuis le lancement de la directive Open Government, le gouvernement fédéral des États-Unis étudie de façon plus active l'ouverture des données par le biais de sites Web intégrés. Lancé par l'Administration des services généraux (GSA) en mai 2009, le portail Data.gov possède 47 ensembles de données modérés. À partir de plusieurs centaines de sources de données (y compris des organismes fédéraux, des états, des cantons et des villes), le portail s'est développé pour fournir aujourd'hui plus de 200 000 ensembles de données. Data.gov est un excellent exemple pour la construction d'autres catalogues de données publiques ouvertes. Depuis 2009, des centaines de pays, d'états et de villes du monde ont lancé leurs propres sites Web de données publiques ouvertes.

promouvoir de façon intégrale l'ouverture des données. En janvier 2019, le nouveau président américain Donald Trump signe la OPEN Government Data Act, qui exige que les données gouvernementales soient lisibles par machine et disponibles en format ouvert par défaut, prévoit l'utilisation de licences ouvertes pour les données gouvernementales et encourage l'utilisation innovante des données[32], afin de parvenir à une ouverture complète des données gouvernementales. Ces textes ont posé un véritable cadre juridique pour l'ouverture des données aux États-Unis et marqué les jalons importants du mouvement d'ouverture de données américain.

Au Royaume-Uni, le mouvement d'ouverture des données a commencé dans les années 1970. En 1984, le Royaume-Uni a adopté la Data Protection Act et la Local Government (Access to Information) Act. Plus tard, l'Access to Personal Files Act (« loi sur l'accès aux dossiers personnels ») et l'Access to Medical Reports Act (« loi sur l'accès aux rapports médicaux ») sont passées. Tous ces textes comportent des dispositions sur le libre accès aux données gouvernementales et représentent en quelque sorte l'embryon du système britannique d'ouverture des données gouvernementales. En

32 § 3562. Exigences relatives aux données gouvernementales

a) Données lisibles par machine requises – Les ressources de données publiques ouvertes mises à disposition par un organisme doivent être publiées sous une forme lisible par machine

b) Ouverture par défaut – Sauf disposition contraire par la loi, dans la mesure du possible, les ressource de données publiques et non publiques gérées par le gouvernement fédéral doivent : (1) être disponibles en format ouvert ; et (2) être disponible sous licences ouvertes.

c) Licence ouverte ou engagement envers le domaine public mondial requis – Sauf disposition contraire par la loi, dans la mesure du possible, les ressources de données publiques ouvertes publiées par ou pour un organisme sont mises à disposition sous licence ouverte ou, si elles ne sont pas disponibles sous une licence ouverte et qu'elles ont été publiées de manière appropriée, elles doivent être considérées comme faisant partie du domaine public mondial.

d) Innovation – Chaque organisme peut s'engager avec des organisations non gouvernementales, des citoyens, des organismes à but non lucratif, des collèges et universités, des entreprises privées et publiques, ou d'autres organismes afin d'explorer les possibilités de tirer parti des données publiques de l'organisme d'une manière qui peut offrir de nouvelles possibilités d'innovation dans les secteurs public et privé, conformément à la loi et à la réglementation.

1989, le Royaume-Uni révise l'Official Secrets Act. Puis, à partir de 1990, il adopte une série de lois et de règlements, y compris l'initiative « Citizen's Charter », le livre blanc *Open Government* et le Code of Practice on Access to Government Information (« code pratique sur l'accès à l'information gouvernementale »). Ces textes ont fortement favorisé l'ouverture des données gouvernementales. Dans ce processus, le progrès continu de la démocratie, du mouvement des droits civils et de la construction de l'État de droit a également contribué à l'institutionnalisation de l'ouverture des données au Royaume-Uni. En 2000, le Royaume-Uni adopte la Freedom of Information Act (FOIA, « loi sur la liberté d'information » en français). Bien que la FOIA n'entre pleinement en vigueur qu'en 2005, l'achèvement de ce processus législatif marque une nouvelle ère dans le développement du système d'ouverture des données du gouvernement britannique[33]. En 2010, le Royaume-Uni lance officiellement le portail de données ouvertes Data.gov.uk et à partir de 2011, le pays publie successivement trois plans d'action dans le cadre de l'initiative « Partenariat pour un gouvernement ouvert ». Ces plans, en complément des actions déjà mises en œuvre, portent sur cinq domaines prioritaires : l'ouverture des données, l'intégrité du gouvernement, la transparence financière, l'autonomisation des citoyens et la transparence des ressources naturelles, et insistent davantage sur l'engagement d'ouvrir complètement les données gouvernementales. Ils visent à améliorer les services publics, à promouvoir la croissance économique nationale et à augmenter la transparence de l'administration publique. En 2012, le Royaume-Uni publie le livre blanc *Open Data: Unleashing the potential* (« données

33 La Freedom of Information Act stipule que chacun a le droit d'accéder aux informations gouvernementales et que le gouvernement doit répondre aux demandes du public et lui fournir les informations demandées immédiatement si elles sont disponibles. Elle prévoit également la création de commissaires à l'information et de comités spécialisés pour recevoir et répondre aux plaintes du public. Le commissaire à l'information a le droit de demander à l'organisme gouvernemental contre lequel la plainte est dirigée de fournir les informations demandées, si celles-ci doivent être rendues accessibles conformément à la loi. Le comité spécialisé peut également lui délivrer une ordonnance d'exécution. En ce qui concerne les exceptions à la publication des données, la Freedom of Information Act prévoit 18 situations, telles que des informations relatives à la sécurité nationale, des informations préjudiciables à la défense nationale et des informations préjudiciables aux relations internationales.

ouvertes : libérons le potentiel »), dans lequel il propose de construire un gouvernement transparent à travers l'ouverture des données, tout en fournissant des ressources pour l'innovation des entreprises et en améliorant le niveau des services publics. Un certain nombre de mesures stratégiques ont été proposées. La même année, le Royaume-Uni révise la Protection of Freedoms Act pour obliger les organismes gouvernementaux à publier des données sous forme lisible par machine et définir des dispositions sur la facturation et les droits d'auteur relatifs aux données ouvertes. Après le Sommet du G8 en 2013, le Royaume-Uni publie ses plans d'actions pour mettre en œuvre la Charte du G8 pour l'ouverture des données publiques, en donnant la priorité à l'ouverture de quatre centres de données : les statistiques nationales, les cartes nationales, les élections nationales et les budgets nationaux, et à l'ouverture des données dans les 14 domaines à valeur élevée définis par la Charte. Puis, le Plan d'action national 2016–2018 pour un gouvernement ouvert au Royaume-Uni propose d'ouvrir davantage de données, y compris des informations commerciales, des informations sur les ressources naturelles, des données sur les contrats et les achats, des données sur le financement et les donations du gouvernement, ainsi que des données sur les élections. Le plan continue de promouvoir des applications technologiques orientées vers les données et encourage la participation à l'ouverture de données. Nous pouvons affirmer que le Royaume-Uni est un exemple plutôt réussi en matière de promotion de l'ouverture des données publiques, d'amélioration et d'innovation des services publics. En effet, en 2015, le Royaume-Uni est arrivé en tête du classement avec une note de 100/100 dans le Baromètre des données ouvertes de la World Wide Web Foundation, basé sur une étude de l'ouverture des données dans 86 pays du monde.

Relativement parlant, le travail de la Chine en matière d'ouverture et de partage des données n'en est qu'à ses débuts. Plus précisément, cela se traduit par l'absence de canaux d'accès pratiques aux données et de mécanismes de dialogue efficace entre les utilisateurs et le gouvernement, l'insuffisance des lois et des réglementations pertinentes et le manque de profondeur dans l'ouverture des données en Chine. Au cours des deux dernières années, la Chine a progressivement mis l'ouverture et le partage des données à son ordre du jour, en les considérant comme une stratégie nationale. Lors de la deuxième étude collective du Bureau politique du Comité central PCC, le Secrétaire général Xi Jinping a souligné la nécessité de promouvoir l'intégration, l'ouverture et la partage des ressources de données, d'assurer la sécurité des données et d'accélérer la construction de la Chine numérique. À la visioconférence nationale sur la promotion de la réforme des fonctions gouvernementales (y compris la simplification des procédures administratives, la délégation de pouvoirs et l'optimisation des services), le premier ministre chinois Li Keqiang a souligné que les organismes du gouvernement à tous les niveaux détenaient plus de 80 % des ressource de données chinoises et que ce serait un grand gaspillage si ces ressources n'étaient pas ouvertes. En août 2015, le Conseil des affaires d'État chinois publie le Plan d'action pour la promotion du développement des mégadonnées (50/2015) et exige explicitement que des plates-formes unifiées d'ouverture des données gouvernementales soient construites avant la fin de 2018, afin d'accélérer l'ouverture et le partage des données gouvernementales, de promouvoir l'intégration des ressources et d'améliorer la capacité de gouvernance. En octobre de la même année, la mise en œuvre de la stratégie nationale de mégadonnées et la promotion de l'ouverture et du partage des ressources de données ont été officiellement ajoutées dans les documents de la 5e session plénière du 18e Comité central du Parti. En septembre 2016, le Conseil des affaires d'État chinois publie successivement les Mesures provisoires relatives au partage des informations de l'administration publique et les Directives sur l'accélération de la promotion du travail « Internet + Services gouvernementaux », fournissant des orientations pour le libre accès aux données gouvernementales. En décembre 2016, le Plan national d'informatisation du 13e plan quinquennal place l'ouverture et le partage des ressources de données et les actions « Internet + Services gouvernementaux » en tête des priorités. En août 2018, la Chine promulgue la Loi sur le commerce électronique, qui stipule que l'État devrait prendre des mesures pour promouvoir l'établissement d'un mécanisme de partage des données publiques et favoriser l'utilisation des données publiques par les opérateurs du commerce électronique conformément à la loi. Cette disposition apporte une réponse provisoire et partielle à la mise en place d'un système d'ouverture des données et répond à l'appel en faveur d'une utilisation ouverte des données en Chine.

Les objectifs de l'ouverture des données. Ce n'est qu'en définissant clairement ses objectifs que l'ouverture de données peut être mise sur une bonne voie. En analysant les politiques d'ouverture des données de la Chine, des États-Unis, du Royaume-Uni et d'autres pays, il est à constater que l'ouverture des données en Chine, en particulier celle des données gouvernementales, est conçue pour « promouvoir le développement sain de l'économie numérique, améliorer la gouvernance et les services du gouvernement et stimuler le dynamisme du marché et la créativité dans la société[34] ». Aux États-Unis, l'objectif initial de l'ouverture des données est de répondre aux demandes d'accès à l'information des citoyens, c'est-à-dire pour satisfaire le droit de savoir des citoyens. Ensuite, le pays a décidé de promouvoir vigoureusement l'ouverture des données gouvernementales dans le but de « créer un niveau d'ouverture sans précédent au sein du gouvernement [...] pour assurer la confiance du public et établir un système de transparence, de participation du public et de coopération. L'ouverture renforcera notre démocratie et favorisera l'efficacité et l'efficience du gouvernement » (Barack H. Obama 2009). Au Royaume-Uni, l'ouverture des données a pour objectif de réaliser la valeur des données ouvertes, en particulier dans les domaines politique, économique et social. Par exemple, dans son plan d'actions pour mettre en œuvre la Charte du G8 pour l'ouverture des données publiques, le gouvernement britannique s'est fixé comme objectif de devenir le gouvernement le plus transparent au monde et de maintenir le Royaume-Uni en chef de file mondial dans le domaine des données ouvertes. Le livre blanc *Open Data: Unleashing the potential* a également pour volonté de construire un gouvernement britannique véritablement transparent, sous le thème de « la prospérité portée par la transparence », tout en s'assurant que chacun puisse bénéficier de la transparence et des données ouvertes. Enfin, le Plan d'action national 2013–2015 pour un gouvernement ouvert au Royaume-Uni demande à faire du Royaume-Uni le gouvernement le plus

34 Voir l'article 1 des Mesures provisoires relatives au partage des informations de l'administration publique, l'article 1 des Mesures provisoires pour l'ouverture des données publiques de la municipalité de Shanghai, l'article 1 des Mesures provisoires pour l'ouverture et la sécurité des données publiques de la province du Zhejiang et l'article 1 du Règlement sur l'ouverture et le partage des données liées aux affaires administratives de Guiyang.

ouvert et le plus transparent du monde, avec une croissance plus rapide, de meilleurs services publics, moins de corruption et moins de pauvreté.

Les principes de l'ouverture des données. Les principes du système chinois de l'ouverture des données sont plutôt larges et comprennent notamment les principes de l'ouverture par défaut, de l'équité, de la justice, de la légalité et de la facilitation de la vie des citoyens[35]. L'ouverture des données devrait être orientée par les besoins, assurer la sécurité, appliquer la classification et des normes unifiées, tout en étant pratique et efficace[36]. Il faudrait également mettre en œuvre une planification et une coordination générales, faire avancer l'ouverture de façon globale, proposer des services actifs et gratuits et administrer conformément à la loi[37]. Les États-Unis et le Royaume-Uni ont des dispositions relativement scientifiques et détaillées sur les principes de l'ouverture des données. Par exemple, la Freedom of Information Act des États-Unis prévoit que l'ouverture des données gouvernementales par les organismes gouvernementaux devrait être active, gratuite et complète, et la directive Open Government propose trois principes : la transparence, la participation et la coopération. La Charte du G8 pour l'ouverture des données publiques énonce cinq principes : « ouverture des données par défaut, qualité et quantité, accessibilité à tous, publication des données pour une meilleure gouvernance, ouverture des données pour l'innovation ». Au Royaume-Uni, le « Conseil pour la transparence du secteur public : principes relatifs aux données publiques » définit 14 principes pour l'accès aux données gouvernementales, dont « les données publiques seront publiées dans des formats réutilisables et lisibles par machine », « les données publiques seront publiées sous la même licence ouverte », « les données publiques seront opportunes et précises » et « les données publiques seront librement disponibles pour toute utilisation licite ». Complémentaires les uns avec les autres, ces principes guident ensemble l'ouverture ordonnée et de qualité des données gouvernementales.

35 Voir l'article 5 du Règlement sur la divulgation de l'information gouvernementale de la République populaire de Chine.

36 Voir l'article 4 des Mesures provisoires de la municipalité de Shanghai relatives à l'ouverture des données publiques.

37 Voir l'article 3 du Règlement sur l'ouverture et le partage des données liées aux affaires administratives de Guiyang.

La classification dans l'ouverture des données. L'ouverture des données après la classification est une innovation chinoise. En effet, le système d'ouverture de données chinois différencie les données ouvertes sans condition, les données ouvertes sous condition et les données non ouvertes au public. Par exemple, l'article 25 des Mesures pour la gestion des données administratives et de l'administration électronique de la province du Shandong stipule expressément que « les données gouvernementales ouvertes sont divisées en deux types : ouverture inconditionnelle et ouverture à la demande. Pour les données gouvernementales qui sont ouvertes sans condition, les citoyens, les personnes morales et d'autres organisations peuvent y accéder directement *via* les sites Web dédiés. Lorsque des citoyens, des personnes morales et d'autres organisations demandent à accéder à des données administratives, les services concernés du gouvernement populaire au niveau du district ou supérieur devraient traiter rapidement les demandes conformément aux règlements nationaux et provinciaux sur la divulgation de l'information gouvernementale ». Si le Règlement sur l'ouverture et le partage des données liées aux affaires administratives de Guiyang ne précise pas explicitement la classification des données ouvertes, ses articles 18 à 22 sous-entendent que les données gouvernementales sont divisées en données ouvertes sans condition et données non ouvertes au public. Le paragraphe 1 de l'article 18 définit les types de données non ouvertes, à savoir « (i) les données relatives aux secrets d'État, (ii) les données relatives aux secrets commerciaux, (iii) les données impliquant la vie privée et (iv) autres données gouvernementales dont l'ouverture est interdite par la loi et les règlements ». Les données ouvertes sans condition comprennent deux parties : les données prévues au paragraphe 2 de l'article 18 et les données autres que celles prévues au paragraphe 1. Le partage est une façon particulière de rendre les données accessibles. Le partage des données peut également être divisé en trois catégories : partage inconditionnel, partage sous condition et refus de partage. Par exemple, l'article 9 des Mesures provisoires relatives au partage des informations de l'administration publique stipule que « les ressources d'information administrative sont divisées en trois types : partageables sans condition, partageables sous condition et non partageables. Les ressources d'information administrative mises à la disposition de tous les services sont des données partageables sans condition. Les ressources d'information administrative qui peuvent être partagées avec les services pertinents ou partiellement partagées avec les autres services sont des données partageables sous condition. Les ressources d'information administrative qui ne devraient pas être mises à la disposition des autres services sont des données non partageables ».

2.4 Circulation et commerce des données

Dans un contexte de numérisation industrielle et d'industrialisation numérique, la circulation des données est la norme, tandis que l'immobilité des données est un phonème inhabituel. La circulation des données est la condition préalable et la base de la réalisation de la valeur des données. Elle inclut l'utilisation commune des données, le partage des données, les transactions de données et couvre trois types de licence : les licences « de l'entité à l'entité », les licences « de l'entité au public », et les licences mutuelles. Le marché chinois du commerce de données en est encore à ses débuts, et il est nécessaire de laisser jouer tant le rôle du marché que le rôle du gouvernement afin de construire un système de commerce de données compatible avec les incitations. « Il faut soutenir la R&D de technologies et de modèles innovants pour le commerce de données, élargir les canaux de commerce de données et améliorer l'efficacité de la circulation des données[38] ».

(1) Minimisation et maximisation des données

« Le RGPD est l'un des textes législatifs les plus importants pour la protection des données à caractère personnel dans le monde » (Ding Xiaodong 2018). Il est considéré comme la réglementation la plus stricte en matière de protection dans l'histoire de la législation sur les données. En

38 Voir l'article 58 du Règlement sur les données de la zone économique spéciale de Shenzhen (projet).

matière de données personnelles, l'Union européenne met davantage l'accent sur la protection que sur l'utilisation, par rapport aux États-Unis. Une partie de l'opinion publique européenne craint que ce choix, qui contribue à protéger la vie privée, puisse élargir l'écart entre l'Union européenne et les États-Unis dans le développement de l'Internet. En effet, si le principe de donner des droits aux utilisateurs et de contrôler strictement les entreprises appliqué par le RGPD est salué par les organisations de protection des consommateurs, il suscite beaucoup d'oppositions de la part des entreprises Internet. En ce début d'ère numérique, les politiques en matière de données personnelles que nous adoptons auront une incidence sur l'orientation des mégadonnées, de l'intelligence artificielle et des applications données. Concernant ce sujet, les États-Unis et l'Union européenne partagent le principe de l'autonomisation des utilisateurs, mais ont des positions différentes sur plusieurs autres questions clés.

Premièrement, les États-Unis et l'Union européenne ont deux attitudes différentes à l'égard du développement des données. Les États-Unis considèrent les mégadonnées comme une stratégie nationale, et l'économie numérique américaine s'est élevée à 13 100 milliards de dollars en 2019 pour se classer au premier rang mondial. Depuis 2012, les États-Unis ont successivement publié un ensemble de documents d'orientation, tels que l'Initiative de recherche et développement sur les mégadonnées (« Big Data Research and Development Initiative ») en 2012, le livre blanc *Mégadonnées : Saisir les opportunités, préserver les valeurs* (« *Big Data: Seizing Opportunities, Preserving Values* ») en 2014 et le Plan stratégique fédéral de recherche et développement sur les mégadonnées (« Federal Big Data Research and Development Strategic Plan ») en 2016. Le pays a également créé un groupe de pilotage pour le développement des mégadonnées (« Big Data Senior Steering Group ») afin d'encourager le développement de l'industrie des données. Ces politiques signifient que les États-Unis continueront de maximiser le rôle des données. De son côté, l'Union européenne adopte une voie plus prudente et se penche pour un développement minimal des données. Au cours des 20 dernières années, l'Union européenne a limité le développement d'Internet par des moyens externes, tels que la législation, et aujourd'hui, aucune des plates-formes Internet de leader mondial n'est européenne. Sous le principe de la minimisation des données, il sera difficile pour l'Union européenne de développer à l'avenir une plate-forme de classe mondiale pour l'industrie des données.

Deuxièmement, les États-Unis et l'Union européenne ont des orientations très contrastées en matière de politiques de protection des consommateurs. Les États-Unis, en tête de file dans le développement des plates-formes de données d'Internet, ont choisi une politique de compromis et d'équilibre entre le développement et la protection des données, mettant en évidence l'aspect neutre des données personnelles. L'Union européenne, en tant que consommateur de données, met davantage l'accent sur la protection des données personnelles et de la vie privée. Lorsque les données personnelles sont considérées comme neutres, l'équilibre de l'autonomisation des utilisateurs est à rechercher à mi-chemin entre l'ouverture et la transparence des informations de services personnalisés et la protection de la vie privée, et ce sera à l'utilisateur de décider ; lorsque les données personnelles sont considérées comme négatives, l'ouverture et la transparence des informations de services personnalisés seront limitées, et l'accent sera mis uniquement sur la protection des données personnelles. Pour l'Union européenne, d'un côté, les consommateurs bénéficieront d'une meilleure sécurité des données et d'une meilleure protection de la vie privée. Par exemple, le droit à l'oubli renforcé par le RGPD peut aider l'utilisateur à être « invisible » et à effacer ses données. De l'autre côté, les consommateurs de l'Union européenne perdront davantage d'opportunités de services personnalisés.

Troisièmement, les États-Unis et l'Union européenne ont des politiques très différentes à l'égard de l'utilisation des données par les entreprises. Le RGPD met l'accent sur l'application du droit européen au sein de l'Union européenne, ce qui signifie que les entreprises situées en dehors de l'UE doivent également se conformer aux lois et réglementations européennes pour fournir des services au sein de l'UE. « Cela aura un impact important sur l'exploitation dans l'Union européenne par les sociétés et plates-formes de données géantes situées dans d'autres pays. Dans l'ensemble, le RGPD donne aux régulateurs européens de la confidentialité le pouvoir d'imposer des amendes aux entreprises, qui peuvent s'élever jusqu'à 4 % de leur chiffre d'affaires annuel mondial » (Jiang Qiping 2018). En revanche, la législation américaine sur les données penche plutôt en faveur de l'application extraterritoriale des lois nationales pour répondre aux besoins des forces de l'ordre en matière de mobilisation extraterritoriale de données. Le principe de « l'Amérique d'abord » est aussi très présent dans le système juridique des données américain. Par exemple, le CLOUD Act (« Clarifying Lawful Overseas Use of Data Act »)[39] étend la juridiction des autorités américaines aux données stockées à l'étranger, tout en permettant aux organismes d'application des lois de « gouvernements étrangers qualifiés » d'accéder aux données stockées aux États-Unis. Cependant, la plupart des pays en développement, comme la Chine, peuvent difficilement répondre aux critères de « gouvernement étranger qualifié » définis par le CLOUD Act. Il semble bien que les États-Unis placent leurs propres intérêts en premier et tentent de dominer dans la formulation de règles du jeu pour l'accès aux données stockées à l'étranger, en étendant sa juridiction dans le cyberespace des autres États, au préjudice de leur souveraineté judiciaire et de leur sécurité nationale en matière de cyberespace.

(2) Circulation des données

Avec l'expansion rapide du marché de l'industrie numérique, l'ouverture, le partage, l'échange et la circulation des données sont devenus des tendances. Il semble bien que « la circulation et l'utilisation licites des données sont la clé du développement de l'industrie des mégadonnées, tandis que la définition de la propriété des données est le point de départ logique de l'utilisation, de la circulation et de l'industrialisation des données » (Ding Daoqin 2017). Toutefois, la circulation des données[40] est

39 Le CLOUD Act a été introduit après l'affaire Microsoft Corp. c. États-Unis, dans laquelle Microsoft conteste un mandat du FBI demandant l'accès à des données stockées à l'étranger. Jusque-là, la législation ne précisait pas l'application des lois quant aux données stockées à l'étranger. Cette affaire a mis en évidence le besoin de légiférer sur l'accès aux données stockées à l'étranger par les organismes d'application de la loi, et après plus d'un mois de processus législatif, le CLOUD Act a été introduit en mars 2018.

40 La circulation des données peut être définie comme le processus par lequel des données stockées dans certains systèmes d'information sont transmises du côté de l'offre au côté de la demande selon certaines règles. Voir la « Conception des données » du *Livre blanc sur les technologies clés pour la circulation des données* (version 1.0)

également accompagnée de problèmes tels que ceux liés à la propriété, à la qualité, à la conformité et à la sécurité, qui sont devenus des goulots d'étranglement.

Les modèles de circulation des données. La libre circulation des données est à la fois la norme à l'ère numérique et une exigence nécessaire pour un cyberespace ouvert, partagé et sans frontières. « Les données ne doivent pas être définies par leur stockage, mais par leur circulation[41] » qui comprend trois modèles : l'utilisation commune, le partage et le commerce. L'utilisation commune des données existe principalement entre les organisations liées par le capital ou d'autres intérêts. Dans ce cas, la circulation des données est régie par des règlements internes aux organisations. Les Lignes directrices sur l'accélération du développement de la logistique moderne dans le domaine de la circulation en Chine (53/2008) proposent « d'encourager la construction de plates-formes d'information de réseau logistique publique et d'aider les entreprises commerciales et les entreprises logistiques à adopter des technologies avancées telles que l'Internet, afin de réaliser le partage des ressources, l'utilisation commune des données et l'interconnexion de l'information ». Le partage des données existe essentiellement entre les organisations partenaires. Dans ce cas, la circulation des données est régie par les contrats entre les organisations. Certaines conditions fondamentales doivent également être respectées. En particulier, « la sécurité nationale et la sécurité publique doivent être garanties, les secrets d'État et les secrets commerciaux préservés, la vie privée et les droits et intérêts légitimes relatifs aux données protégés. Aucune organisation ni aucun individu ne peut se servir du partage de données pour des activités illicites[42] ». Quant au commerce de données, il désigne l'échange de données entre le côté de l'offre et

de l'Institut de l'informatique en nuage et des mégadonnées de CAICT, <http://www.cbdio.com/BigData/2018-05/04/content_5747433.htm>, 04/05/2018.

41 Kevin Kelly estime que les données personnelles sont l'avenir et que tous les commerces du futur seront des commerces de données. Ainsi, les données ne devraient pas être définies par leur stockage, mais par leur circulation. À mesure que la technologie du cloud continue d'évoluer, notre capacité à intervenir dans le réseau sera plus importante que les biens réels que nous possédons.

42 Voir l'article 25 du Règlement sur la promotion du développement et de l'application des mégadonnées de la Province du Guizhou.

le côté de la demande par le biais de plates-formes tierces, conformément aux règles de transaction et aux mécanismes de tarification mutuellement observés. « Conformément à la loi, le commerce des données doit se réaliser par le biais de contrats qui définissent de façon claire la qualité des données, les prix, la méthode de livraison, l'usage de données et d'autres informations relatives aux transactions[43] ».

Les modèles de circulation des données. La circulation des données est intrinsèquement une sorte de licence sur les données qui comprend trois modèles : les licences « de l'entité à l'entité », les licences « de l'entité au public », et les licences mutuelles. Ces trois types de licences façonnent ensemble la circulation des données et l'utilisation sociale des données. Parmi eux, une licence « de l'entité à l'entité » est octroyée par le propriétaire des données à une cible spécifique pour permettre à celui-ci d'utiliser les données. Les licences « de l'entité à l'entité » sont le moyen le plus courant de circulation des données. Elles peuvent être incorporées dans la coopération commerciale entre entreprises, lorsqu'une partie autorise l'autre à utiliser des données spécifiques, ou dans des contrats de licence de données distincts, tels que les API ouvertes. Lorsque deux propriétaires de données ou plus s'échangent des licences de données, ils utilisent ensemble les données qu'ils ont chacun produites. Dans ce cas, les licences sont mutuelles et l'échange équivaut à un partage des données. En effet, le partage des données présente deux caractéristiques fondamentales : premièrement, les sujets (deux au minimum) sont limités à une portée spécifique et deuxièmement, ils utilisent mutuellement des données possédées ou contrôlées par d'autres sujets *via* un mécanisme de licence mutuelle. Le partage des données permet à un éventail spécifique de sujets d'utiliser plus efficacement les ressources de données existantes, réduisant ainsi les doubles emplois tels qu'en matière de collecte des données et les coûts associés. Les données partagées peuvent être considérées comme une ressource de données commune pour les sujets prédéfinis. Ainsi, le principe du partage est d'aliéner son droit à l'utilisation des données pour permettre une utilisation commune des données. Une licence « de l'entité au public » est une licence

43 Voir l'article 43 du Règlement sur le développement et l'application des mégadonnées de la Province du Hainan.

octroyée par le propriétaire des données à des sujets non spécifiques pour répondre aux besoins d'utilisation de données de la société. Ces licences peuvent être divisées en deux grandes catégories : licences libres et licences sous condition. En cas de licence libre, les données sont ouvertes sans condition et sont librement accessibles par tout acteur social. En cas de licence sous condition, en revanche, le propriétaire des données autorise le public à utiliser les données, mais l'utilisation est soumise à des conditions, lesquelles peuvent porter sur la finalité d'utilisation, la qualité de l'utilisateur et les contreparties, etc. Les licences sous condition font essentiellement partie du commerce de données, puisqu'elles utilisent des mécanismes de marché pour allouer des ressources de données à ceux qui en ont besoin et pour réaliser l'utilisation des données par la société (Gao Fuping 2019).

La réglementation de la circulation des données. La circulation des données doit être réglementée par modèle et par catégorie. L'analyse et le contrôle de la sécurité et de la confidentialité doivent être intégrés à toutes les étapes de la circulation, de sorte que chaque aspect de la circulation et de l'utilisation des données puisse être consulté, géré et contrôlé. « Pour le modèle d'utilisation associée, trois stratégies peuvent être adoptées pour réglementer le partage et le commerce des données : la divulgation des utilisations hors scénario, l'obligation de l'autorisation pour le partage de données sensibles et l'interdiction de circulation pour des données sensibles. Pour le modèle d'entreprises associées, il convient de s'intéresser à l'utilisation hors scénario des données des entreprises associées, à l'autorisation et à la protection du droit à l'information des utilisateurs, à la construction d'un système de sécurité pour le stockage et le contrôle d'accès des données privées, etc. Pour le modèle de partenariat, il faudrait accorder une attention particulière à l'autorisation des utilisateurs pour le partage de données entre les entreprises et la transmission chiffrée de données privées. Pour le modèle de commerce de données, l'attention devrait être portée à l'autorisation des utilisateurs pour les transactions de données (autorisation de partage multilatéral pour les données non sensibles), à la divulgation des règles de transaction et à l'interdiction de la circulation des données privées » (Zhang Minchong 2016). Sur ce sujet, nous pourrions beaucoup apprendre de l'expérience japonaise. Premièrement, le gouvernement japonais estime que le libre développement du marché de la circulation des données peut conduire à la monopolisation de données par des mégacorporations. Le « Rapport sur les données et la politique de concurrence », publié en juin 2017 par la Commission du commerce équitable du Japon, estime que « la promotion de la circulation des données et de la collecte des données par les entreprises peuvent aider les entreprises à améliorer leurs produits et services, poussant ainsi le fonctionnement des entreprises et le développement du marché vers un cercle vertueux. En même temps, si nous laissons le marché de la circulation des données se développer librement, des mégacorporations capables de monopoliser les données pourraient se former et réduire l'espace de développement des start-ups et des PME[44] ». Deuxièmement, le Japon a créé un organisme pour lutter contre le monopole des données, en ciblant notamment les géants internationaux de l'Internet. En février 2019, le gouvernement japonais a annoncé qu'il allait mettre en place un organisme de réglementation antimonopole pour examiner les grandes entreprises technologiques telles que Facebook et Google. L'organisme sera chargé de contrôler les pratiques concurrentielles, de protéger les données personnelles et de formuler des recommandations pour lutter contre la monopolisation de données. Le 6 mars 2019, le gouvernement japonais a statué que la *Loi antimonopole de Japon* s'appliquait aux géants d'Internet étrangers lorsqu'ils collectent et utilisent illégalement des informations personnelles japonaises. Plus précisément, ces pratiques seront considérées comme « un abus de position dominante » selon la *Loi antimonopole*.

(3) Commerce des données

Alors que l'économie numérique entre dans une nouvelle ère axée sur les données, le développement du marché des données et la promotion du commerce et de la circulation des données sont indispensables pour le développement innovant de l'économie et de la société. Le Plan de mise en

44 Centre de recherche sur les politiques de concurrence de la Commission du commerce équitable du Japon, « Rapport sur les données et la politique de concurrence », 2017.

œuvre (2020–2025) pour une réforme pilote globale à Shenzhen dans le cadre de la construction d'une ville pilote pour le socialisme à la chinoise, publié le 11 octobre 2020, indique explicitement qu'il est nécessaire d'étudier la mise en place d'un marché des données ou de s'appuyer sur les marchés existants pour développer le commerce des données. À son tour, le Plan de mise en œuvre pour la création de la Bourse internationale de mégadonnées de Pékin, publié le 18 septembre 2020, propose d'étudier l'établissement d'une bourse de mégadonnées dans la capitale chinoise. Le 11 août 2020, le Centre d'échange de mégadonnées du golfe de Beibu a été inauguré à Nanning avec l'objectif de faire des données un nouveau moteur de la croissance économique. En effet, depuis que le gouvernement central chinois a publié ses Avis sur la construction d'un meilleur système d'allocation des facteurs orienté vers le marché le 9 avril 2020, le développement du marché des données s'est accéléré dans de nombreuses régions et la construction des centres d'échange de données a suscité un nouvel engouement après la création de la Bourse internationale de mégadonnées de Guiyang en 2015.

Le sujet du commerce des données. Le sujet des relations juridiques dans le commerce des données est formé par toutes les parties participant aux transactions et ayant des droits et des obligations. Le sujet ou les acteurs du commerce des données peuvent être résumés en trois catégories : fournisseurs de données[45], consommateurs de données[46] et prestataires de services

45 Les fournisseurs de données doivent répondre aux exigences suivantes : (1) Aucune violation importante de données au cours des douze derniers mois ; (2) Être enregistrés et vérifiés auprès d'un prestataire de services du trading de données ; (3) Être en mesure de fournir des données aux consommateurs de manière sécurisée ; et (4) Se conformer aux règlements du prestataire de services du trading de données. Les autorités administratives et les organisations ayant des fonctions d'administration publique autorisées par les lois et règlements ne doivent pas participer au commerce de données en tant que fournisseurs de données (voir l'article 8 des Mesures provisoires de Tianjin sur la gestion du commerce des données [projet]).

46 Les consommateurs de données doivent répondre aux exigences suivantes : (1) Aucune violation importante de données au cours des douze derniers mois ; (2) Être enregistrés et vérifiés auprès d'un prestataire de services du trading de données ; (3) Être en mesure de protéger la sécurité des données échangées ; (4) Utiliser les données conformément à l'accord avec le fournisseur de données, interdire la réidentification des informations personnelles et détruire les données à la fin de leur

du trading de données[47]. Parmi eux, « les fournisseurs de données et les consommateurs de données sont des citoyens, des personnes morales et d'autres organisations qui effectuent des transactions de données par l'intermédiaire de prestataires de services du trading de données. Ceux-ci s'appuient sur des plates-formes d'échange pour fournir des services de transaction aux fournisseurs et aux consommateurs de données[48] ». Du point de vue de l'économie de marché, les acteurs du commerce des données sont dans un certain sens les acteurs du marché des facteurs de données. « Ce sont des acteurs commerciaux participant à des activités opérationnelles de données sur le marché des facteurs et jouissant d'une autonomie opérationnelle conformément à la loi[49] ».

---

utilisation et dans les délais convenus ; et (5) Se conformer aux règlements du prestataire de services du trading de données (voir l'article 9 des Mesures provisoires de Tianjin sur la gestion du commerce des données [projet]).

47 Les prestataires de services du trading de données doivent répondre aux exigences suivantes : (1) Être enregistrés en tant qu'acteur du marché conformément à la loi ; (2) Aucune violation importante de données au cours des douze derniers mois ; (3) Être en mesure d'assurer la sécurité des services de transaction de données ; (4) La plate-forme d'échange de données est déployée en Chine ; et (5) Ne pas utiliser les données ou les produits dérivés de données des fournisseurs et des consommateurs sans leur accord préalable. Les prestataires de services du trading de données doivent remplir les obligations suivantes : (1) Organiser et superviser les transactions de données, les règlements et les livraisons ; (2) Examiner la légalité des sources de données fournies par les fournisseurs de données ; (3) Détecter les utilisations illicites de données ; (4) Formuler et mettre en œuvre des sanctions relatives aux violation de règlements de transaction ; (5) Gérer la plate-forme d'échange de données ; (6) Recevoir et résoudre les plaintes concernant les transactions de données ; (7) Autres obligations découlant des lois et règlements (voir l'article 10 des Mesures provisoires de Tianjin sur la gestion du commerce des données [projet]).

48 Les transactions électroniques de données sont réalisées par le biais de plates-formes d'échange, et les transactions non électroniques sont effectuées hors ligne (voir l'article 7 des Mesures provisoires de Tianjin sur la gestion du commerce des données [projet]).

49 Voir l'article 101 du Règlement sur les données de la zone économique spéciale de Shenzhen (projet).

L'objet du commerce des données. Les données commercialisées[50] forment l'objet des relations juridiques relatives au commerce des données et sont la cible vers laquelle les droits et obligations du sujet sont dirigés. « Les données obtenues légalement qui ne permettent plus d'identifier un fournisseur spécifique après leur traitement et qui ne peuvent plus être restaurées peuvent être commercialisées[51] ». Toutefois, les données suivantes ne peuvent pas être commercialisées : (1) données impliquant la sécurité nationale, la sécurité publique et la vie privée, (2) données comportant des secrets commerciaux, sans l'autorisation du détenteur de droits, (3) données à caractère personnel, sans le consentement exprès de la personne concernée ; données à caractère personnel de mineurs de plus de 14 ans, sans le consentement exprès de la personne concernée ou de son tuteur ; données à caractère personnel de mineurs de moins de 14 ans, sans le consentement exprès du tuteur, (4) données obtenues par fraude, tromperie, fausse déclaration, etc. ou par voie illégale ou irrégulière, et (5) autres données dont la commercialisation est interdite en vertu de lois, règlements ou accords[52].

Les plates-formes d'échange de données. Le développement des plates-formes d'échange de données revêt une importance historique dans l'évolution du commerce de données (Mu Huijun 2016). Leur rôle pour le commerce des données est comparable à celui des bourses pour les transactions de valeurs mobilières. Au cœur du commerce des données, les plates-formes d'échange de données permettent la libre circulation des données entre les différents sujets de droits. En termes de fonctionnalité, elles devraient « disposer des fonctions de gestion des utilisateurs[53], de

50 Les données commercialisées désignent les données légales et conformes échangées entre le fournisseur de données et le consommateur de données (voir l'article 38 des Mesures provisoires de Tianjin sur la gestion du commerce des données [projet]).

51 Voir l'article 14 des Mesures provisoires de Tianjin sur la gestion du commerce des données (projet).

52 Voir l'article 15 des Mesures provisoires de Tianjin sur la gestion du commerce des données (projet).

53 L'article 23 des Mesures provisoires de Tianjin sur la gestion du commerce des données (projet) dispose que les plates-formes d'échange de données doivent prendre en charge les fonctions de gestion des utilisateurs telles que l'enregistrement et l'authentification des utilisateurs, l'ouverture de session utilisateur, la récupération de

gestion des transactions[54], de gestion des commandes[55], de gestion de la plate-forme[56] et d'autres fonctions utiles[57] ». En termes de performances, elles devraient « créer un environnement d'échange de données sécurisé, fiable, gérable et traçable, élaborer des règles relatives aux transactions, à la divulgation d'informations et à l'autoréglementation, et prendre des mesures efficaces pour protéger la vie privée, les secrets commerciaux et les données importantes[58] ». Les plates-formes d'échange de données aident à normaliser le commerce des données et à rendre les mécanismes de tarification plus

mot de passe, la modification des informations d'enregistrement, la modification du mot de passe, etc.

54 L'article 24 des Mesures provisoires de Tianjin sur la gestion du commerce des données (projet) dispose que les plates-formes d'échange de données doivent permettre aux fournisseurs de données de consulter les demandes, de publier des offres de données, de livrer des données et de traiter les plaintes en ligne. Les plates-formes doivent également permettre aux consommateurs de données de consulter les offres, de publier des demandes de données, de gérer les listes d'achat, d'évaluer les transactions et d'envoyer des plaintes en ligne.

55 L'article 25 des Mesures provisoires de Tianjin sur la gestion du commerce des données (projet) dispose que les plates-formes d'échange de données doivent fournir des fonctions de gestion des commandes telles que la commande en ligne, la modification, l'annulation, la suppression et la consultation des commandes. Les plates-formes doivent également conserver les accords électroniques entre les parties de l'offre et de la demande, examiner l'annulation des commandes livrées, définir un délai de paiement pour les commandes et annuler automatiquement les commandes impayées une fois le délai est expiré.

56 L'article 26 des Mesures provisoires de Tianjin sur la gestion du commerce des données (projet) dispose que les plates-formes d'échange doivent disposer de fonctions de gestion de plate-forme telles que la gestion de l'information d'offre et de demande, la gestion de la facturation des transactions, la gestion de sécurité, la vérification des transactions et la gestion des journaux. Elles doivent également permettre aux prestataires de services du trading de données de vérifier les informations d'enregistrement et les publications des utilisateurs, et prendre en charge la publication et la modification d'annonces, la consultation et l'exportation des informations de commande et de paiement, la sauvegarde et la restauration des données système, etc.

57 Voir l'article 22 des Mesures provisoires de Tianjin sur la gestion du commerce des données (projet).

58 Voir l'article 59 du Règlement sur les données de la zone économique spéciale de Shenzhen (projet).

rationnels. Actuellement, la Chine a mis en place plusieurs plates-formes du genre, y compris la plate-forme d'échange de mégadonnées de Guiyang, la plate-forme d'échange de mégadonnées de Zhongguancun et la plate-forme d'échange de mégadonnées du Centre de Chine.

La tarification du commerce des données. La tarification des données est le point de départ logique du commerce des données. Elle traduit la valeur des données par la monétisation (Laboratoire clé de la stratégie des mégadonnées 2019, p. 138). La tarification des données est très différente de la tarification des autres actifs. La valeur des actifs de données provient principalement des avantages commerciaux qu'elles génèrent directement ou indirectement, mais les données ont la particularité de pouvoir être reproduites à l'identique et les revenus qu'elles génèrent dans différents scénarios sont superposables. Par conséquent, contrairement aux actifs traditionnels, la valeur d'un actif de données spécifique n'est pas fixe, mais évolue en fonction de divers facteurs. Les données étant faciles à reproduire et à diffuser et difficiles à évaluer, nous ne pouvons pas nous référer simplement au modèle de tarification classique des transactions financières et des échanges de biens pour définir la tarification des données. Le modèle de tarification classique est généralement basé sur des enchères continues et des appels d'offre, et implique des relations de plusieurs-à-plusieurs, tandis que les transactions de données sont généralement des relations d'un-à-un ou d'un-à-plusieurs. Différents types de données nécessitent différents mécanismes de tarification, mais d'une manière globale, « les plates-formes d'échange de données doivent établir des indicateurs de tarification des actifs de données en prenant en considération la rapidité, la temporalité, la couverture des échantillons, l'intégrité, le type et d'autres dimensions des données. Les plates-formes doivent également travailler avec les organismes d'évaluation pour évaluer de façon rationnelle la valeur des actifs de données[59] ». Dans le même temps, au niveau législatif, « il faudrait exhorter le gouvernement à formuler des règles de tarification des données et des lignes directrices pour l'évaluation de la valeur des données, encourager la création d'organismes d'évaluation de la valeur des données,

59 Voir l'article 60 du Règlement sur les données de la zone économique spéciale de Shenzhen (projet).

promouvoir la réforme du prix du marché des données et guider les acteurs du marché à exercer leur autonomie de tarification des données dans le respect des lois[60] ».

Les modèles de commerce des données. « Sur le marché des facteurs de données, les transactions peuvent se réaliser de divers moyens légaux tels que les transactions autonomes et les transactions *via* des plates-formes[61] ». Nous pouvons toutefois différencier deux grands types de transactions : l'un électronique et l'autre non électronique[62]. L'essence du commerce des données est l'aliénation des droits de propriété sur les données, y compris l'aliénation de la possession, du droit d'utiliser et du droit de jouir des données (Li Wenlian et Xia Jianming 2013). Par cette aliénation, la propriété des données transfère ses droits de propriété sur les données à un consommateur de données. La propriété des données est généralement très ciblée et peut être appliquée directement. Dans un modèle de commerce axé sur le droit à l'utilisation des données, les transactions sont réalisées par la location et la recherche de données, notamment la location de bases de données. Par exemple, sur des bases de données de revues et d'articles scientifiques chinoises, les utilisateurs peuvent payer et obtenir le droit d'utiliser la base de données un certain nombre de fois ou pendant une durée définie. Dans un modèle de commerce axé sur l'usufruit des données, les bénéfices obtenus par le consommateur de données après l'utilisation de données fournies par le fournisseur de données sont répartis entre le consommateur et le fournisseur.

60 Voir l'article 80 du Règlement sur les données de la zone économique spéciale de Shenzhen (projet).

61 Voir l'article 58 du Règlement sur les données de la zone économique spéciale de Shenzhen (projet).

62 Voir l'article 6 des Mesures provisoires de Tianjin sur la gestion du commerce des données (projet).

2.5 Sécurité et conformité des données

La sécurité et la conformité des données constituent un aspect nouveau et important de la sécurité nationale. Il s'agit d'une question globale impliquant les domaines techniques, juridiques, réglementaires, de la gouvernance sociale, etc. La mise en place de réglementations juridiques est une condition préalable indispensable et une étape essentielle pour assurer la sécurité des données. Le secrétaire général Xi Jinping a souligné à plusieurs reprises que « la sécurité nationale est une priorité absolue » et a expressément demandé de « renforcer la coordination globale entre les politiques, le contrôle et les lois, tout en accélérant la mise en place de mécanismes de réglementation », afin de « garantir efficacement la sécurité nationale en matière de données ». La sécurité des données n'est pas une simple question technique, mais s'étend aussi aux risques et crises qui résultent de l'ouverture, de la circulation et de l'application des données. Pour nous prémunir contre les risques de sécurité et promouvoir la légalité et la conformité des données, nous devons redoubler d'efforts pour développer la technologie, le personnel et les systèmes nécessaires au maintien de la sécurité et de la conformité, et mettre en place un système tridimensionnel de défense en faveur de la sécurité et de la conformité des données.

(1) Risques de sécurité des données

En raison de notre faible sensibilisation aux risques et à la sécurité, de la mauvaise fiabilité de l'infrastructure critique d'information, de l'existence de hackers et de bogues, du terrorisme basé sur les données, ainsi que de l'insuffisance et du retard des lois, les risques liés aux données se produisent de façon plus fréquente et causent des préjudices de plus en plus graves. En particulier, les données qui pourraient mettre en jeu les intérêts nationaux, la sécurité publique, les secrets commerciaux, la vie privée ou encore la production scientifique et technologique militaire sont de plus en plus souvent cibles d'attaque, de divulgation, de vol, de falsification et d'utilisation illégale. La sécurité des données est devenue la problématique centrale la plus urgente de l'ère numérique.

Les risques de sécurité liés à l'ouverture des données. Les risques liés à l'ouverture des données sont une menace majeure qui doit être affrontée au niveau des stratégies nationales. En juillet 2013, le secrétaire général Xi Jinping a indiqué que « les mégadonnées sont une ressource "libre" de la société industrielle. Celui qui contrôlera les données détiendra le rôle actif ». En effet, la taille de données dont dispose un pays et sa capacité à utiliser les données sont devenues des éléments importants de sa force nationale globale. Le droit de propriété et le contrôle des données feront bientôt partie du pouvoir central d'un pays, de la même manière que ses droits sur les espaces maritime, terrestre et aérien. À l'ère numérique, l'ouverture des données rend la souveraineté nationale de plus en plus relative, et la lutte pour la souveraineté des données est devenue une priorité des stratégies nationales, ce qui entraîne une grave menace pour la sécurité nationale. Les États-Unis imposent des restrictions strictes sur l'ouverture des données, en soulignant que l'ouverture des données doit être équilibrée avec la sécurité nationale, l'application de la loi et la protection de la vie privée. Plus précisément, pour les États-Unis, l'ouverture des données gouvernementales est soumise au respect des neuf exceptions au libre accès que pose la Freedom of Information Act. Ces neuf exceptions au libre accès[63] sont : (1) les informations spécifiquement classées selon des critères établis par un décret exécutif à être tenues secrètes dans l'intérêt de la défense nationale ou de la politique étrangère ; (2) les informations liées uniquement aux règles et pratiques internes du personnel d'un organisme administratif ; (3) les informations spécifiquement exemptées de divulgation par la loi ; (4) les secrets commerciaux et informations commerciales ou financières obtenus d'un tiers et privilégiés ou confidentiels ; (5) les mémorandums ou lettres inter-organismes ou intra-organismes qui, selon la loi, ne devraient pas être accessibles à une partie autre que les organismes en litige avec l'organisme en question ; (6) les dossiers personnels, médicaux et similaires dont la divulgation constituerait une atteinte manifestement injustifiée à la vie

63 Voir la section (b) de la Freedom of Information Act relative aux exceptions au libre accès.

privée ; (7) les dossiers ou informations compilés à des fins d'application de la loi ; (8) les informations utilisées par un organisme responsable de la réglementation des institutions financières ; (9) les informations et données géologiques et géophysiques, y compris des cartes, concernant les puits.

Les risques de sécurité liés à la circulation des données. S'agissant de la circulation des données, les risques de sécurité résident essentiellement dans la collecte, la transmission et le stockage des données. À l'étape de la collecte, les données peuvent être endommagées, perdues, divulguées ou encore volées. C'est la raison pour laquelle il est nécessaire d'appliquer le principe de « responsabilité de l'établissement de collecte[64] », de sorte que « les finalités de la collecte et l'usage des données soient clairement définis et que la collecte soit légale, légitime et nécessaire. Des mesures de contrôle nécessaires doivent être prises à l'égard de l'environnement, des installations et de la technologie utilisés pour la collecte afin d'assurer l'intégrité, la cohérence et l'authenticité des données et de s'assurer qu'elles ne sont pas divulguées pendant le processus de collecte[65] ». À l'étape de la

64 Voir l'article 13 du Règlement sur la protection de la sécurité des mégadonnées de la Province du Guizhou.

65 Voir l'article 19 des Mesures de la municipalité de Tianjin relatives à l'administration de la sécurité des données (provisoires). Par ailleurs, en 2014, six associations agricoles américaines, dont l'American Farm Bureau Federation, l'American Soybean Association, des organisations de producteurs de maïs et des syndicats d'agriculteurs se sont réunis pour établir les « Principes de confidentialité et de sécurité des données agricoles » et les imposer aux fournisseurs de technologies agricoles représentés par Deere et Monsanto. Ces principes fondamentaux incluent : (1) Les agriculteurs détiennent la propriété et jouissent d'un contrôle absolu sur les données produites à l'égard de leur ferme. (2) Les agriculteurs peuvent consentir au partage de leurs données avec le fournisseur de technologies agricoles ayant un intérêt économique. (3) Les fournisseurs de technologies agricoles doivent passer un contrat avec les agriculteurs pour toute collecte de données, lequel doit préciser, entre autres, les moyens et les finalités de la collecte. (4) Les agriculteurs sont libres de participer ou non à la collecte et au partage des données. (5) Sur demande de l'agriculteur, le fournisseur de technologies agricoles doit détruire les données agricoles originales du compte de l'agriculteur et les lui renvoyer. (6) Il est interdit aux fournisseurs de technologies agricoles d'utiliser les données agricoles à des fins de spéculation sur les bourses de marchandise. Ces principes traduisent plusieurs revendications : Premièrement, la collecte des données doit être soumise à l'accord de l'agriculteur et à un contrat qui précise les moyens et les finalités de la collecte.

transmission, les données sont principalement confrontées à des risques de sécurité menaçant leur confidentialité, leur intégrité et leur authenticité, car elles peuvent être mises sur écoute ou être falsifiées. Les problèmes de sécurité des données sont particulièrement prononcés dans l'environnement de transmission sans fil. Pour cette raison, « les canaux de transmission doivent être correctement choisis et les mesures de sécurité nécessaires prises pour empêcher le vol, la fuite ou la falsification des données[66] ». « Des mesures de contrôle appropriées doivent également être prises selon le niveau de sécurité requis afin d'assurer la sécurité et la fiabilité de la transmission[67] ». À l'étape du stockage des données, les risques de sécurité se traduisent notamment par l'imprécision des autorisations associées aux données, les problèmes de contrôle d'accès et l'insuffisance des capacités de stockage. Par conséquent, « il faudrait choisir des systèmes, des supports, des installations et des équipements de stockage dotés des performances de sécurité et d'un niveau de protection appropriés, et prendre des mesures techniques et de gestion en fonction du type, de la taille, des finalités, du niveau de sécurité et de l'importance des données, afin de sécuriser les systèmes de stockage et les données[68] ».

Les risques de sécurité liés à l'application des données. S'agissant de l'application des données, les risques de sécurité existent notamment dans le traitement, l'échange, l'utilisation, la destruction des données et la gestion

---

L'agriculteur doit avoir le contrôle absolu sur ses données et être libres d'accepter ou de rompre le contrat, et de demander la suppression et le renvoi des données. Deuxièmement, l'agriculteur peut consentir au partage de ses données avec le fournisseur de service ayant un intérêt économique. Étant donné que la société moderne est basée sur la spécialisation, les services aux utilisateurs sont souvent fournis par des entreprises en étroite coopération et le partage de données est nécessaire pour obtenir des services. Troisièmement, l'utilisation des données ne doit pas causer de préjudices substantiels potentiels aux agriculteurs (les données ne doivent pas être utilisées à des fins de spéculation sur les bourses de marchandises).

66 Voir l'article 19 du Règlement sur la protection de la sécurité des mégadonnées de la Province du Guizhou.

67 Voir l'article 20 des Mesures de la municipalité de Tianjin relatives à l'administration de la sécurité des données (provisoires).

68 Voir l'article 19 du Règlement sur la protection de la sécurité des mégadonnées de la Province du Guizhou.

des prestataires de services externes. « Lors du traitement, les données brutes doivent être protégées contre les modifications libres et la falsification. Il faut interdire les traitements malveillants qui peuvent entraîner la destruction et la perte permanente de données[69] ». « Le traitement des données à caractère personnel nécessite le consentement explicite de la personne concernée[70] ». « Lors de l'échange de données, l'intégrité et la disponibilité des données doivent être maintenues. L'échange de données doit être mené de façon légale et les deux parties ne doivent pas usurper l'identité d'autrui ni obtenir l'échange par des moyens frauduleux[71] ». « Les données ne doivent pas être utilisées à des fins illégales. Les données dont nous savons qu'elles ont été obtenues par des attaques, des vols, des accès malveillants et d'autres moyens illégaux ne doivent pas être utilisées. L'utilisation des données à des fins publicitaires et de marketing ne doit pas perturber la production et la vie normales de la personne concernée, ni porter atteinte aux droits et intérêts légitimes de la personne concernée ou d'autres personnes[72] ». « Pour la destruction de données, les méthodes et les exigences de destruction doivent être déterminées de façon rationnelle selon les besoins de gestion de la sécurité des mégadonnées. Une évaluation des risques de sécurité doit être effectuée lorsque la destruction porte sur des données importantes telles que des données publiques, des secrets commerciaux et des informations personnelles[73] ». En ce qui concerne la gestion de la sous-traitance, « si les services sous-traités impliquent la collecte, le stockage, la transmission ou l'application de données, il faut conclure un

69 Voir l'article 20 du Règlement sur la protection de la sécurité des mégadonnées de la Province du Guizhou.

70 La Directive de l'Union européenne relative à la protection des personnes physiques à l'égard du traitement des données à caractère personnel et à la libre circulation de ces données (95/46/EC) dispose que « les États membres prévoient que le traitement de données à caractère personnel ne peut être effectué que si : a) la personne concernée a indubitablement donné son consentement ».

71 Voir l'article 21 du Règlement sur la protection de la sécurité des mégadonnées de la Province du Guizhou.

72 Voir l'article 22 du Règlement sur la protection de la sécurité des mégadonnées de la Province du Guizhou.

73 Voir l'article 23 du Règlement sur la protection de la sécurité des mégadonnées de la Province du Guizhou.

accord de sécurité avec le prestataire de services externe conformément à la loi, prendre des mesures de sécurité et contrôler l'extraction, la copie et la destruction des données[74] ». Par exemple, en Allemagne, la loi fédérale de protection des données (« BDSG ») dispose que « la collecte, le traitement et l'utilisation des données personnelles ne sont autorisés que si cela est permis ou prescrit par la présente loi ou d'autres lois ou avec le consentement de la personne concernée[75] ».

(2) Protection de la sécurité des données

Pour prévenir les risques de sécurité et garantir une sécurité efficace des données, il faut créer un système de défense multidimensionnel. Le Plan d'action pour la promotion du développement des mégadonnées du Conseil des affaires d'État chinois classe « le renforcement de la sécurité, l'augmentation du niveau de gestion et la promotion d'un développement sain » dans la liste des missions majeures et en définit les tâches prioritaires. En tant que document d'orientation stratégique pour le développement des mégadonnées en Chine, le Plan d'action traduit pleinement la conception de haut niveau et la coordination globale nationale en matière de sécurité des mégadonnées. Il fournit les politiques fondamentales et les directives opérationnelles pour le renforcement de la sécurité des mégadonnées en Chine.

La protection des données importantes dans les secteurs et domaines critiques doit être renforcée. Concrètement, il convient de renforcer la protection des données pour les systèmes, les industries et les secteurs importants du pays, en particulier les données impliquant les intérêts nationaux, la sécurité publique, les secrets commerciaux, la vie privée, la recherche et la production militaire, etc. Selon les Mesures relatives à l'administration de la sécurité des données (projet) publiées par l'Administration du Cyberespace de Chine, « les données importantes désignent les données qui, une fois

74 Voir l'article 16 du Règlement sur la gestion de la sécurité des mégadonnées de Guiyang.

75 Voir la loi fédérale allemande de protection des données (« BDSG »), section 4 (recevabilité de la collecte, du traitement et de l'utilisation des données).

divulguées, pourraient mettre directement en jeu la sécurité nationale, la sécurité économique, la stabilité sociale, la santé et la sécurité publiques, telles que les informations gouvernementales non rendues publiques et les données concernant la population, la génétique, la santé, la géographie et les ressources minérales[76] ». Pour protéger les données importantes dans les secteurs et domaines critiques et éliminer autant que possible les failles techniques, de défense et de gestion, la clé réside dans l'application stricte de la *Loi sur la cybersécurité* et du Règlement sur la protection hiérarchisée de la cybersécurité. En particulier, « les informations personnelles et les données importantes collectées et générées par les opérateurs de l'infrastructure d'information critique en République populaire de Chine doivent être stockées sur le territoire chinois[77] », et « des mesures telles que la classification des données, la sauvegarde et le chiffrement des données importantes doivent être prises[78] ». Lorsque les données sont sensibles ou impliquent des intérêts nationaux, des secrets commerciaux et la vie privée, des mesures de protection spéciales doivent être privées. Ces données peuvent être définies par des politiques, ou en l'absence d'une décision politique, par des textes juridiques ou la qualification académique. Pour ces données, quatre points essentiels doivent être définis. Premièrement, il est nécessaire de préciser la portée, les limites du partage et les méthodes d'utilisation des données dans les secteurs, les systèmes et les services, notamment pour les données gouvernementales. Deuxièmement, il est nécessaire de clarifier la portée de la protection, les responsables de sécurité et les exigences de sécurité pour toutes les étapes du traitement de données, y compris la collecte, la transmission, le stockage, l'utilisation et l'ouverture. Troisièmement, il convient de préciser les pouvoirs, la portée et les méthodes du gouvernement en matière de coordination de l'utilisation des mégadonnées du marché à travers l'ouverture contractuelle. Quatrièmement, il faut préciser les droits, les responsabilités et les obligations des établissements qui collectent des données personnelles.

76 Voir l'article 38 des Mesures relatives à l'administration de la sécurité des données (projet).

77 Voir l'article 37 de la Loi sur la cybersécurité de la République populaire de Chine.

78 Voir l'article 21 de la Loi sur la cybersécurité de la République populaire de Chine.

Il convient d'utiliser des produits et des services sûrs et fiables dans les domaines liés à la sécurité et à la stabilité nationales. Plus précisément, il faudrait planifier et concevoir un Internet de nouvelle génération aux caractéristiques chinoises et contrôlable par nous-mêmes, et accorder plus d'attention à la sécurité dans le développement des technologies de convergence de réseau, des terminaux mobiles et des accès aux terminaux de nouvelle génération. La *Loi sur la cybersécurité* prévoit que « les produits et les services de réseau doivent satisfaire aux exigences obligatoires des normes nationales pertinentes. Les fournisseurs de produits et de services de réseau ne doivent pas mettre en place de programmes malveillants ; lorsqu'ils constatent que leurs produits et services de réseau sont exposés à des failles de sécurité, à des vulnérabilités, etc., ils doivent prendre des mesures correctives immédiates, informer les utilisateurs en temps opportun et signaler la situation aux autorités compétentes, le cas échéant. Les fournisseurs de produits et de services de réseau doivent assurer en permanence la maintenance de sécurité de leurs produits et services ; la maintenance de sécurité ne peut pas être rompue pendant la période prédéfinie ou convenue par les parties[79] ». « Les équipements critiques du réseau et les produits spécifiques à la sécurité du réseau ne peuvent être vendus ou fournis qu'après être certifiés conformes par les organismes compétents ou après avoir réussi les essais de sécurité, conformément aux exigences obligatoires des normes nationales pertinentes[80] ».

La sécurité et la fiabilité de l'infrastructure d'information critique doivent être renforcées. Le Secrétaire général Xi Jinping a souligné que « l'infrastructure d'information critique des secteurs de la finance, de l'énergie, de l'électricité, des communications et du transport est le centre névralgique des activités économiques et sociales. Elle est la priorité la plus importante pour la sécurité du réseau et peut être une cible potentielle des attaques ». L'infrastructure d'information critique se réfère principalement aux produits, services, systèmes et biens dont les activités sociales et économiques dépendent fortement. C'est ce haut degré de dépendance qui les rend « critiques ». Une fois endommagée, l'infrastructure critique serait

79 Voir l'article 22 de la Loi sur la cybersécurité de la République populaire de Chine.
80 Voir l'article 23 de la Loi sur la cybersécurité de la République populaire de Chine.

paralysée et les activités sociales et économiques sérieusement impactées. À l'heure actuelle, la Chine n'a pas encore établi de dispositions précises sur la portée et le niveau de sécurité de l'infrastructure d'information critique : c'est un maillon faible qu'il convient de renforcer de toute urgence. Au niveau mondial, la protection de l'infrastructure d'information critique est au cœur des législations nationales sur la cybersécurité. Le renforcement de la sécurité de l'infrastructure critique d'information est à la fois un besoin urgent à l'égard de la sécurité des données en Chine et une nécessité pour mettre en œuvre efficacement la sécurité nationale. Le niveau de sécurité et de fiabilité de l'infrastructure d'information critique se reflète principalement par quatre indicateurs. Le premier indicateur est la capacité à maintenir la continuité des activités, ou la capacité d'approvisionnement continu et fiable. Le deuxième indicateur est le contrôle autonome des équipements critiques, c'est-à-dire la capacité d'un pays à réaliser de façon autonome la conception, la fabrication, la gestion et le déploiement des produits, des installations, des équipements et des technologies d'information essentiels. Le troisième indicateur est le niveau d'institutionnalisation du stockage et de la circulation des données sensibles. Le quatrième indicateur est le système de responsabilité des acteurs de l'infrastructure d'information critique. La tâche centrale du renforcement de la sécurité de l'infrastructure d'information est de « protéger l'infrastructure contre les attaques, les intrusions, les interférences et le sabotage[81] ». Pour cela, « il faudrait, sur la base d'un système de protection hiérarchisée de la cybersécurité, mettre en œuvre des mesures de protection prioritaires[82] », y compris celles prévues par les articles 32 à 39 de la *Loi sur la cybersécurité* et les dispositions du Règlement sur la protection de la sécurité de l'infrastructure d'information critique.

Il est nécessaire de mettre en place un système de normes de sécurité et un système d'évaluation de la sécurité des données et d'améliorer ces systèmes. Les normes sont des langues universelles. Elles sont primordiales tant pour la sécurité des données que pour la conformité des données. La construction d'un système de normes de sécurité et d'un système d'évaluation de la sécurité des données pourrait comprendre six aspects.

81 Voir l'article 5 de la Loi sur la cybersécurité de la République populaire de Chine.
82 Voir l'article 31 de la Loi sur la cybersécurité de la République populaire de Chine.

Premièrement, les normes de base, les normes techniques, les normes d'application et les normes de gestion des données devraient être élaborées en priorité. Deuxièmement, les normes de sécurité des données devraient être étudiées pour les domaines critiques et les domaines à risques, tels que la vie privée, le commerce électronique et la sécurité nationale. Troisièmement, un système de normes de sécurité portant sur l'ensemble du cycle de vie des données devrait être étudié pour couvrir la collecte, le stockage, la transmission, l'extraction, la publication, le partage, l'utilisation et la gestion des données. Quatrièmement, pour les plates-formes de données, les fournisseurs de services de données et d'autres établissements clés, il convient de mettre en œuvre l'évaluation de fiabilité et de sécurité des données, l'évaluation de la sécurité des applications et des risques, ainsi que le système d'alerte rapide. Pour les industries et les services ayant un rôle clé, la sécurité de l'infrastructure d'information critique et les données sensibles devraient être évaluées par les autorités de sécurité nationale, qui délivraient une licence après évaluation. Cinquièmement, le système d'évaluation et de contrôle de la sécurité et le système de contrôle en temps réel des données du réseau devraient être améliorés pour renforcer notre capacité à détecter, à identifier et à réagir aux cyberattaques ciblant les mégadonnées. Sixièmement, le déploiement de l'évaluation de sécurité pour le transfert transfrontalier de données devrait être accéléré afin d'assurer la sécurité des données dans les flux mondiaux. En outre, il faudrait également « intensifier la formation et la sensibilisation aux normes nationales, sectorielles et locales en matière de sécurité des données, guider et encourager les opérateurs de données à se référer aux normes relatives à la sécurité, de sorte à améliorer leur capacité de protection de la sécurité des données[83] ». « Il convient de s'appuyer sur la stratégie nationale de mégadonnées [...] pour mettre en place un système solide de gestion de la sécurité des mégadonnées, un système de normes locales pour la sécurité des mégadonnées, un système d'évaluation de la sécurité des mégadonnées et un système de protection de la sécurité des mégadonnées[84] ».

83 Voir l'article 8 des Mesures de la municipalité de Tianjin relatives à l'administration de la sécurité des données (provisoires).

84 Voir l'article 5 du Règlement sur la protection de la sécurité des mégadonnées de la Province du Guizhou.

« Il convient d'encourager les établissements responsables de la sécurité à utiliser de nouveaux moyens technologiques, tels que les chaînes de blocs, à optimiser l'architecture commune de données et à renforcer l'authentification de confiance et la conception anti-falsification, afin d'améliorer leur protection de la sécurité des mégadonnées[85] ». « Il est également nécessaire de soutenir et d'encourager les entreprises, les établissements de recherche, les établissements d'enseignement supérieur et les organisations sectorielles pertinentes à coopérer sur l'étude et la formulation de normes relatives à la sécurité des mégadonnées afin de contribuer à la formation de normes nationales, sectorielles et locales[86] ». En même temps, « il faudrait soutenir les organisations industrielles légalement établies lorsqu'elles envisagent de formuler des normes sectorielles de sécurité et de service conformément aux lois, aux réglementations et aux statuts, s'autorégulent sur le comportement de leurs membres en matière de sécurité des mégadonnées, organisent des formations et des sensibilisations à la sécurité des mégadonnées, ou participent à des coopérations et des échanges sur la sécurité des mégadonnées, afin d'améliorer les compétences et le niveau de gestion de la sécurité du personnel professionnel[87] ».

Le système d'alerte rapide pour prévenir les attaques, les fuites, le vol, la falsification et l'utilisation illégale de données doit être consolidé. Les attaques aux données, les fuites, les vols, la falsification et l'utilisation illégale de données sont les priorités de la prévention des risques de sécurité liés aux données, d'autant plus que ces cinq types de menaces peuvent s'additionner et se produire en même temps. L'essentiel d'un système d'alerte rapide pour la sécurité des données est « d'adopter des stratégies et des mesures telles que la prévention, la gestion et l'élimination des dangers, pour protéger les mégadonnées contre les attaques, les intrusions, les interférences, le sabotage, le vol, la falsification, la suppression, l'utilisation illégale et les accidents, garantissant ainsi l'authenticité, l'intégrité, la validité, la confidentialité

85 Voir l'article 22 du Règlement sur la gestion de la sécurité des mégadonnées de Guiyang.

86 Voir l'article 43 du Règlement sur la protection de la sécurité des mégadonnées de la Province du Guizhou.

87 Voir l'article 17 du Règlement sur la gestion de la sécurité des mégadonnées de Guiyang.

et la contrôlabilité des mégadonnées[88] ». Dans le même temps, « il est nécessaire d'améliorer l'analyse, la prévision et l'évaluation des risques de sécurité pour les mégadonnées en recueillant les informations pertinentes. Si un incident de sécurité pouvait s'étendre à une grande échelle, tel qu'une attaque hacker ou la propagation d'un virus, nous devrions être capables d'émettre une alerte rapide, de proposer des mesures de riposte, de diriger et de superviser les responsables de la sécurité des mégadonnées dans la mise en œuvre des mesures de sécurité[89] ». Enfin, pour prévenir les attaques, les fuites, le vol, la falsification et l'utilisation illégale des données, il est nécessaire de mettre en place des mécanismes de chiffrement et des mécanismes de traçage couvrant les sources, les étapes et les systèmes de données, ainsi que des mécanismes de protection des technologies de sécurité couvrant les données, les applications et les systèmes d'exploitation.

Il convient de construire un système de confidentialité pour la sécurité du réseau et un système de sécurité et de confidentialité pour protéger les informations des services critiques et les ressources de données importantes. La mise en place d'un système de sécurité et de confidentialité des données devrait s'appuyer sur des normes et des règlements à la fois au niveau de la gestion et au niveau technique, de sorte à améliorer de manière globale la capacité de protection. Du point de vue de la gestion, un système de sécurité et de confidentialité des données peut être divisé en gestion institutionnelle, gestion des actifs, gestion de la technologie et gestion des risques. D'un point de vue technique, les technologies qui pourraient être utilisées pour protéger la sécurité et la confidentialité des données sont les technologies de protection électromagnétiques, les technologies de sécurité des communications, les technologies de protection des terminaux d'information et les technologies de sécurité des réseaux. Pour construire un système de sécurité et de confidentialité des données, premièrement, la tâche fondamentale consiste à « élaborer un régime de gestion de la sécurité pour le personnel chargé de la sécurité des données, avec des accords de confidentialité, des accords définissant les responsabilités en matière de

88 Voir l'article 3 du Règlement sur la protection de la sécurité des mégadonnées de la Province du Guizhou.

89 Voir l'article 33 du Règlement sur la protection de la sécurité des mégadonnées de la Province du Guizhou.

sécurité et des formations régulières sur la sécurité[90] ». Deuxièmement, « il convient d'utiliser les technologies cryptographiques, les installations et les systèmes spécialisés de gestion de mots de passe conformément aux dispositions pertinentes nationales pour générer, distribuer, conserver, renouveler, sauvegarder et détruire les clés[91] ». Troisièmement, « les établissements responsables de la sécurité devraient mettre en place un système de contrôle interne de sécurité et des mécanismes de soutien à la sécurité, en prenant en compte divers facteurs, y compris le cycle de vie, le volume et l'importance des données, ainsi que la nature, la catégorie et la taille de l'établissement. Ils devraient désigner de façon précise les personnes responsables de la sécurité et définir les responsabilités en matière de gestion de la sécurité de chaque poste. De plus, les opérateurs de l'infrastructure d'information critique devraient créer un organisme entièrement dédié à la gestion de la sécurité[92] ».

Il est nécessaire d'améliorer notre capacité de perception de la situation, de détection des évènements, de protection de la sécurité, de contrôle des risques et de réaction aux urgences en matière de données. La capacité de perception de la situation fait référence à notre capacité à intégrer les alertes de sources différentes et les informations de flux par la convergence, l'association, la fusion, l'agrégation et d'autres méthodes pour établir un système d'indicateurs qualitatifs ou quantitatifs, en vue d'appréhender de façon précise la situation. La capacité de détection des évènements a pour objectif essentiel de réaliser des prévisions précises. En d'autres termes, il s'agit de détecter les comportements inhabituels et les points communs des cyberattaque et d'identifier efficacement la source des attaques et les points vulnérables du réseau à travers la collecte, l'analyse et le calcul de données massives relatives aux cyberattaques, afin de prévoir avec précision les événements de sécurité relatifs au réseau et aux données et d'éliminer les cyberattaques. En ce qui concerne la capacité de protection de la sécurité, il

90 Voir l'article 15 des Mesures de la municipalité de Tianjin relatives à l'administration de la sécurité des données (provisoires).

91 Voir l'article 18 des Mesures de la municipalité de Tianjin relatives à l'administration de la sécurité des données (provisoires).

92 Voir l'article 10 du Règlement sur la gestion de la sécurité des mégadonnées de Guiyang.

est important de mener à bien les préparatifs et les mesures de protection, de sorte à protéger les sujets de données contre les dangers, les atteintes et les incidents, tout en assurant la sécurité de tous les aspects de l'application et du traitement des données. La capacité de contrôle des risques, quant à elle, désigne notre capacité à élaborer, à choisir et à mettre en œuvre des plans à l'aide de l'identification, de la détermination et de l'évaluation des risques, afin de réduire ou éliminer les risques tout en diminuant les pertes. Enfin, en matière de capacité de réaction aux urgences, la priorité absolue est d'améliorer le système des plans d'urgence pour les sous-systèmes, tels que l'intervention d'urgence, l'intervention commune, la récupération des données et la sauvegarde des données après sinistre. « Les opérateurs de données doivent se conformer aux lois et réglementations en vigueur, respecter les normes relatives à la sécurité des données, remplir leurs obligations en matière de sécurité des données, mettre en place un système de responsabilités et d'évaluation et un système de signalement pour la gestion de la sécurité des données, formuler des plans de sécurité des données, mettre en œuvre des mesures techniques de protection, évaluer les risques de sécurité, préparer des plans d'urgence pour intervenir en cas d'incidents de sécurité, éliminer et signaler rapidement les incidents de sécurité, organiser des formations sur la sécurité des données et se montrer coopératifs à l'égard de la supervision sociale et du contrôle par les autorités compétentes[93] ».

Il convient de mettre en place un système de protection de la vie privée et des informations personnelles afin de renforcer la gestion et les sanctions à l'égard des abus de données et des atteintes à la vie privée. La protection de la vie privée et des informations personnelles traverse toutes les étapes du cycle de vie des données, y compris la collecte, le stockage, la transmission, le commerce et l'application des données. Pour réussir la protection, il est essentiel de réglementer le comportement des différentes parties prenantes. Premièrement, dans la phase de collecte des données, la réglementation concerne notamment les individus, le gouvernement et les entreprises. Pour les individus, il est important de les sensibiliser à la protection de la vie privée et des informations personnelles ; pour le gouvernement et

93 Voir l'article 7 des Mesures de la municipalité de Tianjin relatives à l'administration de la sécurité des données (provisoires).

les entreprises, il est nécessaire de réglementer la façon dont les données sont collectées dans le secteur public et les entreprises, et de définir les responsabilités juridiques et sociales des organismes gouvernementaux, des entreprises, des industries et des internautes dans une société basée sur les données. Deuxièmement, dans la phase de traitement des données, la règlementation concerne notamment le gouvernement, les entreprises et les organisations industrielles. Il s'agit essentiellement de mettre en place un mécanisme d'examen du traitement des données personnelles et un mécanisme de protection à l'égard de la désensibilisation et de la déconfidentialisation des données par les opérateurs. Troisièmement, dans la phase de commerce de données, en raison de la participation de plusieurs parties, les risques de divulgation de la vie privée et de fuites d'information sont plus élevés. Il est donc indispensable de mettre en place un mécanisme de licence pour le commerce de données personnelles, un mécanisme d'enregistrement des flux de données personnelles et un mécanisme de contrôle des flux transfrontaliers de données personnelles. Quatrièmement, dans la phase d'application des données, il faut mettre en place un mécanisme multiparticipatif de signalement, un mécanisme de traçage et un mécanisme de responsabilisation pour lutter contre les fuites de données personnelles et les atteintes à la vie privée.

Il convient également de gérer de manière appropriée la relation entre la réglementation et l'innovation. En effet, la réglementation et l'innovation sont deux notions contradictoires qui forment l'unité. D'une part, la réglementation stimule l'innovation ; d'autre part, l'innovation pousse la réglementation à se réformer continuellement. « La relation entre le développement innovant et la protection de la sécurité doit être gérée de façon appropriée. Il faudrait appliquer une réglementation prudente et protéger l'innovation, tout en étudiant et améliorant les mesures réglementaires pour garantir efficacement la confidentialité et la sécurité des données[94] ». Nous ne pouvons parvenir à un cycle de développement vertueux (« réglementation – innovation – nouvelle réglementation – nouvelle innovation ») que si nous gérons correctement la relation entre la réglementation des données

94 Voir le Plan d'action pour la promotion du développement des mégadonnées publié par le Conseil des affaires d'État de Chine (2015/50).

et l'innovation, trouvons leur équilibre, innovons dans la réglementation, réglementons dans l'innovation, assurons une supervision prudente, protégeons l'innovation et coordonnons les deux volets. À cette fin, cinq tâches doivent être accomplies : élever en permanence notre niveau d'innovation dans le développement des mégadonnées ; renforcer la réglementation du processus d'innovation dans le développement des mégadonnées ; améliorer le mécanisme de coordination en matière de réglementation du développement des mégadonnées ; mettre en place un mécanisme d'alerte contre les risques et renforcer la coopération internationale et régionale en matière de réglementation du développement des mégadonnées.

(3) Législation sur la sécurité des données

Alors que la sécurité des données est devenue une question importante qui touche les intérêts nationaux en matière de sécurité et de développement, la législation sur la sécurité des données revêt une importance stratégique particulière. La sauvegarde de la sécurité des données est indispensable pour garantir la sécurité de l'État. Pour assurer la sécurité des données, nous devons nous appuyer sur la législation tout en recourant à la technologie. Le 7 septembre 2018, le 13e Comité permanent de l'Assemblée populaire nationale publie un plan législatif qui inclut la loi sur la sécurité des données de la République populaire de Chine (« Loi sur la sécurité des données ») dans les projets de loi ayant les conditions législatives réunies et devant être examinés pendant le mandat du comité. Puis, le 28 juin 2020, pendant sa 20e session, le 13e Comité permanent de l'Assemblée populaire nationale a examiné et délibéré sur le projet de loi sur la sécurité des données.

Le projet de loi sur la sécurité des données a une portée étendue et comporte de nombreux points marquants. Premièrement, en matière de principes législatifs, il adhère au concept global de sécurité nationale et vise une construction systémique basée sur la gouvernance de la sécurité des données. Ainsi, il traduit pleinement le passage de la Chine d'une pensée de la gestion vers une pensée de la gouvernance et incarne la stratégie et la sagesse de « la gouvernance chinoise ». Deuxièmement, en termes de techniques législatives, le projet de loi sur la sécurité des données a introduit un mécanisme d'équilibre dynamique d'intérêts multiples, tout en poursuivant le principe de l'équilibre entre sécurité et développement. Troisièmement, en termes de contenu, le projet de loi sur la sécurité des données offre un cadre réglementaire de base pour la sécurité des données et établit des mesures de protection juridictionnelles, un système de gouvernance concertée de la sécurité des données, un mécanisme de coopération internationale et un statut juridique pour les transactions de données, jetant ainsi les bases pour développer et améliorer le système institutionnel de la sécurité des données dans le futur.

Le projet de loi chinois sur la sécurité des données, qui a nécessité des années de préparation, représente un grand pas historique dans le processus de législation sur la sécurité des données. Il a de nombreux éléments remarquables, mais comporte également des lacunes et doit encore être amélioré. Premièrement, sa place au sein du droit du numérique n'est pas suffisamment claire. La *Loi sur la sécurité des données* est un élément important du système juridique de la sécurité nationale et, avec la *Loi sur la cybersécurité* et la *Loi sur la protection des informations personnelles* (en cours d'élaboration), forme un système juridique complet et fondamental dans le domaine numérique. La *Loi sur la protection des informations personnelles* devrait examiner la sécurité des données du point de vue de la protection de la vie privée, tandis que la *Loi sur la sécurité des données* devrait mettre en œuvre la ligne directrice de la sécurité nationale, avec le contrôle autonome des données, la sécurité nationale et la sécurité publique comme point de mire de la réglementation. La relation entre ces deux lois suscite beaucoup de débats dans les milieux judiciaire et universitaire et les spéculations sur ce sujet sont nombreuses. Deuxièmement, il manque globalement de coordination entre la *Loi sur la sécurité des données* et les autres lois. L'une des questions importantes à étudier dans l'organisation du système législatif sur la sécurité des données est la façon d'harmoniser la *Loi sur la sécurité des données* avec les lois pertinentes telles que le Code civil, la *Loi sur la cybersécurité* et la *Loi sur la protection des informations personnelles*, afin de parvenir à une planification globale rationnelle. Troisièmement, son opérabilité reste à améliorer. Par rapport au RGPD, les dispositions de la *Loi sur la sécurité des données* sont plus vagues. Ce sont surtout des dispositions à caractère général qui servent de principes, avec une portée excessivement étendue et des frontières floues. Certaines dispositions restent sans substance, et un grand nombre de systèmes de conformité doivent être affinés pour être opérationnels et applicables. Quatrièmement, le degré d'internationalisation de la *Loi sur la sécurité des données* est faible. « Le droit en matière d'économie numérique est le droit chinois qui a le plus de possibilités d'aller à l'international ». La *Loi sur la sécurité des données* doit favoriser la convergence des caractéristiques chinoises et des règles internationales. En tant que droit interne, elle peut faire l'objet d'un examen par les acteurs de la communauté internationale en vertu des règles internationales. Pour cette raison, nous devrions être proactifs, étudier pleinement la concordance entre la législation nationale et les règles, accords et lois internationales et mener à bien l'évaluation des litiges et la préparation des litiges en vertu du droit international, afin de fournir de meilleures solutions à la protection de la sécurité des données.

La législation sur la sécurité des données doit tenir pleinement compte du contexte plus large de la société numérique et du grand développement de la technologie numérique. La pensée industrielle devrait être évitée lors de la formulation des lois pour une société numérique. À l'heure où il n'existe encore aucune règle internationale dans le monde d'Internet, nous devrions nous efforcer de faire entendre davantage la voix de la Chine en matière de réglementation sur le cyberespace. Premièrement, il est nécessaire de préciser la place de la *Loi sur la sécurité des données* en considérant la *Loi sur la sécurité de l'État* comme sa source, de gérer correctement sa relation avec les autres lois en suivant le concept global de sécurité nationale et d'améliorer notre compréhension de certaines notions fondamentales, telles que les données, la sécurité des données, les activités de données, le traitement des données en ligne, les données appartenant aux produits soumis à contrôle et les données domestiques. Deuxièmement, il est nécessaire de clarifier la portée de la *Loi sur la sécurité des données* et de promouvoir la législation propre à l'ouverture des données administratives au niveau de l'Assemblée populaire nationale. La *Loi sur la sécurité des données* étant une réglementation coercitive, la sécurité des données doit être son point de départ logique et son corps principal et les dispositions doivent être précises et claires. Troisièmement, il est nécessaire de définir davantage les responsabilités des organes de sécurité publique, des organes de sécurité de l'État et des services de l'État chargés du cyberespace, d'améliorer le système de classification des données, de construire un système de droits de propriété des données et un système d'exécution des accords issus de conciliations, de libérer les voies de signalement, d'appliquer strictement les responsabilités juridiques et de continuer à renforcer la protection des droits des données.

Bibliographie

1. Kevin Kelly, *The Inevitable*, trad. Zhou Feng et al., Publishing House of Electronic Industry, 2016.
2. Barack H. Obama, « Memorandum on Transparency and Open Government », Weekly Compilation of Presidential Documents, 21/01/2009.
3. Max Rheinstein, « Education for Legal Craftsmanship », *Lowa Law Review* 30, No. 408 (1945).
4. Laboratoire clé de la stratégie des mégadonnées, *块数据 5.0：数据社会学的理论与方法* [Données en blocs 5.0 : Théories et méthodes de sociologie des données], CITIC Press, 2019.
5. Ding Daoqin, « 基础数据与增值数据的二元划分 » [La division dualiste des données de base et des données à valeur ajoutée], *Law and Economy*, 2017, n° 2.
6. Ding Xiaodong, « 什么是数据权利？一从欧洲〈一般数据保护条例〉看数据隐私的保护 » [Qu'est-ce que les droits des données ? – La protection de la vie privée en matière de données à la lumière du RGPD], *ECUPL Journal*, 2018, n° 4.
7. Du Zhenhua et Cha Hongwang, « 数据产权制度的现实考量 » [Étude des réalités pour le système de propriété des données], *Chongqing Social Sciences*, 2016, n° 8.
8. Du Zhenhua, « 大数据应用中数据确权问题探究 » [Définition des droits sur les données dans les applications de mégadonnées], *Mobile Communications*, 2015, n° 13.
9. Gao Fuping, « 数据流通理论：数据资源权利配置的基础 » [Théorie de circulation des données : la base de l'allocation des droits sur les ressources de données], *Peking University Law Journal*, 2019, n° 6.

10. Guo Xiaobei, « 以产业数字化实现多要素有机联动 » [Favorisons l'interconnexion des facteurs de production avec la transformation numérique des industries], *Economic Information Daily*, 16/04/2020.
11. Jiang Fan, « 全国人大代表游劝荣：加强数据、网络虚拟财产保护 » [You Quanrong, représentant de l'APN : il faut renforcer la protection des données et des biens virtuels du réseau], *Economic Daily*, 27/05/2020.
12. Jiang Qiping, « 个人数据保护，"度"是个难题 » [Protection des données personnelles : comment bien « doser » ?], *Quotidien du Peuple*, 06/06/2018.
13. Jiang Qiping, « 数字所有权要求支配权与使用权分离 » [La propriété numérique nécessite la séparation de *l'abusus* et de *l'usus*], *China Internet Weekly*, 2012, n° 5.
14. Institut d'étude de droit Jingdong, 欧盟数据宪章*:*〈一般数据保护条例〉*GDPR* 评述及实务指引 [Commentaire et guide de lecture du RGPD, la charte européenne des données], Law Press China, 2018.
15. Li Wenlian et Xia Jianming, « 基于"大数据"的商业模式创新 » [Innovation des modèles commerciaux basée sur les mégadonnées], *China Industrial Economics*, 2013, n° 5.
16. Li Yunchi, « 美国、英国政府信息公开立法的比较与借鉴 » [Comparaison de la législation sur l'ouverture des informations gouvernementales aux États-Unis et au Royaume-Uni, *Journal of Chinese Academy of Governance*, 2012, n° 3.
17. Liu He, « 坚持和完善社会主义基本经济制度 » [Maintenir et améliorer le système économique fondamental du socialisme], *Quotidien du Peuple*, 22/11/2019, p. 6.
18. Liu Li, « 数据资产要素市场化配置的困境与对策研究 » [Distribution des données sur le marché des facteurs : difficultés et solutions], *China Management Informationization*, 2020, n° 14.
19. Liu Xiaojuan, « 大数据监管的政府责任 – 以隐私权保护为中心 » [La responsabilité du gouvernement en matière de réglementation des mégadonnées : une démarche centrée sur la protection du droit à la vie privée], *Chinese Public Administration,* 2017, n° 7.
20. Long Weiqiu, « 再论企业数据保护的财产权化路径 » [Nouvelle étude de la protection des données d'entreprise comme droits de propriété], *Oriental Law*, 2018, n° 3.
21. Lu Jianying, Zheng Lei, et Sharon S. Dawes, « 美国的政府数据开放: 历史、进展与启示 » [Ouverture des données gouvernementales aux États-Unis : histoire, progrès et révélations], *E-Government,* 2013, n° 6.
22. Mu Huijun, « 国内大数据交易平台建设及交易情况的相关分析一以华中大数据交易所为例 » [Construction des plates-formes d'échange de

données en Chine et situation des transactions, avec l'exemple de la Bourse de mégadonnées du Centre de Chine 1 centré sur *China CIO News*, 2016, n° 9.
23. Peng Yun, « 大数据环境下数据确权问题研究 » [La question de l'établissement des droits sur les données dans le contexte des mégadonnées], *Modern Science & Technology of Telecommunications*, 2016, n° 5.
24. PricewaterhouseCoopers Chine, « 数据资产生态白皮书：构建可持续的数字经济新时代 » [Livre blanc sur l'écologie des actifs de données : Construire une nouvelle ère d'économie numérique durable], <https://www.pwccn.com/zh/services/consulting/publications/white-ressource-papier-données-Ecology-nov2020.html>, novembre 2020.
25. Centre de recherche sur les politiques de concurrence de la Commission du commerce équitable du Japon, « Rapport sur les données et la politique de concurrence », 2017.
26. Shen Rong, « 加快发展技术要素市场促进社会经济进步 » [Accélérer le développement du marché des facteurs technologiques pour promouvoir le progrès social et économique], *Forum on Science and Technology in China*, 2020, n° 5.
27. Shi Yang, Wang Jiandong et Guo Qiaomin, « 我国构建数据新型要素市场体系面临的挑战与对策 » [Construction d'un système de marché des données en Chine : défis et contre-mesures], *E-Government*, 2020, n° 3.
28. Shi Dan, « 企业数据财产权利的法律保护与制度构建 » [Protection juridique et construction institutionnelle des droits de propriété des données d'entreprise], *Electronics Intellectual Property*, 2019, n° 6.
29. Tian Weilin, « 公共大数据信息安全立法的内涵、现状与依据 » [Connotation, statu quo et fondement de la législation sur la sécurité publique liée aux mégadonnées], *Henan Social Sciences*, 2018, n° 7.
30. Wang Hailong, Tian Youliang et Yin Xin, « 基于区块链的大数据确权方案 » [La définition des droits relatifs aux mégadonnées basée sur la chaîne de blocs], *Computer Science*, 2018, n° 2.
31. Wang Lei, « 推进数据要素市场化配置：瓶颈制约与思路对策 » [Distribution des données sur le marché des facteurs : les contraintes liées aux goulots d'étranglement et les contre-mesures], *China Economic & Trade Herald*, 2019, n° 24.
32. Wang Qiang et Chen Qiyun, « 数据要素：特点、应用、现状及发展 » [Données comme facteur de production : Caractéristiques, applications, situation actuelle et développement], Compte WeChat de CAICT, <https：//mp.weixin.qq.com/s/uMOqdK3D3OI EaKe5HIgY-A>, 29/09/2020.
33. Wei Lubin, *数据资源的产权分析* [Analyse de la propriété des ressources de données], thèse de doctorat, Université du Shandong, 2018.

34. Xie Zaiquan, *民法物权论* [Le droit réel en droit civil], Volume 1, San Min Book, Taïwan, 2003.
35. Xu Wei, « 企业数据获取"三重授权原则"反思及类型化构建 » [Repenser et construire la typologie du « principe de la triple autorisation » pour la collecte des données par les entreprises], *SJTU Law Review*, 2019, n° 4.
36. Xu Ke, « 数据保护等三重进路一评新浪微博诉脉脉不正当竞争案 » [Protection des données et autres approches triples, un commentaire sur l'affaire de concurrence déloyale Sina Weibo contre Maimai], *Journal of Shanghai University* (édition Sciences sociales), 2017, n° 6.
37. Yang Dong, « 完善数据作为生产要素的利益分享机制 » [Améliorons le mécanisme de partage des intérêts relatifs aux données, facteur de production], *Study Times*, 01/05/2020.
38. Yang Lixin et Chen Xiaojiang, « 衍生数据是数据专有权的客体 » [Les données dérivées sont l'objet de droits absolus sur les données], *Chinese Social Sciences Today*, 13/07/2016.
39. Yang Tao, *数据要素：领导干部公开课* [Données comme facteur de production : cours public pour les cadres dirigeants], People's Daily Publishing House, 2020.
40. Ye Runguo et Chen Xuexiu, « 政府数据开放共享安全保障问题与建议 » [Questions de sécurité et recommandations pour un libre accès aux données publiques], *Information Technology & Standardization*, 2016, n° 6.
41. Yu Bohua, « 权利认定的利益判准 » [Critère d'intérêts dans la définition des droits], *The Jurist*, 2017, n° 6.
42. Zhang Hanqing, « 大数据成推动经济高质量发展新动能 » [Les mégadonnées : un nouvel élan du développement économique de haute qualité], *Economic Information Daily*, 16/04/2020.
43. Zhang Minchong, « 数据流通的模式与问题 » [Modèles et problèmes de la circulation des données], *Information and Communications Technologies*, 2016, n° 4.
44. Institut de l'informatique en nuage et des mégadonnées de CAICT, *数据流通关键技术白皮书* [Livre blanc sur les technologies clés pour la circulation des données (édition 1.0)], <http://www.cbdio.com/BigData/2018-05/04/content_5747433.htm>, 04/05/2018.
45. Zhou Linbin et Ma Ensi, « 大数据确权的法律经济学分析 » [Analyse juridique et économique de l'établissement des droits sur les mégadonnées], *Journal of Northeast Normal University* (édition Philosophie et Sciences sociales), 2018, n° 2.
46. Zhu Baoli, « 数据产权界定：多维视角与体系建构 » [Définition de la propriété des données : approche multidimensionnelle et construction du système], *Legal Forum*, 2019, n° 5.

CHAPITRE 3

Difficultés de la législation sur les droits des données

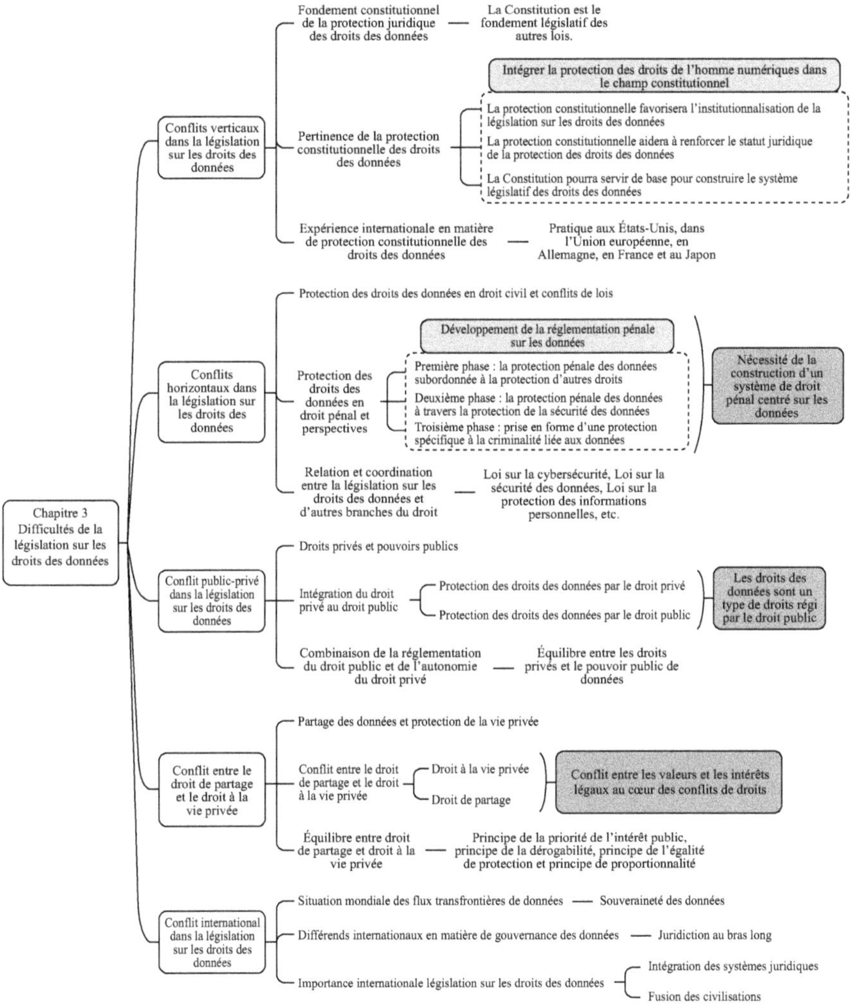

Les technologies numériques perturbent l'ordre existant à un rythme sans précédent et repoussent constamment les frontières des lois et réglementations existantes, ce qui crée à la fois de nouvelles opportunités et de nouveaux défis à la gouvernance internationale des données. À l'heure actuelle, la voie de gouvernance internationale des données adoptée par l'Europe et les États-Unis a pris de nouvelles dimensions en passant de la législation à un jeu international. Dans ce contexte, il est nécessaire et important d'accélérer la construction de l'état de droit numérique en Chine. Étant donné que cette construction en est encore à ses débuts, la législation sur les droits des données est confrontée à de nombreux problèmes difficiles, y compris les conflits verticaux, les conflits horizontaux, les conflits public-privé et les conflits internationaux. Pour cette raison, nous devons, sur la base de la sauvegarde de notre souveraineté des données et du développement de l'économie numérique, prêter une attention particulière aux caractéristiques particulières des données dans la conception de systèmes et de normes spécifiques, de sorte à introduire d'une manière plus scientifique et plus flexible les règles d'équilibre des intérêts, à coordonner et à traiter efficacement les différents conflits présents dans la législation sur les droits des données.

3.1 Conflits verticaux dans la législation sur les droits des données

Les conflits verticaux font référence à des conflits entre des textes juridiques de différents niveaux, notamment « des incohérences » entre la Constitution et d'autres lois (Liu Shen 2003, p. 10). À l'heure où les humains sont de plus en plus dépendants des données, la vision classique des droits de l'homme, tels qu'ils sont définis par la Constitution, devient insuffisante. Alors que les exigences des citoyens en matière d'autodétermination, d'autogestion et d'autosélection des données personnelles deviennent de plus en plus fortes, les droits de l'homme s'étendent à toute vitesse dans le monde numérique. L'inclusion des droits de l'homme numériques dans la protection constitutionnelle est donc une réponse à des besoins réels. L'adhésion des droits des données dans la Constitution sera une garantie importante pour progresser vers la civilisation numérique. Elle permettra également d'affirmer la valeur juridique de la protection des droits des données. Lorsque les droits des données feront l'objet d'une protection constitutionnelle, le système législatif des droits des données s'alignera certainement avec la Constitution. À long terme, la protection constitutionnelle des droits des données permettra également d'établir un système normatif tridimensionnel fondé sur la Constitution, centré sur des lois spécialisées et appuyé par d'autres normes juridiques. À l'heure actuelle, certains pays ont inclus des dispositions relatives à la protection des données personnelles dans leur Constitution, mais la Constitution chinoise ne fournit encore aucun fondement direct pour la protection des droits des données.

(1) Fondement constitutionnel de la protection juridique des droits des données

« En tant que loi fondamentale d'un État, la Constitution a la plus haute autorité dans le système juridique national[1] ». L'article 5 de la Constitution chinoise dispose que « toute loi, tout règlement administratif, tout règlement local ne peut entrer en contradiction avec la Constitution ». Dans le processus de formulation de toute loi, la première exigence est que sa nature juridique soit conforme à la lettre et à l'esprit de la Constitution. La constitutionnalité est la base de la législation moderne. Au niveau global, la Constitution dirige et ajuste les autres lois en leur fournissant des préalables logiques et des principes normatifs ; au niveau local, les autres lois peuvent compléter et interpréter la Constitution, consolidant ainsi le rôle juridique de celle-ci. En un mot, la position centrale de la Constitution dans le système juridique national est un caractère important du principe de l'État de droit dans la société moderne. En tant que loi

1 Préambule de la Constitution de la République populaire de Chine.

fondamentale et suprême d'un État, la Constitution est la base juridique de toutes les autres formes juridiques et réglemente la légitimité de toute autre forme juridique par l'exercice du principe de la constitutionnalité. Cela permet d'assurer, sous le principe de la suprématie constitutionnelle, l'organisation systématique, l'ordre et l'unité organique du système juridique d'un État (Mo Jihong 2007).

Alors que l'humanité entre dans l'ère de la civilisation numérique, les dispositions et l'esprit juridiques existants de la Constitution ne suffisent plus pour répondre à nos besoins réels en matière de droits. Dès que nous formulons de nouvelles lois sur la base des valeurs promues dans la nouvelle ère et de l'aspiration de la population à une vie meilleure, il y aura inévitablement des conflits avec les droits énoncés initialement dans la Constitution. Par conséquent, afin de répondre aux nouveaux besoins et aux nouvelles attentes de la population en matière de construction de l'état de droit à la nouvelle ère, il est impératif de fournir un soutien constitutionnel à la législation sur les droits des données. Au niveau mondial, pas moins de 32 pays, dont la Russie, la Suède, la Hongrie, la Yougoslavie, l'Espagne, le Portugal et la Grèce, ont inscrit « les informations personnelles » dans leur Constitution en tant qu'une partie des droits fondamentaux (Yao Yuerong 2012, p. 111). De son côté, la Constitution chinoise fournit des orientations fondamentales pour la législation sur les droits des données. Ces orientations se résument principalement en deux aspects : d'une part, les personnes concernées, les responsables du traitement et les sous-traitants de données doivent exercer en se conformant à la Constitution, et la protection de leurs droits fondamentaux relatifs aux données doit être interprétée selon la Constitution. Les personnes concernées, les responsables du traitement et les sous-traitants de données ont également la responsabilité de sauvegarder la dignité de la Constitution et d'assurer sa mise en œuvre effective. D'autre part, la législation sur les droits des données doit être fondée sur la Constitution et satisfaire avant tout à l'exigence de la constitutionnalité (He Yuan 2020, pp. 7–8).

En Chine, la protection des droits des données n'est pas directement stipulée dans la Constitution, mais y est incluse de façon indirecte à travers la protection d'autres droits fondamentaux. En effet, les articles 37, 38, 39 et 40 de la Constitution chinoise sont une base importante de la protection des droits sur les données personnelles (voir Tableau 3-1). Bien que le terme « protection des droits des données » n'y soit pas explicitement énoncée, ces dispositions affirment indirectement l'inviolabilité des données personnelles à travers la protection des droits fondamentaux tels que les droits de la personnalité, le droit à la liberté, le droit à la vie privée, fournissant ainsi de façon indirecte une base pour la législation sur les droits des données. L'article 33 de la Constitution chinoise dispose que « l'État respecte et garantit les droits de l'homme ». Toutefois, les droits de l'homme sont un concept en évolution. Ils ne sont pas immuables, mais sont constamment enrichis en fonction des réalités socio-économiques et des besoins pratiques, avant d'être garantis par la Constitution (Zhao Yingjie et Sun Ruidong 2020). En entrant dans l'ère numérique, nous devons nous baser sur la notion de « l'homme de données » pour innover le concept des droits de l'homme, afin de préserver le statut et la dignité des individus à l'ère numérique et de mieux garantir « les droits de l'homme numériques » tout en promouvant l'état de droit et l'ordre public (Ma Changshan 2019). Les droits de l'homme numériques étant la manifestation des droits de l'homme dans le monde numérique, il serait logique de les inclure dans la protection constitutionnelle. De plus, les droits des données comportent à la fois des caractéristiques formelles et essentielles des droits fondamentaux de la Constitution. Leur intégration dans les droits fondamentaux des citoyens répond donc à la nécessité d'élargir le contenu et la diversité des droits fondamentaux garantis par la Constitution dans la société moderne.

(2) Pertinence de la protection constitutionnelle des droits des données

La protection constitutionnelle favorisera l'institutionnalisation de la législation sur les droits des données. Notre compréhension erronée de la relation entre la Constitution et les autres formes juridiques a entraîné des difficultés pour l'étude du droit et la pratique juridique. Pour résoudre ces difficultés, il est nécessaire de reconstruire la relation entre la Constitution et d'autres formes juridiques sur la base de l'affirmation du caractère fondamental de la Constitution (Mo Jihong 2007). Compte tenu des caractéristiques fondamentales de la protection des droits des données,

Tableau 3-1 Sources constitutionnelles de la protection des données en Chine

Articles	Dispositions
Article 33	Sont citoyens de la République populaire de Chine tous ceux qui ont acquis sa nationalité. Tous les citoyens de la République populaire de Chine sont égaux devant la loi. L'État respecte et garantit les droits de l'homme. Tout citoyen jouit des droits prévus par la Constitution et la loi, en même temps qu'il doit s'acquitter des devoirs prévus par celles-ci.
Article 37	La liberté individuelle des citoyens de la République populaire de Chine est inviolable. Aucun citoyen ne peut être arrêté sans l'accord ou la décision d'un parquet populaire ou sans décision d'un tribunal populaire, et cette arrestation doit être opérée par les services de la sécurité publique. Sont interdits toute incarcération illégale ou tout autre moyen illégal de priver les citoyens de leur liberté individuelle ou de la limiter, ainsi que toute fouille illégale de ceux-ci.
Article 38	La dignité personnelle des citoyens de la République populaire de Chine est inviolable. Il est interdit d'outrager, de diffamer les citoyens ou de porter de fausses accusations contre eux par quelque moyen que ce soit.
Article 39	Le domicile des citoyens de la République populaire de Chine est inviolable. Est interdite toute perquisition illégale ou intrusion au domicile d'un citoyen.
Article 40	La liberté et le secret de la correspondance des citoyens de la République populaire de Chine sont garantis par la loi. À l'exception des services de la sécurité publique ou des parquets qui sont habilités à soumettre, conformément aux modalités prévues par la loi, la correspondance au contrôle quand la sécurité de l'État ou l'enquête sur les affaires criminelles le nécessitent, il n'est permis à aucune organisation ou à aucun individu, sous quelque prétexte que ce soit, de violer la liberté et le secret de la correspondance des citoyens.
Article 47	Les citoyens de la République populaire de Chine ont la liberté de se consacrer à la recherche scientifique, à la création littéraire et artistique et autres entreprises culturelles. L'État encourage et soutient le travail créateur des citoyens qui se consacrent, dans l'intérêt du peuple, à l'éducation, la science, la technologie, la littérature, l'art et autres activités culturelles.

Tableau 3-1 Continué

Articles	Dispositions
Article 51	Les citoyens de la République populaire de Chine ne doivent pas, dans l'exercice de leurs libertés et de leurs droits, porter atteinte aux intérêts de l'État, de la société et de la collectivité, ainsi qu'aux libertés et droits des autres citoyens, prévus par la loi.

Source : informations publiques.

nous devrions placer la législation sur les droits des données dans le champ d'application de la Constitution, clarifier sa relation avec la Constitution, et utiliser la Constitution comme point de départ pour promouvoir et améliorer le système législatif des droits des données. À l'ère de la civilisation numérique, la protection des droits des données connaît de profonds changements, car les droits des données occupent une place de plus en plus importante. L'insuffisance de leur protection dans le droit civil, le droit pénal et d'autres branches du droit met en évidence la nécessité de s'appuyer sur la protection constitutionnelle pour promouvoir une législation systémique sur les droits des données. La relation étroite entre la protection des droits des données et la gouvernance constitutionnelle exige que la législation sur les droits des données soit conforme aux exigences de la Constitution et du droit constitutionnel. Inversement, la protection constitutionnelle des droits des données aidera également à améliorer le système législatif des droits des données, en élevant son niveau et en le rendant moins fragmenté, plus efficace et plus opérationnel. Bien que de nombreux règlements de protection des droits des données aient été adoptés, la protection constitutionnelle demeure nécessaire pour améliorer le système législatif des droits des données.

La protection constitutionnelle aidera à renforcer le statut juridique de la protection des droits des données. « En tant que source de toute loi, la Constitution est le fondement de tout système juridique et peut influencer les autres lois par les effets de rayonnement de son système de valeurs objectives, façonnant ainsi l'ordre social » (Yang Xueke 2020, p. 1). Il s'ensuit que les droits et les lois reconnus et adoptés par la Constitution sont soit de l'effet juridique le plus élevé, soit d'une grande influence dans l'ensemble du pays, soit à respecter par l'ensemble de la population. Ils occupent une place importante dans le système juridique du pays. Dès que les droits des données seront garantis par la Constitution, ils seront considérés comme des droits fondamentaux, et la législation sur les droits des données passera du stade théorique au stade législatif, ce qui élèvera effectivement sa place dans la hiérarchie juridique. Bien que la base constitutionnelle de la protection des droits des données puisse théoriquement être arguée, l'inclusion des droits des données dans les droits fondamentaux des citoyens nécessite d'être affirmée au niveau constitutionnel. Cette affirmation pourra également donner plus d'autorité, de fiabilité et d'équité à leur protection. En somme, si la Constitution peut établir les droits des données et diriger la législation sur les droits des données, elle consolidera sans aucun doute le statut juridique fondamental du système législatif des droits des données et renforcera ainsi le statut juridique de la protection des droits des données. Aujourd'hui, les droits des données sont déjà entrés dans l'horizon de la Constitution, à la fois en raison des attributs fondamentaux et des particularités des données. La relation entre les droits des données et la Constitution est donc un problème épineux auquel nous devons désormais faire face.

La Constitution pourra servir de base pour construire le système législatif des droits des données « Dans la société moderne, le pouvoir de l'État ne peut pas rester simplement aux marges de la société civile, mais il doit participer activement à la société civile de diverses façons, ce qui est une exigence de notre époque. Parallèlement, le rôle administratif de l'État a été élargi pour couvrir un large éventail de domaines sociaux, économiques et culturels, et son contenu a fortement évolué » (Akira Ōsuka 2001, p. 51). En raison de cette expansion du pouvoir de l'État et du manque de l'équilibre entre les intérêts nationaux et individuels, les droits des données ont plus que jamais besoin d'une protection constitutionnelle (Wu Changhong 2014, p. 45). Par exemple, l'Allemagne a ajouté le droit à l'autodétermination informationnelle dans les droits de la personnalité et la France a directement inscrit la protection des données personnelles dans la Constitution, pour répondre aux besoins croissants de la population en matière de droit des données. La réglementation et la protection efficaces des données personnelles doivent reposer sur une protection suffisante des droits des données. Ce n'est qu'en protégeant pleinement les droits des données que nous parviendrons à prévenir efficacement les atteintes aux droits, à rendre l'espace de données plus sain et à maximiser la valeur des données. Par conséquent, un système législatif des droits des données devrait inclure les notions fondamentales, l'objectif de la protection, les principes de mise en œuvre des droits, le modèle et le positionnement de la législation, les règles spécifiques, etc., pour former un système juridique conforme aux dispositions constitutionnelles et compatible avec d'autres lois.

(3) *Expérience internationale en matière de protection constitutionnelle des droits des données*

Pour « rendre les affaires éthiques à l'éthique, les affaires juridiques au droit et les affaires pénales au code pénal » (Herbert L. Packer 1988, p. 296), nous devons de toute urgence mettre en place un système de protection des données normalisé et systématique. La protection des données en Chine doit à la fois rompre avec le cadre juridique établi et s'aligner avec les normes internationales. Nous devons tirer parti des expériences avancées de l'étranger tout en respectant nos conditions nationales, afin de répondre avec la meilleure attitude à l'avènement de l'ère numérique.

Aux États-Unis, la protection du droit à la vie privée est garantie par la Constitution grâce à l'interprétation judiciaire. Le quatrième amendement de la Constitution des États-Unis prévoit expressément que « le droit des citoyens d'être garantis dans leur personne, leur domicile, leurs papiers et effets contre les perquisitions et saisies non motivées ne sera pas violé, et aucun mandat ne sera délivré, si ce n'est sur présomption sérieuse, corroborée par serment ou déclaration, ni sans que le mandat décrive particulièrement le lieu à perquisitionner et les personnes ou les choses à saisir ». En 1967, le juge du procès Katz c. les États-Unis[2] a conclu que le quatrième amendement protégeait les personnes et non les lieux. Ainsi, ce qu'une personne cherche à

2 Charles Katz était soupçonné de transmettre illégalement des informations sur les paris à des bookmakers situés en Floride, à Miami et à Boston, depuis une cabine téléphonique public de Los Angeles, en Californie. Pour le mettre sur écoute, les agents du FBI installèrent un enregistreur sur la cabine. Au procès, le tribunal

préserver comme privé peut être protégé par la Constitution. En 2011, dans Carpenter c. États-Unis[3], la cour a conclu que la vie privée légitime d'une personne était inviolable, à travers l'interprétation des « attentes légitimes en matière de vie privée ». À mesure que la portée et la nature du droit à la vie privée s'étendent au monde numérique, sa protection s'étend également à tous les aspects de la liberté des données des citoyens. La Constitution des États-Unis étant flexible, pratique et sans ambiguïté, elle peut répondre aux besoins en constante évolution des citoyens en matière de droits. Elle est ainsi dans une certaine mesure très concrète. Bien que la Constitution des États-Unis n'évoque pas directement le droit à la vie privée, de nombreux cas pratiques affirment que le droit à la vie privée est garanti par la Constitution grâce aux interprétations judiciaires.

autorisa les enregistrements de la conversation de Katz à être admis en preuve. Katz fut reconnu coupable de jeu illégal. Katz fit alors appel de la décision devant la Cour suprême fédérale, estimant que les enregistrements violaient les dispositions du quatrième amendement de la Constitution et devaient être exclus des preuves. Finalement, la Cour suprême fédérale rendit la décision 7-1 en faveur de Katz, concluant que « la surveillance électronique sans mandat, même si la conversation enregistrée est intangible et qu'il n'y a pas eu d'intrusion physique dans un domicile privé, constitue une perquisition et saisie inconstitutionnelle et doit être exclue de la preuve ». En même temps, la Cour fédérale suprême indiqua dans un obiter dictum que « cette surveillance aurait été légitime si elle avait été autorisée par un magistrat dûment autorisé, dûment informé de la nécessité d'une telle enquête, spécifiquement informé de la base sur laquelle elle devait procéder ».

3 En 2011, la police fédérale américaine arrêta Timothy Carpenter, le chef d'un gang soupçonné d'infractions violentes, et ordonna aux opérateurs de fournir les données de géolocalisation du portable de Carpenter sur une période de 7 jours. Carpenter fut condamné à plus de 100 ans d'emprisonnement sur la base de l'analyse de ces données. Il fit alors appel, faisant valoir que la police fédérale violait son attente raisonnable en matière de protection de la vie privée en collectant ses informations de géolocalisation. En 2016, la Cour suprême accepta de réexaminer l'affaire et statua que Carpenter disposait d'une attente raisonnable en matière de vie privée concernant les informations de géolocalisation de son téléphone mobile, mais que l'acquisition par le gouvernement des données CSLI de Carpenter était conforme aux conditions de perquisition définies par le quatrième amendement de la Constitution.

Dans l'Union européenne, la protection des données est considérée comme un droit fondamental. La Charte des droits fondamentaux de l'Union européenne, qui dispose d'un statut constitutionnel équivalent aux traités de l'UE, est l'un des piliers de la protection des données dans l'Union européenne. Elle constitue également un instrument juridique clé pour assurer l'équivalence des réglementations nationales en matière de sécurité des données. L'article 8 de la Charte dispose (Gloria González Fuster 2014, pp. 1–2) que « 1. Toute personne a droit à la protection des données à caractère personnel la concernant. 2. Ces données doivent être traitées loyalement, à des fins déterminées et sur la base du consentement de la personne concernée ou en vertu d'un autre fondement légitime prévu par la loi. Toute personne a le droit d'accéder aux données collectées la concernant et d'en obtenir la rectification. 3. Le respect de ces règles est soumis au contrôle d'une autorité indépendante ». Ainsi, toute personne est un sujet de droits et tout établissement est soumis à des obligations. L'Union européenne protège la sécurité des données en tant que droit fondamental de l'individu, et avec le flux dynamique des données, cela pourrait s'appliquer à tous les pays, à toutes les entreprises et à toutes les populations du monde. Le RGPD, surnommé « Charte des données de l'UE », impose également une réglementation, un contrôle et des sanctions forts en faveur de la protection des données personnelles, et son influence est mondiale.

En Allemagne, la protection des informations personnelles est garantie par la *Loi fondamentale*. L'article premier de la *Loi fondamentale pour la République fédérale d'Allemagne* prévoit que « la dignité de l'être humain est intangible. Tous les pouvoirs publics ont l'obligation de la respecter et de la protéger ». L'article 2 dispose que « chacun a droit au libre épanouissement de sa personnalité pourvu qu'il ne viole pas les droits d'autrui ni n'enfreigne l'ordre constitutionnel ou la loi morale ». L'article 10 stipule que « le secret de la correspondance ainsi que le secret de la poste et des télécommunications sont inviolables ». Ces trois articles prévoient non seulement la protection constitutionnelle de la dignité humaine et du droit de la personnalité des citoyens, mais affirment aussi clairement que l'information est inviolable. En même temps, dans l'exercice des droits légitimes, la jouissance de l'autodétermination est l'exigence première de la préservation de la dignité de l'être humain. Ainsi, la Cour constitutionnelle fédérale d'Allemagne et la jurisprudence allemande considèrent la vie privée, l'autodétermination et la dignité comme les trois éléments les plus importants de la protection du droit de la personnalité. En 1983, la Cour constitutionnelle fédérale d'Allemagne a proposé pour la première « le droit à l'autodétermination informationnelle » dans sa décision de l'affaire relative au recensement démographique, en arguant que les citoyens ont le droit de décider eux-mêmes de divulguer ou non leurs informations personnelles au gouvernement. Par conséquent, le droit à l'autodétermination informationnelle n'est pas seulement une expression de l'autodétermination dans l'exercice de la dignité, mais aussi une expression de l'autodétermination du droit de la personnalité. En ce sens, il est garanti par la Constitution.

En France, la protection des données personnelles est inscrite dans la Constitution. La France attache une grande importance à la protection des données personnelles. Elle dispose non seulement de lois et de réglementations spécifiques pour réglementer la portée, la collecte, l'utilisation et d'autres processus des données personnelles, mais définit également une responsabilité juridique spécifique en cas de violation des données personnelles. Par exemple, la *Loi 1978 relative à l'informatique, aux fichiers et aux libertés* a été spécifiquement promulguée pour protéger la sécurité de l'information ; la *Loi 2016 pour une République numérique* prévoit des dispositions précises sur l'économie numérique, l'ouverture des données, l'accès aux données et d'autres aspects, et offre un cadre solide de protection des données personnelles ; la *Loi 2018 relative à la protection des données personnelles* élargit le champ d'application et les obligations des acteurs en matière de protection des données personnelles, et définit les services d'administration compétents. En 2018, l'Assemblée nationale a même voté un amendement par lequel « la lutte contre l'utilisation extensive ou déraisonnée » des données personnelles a été inscrite à l'article 34 de la Constitution. Ainsi, de lois spécifiques à la protection constitutionnelle, la protection des données personnelles en France a progressé sur une voie claire pour devenir une partie importante de sa Constitution.

Au Japon, la protection de l'information est garantie par la Constitution à travers le droit à la vie privée. L'article 11 de la Constitution japonaise stipule que « le peuple n'est privé de l'exercice d'aucun des droits fondamentaux de la personne humaine. Ces droits fondamentaux, qui lui sont garantis par la présente Constitution, sont accordés au peuple de cette génération comme à celui des générations à venir au titre de droits éternels et inviolables ». L'article 13 dispose que « tous les citoyens devront être respectés comme individus. Leur droit à la vie, à la liberté, à la poursuite du bonheur, dans la mesure où il ne fait pas obstacle au bien-être public, demeure le souci suprême du législateur et des autres responsables du gouvernement ». « Les droits fondamentaux de la personne humaine » et « le droit à la poursuite du bonheur » stipulés dans la Constitution japonaise peuvent servir de base pour déduire d'autres droits, qui ne sont pas spécifiés dans la Constitution. En 1964, après le procès relatif au roman *Après le banquet*, la Cour suprême japonaise a intégré le droit à la vie privée parmi les droits fondamentaux de l'individu ; en 1969, la décision de la Cour suprême relative à l'affaire de la préfecture de Kyoto Gakuren a établi un lien direct entre le droit à la vie privée et le droit à la poursuite du bonheur ; en 1981, la décision de la Cour japonaise sur l'affaire relative à l'enquête de casier judiciaire a souligné expressément la nécessité de renforcer le contrôle des informations personnelles pour protéger le droit à la vie privée d'autrui. Ces décisions montrent que la protection de l'information est désormais incluse dans le droit à la vie privée, qui est garanti par la Constitution japonaise.

3.2 Conflits horizontaux dans la législation sur les droits des données

Un conflit horizontal de normes signifie qu'il existe une divergence ou des cohérences entre des normes d'un même niveau hiérarchique[4]. Cela peut concerner des lois, des règlements administratifs, des règlements locaux ou encore des règles (Hu Jianmiao 2020, p. 002). Lorsqu'une question

4 L'article 60 de la Loi de la République populaire de Chine sur la législation dispose que « si un projet de loi est incohérent avec les dispositions pertinentes d'autres lois, son auteur doit expliquer ces incohérences et prendre une décision et, si nécessaire, proposer une motion visant à modifier ou à abroger les dispositions pertinentes d'autres lois ».

n'est pas définie par les lois et les règlements administratifs et qu'elle ne relève pas de la compétence législative exclusive des autorités centrales, les autorités locales publient généralement des réglementations en fonction des besoins locaux, ce qui entraîne facilement des incohérences de normes. En matière de législation sur les droits des données, les conflits horizontaux se manifestent notamment par des incohérences entre les lois relatives aux droits des données et d'autres lois pertinentes, telles que le Code civil, la *Loi sur la cybersécurité*, la *Loi sur la sécurité des données* et la *Loi sur la protection des informations personnelles*. Ces incohérences ont émergé au fur et à mesure que la protection des données s'est renforcée. En fin de compte, elles aideront à mieux servir la population, à lui fournir une protection juridique équitable, efficace et rationnelle, et à assurer la sécurité nationale, publique et personnelle en matière de données.

(1) Protection des droits des données en droit civil et conflits de lois

La protection des données en droit civil. Le droit civil protège, dans une large mesure, les intérêts personnels inhérents aux données. Ces intérêts personnels, qui constituent sans doute l'objectif ultime et les valeurs fondamentales de la protection des données, sont nombreux et variés. De même, les atteintes aux intérêts personnels peuvent se manifester de diverses manières, telles que la divulgation inappropriée, la modification inappropriée, la déformation, l'exploitation commerciale illégale ou encore la suppression illégale de données personnelles. Par conséquent, le droit de la personnalité des données devrait inclure divers éléments tels que l'indépendance personnelle, la liberté personnelle et la dignité humaine. En même temps, les données impliquent également du droit de propriété. Le droit de propriété des données est protégé par l'octroi de droits au sujet de données sur des contenus spécifiques. Afin d'équilibrer la relation entre le droit de propriété et l'utilisation des données, et de tirer pleinement parti du gain d'efficacité considérable apporté par les données à la société et à l'économie, les sujets de données peuvent se voir accorder le droit de disposer des données, de limiter le transfert de données, de révoquer les modifications de données, le droit à l'anonymat et aux dommages-intérêts, de sorte que leurs droits de propriété soient protégés par le droit civil. La protection des données en droit civil est un processus progressif qui se réalise à travers la résolution d'affaires réelles en lien avec la sécurité des données. Dans ce processus, les données révèlent progressivement leur nature à impliquer à la fois le droit de la personnalité et le droit de propriété, et la protection des données en droit civil est devenue un fait établi. En réalité, le développement moderne de la théorie des droits dans le droit civil est un processus visant à approfondir en permanence le niveau de protection, à élargir la portée de la protection et à réduire les inégalités de protection. Les doubles attributs des données sont un phénomène du droit notable dans le développement du droit civil.

Les limites de la protection des données en droit civil. Bien que la protection des données en droit civil ait été renforcée, une protection systématique, normalisée et spécifique n'est pas encore formée. Face au renouvellement constant de la science et de la technologie, la protection des données est en retard et son efficacité est faible. Premièrement, la protection des données en droit civil doit encore se systématiser. En Chine, la législation sur les droits des données en est encore à ses débuts, et les lois, règlements et réglementations en la matière sont dispersés, fragmentée et contiennent des répétitions. Peu de dispositions peuvent être directement applicables ou couvrir le cycle de vie complet des données. Cela limite dans une certaine mesure l'application effective du droit et pourrait même rendre incomplet l'ensemble du système de protection des données en droit civil. Deuxièmement, la protection des données en droit civil manque de précision. L'article 127 du Code civil chinois dispose que « si la loi prévoit des dispositions sur la protection des données et de la propriété virtuelle sur l'Internet, ces dispositions doivent s'appliquer ». Bien qu'il affirme la protection des données par la loi, cet article demeure très vague. L'extension et la connotation des données ne sont pas précisées et il n'a pas fait mention de « droit ». De plus, la relation entre l'information et les données n'est pas clairement définie en droit civil. Les données peuvent être une expression de l'information et l'information peut être un support de données. Troisièmement, la protection des données en droit civil est peu opérationnelle. À l'heure actuelle, la plupart des dispositions du droit civil relatives à la protection des données ne tiennent pas compte de la complexité et de la diversité des scénarios d'application des données, ce qui entraîne un retard par rapport au développement de notre époque. Par conséquent, même si le droit civil comporte déjà de nombreuses réglementations visant à protéger les données, leur opérationnalité effective reste à améliorer (Huang Xiaomin 2020).

La relation entre la législation sur les droits des données et le Code civil chinois. Si nous confondons la protection des droits des données avec la protection des informations personnelles prévue par le Code civil, l'importance législative du Code civil en tant que loi fondamentale sera directement affectée. Cela pourrait également rendre le droit civil de nouveau fragmenté et diminuer grandement l'autorité et l'unité de la loi fondamentale. La législation sur les droits des données et le Code civil sont deux branches du droit différentes mais complémentaires. La protection des droits des données est un tout nouveau domaine de droit et constitue la partie centrale du droit des données en émergence. Si nous appliquons par force la protection classique des informations personnelles dans le domaine de la protection des droits des données, cela entraînera inévitablement des problèmes de discordance, voire des incohérences. Le caractère scientifique de la législation sera affecté et des conflits de lois se manifesteront. Par conséquent, il est nécessaire de faire comprendre clairement que la législation sur les droits des données a pour objet de protéger les droits des données, à travers la formulation de principes et de systèmes fondamentaux, pour former un système juridique complet de droit des données. Le droit des données est différent du Code civil en termes d'objet des obligations, de mécanisme d'exécution et de champ d'application. Bien qu'ils se croisent à certains égards, ils présentent des différences fondamentales : le droit des données vise à protéger les droits des données tandis que le Code civil vise à définir le système civil de base. Ils jouent donc deux rôles différents dans le système juridique global. Seule une compréhension scientifique de leur relation permettra de concevoir un système juridique des données adapté aux problèmes réels auxquels sont confrontées les données, plutôt que d'être prisonnier du système juridique civil traditionnel (Zhou Hanhua 2020).

(2) Protection des droits des données en droit pénal et perspectives

Ces dernières années, les incidents de fuite de données se sont produits de façon fréquente. La criminalité liée aux données, telle que la vente d'informations personnelles des utilisateurs de Meituan, les failles de sécurité du site Ctrip, ainsi que la fuite d'informations de réservation de clients chez certaines chaînes hôtelières, ont eu un impact négatif sur la société et ont provoqué une panique du public (Wei Xiaomin 2020). Les données personnelles sont étroitement liées aux droits et intérêts personnels et, afin de prévenir leur vol, leur diffusion et leur divulgation, la protection pénale des données devrait être renforcée. En termes de méthode, la protection pénale des données a traversé trois phases : à la première phase, elle est subordonnée à la protection d'autres droits, à la deuxième phase, elle est axée sur la sécurité des données et à la troisième phase, des crimes spécifiques aux données sont définis.

Première phase : la protection pénale des données subordonnée à la protection d'autres droits. L'anonymat des réseaux et de l'informatique incite la criminalité au sens classique et pose de nombreux défis à la législation pénale et à la pratique judiciaire (Marjie T. Britz 2016, p. 69). D'une part, la protection des données dépend de droits existants tels que le droit à la vie privée, le droit à l'information, le droit à la liberté, le droit à l'intégrité personnelle, etc. ; d'autre part, de nouveaux droits, tels que le droit à l'oubli et le droit à la portabilité, ont émergé autour de la protection des données. De nombreuses lois promulguées par les États-Unis, notamment la Privacy Act, l'Electronic Communications Privacy Act, la Cable Communications Policy Act et la Children's Online Privacy Protection Act, ciblent, sans exception, la protection du droit à la vie privée. L'article 16 de la loi japonaise sur la protection des informations personnelles stipule que les opérateurs de traitement ne doivent pas traiter les informations personnelles au-delà des limites nécessaires à des fins déterminées en vertu de l'article précédent, sans le consentement préalable de la personne concernée. Son article 23 stipule que si l'opérateur de traitement modifie les fins de l'utilisation des informations personnelles, il doit notifier la personne concernée ou publier la modification. Il ne fait aucun doute que ces deux dispositions font directement référence au droit à l'information. Toutefois, les données sont intangibles et ne sont pas soumises à des contraintes de temps ou d'espace. De ce fait, il est insuffisant et risqué de les protéger à travers le droit à la vie privée, le droit à l'information et d'autres droits. Une loi stricte, complète et détaillée sur la sécurité des données est nécessaire pour contrer la criminalité liée aux données. À mesure que les droits présentent de nouvelles caractéristiques et que les notions sont interprétées de façon nouvelle, le retard de la réglementation pénale pour la protection des droits des données et le manque d'efficacité dans le contrôle de la criminalité liée aux données sont devenues les questions les plus préoccupantes à l'heure actuelle.

Deuxième phase : la protection pénale des données à travers la protection de la sécurité des données. L'article premier du *Bundesdatenschutzgesetz* (loi fédérale allemande sur la protection des données)[5] stipule que la loi a pour objectif de prévenir la violation des données personnelles. Le Danemark, qui a adopté une protection stricte des informations personnelles, dispose dans sa loi sur le traitement des données personnelles que la simple diffusion d'informations sur la vie privée d'un citoyen est passible d'une peine. De son côté, le Royaume-Uni a établi un modèle de protection juridique des données intégrant la protection, l'administration et la réglementation des données, avec la Data Protection Act comme document directeur, complété par des documents normatifs tels que le Règlement sur les communications, les Principes directeurs de la protection des données de communication et l'Investigatory Powers Act. Au niveau des Nations Unis, la Déclaration de Vienne sur la criminalité et la justice : relever les défis du XXIe siècle[6] expose en détail les définitions et les types de criminalité informatique. Elle montre que les pays ont trouvé un consensus général dans la lutte contre la criminalité informatique : tout acte qui porte atteinte à l'intégrité d'un système informatique pourrait être qualifié de crime. La déclaration contribue dans

5 L'article premier de la loi fédérale allemande sur la protection des données (*Bundesdatenschutzgesetz* – BDSG) dispose que « la présente loi est formulée dans le but de protéger la vie privée et de prévenir la violation des données personnelles lors de leur utilisation ».

6 Déclaration de Vienne sur la criminalité et la justice : relever les défis du XXIe siècle, <www.un.org/zh/documents/treaty/files/A-CONF.187-4-REV.3.shtml>, consulté le 17 avril 2000.

une certaine mesure à lutter contre l'obtention illégale des données informatiques (Nishida Noriyuki 2007, pp. 104–105). Combinant l'expérience des pays du Conseil de l'Europe en matière de lutte contre la cybercriminalité, la Convention sur la cybercriminalité[7] définit la cybercriminalité comme les « actes portant atteinte à la confidentialité, à l'intégrité et à la disponibilité des systèmes informatiques, des réseaux et des données, ainsi que l'usage frauduleux de tels systèmes, réseaux et données » (Zhao Bingzhi et Yu Zhigang 2004, p. 155). Lorsque l'information obtenue comporte des secrets commerciaux ou des secrets d'État, l'acte pourrait être qualifié de violation de secrets commerciaux ou d'acquisition illégale de secrets d'État (Wang Qianyun 2019). Ainsi, bien que le terme « droits des données » ne soit pas directement utilisé dans les lois pertinentes de différents pays, ces droits sont couverts par le droit pénal à travers la sécurité des données, de l'information, des réseaux et de l'informatique, etc.

Troisième phase : prise en forme d'une protection spécifique à la criminalité liée aux données. Afin de réaliser la protection pénale des données, il est indispensable d'établir la responsabilité pénale pour les crimes liés aux données. Pour cela, il faudrait en premier lieu définir les noms des crimes, qui constituent une condition préalable au fonctionnement efficace du droit pénal. Le Code pénal japonais prévoit une série d'infractions en lien avec les données telles que l'ouverture de correspondances d'autrui, la divulgation de secrets, l'atteinte à l'inviolabilité du domicile et la dissimulation de correspondances (Li Hong 2004, p. 407). Le chapitre 15 du Code pénal allemand prévoit six infractions pour lutter contre la criminalité liée aux données, dont l'atteinte au secret de la parole, l'atteinte au secret des correspondances et l'espionnage de données[8]. Les articles 252[9] et 253 du

7 Ratifiée à Budapest en novembre 2001 par une trentaine de pays dont les 26 États membres du Conseil de l'Europe, les États-Unis, le Canada, le Japon et l'Afrique du Sud, la Convention sur la cybercriminalité est le premier traité international qui tente d'aborder les crimes informatiques et les crimes dans Internet.

8 *Code pénal allemand,* trad. Xu Jiusheng et Zhuang Jinghua, China Legal Publishing House, 2000, pp. 156–158.

9 L'article 252 du Code pénal de la République populaire de Chine dispose qu'en cas de circonstances aggravantes, l'atteinte à la liberté de communication par la dissimulation, la destruction ou l'ouverture illégale de correspondances d'autrui est passible d'une peine d'emprisonnement d'un an au plus ou de réclusion criminelle.

Code pénal chinois stipulent que le vol, la dissimulation, le sabotage et la vente illégaux d'informations personnelles de citoyens sont des infractions pénales, passibles de peines prévues pour le délit d'atteinte à la liberté de communication et le délit de violation des données personnelles. Si nous nous appuyons sur les données elles-mêmes et la valeur qu'elles contiennent et nous inspirons de la nomination classique des infractions, le nom des crimes liés à l'information et à l'informatique pourra jouer un rôle utile dans le système pénal de la criminalité liée aux données et aider à établir un système de protection pénale efficace des droits des données. Pour cela, il convient, premièrement, de mettre en place un système rationnel de collecte et d'utilisation des données ; deuxièmement, de formuler un système unifié de protection des données pour réglementer différentes opérations liées aux données et considérer les données personnelles comme un droit légal ou un droit fondamental de sorte à établir leur place fondamentale dans le système juridique ; troisièmement, de clarifier les responsabilités et obligations juridiques en matière de crimes liés aux données pour développer un régime solide de dommages-intérêts punitifs. En somme, il est impératif de construire un système de protection pénale spécifique aux droits des données, logique, unifié et centré sur les données.

(3) Relation et coordination entre la législation sur les droits des données et d'autres branches du droit

Les difficultés de la protection des droits des données dans le système des droits existants. Le système juridique en vigueur en Chine assure une certaine protection des droits relatifs aux données personnelles, mais cette protection porte principalement sur les droits fondamentaux, les informations personnelles et certaines données (voir Tableau 3-2). « En raison des limites de sa portée et de sa méthode de réglementation, le système juridique actuel ne fournit pas de solution complète pour la protection des données personnelles. La protection, le soutien et l'accompagnement sont insuffisants et il n'existe pas encore de règles systémiques pour le commerce et l'utilisation des données. La mise en œuvre de la réglementation rencontre de plus en plus d'obstacles et il est de plus en plus difficile de relever les nouveaux défis posés par l'ampleur de la collecte, de la transmission et de l'utilisation des données personnelles » (Lian Yuming 2017, p. 124). Dans le système juridique existant, les droits personnels sont majoritairement protégés à travers les droits civils, qui peuvent difficilement s'étendre à la protection des données. La protection de la vie privée cible plutôt la sphère privée, tandis que les données concernent davantage l'ordre public et l'intérêt général, ce qui limite l'application du droit à la vie privée. Le droit réel insiste sur le principe de *res propria* (une chose a un propriétaire légal), alors qu'une donnée peut souvent avoir plusieurs sujets de droit, ce qui est contraire au principe fondamental du droit de propriété. Le droit des obligations met l'accent sur les relations contractuelles entre les entreprises et les utilisateurs, mais les droits des données ont la particularité d'être complexes, changeants et il est impossible d'établir des contrats d'intérêt entre les fournisseurs de données et les utilisateurs de données, ce qui rend le droit des obligations inapplicable. Enfin, la propriété intellectuelle est destinée à protéger les innovations individuelles, tandis que la protection des données vise plusieurs sujets de données. Leurs mécanismes de protection sont sensiblement différents. D'une manière générale, la législation chinoise en matière de protection des données demeure vague, fragmentée et de portée limitée. Il manque un système, des mécanismes et des organismes clairs et unifiés pour mettre en œuvre les lois.

La relation entre la législation sur les droits des données et les lois proches. Une question clé dans la législation sur les droits des données est leur positionnement dans le système juridique. En d'autres termes, le droit des données et les autres branches du droit doivent arriver à s'interagir et à se soutenir. Le positionnement des droits des données reflète la relation entre les droits des données et d'autres droits en termes d'efficacité, de fonctions et d'importance. Du point de vue de l'importance, la *Loi sur la sécurité des données* (projet) réglemente, de façon intégrée et équilibrée, la circulation des données et la protection des données et met l'accent sur l'équilibre entre le développement et la sécurité ; la *Loi sur la protection des informations personnelles* (projet) présente des caractéristiques propres à notre époque et fournit un appui solide à la mise en œuvre de la stratégie nationale de l'informatisation et à la construction d'un pays fort en information ; la

Tableau 3-2 Principales dispositions des lois chinoises actuelles relatives à la protection de la vie privée, de l'information ou des données

Loi	Article	Dispositions
Loi relative à la protection des mineurs (2020)	Article 63	Aucune organisation ni aucun individu ne peut dissimuler, détruire ou supprimer illégalement les correspondances, les journaux intimes, les courriels ou autres communications Internet d'un mineur.
	Article 72	Lorsque le processeur de l'information traite des informations personnelles concernant des mineurs sur Internet, il doit respecter les principes de légalité, de légitimité et de nécessité. Lorsque le traitement des informations personnelles concerne un mineur de moins de 14 ans, il faut obtenir le consentement des parents ou d'autres tuteurs, sauf disposition contraire des lois et des règlements administratifs. Si un mineur, ses parents ou autres tuteurs demandent au processeur de l'information de corriger ou de supprimer les informations personnelles concernant le mineur, le processeur de l'information doit prendre des mesures opportunes pour les corriger ou les supprimer, sauf disposition contraire des lois et des règlements administratifs.

Loi	Article	Dispositions
Code pénal (2017)	Article 252	En cas de circonstances aggravantes, l'atteinte à la liberté de communication par la dissimulation, la destruction ou l'ouverture illégale de correspondances d'autrui est passible d'une peine d'emprisonnement d'un an au plus ou de réclusion.
	Article 253	Les travailleurs de la Poste ayant ouvert, dissimulé ou détruit sans autorisation des courriers ou des télégrammes sont passibles d'une peine d'emprisonnement de deux ans au plus ou de réclusion. Toute personne qui commet l'infraction du paragraphe précédent pour dérober des biens sera sévèrement punie conformément aux dispositions de l'article 264 de la présente loi. En cas de circonstances aggravantes, le fait de vendre ou de fournir des informations personnelles sur des citoyens à des tiers en violation des règlementations pertinentes de l'État est passible d'une peine d'amende, qui peut être assortie d'une peine d'emprisonnement de trois ans au plus ou de réclusion ; en cas de circonstances particulièrement aggravantes, la peine d'amende sera assortie d'une peine d'emprisonnement de trois à sept ans. Toute personne qui vend ou fournit à des tiers des informations personnelles sur un citoyen obtenues dans le cadre de ses fonctions ou de ses prestations de services, en violation des règlementations pertinentes de l'État, sera sévèrement punie conformément au paragraphe précédent. Toute personne qui vole ou obtient illégalement des informations personnelles d'un citoyen sera punie conformément aux dispositions du paragraphe 1. Pour les infractions visées aux trois premiers paragraphes, l'unité correspondante sera sanctionnée par une amende et le responsable et les autres personnes directement responsables de l'unité seront punis conformément aux dispositions de chacun de ces paragraphes.

(*Continué*)

Tableau 3-2 Continué

Loi	Article	Dispositions
Loi relative à la santé maternelle et infantile (2017)	Article 34	Le personnel travaillant dans les soins de santé maternelle et infantile doit respecter strictement l'éthique professionnelle et maintenir la confidentialité de la personne concernée.
Loi sur les banques commerciales (2015)	Article 6	Les banques commerciales sont tenues de protéger les droits et les intérêts légitimes des déposants contre toute atteinte des établissements ou des individus.
	Article 29	Les banques commerciales sont tenues de suivre les principes du dépôt volontaire, du retrait libre, du dépôt avec intérêts et de la confidentialité des déposants dans le cadre de leurs activités liées à l'épargne personnelle. S'agissant d'épargne personnelle, les banques commerciales ont le droit de refuser toute demande de consultation, de gel ou de suspension de transfert, que la demande vienne d'un établissement ou d'un individu tiers, sauf disposition contraire de la loi.
Loi sur les services postaux (2015)	Article 3	La liberté et le secret de la correspondance des citoyens sont garantis par la loi. À l'exception des services de la sécurité publique, des organes de la sécurité nationale ou des parquets qui sont habilités à soumettre, conformément aux modalités prévues par la loi, la correspondance au contrôle quand la sécurité de l'État ou l'enquête sur les affaires criminelles le nécessitent, il n'est permis à aucune organisation ou à aucun individu, sous quelque prétexte sécurité que ce soit, de violer la liberté et le secret de la correspondance des citoyens. Sauf disposition contraire de la loi, aucune organisation ni aucun individu ne peut inspecter ni détenir des courriers ou des virements.

Loi	Article	Dispositions
Loi sur la protection des droits des consommateurs (2014)	Article 14	Les consommateurs ont droit à la dignité humaine, au respect de leurs us et coutumes et à la protection de leurs informations personnelles conformément à la loi lorsqu'ils achètent, utilisent des biens et reçoivent des services.
	Article 29	Les exploitants sont tenus de suivre les principes de légalité, de légitimité et de nécessité dans la collecte et l'utilisation des informations personnelles des consommateurs et d'obtenir le consentement du consommateur. La finalité, la méthode et la portée de la collecte et de l'utilisation des informations doivent être indiquées. Les exploitants sont tenus de publier leurs règles de collecte et d'utilisation des informations personnelles des consommateurs. Il ne leur est pas autorisé de collecter ou d'utiliser des informations en violation des lois, des règlements ou de l'accord conclu avec l'utilisateur. Les exploitants et leur personnel doivent garder strictement confidentiels les informations personnelles qu'ils collectent sur les consommateurs et ne doivent pas les divulguer, les vendre ou les mettre illégalement à la disposition d'autrui. Les exploitants doivent prendre les mesures techniques et autres nécessaires pour assurer la sécurité de l'information et prévenir la fuite et la perte des informations personnelles des consommateurs. En cas de fuite ou de perte d'informations ou lorsqu'il y a un risque de fuite et de perte, des mesures correctives immédiates doivent être prises. Les exploitants ne doivent pas envoyer d'informations commerciales aux consommateurs sans leur consentement ou leur demande, ou si les consommateurs le refusent explicitement.

(*Continué*)

Tableau 3-2 Continué

Loi	Article	Dispositions
Loi relative à la prévention et au contrôle des maladies infectieuses (2013)	Article 68	Toute personne qui divulgue intentionnellement des informations ou données concernant des patients atteints de maladies infectieuses, des porteurs de pathogènes, des personnes suspectes d'être atteintes de maladies infectieuses, des personnes ayant été en contact avec des maladies infectieuses, ou des informations touchant la vie privée devra assumer la responsabilité juridique en conséquence.
Loi sur les prisons (2012)	Article 7	Il n'est pas autorisé de violer dignité humaine d'un détenu, de porter atteinte à sa sécurité, à ses biens légitimes, à ses droits d'être défendu, d'introduire des recours, de présenter des plaintes et de porter des accusations, ainsi qu'aux autres droits dont il n'a pas été déchu ou qui n'ont pas été restreints en vertu de la loi.
	Article 47	Pendant l'exécution de leur peine, les détenus peuvent correspondre avec d'autres personnes, mais les correspondances seront inspectées par la prison. Les correspondances adressées aux autorités supérieures de la prison et aux autorités judiciaires ne sont pas soumises à l'inspection.
Loi relative aux cartes d'identité (2011)	Article 6	Le format de la carte d'identité nationale est déterminé par le service de sécurité publique du Conseil des affaires d'État. La carte d'identité nationale est établie et délivrée de manière unifiée par les organes de sécurité publique. La carte d'identité nationale comporte des informations visuelles et des données lisibles par machine. Ces informations et données sont limitées aux éléments spécifiés à l'article 3, paragraphe 1, de la présente loi. Les organes de sécurité publique et la police populaire doivent garder confidentielles les informations personnelles des citoyens qu'ils ont connues à la suite de la production, de la délivrance, de l'inspection et de la saisie de cartes d'identité nationales.

Loi	Article	Dispositions
	Article 20	Lorsqu'un agent de la police populaire porte atteinte aux droits et intérêts légitimes des citoyens au moyen des informations personnelles qu'il a connues à la suite de la production, de la délivrance, de l'inspection et de la saisie de cartes d'identité nationales, il devra assumer la responsabilité juridique en conséquence.
Loi relative aux statistiques (2010)	Article 9	Les organismes de statistique et les statisticiens sont tenus de garder confidentiels les secrets d'État, les secrets commerciaux et les informations personnelles qu'ils ont connus au cours de leurs travaux statistiques.
Loi relative aux passeports (2007)	Article 20	Lorsqu'une personne porte atteinte aux droits et intérêts légitimes des citoyens au moyen des informations personnelles qu'elle a connue à la suite de la production et de la délivrance de passeports, elle devra assumer la responsabilité juridique en conséquence.
Loi sur les professions médicales (1998)	Article 37	Lorsque la vie privée du patient est compromise et que les conséquences sont graves, l'auteur de la fuite d'informations devra assumer les responsabilités juridiques en conséquence.

Source : informations publiques.

Loi sur la cybersécurité joue un rôle important dans la mise en place d'une infrastructure en réseau solide et d'un bon ordre dans le cyberespace en Chine et aura certainement une influence importante sur la participation de la Chine à l'élaboration de règles internationales pour le cyberespace (Li Haiying 2015) ; la législation sur les droits des données répond aux besoins de la Chine en matière de sécurité des données et d'offre institutionnelle, et aux besoins croissants de la population en matière de droits des données. Du point de vue du contenu (voir le tableau 3-3), la *Loi sur la sécurité des données* (projet) met l'accent sur la sécurité nationale relatives aux données importantes, la *Loi sur la protection des informations personnelles* (projet) s'intéresse aux droits relatifs aux informations personnelles et à la protection des données, et la Loi sur la cybersécurité est axée sur la protection de l'infrastructure d'information critique, la surveillance et la gestion de la sécurité du réseau et d'autres questions fondamentales, tandis que la législation sur les droits des données se concentre sur d'autres types de questions telles que la gestion de la sécurité des données, le développement et l'utilisation des données, et la protection des droits et intérêts relatifs aux données, en particulier la protection des droits des « hommes de données ». Du point de vue du positionnement, la *Loi sur la sécurité des données* (projet) et la *Loi sur la protection des informations personnelles* (projet) sont des textes fondamentaux mettant en œuvre le concept global de sécurité nationale préconisé par la *Loi sur la sécurité de l'État*. Les dispositions de la *Loi sur la cybersécurité* portant sur les données seront progressivement absorbées et remplacées par la *Loi sur la protection des informations personnelles* (projet) et la *Loi sur la sécurité des données* (projet). De son côté, la loi sur les droits des données sera le texte fondamental dans le domaine numérique et jouera un rôle important dans la réglementation des relations de données.

La coordination entre la législation sur les droits des données et les lois proches. La législation sur les droits des données s'intéresse notamment à la vie privée, à l'information et aux données et définit essentiellement la propriété, les droits, l'utilisation et la protection des données tout au long de leur cycle de vie. Elle se caractérise par le système de droits des données et englobe les différentes normes juridiques qui ajustent spécifiquement la relation juridique entre les personnes concernées, les sous-traitants et les responsables du traitement. Ainsi, la législation sur les droits des données

Tableau 3-3 Cadre juridique de base pour la protection de la vie privée, de l'information ou des données en Chine

Date	Loi ou règlement	Contenu connexe
Décembre 2012	Décisions du Comité permanent de l'Assemblée populaire nationale sur le renforcement de la protection de l'information sur les réseaux	Pour la première fois, des exigences relatives à la protection des informations personnelles électroniques sont clairement définies sous forme de documents juridiques.
Juillet 2013	Règlement sur la protection des informations personnelles des utilisateurs de télécommunications et d'Internet	Il définit des exigences précises pour les opérateurs de télécommunications et les prestataires de services d'information de l'Internet en ce qui concerne la collecte et l'utilisation des informations personnelles des utilisateurs et les mesures garantissant la sécurité de l'information.
Novembre 2016	Loi sur la cybersécurité	La protection des informations personnelles est désormais incluse dans le champ d'application de la cybersécurité et le chapitre 4 « Sécurité de l'information du réseau » contient des dispositions spécifiques pour la protection des informations personnelles.
Mars 2017	Dispositions générales du code civil	La protection des informations personnelles est établie au niveau du droit civil fondamental.
Mai 2017	Interprétation de la Cour populaire suprême et du Parquet populaire suprême sur l'application des lois aux affaires pénales impliquant la violation des informations personnelles	Les normes de condamnations et de peines et l'application des lois pertinentes en cas d'atteinte aux informations personnelles des citoyens sont définies de façon exhaustive et systématique.

(*Continué*)

Tableau 3-3 Continué

Date	Loi ou règlement	Contenu connexe
Décembre 2017	Code de sécurité des informations personnelles – Technologies de sécurité de l'information	Des exigences de conformité pour la collecte, la conservation, l'utilisation et le partage des informations personnelles sont clairement définies sous la forme d'une norme nationale.
Août 2018	Loi sur le commerce électronique	Il s'agit du premier texte juridique chinois traitant entièrement le commerce électronique.
Janvier 2019	Annonce sur la campagne spéciale contre la collecte et l'utilisation d'informations personnelles par des applications en violation des lois et règlements	Il s'agit d'une annonce publiée conjointement par l'Administration du cyberespace de Chine, le ministère de l'Industrie et des technologies de l'information, le Ministère de la sécurité publique et l'Administration d'État de la réglementation du marché. L'annonce porte sur quatre tâches majeures : l'évaluation de la collecte et de l'utilisation des informations personnelles, la supervision avec l'application des sanctions, la lutte contre la criminalité et l'authentification de sécurité des applications.
Août 2019	Dispositions sur la cyberprotection des informations personnelles des enfants	Il s'agit du premier texte juridique chinois visant spécifiquement la protection des enfants sur le réseau. Le texte, d'une importance historique, prévoit une protection des informations personnelles des enfants couvrant toutes les étapes du cycle de vie des données, y compris la collecte, le stockage, l'utilisation, le transfert, la divulgation et la suppression.

Tableau 3-3 Continué

Date	Loi ou règlement	Contenu connexe
Novembre 2019	Mesures pour la détermination de la collecte et de l'utilisation illégales des informations personnelles par des applications	Publiée conjointement par quatre bureaux et ministères, l'annonce vise à normaliser la détermination par les autorités de réglementation de la collecte et de l'utilisation illégales des informations personnelles par les applications, ainsi qu'à fournir aux entreprises un document référent pour la collecte et l'utilisation légales des informations personnelles.
Mai 2020	Code civil	Le droit à la vie privée et la protection des informations personnelles sont prévus dans un chapitre spécial. Le Code civil souligne expressément que toute personne physique a droit à la vie privée et que les informations personnelles des personnes physiques sont protégées par la loi. Les principes de légalité, de légitimité et de nécessité doivent être respectés lors du traitement des informations personnelles.
Juin 2020	Loi sur la sécurité des données (projet)	Le projet de loi est examiné pour la première fois pendant la 20e session du 13e Comité permanent de l'Assemblée populaire nationale.
Octobre 2020	Loi sur la protection des informations personnelles (projet)	Le projet de loi est examiné pour la première fois pendant la 22e session du 13e Comité permanent de l'Assemblée populaire nationale.

Source : informations publiques.

incorpore la partie de la *Loi sur la protection des informations personnelles* (projet) relative à la protection de l'information et les dispositions de la *Loi sur la sécurité des données* (projet) relatives au développement et à la protection des données, tout en approfondissant les dispositions pertinentes sur la souveraineté et la sécurité nationales dans le cyberespace prévues dans la *Loi sur la cybersécurité*. En d'autres termes, la législation sur les droits des données étudie, d'une part, la confidentialité et la sécurité des données du point de vue de l'individu et prend, d'autre part, en compte le statut international et la voix de la Chine sur la scène internationale, du point de vue de l'État. L'article 4 de la *Loi sur la législation de la Chine* dispose que « la législation doit se fonder sur des pouvoirs et des procédures légaux, s'appuie sur l'intérêt général du pays et préserve l'unité et la dignité du système juridique socialiste ». L'harmonisation des lois n'est pas seulement une caractéristique fondamentale du système juridique socialiste aux caractéristiques chinoises, mais aussi une exigence fondamentale pour maintenir et perfectionner l'État de droit aux caractéristiques chinoises. Le droit des données ne cherche pas à remplacer des branches traditionnelles du droit, mais plutôt à utiliser une approche transversale pour traiter de manière globale et résoudre en permanence les risques et les défis juridiques qui apparaissent constamment à l'ère numérique, en intégrant le spectre des connaissances des lois sectorielles. Ainsi, la législation sur les droits des données s'intéresse aux problèmes communs visés par des lois sectorielles dans le domaine numérique. Elle intègre transversalement les éléments des branches du droit traditionnelles, dépasse verticalement les barrières du droit sectoriel et explore les règles communes de l'ensemble du cycle de vie des données à travers différents angles juridiques, pour former un cadre d'étude holistique, synergétique et doté d'une force endogène.

3.3 Conflit public-privé dans la législation sur les droits des données

Les droits des données ne sont pas de simples droits privés et individuels, mais impliquent également le développement des entreprises, le fonctionnement de la société, la sécurité nationale et d'autres aspects. Ils constituent aussi un pouvoir public. Les droits des données sont donc de nature à la fois privée et publique. Dans le domaine privé, ils portent essentiellement sur la protection des intérêts individuels et dans le domaine public, ils visent notamment à la protection de l'intérêt général, lequel englobe non seulement les intérêts de la société et de l'État, mais aussi ceux des organisations (entreprises, communautés, etc.). Toutefois, le droit à l'autodétermination en matière de traitement des données est en conflit avec la libre circulation et l'utilisation des données, les droits privés des personnes concernées sont en conflit avec les pouvoirs publics des autorités publiques, et l'équilibre entre les intérêts privés et les intérêts publics rencontre des obstacles complexes. Les droits des données et les pouvoirs des données forment une unité tout en étant contradictoires. La législation sur les droits des données doit trouver l'équilibre entre les droits privés et les pouvoirs publics, par une cession appropriée de droits privés et le renforcement de la réglementation des droits publics. Un système de droits des données intégrant les droits privés et publics doit être mis en place pour promouvoir la circulation et le partage des données et fournir un appui important à la gouvernance des données.

(1) Droits privés et pouvoirs publics

« Les droits sont fondamentalement l'expression légale des intérêts. Plus la production humaine génère d'intérêts, plus les droits seront abondants » (Ma Changshan 2020). Dans une société numérique, « les données offrent non seulement une nouvelle conception de droits, mais impliquent également des relations de pouvoirs » (Laboratoire clé de la stratégie des mégadonnées 2020, p. 61). En particulier, les droits des données visent essentiellement à représenter et à défendre les intérêts de l'individu. Ils constituent essentiellement un intérêt et une qualification de l'individu en matière de données et sont de l'ordre privé. De leur côté, les pouvoirs relatifs aux données mettent l'accent sur la nature publique. Ils sont principalement exercés par les autorités publiques et les organisations sociales et agissent directement sur l'intérêt général. Ils sont donc de l'ordre public. Puisque les sujets des droits privés et des pouvoirs publics peuvent tous devenir des sous-traitants, des contrôleurs ou des transmetteurs de données, il existe des conflits d'intérêt inévitable entre les sujets privés, les pouvoirs publics et les sujets de données.

Les droits sont, par nature, de caractère privé. Un droit est généralement une force conférée par la loi à un individu pour réaliser ses intérêts. Dans une société de droits privés, la proposition politique de l'égalité de tous est exprimée et garantie par la loi à travers l'égalité des droits et des capacités des entités civiles. « Les droits privés dont jouissent les entités civiles en droit civil et dans les activités civiles sont le seul fondement légitime de l'existence des organes publics » (Liu Kaixiang 2020). Le droit civil est un droit privé typique, et les droits privés constituent le fil conducteur du Code civil, car celui-ci traite notamment l'attribution, l'exercice et la protection des droits privés. Par exemple, le chapitre « Droits de la personnalité » du Code civil chinois établit la protection des informations personnelles comme un droit civil et clarifie sa place au sein des droits de la personnalité. Cela pourra servir de base à la construction d'un système juridique complet pour la protection des données basée sur le système de droits des données. Dans le contexte du numérique, les problèmes de droits relatifs aux données prennent de plus en plus d'importance. La protection de la vie privée, les limites de l'utilisation des données d'entreprise et la distribution des intérêts du marché des données sont confrontés à de nombreux problèmes. Dans le même temps, l'absence de normes juridiques en matière de données rend la définition des droits difficile et est devenue un grand obstacle au développement de l'industrie numérique.

Le pouvoir est, par nature, de caractère public. Les pouvoirs publics appartiennent à l'État et non aux individus. Ils ne peuvent être exercés que par l'État (en particulier par différents organes de l'État) et comprennent les pouvoirs législatif, judiciaire et exécutif. Que ce soit dans les domaines économique, politique ou social, les pouvoirs publics sont principalement exercés par les autorités publiques et les organisations sociales et agissent directement sur l'intérêt général. « La régulation du pouvoir public est une fonction de la Constitution et du droit administratif » (Zhang Qianfan 2012, p. 5). En effet, la Constitution et le Droit administratif fixent une ligne rouge pour l'exercice du pouvoir public, de sorte qu'il soit plutôt une responsabilité qu'un pouvoir. À l'ère des mégadonnées, « le gouvernement, en tant qu'organisation de pouvoir public, doit réguler et réglementer la production, le stockage, le transfert et l'utilisation des données personnelles par le biais du droit public. Cette réglementation a pour but de servir la sécurité nationale, la sécurité publique et le bien-être public » (Wu Weiguang 2016). Les données sont devenues un pouvoir et le pouvoir des données est devenu indispensable à quiconque veut devenir puissant. En un sens, celui qui possède les données contrôlera le pouvoir. Un nouveau mécanisme de pouvoir – la puissance des données – est en train d'émerger.

Il existe un conflit naturel entre le pouvoir public et les droits privés. « Ce conflit oppose les autorités publiques et les individus en tant que contreparties administratives et il devient nécessaire d'aborder la question de la protection des données personnelles dans l'intérêt de la société » (Liu Dexue 2014, p. 126). Il est de la responsabilité de l'État de veiller à ce que les droits numériques des citoyens soient garantis, ce qui inclut certainement la protection des droits de l'individu contre toute atteinte par le pouvoir public de l'État. Toutefois, lorsque la portée de l'exercice du pouvoir public est trop étendue, elle portera inévitablement atteinte à la liberté des citoyens en matière de données. L'article 38 de la Constitution chinoise dispose que « la dignité personnelle des citoyens de la République populaire de Chine est inviolable. Il est interdit d'outrager, de diffamer les citoyens ou de porter de fausses accusations contre eux par quelque moyen que ce soit ». Cet article interdit à la fois les atteintes venant d'autres entités civiles et celles venant du pouvoir public. Il accorde aux individus le droit de participer au traitement des données du pouvoir public, et fournit une garantie constitutionnelle aux individus pour confronter le pouvoir public. Lorsque les autorités publiques violent des droits privés, les sujets de droits peuvent également faire jouer la responsabilité légale. L'article 12 de la loi chinoise sur les procédures administratives stipule clairement que « les citoyens, les personnes morales et les organisations non constituées en société peuvent engager des procédures administratives lorsqu'ils estiment que les organes administratifs ont porté atteinte à leurs droits et intérêts légitimes, tels que leurs droits personnels et leurs droits de propriété ». En Chine, la protection des droits des données est limitée dans le domaine des droits privés. Elle porte essentiellement sur la protection des informations personnelles et de la vie privée et la protection des droits privés des citoyens est insuffisante. Le pouvoir public est mis en place pour garantir que les citoyens peuvent réaliser et jouir de leurs droits privés dans la société. En même temps, sa restriction est nécessaire pour protéger les droits privés.

Ainsi, les droits et les pouvoirs relatifs aux données partagent une relation d'interdépendance et de concurrence.

(2) Intégration du droit privé au droit public

Les conflits découlant de l'exercice de droits privés par des entités privées devraient relever du droit privé, et les conflits découlant de l'exercice du pouvoir public dans l'intérêt général devraient relever du droit public[10]. La raison pour laquelle les théories de droits public et privé diffèrent dans leur appréciation de la validité d'un même acte juridique est qu'elles ont des systèmes de valeurs différents. Dans la pratique, il y a de plus en plus de situations dans lesquelles les actes de droit public et de droit privé se mêlent (Jiang Bixin 2019). À l'ère numérique, les droits des données ne se limitent plus au droit de la personnalité et au droit à la vie privée. Ils ont débordé de la sphère privée pour s'étendre à la sphère publique et devenir des droits « composites ». « Les lois ont pour but de protéger les intérêts personnels, mais aussi de protéger le bien-être social et l'ordre social » (Zhang Huilin 2013, p. 55). Ainsi, sur la base de la protection traditionnelle des droits privés, les droits des données devraient bénéficier d'une double protection, par le droit public et le droit privé.

La protection des droits des données par le droit privé. Généralement, le droit réalise de façon indirecte les intérêts de la société par la protection des intérêts privés. D'un point de vue civil, les intérêts de propriété et les intérêts personnels contenus dans les droits des données sont reconnus dans le Code civil chinois[11], ce qui affirme leur protection par le droit civil.

10 Le droit public et le droit privé sont une classification importante dans les systèmes de droits de tradition civiliste. Ulpien fut le premier à théoriser cette classification. Sa classification est fondée sur la distinction entre les intérêts de la société et les droits de l'individu. Le droit public régit les fonctions administratives de l'État. Il concerne les pouvoirs de l'État et défend les intérêts de la société. Il comprend notamment la Constitution et le droit pénal. Le droit privé, en particulier le droit civil et le droit commercial, concerne les relations d'égalité entre les individus et la protection des droits de l'individu (Jiang Ping et Mi Jian 1987, p. 8).

11 Voir l'article 127 du Code civil de la République populaire de Chine : « Si la loi prévoit des dispositions sur la protection des données et de la propriété virtuelle

Après la promulgation du Code civil, qu'il s'agisse d'interpréter les normes relatives à la protection des informations personnelles dans les lois existantes telles que la *Loi sur la cybersécurité* et la *Loi sur le commerce électronique*, ou de légiférer sur la protection des informations personnelles et la propriété des données, comme la *Loi sur la sécurité des données*, les droits et intérêts des personnes physiques en matière de données personnelles doivent être pleinement respectés et protégés. Toute interprétation ou toute législation qui s'y écarte serait contraire aux dispositions du Code civil. Comme l'a fait remarquer le Comité britannique de protection des données : « la protection du droit aux données personnelles ne consiste pas seulement à établir un droit individuel, mais à construire un cadre juridique pour équilibrer les droits des individus, des utilisateurs de données personnelles et de la société dans son ensemble » (CMND 1978, pp. 18–42). Cependant, les intérêts relatifs aux données personnelles et le droit à la vie privée ne peuvent pas être simplement incorporés dans le droit de la personnalité. Il est nécessaire d'établir des droits de données indépendants dans le droit privé pour réaliser les différents intérêts des sujets de données.

La protection des droits des données par le droit public. Selon Cicéron, les intérêts du peuple sont la loi suprême. Le droit public régit les fonctions administratives de l'État. Il concerne les pouvoirs de l'État et défend les intérêts de la société. Il comprend notamment la Constitution et le droit pénal. « Dans la sphère du droit public, les parties réglementées par le droit sont l'État et les individus. Si les droits de l'État l'emportent sur les droits de l'individu, c'est parce que le pouvoir de l'État vise à atteindre l'intérêt général de la société » (Wang Xiuxiu 2016, p. 100). Le degré de civilisation d'un système juridique dépend de ses dispositions relatives aux intérêts de la société. En Chine, la base juridique de la protection des informations personnelles est établie à l'article 1035 du Code civil[12]. Elle comprend le

---

sur l'Internet, ces dispositions doivent s'appliquer », et le chapitre 6 « Droit à la vie privée et protection des informations personnelles » du volume dédié au droit de la personnalité.

12 Article 1035, paragraphe 1, Code civil de la République populaire de Chine : Le traitement des informations personnelles doit respecter les principes de légalité, de légitimité et de nécessité. La collecte et le traitement excessifs sont interdits. Le traitement des informations personnelles doit remplir les conditions suivantes : (1)

consentement éclairé, l'intérêt public ou les intérêts légitimes de la personne physique et les informations publiques. La sécurité publique est un élément important des intérêts de la société et est souvent en conflit avec les droits de l'individu relatifs aux données. C'est donc elle qui nécessite le plus la restriction des droits de l'individu relatifs aux données. L'article 1 de la *Loi sur la protection des informations personnelles* (projet) publiée en octobre 2020[13] définit également les informations personnelles comme « droits et intérêts », ce qui jette les bases de la protection des droits des données par le droit public comme un nouveau type de droits. « Bien que la confidentialité des données personnelles soit un intérêt privé de la personne concernée, elle peut, dans certaines situations, impliquer l'intérêt public comme la sécurité nationale » (Wang Xuehui et Zhao Xin 2015). La protection des droits des données par le droit public est plutôt axée sur la réalisation des intérêts de la société tels que l'ordre numérique, les droits de l'homme numériques et la justice numérique, tandis que la protection des droits des données par le droit privé met davantage l'accent sur l'égalité et les droits sur ses données personnelles. Il s'agit d'une différence de valeurs et d'intérêts.

Les droits des données sont devenus un nouveau type de droits régi par le droit public. Le Code civil et la *Loi sur la protection des informations personnelles* (projet) définissent, d'une part, les informations personnelles plutôt comme des intérêts que des droits et établissent, d'autre part, le consentement, le droit à l'information, le droit à la rectification, le droit à l'effacement et d'autres droits sur ses informations personnelles[14]. Ces

Obtenir le consentement de la personne physique ou de son tuteur, sauf disposition contraire de la loi ou des règlements administratifs.

13 Article 1er de la Loi sur la protection des informations personnelles de la République populaire de Chine (projet) : La présente loi est formulée pour protéger les droits et les intérêts en matière d'informations personnelles, réglementer le traitement des informations personnelles, garantir la circulation ordonnée et libre des informations personnelles conformément à la loi et promouvoir l'utilisation rationnelle des informations personnelles.

14 Voir l'article 1037 du Code civil de la République populaire de Chine : Les personnes physiques peuvent accéder à ou copier leurs informations personnelles auprès du processeur de l'information conformément à la loi ; et si les informations sont incorrectes, elles ont le droit de s'y opposer, de demander leur rectification

droits traversent l'ensemble du cycle de vie du traitement des données, ce qui revient à établir le contrôle absolu de l'individu sur ses informations. Les droits des données relèvent à la fois du droit constitutionnel et du droit civil et possèdent des attributs aussi bien des droits de la personnalité que des droits de propriété. Il s'agit d'un nouveau type de droits qui peut être divisé en plusieurs faisceaux, y compris le droit de propriété, le droit à l'utilisation, le droit de jouissance, le droit de partage et le droit à la transmission transfrontalière. « Le droit de la personnalité est un droit civil traditionnel, tandis que le droit aux informations personnelles est un droit public entièrement nouveau et indépendant, qui est apparu avec l'application à grande échelle de l'informatique » (Paul M. Schwartz et Daniel J. Solove 1814). Selon Zhou Hanhua, spécialiste du droit, « si nous utilisons le système traditionnel des droits civils pour définir le droit aux informations personnelles et incluons la protection des informations personnelles dans le champ du droit de la personnalité et du droit privé, en parallèle du droit à la vie privée, il y aura inévitablement des contradictions logiques et des conflits pratiques » (Zhou Hanhua 2020). Ainsi, la protection des intérêts sectoriels dans le traitement et l'utilisation des données ne peut être réalisée que par la réglementation des droits des données via le système du droit public. L'importance d'établir les droits des données comme un type de droit public spécifique et indépendant réside également dans le fait que cela permettrait aux sujets de données de faire face non seulement à des entités civiles égales, mais aussi aux autorités publiques, car les organes de l'État doivent également respecter et protéger le droit aux données personnelles.

(3) Équilibre entre les droits privés et le pouvoir public de données

« L'une des principales fonctions du droit consiste à ajuster et à concilier les intérêts contradictoires, qu'ils soient de l'individu ou de la

ou la prise d'autres mesures nécessaires sans retard. Toute personne physique qui constate que le processeur de l'information a traité ses informations personnelles en violation de lois, de règlements administratifs ou d'accords a le droit de demander au processeur de l'information de supprimer ses informations sans retard.

communauté » (Edgar Bodenheimer 2017, p. 414). À l'ère numérique, des données massives sont contrôlées par les États et les entreprises. Avec la montée en puissance des États administratifs, le pouvoir public s'étend et intervient largement dans la sphère privée. Dans le cyberespace, le pouvoir public et les droits privés relatifs aux données sont souvent en confrontation et se contrebalancent. Dans ce contexte, la législation sur les droits des données a également évolué. Elle ne vise plus à protéger simplement le droit à la vie privée et le droit de la personnalité, mais une protection globale basée sur l'équilibre et la coordination entre des droits et intérêts multiples.

Cession de droits privés de données. À l'heure actuelle, de la protection traditionnelle des informations à l'adoption du RGPD, la protection des droits privés de données a été élevée à un niveau beaucoup plus fort. Toutefois, une telle protection pourrait aussi entraîner un déséquilibre des droits des données. La cession de droits privés de données a essentiellement pour objectif d'éliminer autant que possible les obstacles au flux de données, de promouvoir une circulation fluide des données et de maximiser ainsi la valeur des données. En même temps, à mi-chemin entre la cession et la restriction se trouve le partage. Le partage des droits est non seulement nécessaire pour le développement des données, mais aussi un moyen important d'atteindre un équilibre des droits des données. Du point de vue des droits, le partage est la différence essentielle entre les droits sur les données et les droits réels, lesquels se caractérisent par la possession. « Par conséquent, le droit de partage est aussi important pour les données que la possession l'est pour les droits réels. Il est nécessaire de mettre l'accent sur ce droit si nous voulons tirer le meilleur parti des données » (Laboratoire clé de la stratégie des mégadonnées 2019, p. 266). Les droits privés de données devraient être subordonnés à l'intérêt public et à la sécurité nationale. Toutefois, il est nécessaire d'éviter une expansion excessive du pouvoir gouvernemental et de maintenir le pouvoir public et les intérêts de l'individu dans des zones rationnelles[15].

15 Dans la législation de différents pays, il est courant de constater que les législateurs restreignent parfois les droits fondamentaux des personnes en autorisant certains actes des organes de l'État dans l'intérêt de la société. Par exemple, l'article 2, paragraphe 1, de la Loi fondamentale allemande dispose que « chacun a droit au libre

Restriction du pouvoir public des données. L'exercice du pouvoir public des données a une incidence sur l'intérêt général protégé par la loi. La nécessité de restreindre le pouvoir public des données est due à une réalité bien concrète : le pouvoir public intervient déjà de façon importante dans le processus de collecte et d'utilisation des données personnelles des citoyens, pour protéger l'intérêt général de la société et la sécurité nationale. Les droits privés de données doivent être réglementés par la loi, mais nous ne devons pas laisser les individus monopoliser les données ou protéger leurs données personnelles au détriment de l'intérêt public. Les données étant une nouveauté de la société numérique, la priorité du gouvernement est d'éviter que son développement ne devienne hors de contrôle. Pour cela, il doit formuler des restrictions et réglementations sur le pouvoir des données, tout en maintenant l'exercice des droits des données dans des limites et moyens raisonnables. Cependant, « cela ne signifie pas qu'il faut affaiblir l'autorité des pouvoirs publics, mais réglementer leur exercice au moyen de règles et de procédures pertinentes, de manière à ce qu'ils jouent mieux leur rôle » (Laboratoire clé de la stratégie des mégadonnées 2020, p. 105). Dans le processus de législation sur les droits des données, nous devrions suivre l'idée de *numerus clausus* et veiller à ce que le pouvoir public de données ne s'étende pas librement, afin de mieux protéger les droits privés de données.

Un système de législation sur les droits des données intégrant le public et le privé. « En Chine, la mise en œuvre d'une administration fondée sur le droit suit deux lignes conductrices : la première est la considération de la légitimité centrée sur la restriction du pouvoir public et la protection des droits privés, et la seconde la considération de l'optimalité centrée

---

épanouissement de sa personnalité pourvu qu'il ne viole pas les droits d'autrui ni n'enfreigne l'ordre constitutionnel ou la loi morale ». L'article 51 de la Constitution chinoise stipule que « les citoyens de la République populaire de Chine ne doivent pas, dans l'exercice de leurs libertés et de leurs droits, porter atteinte aux intérêts de l'État, de la société et de la collectivité, ainsi qu'aux libertés et droits des autres citoyens, prévus par la loi ». Les conflits et les contradictions entre les droits de l'individu et les intérêts de la société sont très fréquents. Il est donc nécessaire d'équilibrer leur protection. Ce n'est que lorsque la relation entre les droits de l'individu et les intérêts de la société est correctement gérée que le système juridique fonctionnera bien et apportera les résultats attendus.

sur l'amélioration de l'efficacité du gouvernement » (Zhu Xinli et Tang Mingliang 2009). Les droits des données mettent non seulement l'accent sur la relation étroite entre les droits privés et la dignité humaine, la liberté personnelle et les droits de propriété des sujets de données, ils soulignent également l'importance de la réalisation des valeurs sociales communes, publiques et collectives et estiment que les données personnelles sont indispensables aux interactions sociales de la personne concernée, au développement politique et économique et à la construction du système juridique. « La réglementation de la technologie des mégadonnées devrait adopter un modèle combinant la régulation du pouvoir public et l'autonomie du pouvoir privé » (Wu Weiguang 2019). Face à des violations de données touchant à la fois les sphères du droit public et du droit privé, il est nécessaire de tirer parti des avantages complémentaires de chacune des sphères tout en évitant leurs points faibles, afin de construire un modèle de protection intégrant le public et le privé. Cela permettra de mieux prévenir les violations de données par des mesures tangibles, procédurales et de recours, répondant ainsi à la nécessité de la protection des droits des données à l'ère numérique.

3.4 Conflit entre droit de partage et droit à la vie privée

À l'ère de l'économie numérique, le partage est devenu un moyen important d'utiliser les données et le fondement de la circulation des données et du développement de l'industrie numérique. Toutefois, le partage des données pourrait entraîner une utilisation inappropriée des données personnelles, voire une violation de la vie privée, au détriment de la personne concernée. Le droit de partage est au cœur même des droits des données. Il se réalise par des droits d'intérêt général et l'usufruit des données. La séparation de la propriété et des droits d'utilisation des données devient ainsi possible, formant un modèle de partage qui privilégie l'utilisation et non la possession (Laboratoire clé de la stratégie des mégadonnées 2020, p. 5). De son côté, le droit à la vie privée est un droit spécifique de la personnalité, qui garantit que les personnes physiques peuvent contrôler leurs informations personnelles, leur vie privée et leur sphère privée, qui ne sont pas liées à l'intérêt public ni aux intérêts collectifs. Étant donné qu'il existe un conflit naturel entre le partage des données et la protection de la vie privée, en raison de l'opposition entre l'intérêt public et l'intérêt personnel, entre l'intérêt de la propriété et l'intérêt de la personnalité, le droit de partage et le droit à la vie privée sont deux notions contradictoires, ce qui pose également un défi majeur pour la législation sur les droits des données.

(1) Partage des données et protection de la vie privée

« Le partage est une exigence inhérente au développement des mégadonnées et les données doivent être rendues publiques pour être partagées. Dans le même temps, la protection de la vie privée nécessite que les données et les informations ne soient pas divulguées. Par conséquent, à l'ère des mégadonnées, la divulgation de données à des fins de partage avec le public entraînera inévitablement de graves violations de la vie privée » (Wu Xinghua 2017). Pour parvenir à un développement sain et ordonné, le partage, en tant que système de réglementation, solution et comportement permettant aux sujets de données de contrôler la circulation et l'utilisation des données qu'ils ont produites ou valorisées, doit être fondé sur le principe d'une répartition équitable et efficace des droits ou intérêts entre les entités dans l'industrie des données par des moyens de l'état de droit (Chen Bing et Gu Dandan 2020). Le Plan d'action pour la promotion du développement des mégadonnées (2015/50), publié en août 2015 par le Conseil des affaires d'État chinois, indique qu'il faut « promouvoir vigoureusement l'interconnexion, l'ouverture et le partage des systèmes d'information gouvernementaux et des données publiques, accélérer l'intégration des plates-formes d'information gouvernementales, éliminer les silos d'information et favoriser l'ouverture des ressources de données à la société », fournissant ainsi une garantie politique pour le principe du partage.

Dès le XIXe siècle, des règles juridiques protégeant la vie privée ont été intégrées dans le code pénal allemand et français[16]. Le titre 10 du Code pénal espagnol établit l'atteinte à la vie privée, la divulgation de la vie privée et la violation de domicile comme des infractions pénales, et le Code pénal italien établit également l'immixtion illégale dans la vie privée comme une infraction pénale afin d'interdire l'acquisition et la divulgation illégales ou la diffusion d'informations sur la vie privée d'autrui. Au Japon, l'infraction de divulgation de secrets définie par l'article 134 du Code pénal interdit également au professionnel de santé de divulguer, sans raison valable, des secrets d'autrui dont il a eu connaissance au cours de ses activités professionnelles, afin de protéger la vie privée des patients. Les États-Unis ont toujours attaché une grande importance à la protection de la vie privée des citoyens, et ont adopté une série de lois fédérales visant à fournir une protection juridique des informations privées. Ces lois protègent, d'une part, la vie privée dans la sphère du droit public et limitent, d'autre part, le traitement des données privées dans des secteurs et domaines spécifiques. Par exemple, le Model Penal Code (MPC), adopté par plusieurs États depuis 1962, comporte d'importantes dispositions sur la protection de la vie privée. De nombreuses autres lois spécifiques américaines prévoient également une protection du droit à la vie privée[17]. Au cours de ces dernières années,

16 Le Code pénal allemand adopté en 1871 contient un chapitre sur la violation des secrets privés ; l'article 226-1 du Code pénal français sanctionne également l'atteinte à la vie privée.

17 L'article 250.12 du Model Penal Code de 1962 prévoit des sanctions en cas d'atteinte à la vie privée. Parmi les lois spécifiques comportant des dispositions relatives à la protection de la vie privée, nous pouvons citer : article 552(a) du Privacy Act de 1974 ; l'article 1681(b) du Fair Credit Reporting Act de 1970 ; l'article 1030(a), (4) et (5) du Computer Fraud and Abuse Act de 1984 ; l'Electronic Communications Privacy Act de 1986, qui est une loi écrite importante aux États-Unis pour protéger la vie privée dans le domaine du commerce électronique ; le Video Privacy Protection Act de 1988, qui prévoit une protection contre la divulgation inappropriée des enregistrements de location et de vente de vidéos ; le Cable Television Consumer Protection and Competition Act de 1992, qui impose des restrictions à la divulgation d'informations personnellement identifiables (IPI) des utilisateurs de la télévision par câble ; le Telephone Consumer Protection Act de 1991, qui exige l'établissement d'une liste de consommateurs « à ne pas appeler » spécifique à l'entreprise, à moins que le destinataire n'ait donné son consentement exprès préalable ;

de plus en plus de pays et de régions ont renforcé les normes législatives en matière de protection de la vie privée et des données, par notamment l'introduction de règles, de conventions ou de règlements relatifs au droit à la vie privée[18].

En Chine, le paragraphe 2 de l'article 1032 du Code civil stipule que « la vie privée désigne la tranquillité de la vie personnelle et les espaces, les activités et les informations privées d'une personne physique dont elle ne souhaite pas être connus par autrui ». L'article 12, paragraphe 1, de la Loi

---

le Health Insurance Portability and Accountability Act de 1996, qui clarifie la définition et la portée des informations de santé protégées par la loi ; le Children's Online Privacy Protection Act de 1997, qui est issu d'une enquête de la FTC sur le site KidsCom et qui a attiré l'attention des États-Unis sur la protection des informations des enfants ; la Data Breach Notification Law adoptée par différents états en 2018, qui exige des entités privées ou gouvernementales qu'elles informent rapidement les clients concernés des incidents impliquant une fuite d'informations personnelles ; et le California Consumer Privacy Act (CCPA) de 2018, qui offre une protection complète de la vie privée.

18 Par exemple : les Lignes directrices régissant la protection de la vie privée et les flux transfrontières de données de caractère personnel de l'OCDE de 1980 ; la Convention pour la protection des personnes à l'égard du traitement automatisé des données à caractère personnel du Conseil de l'Europe de 1981 ; le Privacy Act adopté en 1988 par l'Australie ; les Principes directeurs pour la réglementation des fichiers informatisés contenant des données à caractère personnel, adoptés par les Nations Unies en 1990 ; le Privacy Act adopté en 1993 par la Nouvelle-Zélande ; la Directive 95/46/CE du Parlement européen et du Conseil, du 24 octobre 1995, relative à la protection des personnes physiques à l'égard du traitement des données à caractère personnel et à la libre circulation de ces données ; la Loi sur la protection des renseignements personnels et les documents électroniques adoptée par le Canada en 2001 ; la Loi sur la promotion de l'utilisation des réseaux d'information et de communication et la protection des données adoptée par la Corée du Sud en 2001 ; le protocole additionnel à la convention pour la protection des personnes à l'égard du traitement automatisé des données à caractère personnel concernant les autorités de contrôle et les flux transfrontières de données du Conseil de l'Europe de 2001 ; La Loi sur la protection des informations personnelles adoptée par le Japon en 2003 ; le Privacy Framework de l'APEC de 2004 ; les Principes de confidentialité généralement acceptés publiées par l'American Institute of Certified Public Accountants (AICPA) ; la Convention pour la protection des personnes à l'égard du traitement des données à caractère personnel du Conseil de l'Europe de 2012,

relative à la prévention et au contrôle des maladies infectieuses[19] prévoit également une protection des informations et données relatives à la vie privée. L'article 4, paragraphe 3, de la Loi relative à la santé mentale prévoit que « les établissements et le personnel concernés doivent conserver confidentiels les noms, les portraits, les adresses personnelles, les lieux de travail, les dossiers médicaux des patients ainsi que toute autre information permettant d'identifier les patients ». Le paragraphe 2 de l'article 39 du Règlement sur la prévention et le traitement du sida[20] prévoit également la protection des renseignements confidentiels des patients. Le paragraphe 1 de l'article 1 des Décisions du Comité permanent de l'Assemblée populaire nationale sur le renforcement de la protection de l'information sur les réseaux stipule que « l'État protège les informations électroniques permettant d'identifier une personne et impliquant la vie privée des citoyens ». L'article 43 de la Loi sur les bibliothèques publiques prévoit que « les bibliothèques publiques doivent protéger correctement les informations personnelles des lecteurs, leurs informations d'emprunt et tout autre information relative à leur vie privée. Il leur est interdit de vendre ces informations ou de les mettre à disposition d'autrui par d'autres moyens ». La *Loi sur les sanctions administratives en matière de sécurité publique*[21], la *Loi sur la responsabilité*

---

etc. Tous ces textes prévoient une protection juridique des informations portant sur la vie privée.

19 L'article 12 de la Loi relative à la prévention et au contrôle des maladies infectieuses de la République populaire de Chine (révisée en 2013) prévoit que « les institutions de prévention et de contrôle des maladies et les établissements de soins ne doivent pas divulguer d'informations ou de données relatives à la vie privée ».

20 L'article 39, paragraphe 2, du Règlement sur la prévention et le traitement du sida (2019) stipule que « sans le consentement de la personne concernée ou de son tuteur, aucun établissement ni individu ne peut divulguer les noms, adresses, lieux de travail, portraits, dossiers médicaux et autres informations permettant d'identifier la personne ».

21 Article 42 de la Loi sur les sanctions administratives en matière de sécurité publique : « Dans les cas suivants, l'auteur de l'infraction est passible d'une détention de cinq jours au plus ou d'une amende de 500 yuans au plus, et en cas de circonstances aggravantes, la sanction sera portée à une détention de cinq à dix jours assortie d'une amende de 500 yuans au plus : [...] (2) Insulter ouvertement ou diffamer autrui avec des allégations erronées ; [...] (6) Espionner, filmer, mettre sur écoute autrui à son insu, ou diffuser la vie privé d'autrui.

délictuelle[22], la *Loi relative à la procédure civile*[23], le Règlement de la Cour populaire suprême sur l'application des lois aux cas de violation des droits et intérêts personnels par le biais de réseaux d'information[24] et de nombreuses autres lois, règlements, règles ministérielles et interprétations judiciaires connexes comportent des dispositions sur la protection de la vie privée.

(2) Conflit entre le droit de partage et le droit à la vie privée

Le droit de partage est au cœur des droits des données et la préoccupation du système de partage est l'équilibre entre les droits personnels et les intérêts publics en matière de données. Contrairement à notre vision ancienne des données qui met l'accent sur les intérêts privés et néglige l'intérêt public, le système de partage propose et prône une nouvelle

22 Article 62 de la Loi sur la responsabilité délictuelle : « Les établissements de soins et leur personnel médical doivent garder la vie privée des patients confidentielle. Leur responsabilité délictuelle sera engagée si la vie privée du patient est divulguée ou si ses dossiers médicaux sont rendus publics sans son consentement ».

23 Article 68 de la Loi relative à la procédure civile : « Les preuves corroborantes doivent être présentées devant le tribunal et être contre-examinées par les parties. Les éléments de preuve relatifs aux secrets d'État, aux secrets commerciaux et à la vie privée doivent rester confidentiels et ne doivent pas être présentés lors d'audiences publiques s'ils doivent être présentés devant le tribunal ». Article 134 : « Les tribunaux populaires entendent les affaires civiles en public, sauf dans les cas où des secrets d'État ou la vie privée sont impliqués, ou si la loi en dispose autrement ». Article 156 : « Le public doit pouvoir avoir accès aux jugements et décisions ayant force exécutoire, à l'exception de ceux impliquant des secrets d'État, des secrets commerciaux et la vie privée ».

24 Article 12, paragraphe 1, du Règlement de la Cour populaire suprême sur l'application des lois aux cas de violation des droits et intérêts personnels par le biais de réseaux d'information : « Lorsque les utilisateurs d'Internet ou les fournisseurs de services Internet divulguent via Internet la vie privée et d'autres informations personnelles de personnes physiques telles que des informations génétiques, des dossiers médicaux, des résultats d'analyse médicale, des casiers judiciaires, des adresses personnelles et des informations relatives aux activités privées, causant ainsi des préjudices à autrui, les tribunaux populaires doivent soutenir la demande de la personne lésée d'assigner une responsabilité délictuelle ».

approche qui recherche l'équilibre entre les deux camps (Laboratoire clé de la stratégie des mégadonnées 2020, p. 51). Le droit de partage, nécessaire au développement des données, constitue aussi la différence essentielle entre le droit des données et le droit réel. Plus encore, il s'agit d'un moyen important de promouvoir l'équilibre des droits des données. Le paragraphe 1 de l'Article 1032 du Code civil chinois stipule que « toute personne physique a droit à la vie privée. Aucune organisation ni aucun individu ne peut porter atteinte à la vie privée d'autrui par l'espionnage, le harcèlement, la divulgation, la publication ou autres moyens ». Le droit à la vie privée est donc un droit fondamental du citoyen qui garantit la tranquillité de sa vie privée et protège ses informations personnelles[25]. Il couvre trois grands domaines : confidentialité de l'autodétermination, confidentialité des espaces et confidentialité des informations. Le droit de partage met l'accent sur la libre circulation et le partage des données et représente l'intérêt public et les intérêts de la propriété, tandis que le droit à la vie privée représente l'intérêt privé et les intérêts de la personnalité. Le conflit entre ces deux droits est donc inévitable.

Conflit entre le droit de partage et le droit à la confidentialité de l'autodétermination. La confidentialité de l'autodétermination fait référence au droit de l'individu de choisir et décider lui-même de ses affaires et de son mode de vie, par exemple, en ce qui concerne l'utilisation des contraceptifs, l'avortement, l'orientation sexuelle, l'euthanasie et la façon d'élever et d'éduquer les enfants (Anita L. Allen et Richard C. Turkington 2004, pp. 371–372). La protection de la confidentialité de l'autodétermination préserve le statut des citoyens en tant qu'individus indépendants et veille à

25 Le droit à la vie privée est défini de façon différente selon les textes. La Déclaration universelle des droits de l'homme de 1948 établit expressément l'inviolabilité du domicile et de la correspondance. Son article 12 stipule que « nul ne sera l'objet d'immixtions arbitraires dans sa vie privée, sa famille, son domicile ou sa correspondance, ni d'atteintes à son honneur et à sa réputation. Toute personne a droit à la protection de la loi contre de telles immixtions ou de telles atteintes. L'article 8 de la Convention européenne des droits de l'homme de 1950 stipule que « toute personne a droit au respect de sa vie privée et familiale, de son domicile et de sa correspondance ». Ces sources du droit international considèrent toutes le droit à la vie privée comme un droit fondamental de l'homme, ce qui témoigne l'importance que la communauté internationale attache à sa protection.

ce qu'ils décident de leurs affaires selon leur véritable volonté et sans immixtion d'autrui. D'un côté, le partage fréquent des données peut facilement compromettre la confidentialité de l'autodétermination des citoyens, limiter leurs choix ou conduire à des fuites d'informations confidentielles en matière d'autodétermination ; de l'autre côté, des revendications excessives ou un abus de la confidentialité de l'autodétermination peuvent restreindre sévèrement le partage des données. La création d'un droit de partage permet aux données d'avoir plusieurs titulaires de droits, chacun avec des droits distincts et entiers. En fournissant une base pour la résolution des conflits d'intérêts, le droit de partage peut aider à coordonner la relation entre les différentes entités impliquées dans les données. Dans ce contexte, les revendications excessives ou les abus des citoyens en matière de confidentialité de l'autodétermination impacteront inévitablement la collecte et l'utilisation de certaines données et empêcheront la réalisation des valeurs économiques et sociales des ressources de données.

Conflit entre le droit de partage et le droit à la confidentialité des espaces. « La confidentialité des espaces désigne le droit civil de la personne d'être protégée contre la surveillance illégale, l'intrusion ou l'immixtion dans ses espaces privés » (Wang Liming 2007). Elle s'applique aussi bien aux espaces physiques qu'aux espaces virtuels tels que la communication mobile, les historiques, les communications, les chats électroniques, les boîtes de messagerie électronique, etc. Plus précisément, la confidentialité des espaces se caractérise par deux aspects : premièrement, sa cible de protection est les espaces privés[26] ; deuxièmement, elle protège contre les intrusions illégales, physiques et non physiques[27]. La protection de la confidentialité des

26 Au sens de la dignité personnelle, un espace privé comprend à la fois des espaces physiques et non physiques, qui peuvent exister dans la sphère privée.

27 Avec le développement de la science et de la technologie, les intrusions physiques sont devenues moins courantes et les atteintes à la confidentialité des espaces se manifestent davantage par les écoutes, la surveillance et d'autres comportements d'espionnage, ainsi que par des harcèlements tels que les appels téléphoniques et les e-mails. Dès lors que l'espionnage de l'espace privé porte atteinte aux attentes légitimes de la personne concernée en matière de confidentialité de ses espaces privés, il est interdit. De même, l'interdiction du harcèlement dans les espaces privés consiste à faire en sorte que les personnes concernées puissent jouir d'une vie paisible dans leurs espaces de vie privée (Wang Yan et Ye Ming 2019).

espaces peut entraver le fonctionnement efficace du partage de données. Par exemple, le fonctionnement des systèmes de navigation tels que les cartes Baidu et Google, qui facilitent énormément les déplacements dans la société moderne, dépende du partage des données de localisation. Toutefois, les données de localisation concernent l'emplacement géographique de tous et sont des données typiques impliquant la confidentialité des espaces. Le fonctionnement des systèmes de navigation entraîne donc un conflit croissant entre le partage des données et la protection de la confidentialité des espaces, car elle expose les espaces privés à plus d'atteintes. Le droit à la vie privée a toujours été conçu pour protéger les espaces privés de l'individu contre les immixtions d'autrui, mais le partage des données risque de compromettre la confidentialité, la tranquillité des espaces privés et le contrôle de ses propres données, ce qui accentue en partie le conflit entre droit de partage et droit à la vie privée.

Conflit entre le droit de partage et la confidentialité de l'information. « Le droit à la confidentialité de l'information est initialement un droit à caractère défensif. Il signifie que les citoyens ont le droit de protéger leurs informations personnelles contre toute publication sans leur autorisation préalable » (Wang Yan et Ye Ming 2019). Toutefois, avec le développement de l'informatique, des mégadonnées et d'autres technologies, il sera difficile de récupérer ou de restaurer les informations personnelles une fois qu'elles auront été divulguées sur Internet. De ce fait, le droit à la confidentialité de l'information évolue progressivement vers un droit à caractère actif (Wang Liming 2009), axé sur le contrôle et l'utilisation de l'individu de ses informations. D'un côté, à l'exception de certaines données publiques détenues par le gouvernement, la majorité des données issues de comportement sur Internet de l'individu sont actuellement entre les mains des entreprises, notamment des sociétés d'Internet, qui sont susceptibles d'abuser du partage de données pour rechercher leurs propres intérêts, au préjudice de la confidentialité de l'information de l'individu. De l'autre côté, une protection stricte du droit à la vie privée imposera des charges supplémentaires aux sujets de données, telle que le coût lié à la notification, à la rectification et la suppression des données. Bien qu'elles soient raisonnables, ces charges peuvent diminuer la volonté de partage des sujets de données. Le droit de partage vise à promouvoir le partage des données et met l'accent sur la protection des intérêts patrimoniaux des données, tandis que le droit à la vie privée s'intéresse davantage aux intérêts de la personnalité. Cette différence entraîne inévitablement un conflit.

(3) Équilibre entre le droit de partage et le droit à la vie privée

Le règlement des différends est l'une des fonctions fondamentales du droit. La réalisation de cette fonction consiste à atteindre un équilibre des différents intérêts. Ainsi, le droit de partage et le droit à la vie privée ne sont pas entièrement incompatibles, mais les conflits de droits dans la pratique judiciaire doivent généralement être résolus par une pesée des intérêts sur le plan juridique. Concrètement, cela consiste à peser les intérêts inhérents aux droits revendiqués par chaque sujet en cas de conflit entre différents sujets de droits, et à déterminer les droits à privilégier en fonction de l'importance des intérêts (Wang Suyuan et Ren Erxin 1999). Face au conflit entre le droit de partage et le droit à la vie privée, pour parvenir à un équilibre des intérêts, plusieurs principes doivent être respectés, notamment le principe de la priorité de l'intérêt public, le principe de la dérogabilité, le principe de la proportionnalité et le principe de l'égalité de protection. Par ailleurs, il faudra réglementer les questions de base concernant ces deux droits, définir leur portée et leurs limites, fixer des règles strictes pour la réalisation du droit de partage, renforcer la surveillance de son exercice et améliorer les mécanismes de responsabilités et de réparation régissant les atteintes à la vie privée liées au droit de partage.

Principe de la priorité de l'intérêt public. Selon Aristote, l'homme est par nature un animal social. L'être humain est un être relationnel et doit assumer certaines obligations sociales. « Le principe de la priorité de l'intérêt public signifie que les intérêts privés peuvent être restreints lorsque cela est nécessaire pour la réalisation de l'intérêt public » (Wang Xuehui et Zhao Xin 2015). L'Allemagne adopte un modèle qui donne la priorité à la protection du droit du public d'être informé lorsque l'intérêt public est en conflit avec les droits des personnes[28]. En Chine,

28 Article 19, paragraphe 2, de la Loi fondamentale allemande : « Il ne doit en aucun cas être porté atteinte à la substance d'un droit fondamental ».

la Constitution[29] et d'autres lois sectorielles[30] prévoient que l'exercice des droits « ne doit pas nuire à l'intérêt public ». Par conséquent, dans les sociétés modernes régies par l'état de droit, la primauté de l'intérêt public est un principe fondamental de la législation, et aucun acteur de la société ne peut exercer ses droits au détriment de l'intérêt public de la société. Le respect de la priorité de l'intérêt public est un principe fondamental établi dans la Constitution et les lois sectorielles de différents pays et régions (Liang Shangshang 2016).

Principe de la dérogabilité. « La dérogation signifie, au sens juridique, la suspension et la restriction de droits. Le principe de la dérogabilité se caractérise par des restrictions unilatérales sur le droit à la vie privée » (Lin Min 2007). L'application du principe de la dérogabilité exige un mécanisme d'équilibre pour évaluer l'importance des intérêts en jeu et décider d'un compromis afin de protéger les intérêts les plus précieux par une dérogation au droit à la vie privée. L'article 17 du Pacte international des Nations Unies relatif aux droits civils et politiques prévoit que « dans le cas où un danger public exceptionnel menace l'existence de la nation et est proclamé par un acte officiel, les États parties au présent Pacte peuvent prendre, dans la stricte mesure où la situation l'exige, des mesures dérogeant aux obligations prévues dans le présent Pacte ». Ces dérogations peuvent s'appliquer au droit à la vie privée des citoyens à travers des mesures comme la suspension de la protection de la vie privée ou la limitation de sa portée. Le principe de la dérogabilité s'applique à la protection du droit à la vie

29 Article 13 de la Constitution de la République populaire de Chine : « La propriété privée légalement acquise est inviolable. L'État protège, selon les dispositions de la loi, le droit des citoyens à la propriété privée et le droit à l'héritage des biens privés. Dans l'intérêt public, l'État peut exproprier et réquisitionner les biens privés pour cause d'utilité publique et moyennent indemnité, conformément à la loi ».

30 Article 15 du Règlement sur la divulgation de l'information gouvernementale de la République populaire de Chine : « Les organes administratifs ne doivent pas publier les informations gouvernementales impliquant des secrets commerciaux, la vie privée, etc., dont la divulgation pourrait porter atteinte aux droits et intérêts légitimes de tiers. Toutefois, avec l'accord du tiers ou lorsque les organes administratifs estiment que la publication de l'information n'aura pas d'incidence importante sur l'intérêt public, l'information sera publiée ».

privée en Chine, qui est membre de la Déclaration universelle des droits de l'homme. Il s'applique également à la protection du droit à la vie privée des personnalités publiques. En effet, les personnalités publiques bénéficient déjà de nombreux avantages matériels et moraux inaccessibles aux citoyens ordinaires. En échange, elles devraient accepter de sacrifier certains de leurs intérêts en matière de vie privée (Tang Kaiyuan 2005).

Principe de l'égalité de la protection. Lorsque le droit de partage et le droit à la vie privée sont en conflit, il est possible d'assouplir des exigences de chaque côté et de rechercher l'équilibre avec une tolérance mutuelle. Le droit de partage et le droit à la vie privée sont tous deux des droits fondamentaux, avec un rôle important propre à chacun. Le droit de partage dynamise l'économie numérique et garantit les droits et intérêts des utilisateurs relatifs aux données, et le droit à la vie privée donne aux titulaires de droits le contrôle de la vie privée. Ces deux droits devraient être également protégés par la loi. L'article 51 de la Constitution chinoise stipule que « les citoyens ne doivent pas, dans l'exercice de leurs libertés et de leurs droits, porter atteinte aux intérêts de l'État, de la société et de la collectivité, ainsi qu'aux libertés et droits des autres citoyens prévus par la loi ». Cette disposition établit l'idée de protection égale des droits. Tant le droit à la vie privée que le droit de partage sont des droits légitimes qui devraient être reconnus par la loi, et il n'y a pas de différence hiérarchique entre eux. Le principe de l'égalité de la protection est aussi une exigence morale. La législation sur les droits des données doit non seulement protéger la personnalité et la dignité des individus, mais également prendre en compte l'efficacité du droit de partage.

Principe de proportionnalité. Le principe de proportionnalité découle de l'article 20 de la Grande Charte d'Angleterre[31]. Il a été établi pour la première

31 « Un homme libre ne sera mis à l'amende pour une infraction mineure que suivant le mode d'infraction ; et pour une infraction grave, proportionnellement à son importance, mais sans être privé de ses moyens de subsistance. Et un marchand, de la même manière, ne peut être privé de sa marchandise ; et un vilain, sera mis à l'amende de la même manière, sans être privé de ses instruments de travail, au cas où ils seraient à notre merci. Aucune de ces amendes ne sera infligée que sur le serment d'hommes honnêtes du voisinage ». Voir la *Grande Charte d'Angleterre*, traduite par Chen Guohua, Commercial Press, 2016, pp. 36–37.

fois comme principe fondamental par le droit administratif allemand. Dans les pays dotés d'une cour constitutionnelle, le principe de proportionnalité est salué comme « une clause arbitraire dans la mesure de la juste valeur par la Cour constitutionnelle (Li Xiuqun 2007, p. 147) ». Appliqué dans un premier temps au droit administratif, il constitue désormais un principe fondamental de la Constitution. Selon le principe de proportionnalité, lorsque le gouvernement prend des mesures administratives, il doit peser le pour et le contre et trouver l'équilibre entre le but qu'il veut atteindre et les moyens qu'il adoptera. Plus spécifiquement, le principe de proportionnalité inclut le principe d'adéquation et le principe de nécessité. Le principe d'adéquation signifie que les mesures prises par le gouvernement devraient être propices à la réalisation de ses objectifs ; le principe de nécessité, aussi appelé « principe de préjudice minimal », signifie que parmi les moyens ayant le même effet sur la réalisation des objectifs, le gouvernement devrait choisir le moyen permettant de réduire au minimum le préjudice causé aux citoyens (Zhou Youyong 2005, p. 51). Le principe de proportionnalité s'applique aussi bien au droit de partage qu'au droit à la vie privée. Pour réduire au minimum les atteintes et les préjudices à la vie privée des citoyens, le droit de partage doit respecter les procédures légales, et le contenu des données qui doit être partagé devrait être sélectionné et déterminé selon le principe de nécessité.

3.5 Conflit international dans la législation sur les droits des données

Selon le Forum économique mondial, nous entrons maintenant dans une nouvelle ère de mondialisation portée par le numérique. Cette ère peut être qualifiée de « mondialisation 4.0 ». À mesure que les données sont mondialisées, deviennent des actifs et circulent de plus en plus, les flux transfrontières de données deviennent une caractéristique importante de la nouvelle mondialisation. À l'heure actuelle, tous les pays du monde, sur la base de leurs valeurs fondamentales, envisagent activement d'introduire des politiques stratégiques et des normes juridiques pour la gouvernance des données. Les flux transfrontières de données et la souveraineté des données sont désormais les nouveaux enjeux de la politique internationale. Toutefois, dans l'ensemble, la communauté internationale n'est pas parvenue à un consensus général sur les principes de la réglementation des flux transfrontières de données et de la souveraineté des données. Il existe également des différences entre les pays en matière de principes de la législation et de systèmes de gouvernement des données. Cela n'aide pas à trouver un accord sur la gouvernance mondiale des données et par conséquent, des conflits internationaux persistent. Dans ce contexte, la législation chinoise sur les droits des données devrait se baser sur une vision globale de l'intégration des civilisations et la mission historique de la modernisation du droit. Nous devrions coordonner nos différences institutionnelles avec les autres pays et trouver l'équilibre entre le droit interne et le droit international, tout en tenant compte du développement de l'économie numérique nationale de de la sécurité nationale, afin de développer une voie juridique plus scientifique pour la gouvernance mondiale des données.

(1) Situation mondiale des flux transfrontières de données

À l'ère de la productivité des données, les flux transfrontières de données deviennent un moteur important de la mondialisation. C'est désormais une question centrale des règles du commerce numérique et un front stratégique du jeu des intérêts des grandes puissances. Toutefois, en raison des différences et du jeu entre les pays dans les domaines économique, politique et juridique, la question des flux transfrontières de données soulève inévitablement des inquiétudes au sujet de la vie privée, de la sécurité nationale et du développement économique. Ces préoccupations entraînent un conflit entre la compétence juridique des États souverains et la circulation des données. La souveraineté des données, qui fait partie de la souveraineté nationale, conserve le caractère suprême et exclusif de la souveraineté. En raison des différences de systèmes, les différents pays ont naturellement des divergences sur la question des flux transfrontières de données. Ces divergences empêchent la formation de mécanismes et de systèmes de gouvernance mondiale permettant d'équilibrer les besoins réglementaires des pays avec les besoins de circulation de données, posant une difficulté importante pour la législation sur les droits des données.

Les flux transfrontières de données ont eu un impact considérable sur le concept traditionnel de souveraineté nationale, entraînant ainsi l'émergence de la souveraineté des données. La souveraineté des données désigne le pouvoir d'un État de générer, diffuser, gérer, contrôler, utiliser et protéger les données relevant de sa juridiction. Elle est indispensable à tout pays pour sauvegarder sa souveraineté et son indépendance nationales et s'opposer au monopole et à l'hégémonie numériques à l'ère des mégadonnées. La souveraineté des données comprend entre autres la compétence sur les données ainsi que le droit à l'indépendance, à l'égalité et à la légitime défense en matière de données (Laboratoire clé de la stratégie des mégadonnées 2020, p. 190). La souveraineté des données est une partie importante de la souveraineté des États : elle est sa manifestation et son extension naturelle dans l'espace de données. Dans la pratique, alors que l'importance de la souveraineté des données devient de plus en plus évidente, tous les pays recherchent le moyen de gagner des avantages concurrentiels dans la souveraineté des données tout en assurant la souveraineté et la sécurité de l'État, dans le jeu entre ordre et liberté, entre développement et sécurité. À l'heure actuelle, l'existence de la souveraineté des données et son importance sont reconnues dans divers accords internationaux et lois nationales, en Chine et à l'étranger, et ses connotations sont constamment enrichies, mais la communauté internationale n'a pas encore proposé de définition unifiée de cette notion.

Les États-Unis sont le premier pays à développer une stratégie de souveraineté des données et comptent aujourd'hui plus de 130 actes connexes qui forment le système stratégique de souveraineté des données le plus complet au monde. La Clarifying Lawful Overseas Use of Data Act (« CLOUD Act ») de 2018 reflète parfaitement les nouveaux choix stratégiques des États-Unis dans un environnement de l'information. Il indique l'orientation future de la stratégie américaine en matière de souveraineté des données[32]. En effet, face au problème émergent de l'accès transfrontalier aux données, la CLOUD Act aborde deux scénarios de flux de données : l'accès aux

32 La CLOUD Act de 2018 autorise expressément les autorités de police et de justice américaines à accéder aux données des utilisateurs stockées à l'étranger par les

données stockées à l'étranger par les autorités de police et de justice américaines et l'accès aux données stockées aux États-Unis par les autorités de police et de justice étrangères, et propose des solutions correspondantes. Pour l'Union européenne, le RGPD est la référence de la juridiction des données[33]. Les Lignes directrices pour les transferts de données à caractère personnel entre les autorités et organismes publics établis dans l'EEE et ceux établis hors de l'EEE (document de consultation), publiées par le Comité Européen de la Protection des Données (EDPB) en février 2020, exigent que les responsables du traitement et les destinataires de données concluent des protocoles de transfert de données, fournissant ainsi un moyen relativement souple et pratique de transmission de données entre les institutions publiques de l'espace économique européen et les institutions publiques des pays tiers et les organisations internationales. De son côté, la Russie promeut fortement la « localisation » de la souveraineté des données, qui se traduit notamment par une réglementation stricte sur le stockage interne des données transfrontières. Le système russe de protection de la souveraineté des données est constitué, entre autres, par la *Loi pour un Internet souverain*, entrée en vigueur le 1er novembre 2019[34] et la *Loi fédérale sur les données personnelles*.

En Chine, la souveraineté sur le cyberespace évolue rapidement et de façon complexe. Le Plan d'action pour la promotion du développement des mégadonnées (2015/50), adopté par le Conseil des affaires d'État chinois en

---

entreprises opérant aux États-Unis. Il étend ainsi la portée des pouvoirs des autorités américaines en matière d'accès aux données extraterritoriales. Un accord bilatéral d'accès aux données a été également conclu avec le Royaume-Uni dans le cadre de la CLOUD Act.

33 Le RGPD exige que les transferts de données vers des pays tiers et à des organisations internationales ne peuvent avoir lieu que dans le plein respect du règlement. Le RGPD est aussi considéré comme le règlement de protection des données le plus strict et le plus solide jamais mis en place.

34 La législation russe met également l'accent sur le renforcement de la cybersouveraineté. En décembre 2018, le Parlement russe a présenté un ensemble d'amendements à la loi sur la communication et à la loi sur l'information, les techniques de l'information et la protection de l'information. Ces amendements sont aussi appelés « Stable Runet Act » ou « loi pour un Internet souverain ». Le projet de loi a été adopté en première lecture par la Douma d'État de Russie le 12 février 2019, avant d'être officiellement adopté par le Conseil de la Fédération de Russie le 22 avril 2019, et est entré en vigueur depuis le 1ernovembre 2019. La partie relative au système

août 2015, propose que « nous devrions tirer pleinement parti de l'avantage de la Chine en matière de taille de données, [...] renforcer la protection de la souveraineté des données dans le cyberespace, sauvegarder la sécurité nationale et améliorer efficacement notre compétitivité nationale ». Cette initiative a officiellement porté les mégadonnées et la souveraineté des

---

national de noms de domaine est entrée en vigueur le 1er janvier 2021. La loi pour un Internet souverain établit essentiellement la cybersouveraineté de la Russie par cinq aspects : 1) Des noms de domaines indépendants. La loi prévoit que la Russie doit établir son propre registre national de noms de domaine et son propre système de résolution d'adresses, afin de pouvoir remplacer le système de noms de domaine existant en cas d'urgence. Tous les réseaux liés aux intérêts essentiels du pays devraient utiliser le système de noms de domaine national. Cette disposition permet de créer, dans une certaine mesure, un Internet autonome. 2) Des exercices réguliers. Le Service fédéral de supervision des communications, des technologies de l'information et des médias de masse (ou Roskomnadzor) sera chargé de déterminer les exigences de conception, le processus de construction et les règles d'utilisation du système national de noms de domaine. En même temps, la loi souligne la nécessité pour les gouvernements, les opérateurs de télécommunications et les propriétaires de réseaux de technologie de mener des exercices réguliers pour identifier les menaces et formuler des contre-mesures. 3) Un contrôle des plates-formes. La loi réglemente la gestion du trafic Internet. Elle stipule que les fournisseurs de services Internet russes ont l'obligation de montrer aux autorités réglementaires comment diriger les flux de données du réseau vers les nœuds de routage contrôlés par le gouvernement russe, de sorte que la transmission de données du réseau national ne passe pas par des serveurs étrangers et que les données des utilisateurs russes ne soient pas, dans la mesure du possible, transmises à l'étranger. Il incombe aux opérateurs de télécommunications de s'assurer qu'il est possible de gérer le trafic de manière centralisée en cas de menace, par exemple, en installant des équipements techniques sur un réseau de communication qui détermine la source du trafic transmis. 4) La déconnexion volontaire du réseau. Le Roskomnadzor est responsable du maintien de la stabilité du réseau russe. Dès que le réseau russe est menacé, le Roskomnadzor peut couper volontairement sa connexion à l'Internet externe. Tout en assurant la stabilité de fonctionnement du réseau national, il contrôle de manière centralisée les réseaux de communication utilisés par le grand public. Le Roskomnadzor a également le pouvoir de décider de l'importance de chaque menace et des mesures à prendre pour l'éliminer. 5) Une coordination globale des technologies. La loi pour un Internet souverain définit le principe du routage, propose des méthodes de suivi et de surveillance et exige qu'un centre de surveillance et de gestion des réseaux de communication publics soit créé sous la responsabilité du Roskomnadzor. Ce centre analysera les messages de communication des opérateurs nationaux et le contenu du système national de transmission de données pour assurer la sécurité de l'Internet russe (Zhao Hongrui, Wang Hongwei, Zhang Chunlei et Wang Heyong 2019).

données au niveau des stratégies nationales. En effet, ces dernières années, la Chine a commencé à construire son propre système de souveraineté des données des réseaux, en même temps que cela devient une tendance législative internationale. Au niveau législatif, le concept de souveraineté sur le cyberespace a été établi dans la Loi sur la sécurité de l'État[35] et la Loi sur la cybersécurité[36]. La souveraineté, la sécurité et le développement du cyberespace sont ainsi inclus dans le champ de la protection juridique et les actions dans le cyberespace sont désormais régies par la souveraineté nationale. Cependant, à l'heure actuelle, la législation sur le cyberespace est encore loin d'être suffisante et les seules dispositions existantes sont éparpillées dans des règlements sectoriels. Elles sont moins efficaces que la loi et nécessitent d'être soutenues par des textes juridiques de niveau supérieur. En 2017, après que la Loi sur la cybersécurité a formulé des exigences relatives à l'évaluation de sécurité pour l'exportation de l'infrastructure d'information critique[37], les autorités chinoises compétentes ont continuellement amélioré les politiques en matière de gestion du transfert de données transfrontalier au moyen de réglementations ou de documents normatifs, de normes, etc. (Voir tableau 3-4).

35 Article 25 de la *Loi sur la sécurité de l'État de la République populaire de Chine* : « L'État doit construire un système national de sauvegarde de la sécurité des réseaux et de l'information pour renforcer ses capacités de protection de la sécurité des réseaux et de l'information ; accroître la recherche innovante, le développement et l'utilisation des technologies de réseau et de l'information ; assurer la sécurité et le contrôle des technologies de base des réseaux et de l'information, de l'infrastructure critique, des systèmes d'information et des données dans des domaines importants ; renforcer la gestion des réseaux, prévenir, arrêter et punir conformément à la loi les activités illégales et criminelles sur les réseaux telles que les cyberattaques, l'intrusion dans le réseau, le cybervol et la diffusion d'informations illégales et préjudiciables ; et sauvegarder la souveraineté, la sécurité et les intérêts de développement du pays dans le cyberespace ».

36 Article premier de la *Loi sur la cybersécurité de la République populaire de Chine* : « La présente loi est établie pour protéger la cybersécurité, sauvegarder la souveraineté du cyberespace et la sécurité nationale, ainsi que les intérêts publics de la société, protéger les droits et intérêts légitimes des citoyens, des personnes morales et d'autres organisations, et promouvoir le développement sain de l'information dans l'économie et la société ».

37 Article 37 de la *Loi sur la cybersécurité de la République populaire de Chine* : « Les informations personnelles et les données importantes collectées et générées par les opérateurs d'infrastructures d'information critiques dans leurs opérations en

Tableau 3-4 Principales dispositions prévues par la loi chinoise relatives aux flux transfrontières de données

Document	Date de publication	Service de publication	Dispositions pertinentes
			Chapitre III Règles relatives à la transmission transfrontalière d'informations personnelles Article 38 Si, pour des besoins professionnels, les responsables du traitement des informations personnelles ont réellement besoin de fournir des informations personnelles en dehors du territoire de la République populaire de Chine, ils doivent remplir au moins l'une des conditions suivantes : 1) avoir réussi l'évaluation de sécurité organisée par les autorités du cyberespace de l'État conformément aux dispositions de l'article 40 des présentes ; 2) avoir entrepris une certification de protection des informations personnelles auprès des organismes professionnels conformément aux dispositions des autorités du cyberespace de l'État ; 3) avoir signé un contrat avec les destinataires à l'étranger pour stipuler les droits et obligations des deux parties, et superviser leurs activités de traitement des informations personnelles pour garantir que les normes de protection des informations personnelles stipulées dans la présente loi sont respectées ; ou 4) remplir d'autres conditions stipulées par les lois, les règlements administratifs ou les autorités du cyberespace de l'État.

Document	Date de publication	Service de publication	Dispositions pertinentes
Loi sur la protection des informations personnelles (projet)	21 octobre 2020	Commission des affaires législatives du Comité permanent de l'Assemblée populaire nationale	Article 39 Si un responsable du traitement fournit des informations personnelles en dehors du territoire de la République populaire de Chine, il doit informer les individus de l'identité et des coordonnées de la partie destinataire à l'étranger, de l'objectif et de la méthode de traitement, du type d'informations personnelles à traiter, ainsi que de la manière dont les individus peuvent exercer leurs droits en vertu des présentes à l'égard de la partie destinataire à l'étranger, et obtenir le consentement séparé des individus. Article 40 Les opérateurs d'infrastructures d'informations critiques et les responsables de traitement qui traitent des informations personnelles jusqu'à concurrence du volume spécifié par les autorités du cyberespace de l'État doivent stocker sur le territoire de la République populaire de Chine les informations personnelles qu'ils collectent et génèrent sur le territoire de la République populaire de Chine. Lorsqu'il est réellement nécessaire de fournir de telles informations à l'étranger, les opérateurs d'infrastructures d'information critiques et les responsables de traitement doivent réussir une évaluation de sécurité organisée par les autorités du cyberespace de l'État, sauf si une loi, un règlement administratif ou les autorités du cyberespace de l'État en disposent autrement.

(*Continué*)

Tableau 3-4 Continué

Document	Date de publication	Service de publication	Dispositions pertinentes
			Article 41 Lorsqu'il est nécessaire de fournir des informations personnelles en dehors du territoire de la République populaire de Chine dans le cadre d'une entraide judiciaire internationale ou d'une assistance administrative pour l'application de la loi, une demande doit être déposée auprès des autorités compétentes pour approbation conformément à la loi. Lorsque la République populaire de Chine a conclu ou ratifié des traités ou accords internationaux contenant des dispositions sur la transmission d'informations personnelles en dehors du territoire de la République populaire de Chine, ces dispositions prévaudront. Article 42 Lorsque des organisations ou des individus étrangers se livrent à des activités de traitement d'informations personnelles qui portent atteinte aux droits et intérêts des citoyens de la République populaire de Chine en matière d'informations personnelles, ou mettent en danger la sécurité nationale ou les intérêts publics de la République populaire de Chine, les autorités du cyberespace de l'État peuvent les inclure dans une liste pour restreindre ou interdire la transmission d'informations personnelles à leur destination, émettre une annonce à leur sujet et prendre des mesures de restriction ou d'interdiction en matière de transmission d'informations personnelles.
Loi sur la sécurité des données (projet)	3 juillet 2020	Comité permanent de l'Assemblée populaire nationale	Article 10 L'État participe activement aux échanges et à la coopération internationaux dans le domaine des données, participe à l'élaboration de règles et de normes internationales relatives à la sécurité des données et favorise la circulation sûre et libre des données à travers les frontières.

Document	Date de publication	Service de publication	Dispositions pertinentes
Plan général pour la construction du port de libre-échange de Hainan	1er juin 2020	Conseil des affaires d'État chinois	11. Facilitation de la circulation des données. Dans le cadre du système national de gestion de la sécurité à l'égard de la transmission transfrontière des données, il convient d'effectuer une gestion pilote de la sécurité et explorer la formation d'un mécanisme pouvant non seulement faciliter la circulation transfrontière de données, mais également assurer la sécurité.
Code de sécurité des informations personnelles – Technologies de sécurité de l'information (GB/T 35273-2020)	6 mars 2020	Comité national de gestion de la normalisation de l'Administration nationale du contrôle de la qualité, des inspections et de la quarantaine de la République populaire de Chine	9.8 Transmission transfrontières d'informations personnelles Lorsque des informations personnelles collectées et générées au cours des opérations sur le territoire de la République populaire de Chine sont transmises à l'étranger, le responsable du traitement doit se conformer aux exigences des réglementations et normes nationales pertinentes.
Mesures d'administration de la zone de libre-échange pilote de la zone spéciale de Lin-gang en Chine (Shanghai)	20 août 2019	Gouvernement populaire municipal de Shanghai	Article 35 (Infrastructure Internet) Des installations de communication internationale complètes seront construites dans la zone spéciale de Lin-gang, la construction d'une nouvelle génération d'infrastructure d'information sera accélérée, l'accès à haut débit, la qualité des services et les applications réseaux seront améliorés et un canal sûr et pratique dédié aux données d'Internet internationales sera mis en place.

(*Continué*)

Tableau 3-4 Continué

Document	Date de publication	Service de publication	Dispositions pertinentes
			Article 36 (Flux transfrontières de données) La zone spéciale doit se concentrer sur des domaines clés tels que les circuits intégrés, l'intelligence artificielle, la biomédecine et l'économie du siège, et entreprendre l'évaluation de sécurité pour le transfert transfrontalier de données, en mettant en place la certification des capacités de protection des données, l'examen de la sauvegarde des flux des données, l'évaluation de sécurité des flux et des échanges transfrontières de données et d'autres mécanismes de gestion de la sécurité des données. Article 37 (Droits de propriété intellectuelle et protection des données) La zone spéciale lancera un programme pilote de règles de coopération internationale, renforcera la protection des brevets, des droits d'auteur, des secrets commerciaux et d'autres droits et la protection des données, et participera activement aux échanges et à la coopération en matière d'économie numérique mondiale

Document	Date de publication	Service de publication	Dispositions pertinentes
Plan global de la zone de libre-échange pilote de la zone spéciale de Lin-gang en Chine (Shanghai)	27 juillet 2019	Conseil des affaires d'État chinois	(9) Mettre en œuvre une circulation transfrontière sûre et ordonnée des données d'Internet. Des installations de communication internationale complètes seront construites, la construction d'infrastructures d'information de nouvelle génération telles que la 5G, l'IPv6, l'informatique en nuage, l'Internet des objets et l'Internet des véhicules sera accélérée, l'accès à haut débit, la qualité des services et les applications réseaux seront améliorés et un canal sûr et pratique dédié aux données d'Internet internationales sera mis en place. La zone spéciale doit se concentrer sur des domaines clés tels que les circuits intégrés, l'intelligence artificielle, la biomédecine et l'économie du siège, et entreprendre l'évaluation de sécurité pour le transfert transfrontalier de données, en mettant en place la certification des capacités de protection des données, l'examen de la sauvegarde des flux des données, l'évaluation de sécurité des flux et des échanges transfrontières de données et d'autres mécanismes de gestion de la sécurité des données.. La zone spéciale lancera un programme pilote de règles de coopération internationale, renforcera la protection des brevets, des droits d'auteur, des secrets entreprises commerciaux et d'autres droits et la protection des données, et participera activement aux échanges et à la coopération en matière d'économie numérique mondiale.

(*Continué*)

Tableau 3-4 Continué

Document	Date de publication	Service de publication	Dispositions pertinentes
Mesures relatives à l'évaluation de la sécurité du transfert transfrontalier d'informations personnelles (document de consultation)	13 juin 2019	Administration nationale de l'information et d'Internet	Texte intégral
Règlement de la République populaire de Chine sur la gestion des ressources génétiques humaines (ordonnance n° 717 du Conseil des affaires d'État de la République populaire de Chine)	28 mai 2019	Conseil des affaires d'État chinois	Article 27 Lorsqu'il est réellement nécessaire de transporter, d'expédier ou d'emporter des ressources génétiques humaines chinoises en dehors de la Chine pour des projets de recherche en coopération internationale ou en raison d'autres circonstances particulières, il est impératif de remplir les conditions suivantes et d'obtenir un certificat d'autorisation de sortie de ressources génétiques humaines délivré par le département d'administration de la science et de la technologie du Conseil des affaires d'État : (1) La sortie des ressources génétiques humaines en question ne portera aucun préjudice à la santé publique, à la sécurité nationale et à l'intérêt public de la Chine ; (2) Le demandeur est une personne morale ; (3) Les collaborateurs étrangers et les raisons de la sortie des ressources génétiques humaines en question sont clairs ; (4) Les ressources génétiques humaines en question ont été légalement collectées ou proviennent d'un établissement de conservation légal ; (5) Le demandeur a passé le contrôle éthique. Quiconque transporte, expédie ou emporte des ressources génétiques humaines chinoises en dehors de la Chine doit passer par les procédures douanières avec le certificat d'autorisation de sortie de ressources génétiques humaines.

Document	Date de publication	Service de publication	Dispositions pertinentes
Règlement de la République populaire de Chine sur la gestion des ressources génétiques humaines (ordonnance n° 717 du Conseil des affaires d'État de la République populaire de Chine)	28 mai 2019	Conseil des affaires d'État chinois	Article 31 Le département d'administration de la science et de la technologie du Conseil des affaires d'État engagera des experts en biotechnologie, en médecine, en santé, en éthique, en droit et en d'autres domaines pour former un comité expert d'évaluation. Le comité sera chargé de l'examen technique des demandes de collecte et de préservation des ressources génétiques humaines chinoises, des demandes de recherche en coopération internationale et des demandes de transport, d'envoi et de transfert de ressources génétiques humaines en dehors de la Chine, présentées conformément aux dispositions du présent règlement. L'avis du comité servira de base de référence pour la décision d'approbation. Article 38 Quiconque transporte, expédie ou emporte des ressources génétiques humaines chinoises en dehors de la Chine sans autorisation, en violation des dispositions du présent règlement, sera sanctionné par les services de douane conformément aux lois et aux règlements administratifs pertinents.
Mesures relatives à l'administration de la sécurité des données (document de consultation)	28 mai 2019	Administration nationale de l'information et d'Internet	Article 28 Tout transfert d'informations personnelles vers des destinataires situés en dehors de la Chine doit être mise en œuvre conformément à la réglementation en vigueur. Article 29 Lorsque les utilisateurs nationaux accèdent à l'Internet national, leur trafic ne doit pas être acheminé à l'étranger.

(*Continué*)

Tableau 3-4 Continué

Document	Date de publication	Service de publication	Dispositions pertinentes
Technologie de la sécurité de l'information – Guide d'évaluation de l'impact sur la sécurité des informations personnelles (document de consultation)	11 juin 2017	Comité technique national de normalisation de la sécurité de l'information	6.2 Évaluation type de l'impact des activités de traitement des informations personnelles 6.2.1 Scénarios d'évaluation types Généralement, une évaluation de l'impact sur la sécurité des informations personnelles doit être mise en œuvre lorsqu'il s'agit des activités de traitement suivantes : a) Une évaluation de sécurité est nécessaire avant le transfert d'informations personnelles en dehors de la Chine. 6.2.2 Évaluation de la sécurité avant le transfert d'informations personnelles en dehors de la Chine Se référer aux dispositions pertinentes de la norme GB/T « Technologies de la sécurité de l'information – Lignes directrices pour l'évaluation de la sécurité des transferts transfrontières de données ».
Technologies de la sécurité de l'information – Lignes directrices pour l'évaluation de la sécurité des transferts transfrontières de données (document de consultation)	30 août 2017	Comité technique national de normalisation de la sécurité de l'information	Texte intégral
Mesures relatives à l'évaluation de la sécurité du transfert transfrontalier d'informations personnelles et de données importantes (document de consultation)	11 avril 2017	Administration nationale de l'information et d'Internet	Texte intégral

Document	Date de publication	Service de publication	Dispositions pertinentes
Loi sur la cybersécurité (ordonnance présidentielle n° 53)	7 novembre 2016	Comité permanent de l'Assemblée populaire nationale	Article 12 L'État protège le droit des citoyens, des personnes morales et d'autres organisations d'utiliser le réseau conformément à la loi, promeut l'accès universel au réseau, améliore le niveau des services de réseau, fournit des services de réseau sûrs et pratiques à la société et garantit la circulation légale, ordonnée et libre des informations du réseau. Article 37 Les informations personnelles et les données importantes collectées et générées par les opérateurs d'infrastructures d'information critiques dans leurs opérations en République populaire de Chine doivent être stockés à l'intérieur de la Chine. Lorsque ces données doivent être fournies à des destinataires en dehors du pays pour des besoins de l'entreprise, une évaluation de sécurité doit être organisée selon les modalités formulées par les services d'État chargés de l'administration du cyberespace en coopération avec les services compétents du Conseil des affaires d'État, à moins que des lois ou des règlements administratifs n'en disposent autrement.

(*Continué*)

Tableau 3-4 Continué

Document	Date de publication	Service de publication	Dispositions pertinentes
Mesures provisoires pour l'administration des services commerciaux de VTC en ligne	27 juillet 2016	Ministère des transports Ministère de l'Industrie et des Technologies de l'Information Ministère de la Sécurité Publique Ministère du Commerce Administration d'État pour l'industrie et le commerce (supprimée depuis) Administration nationale du contrôle de la qualité, des inspections et de la quarantaine (supprimée depuis) Administration du cyberespace de Chine	Article 27 Les plates-formes de VTC en ligne doivent respecter les réglementations nationales applicables en matière de sécurité du réseau et de l'information. Les informations personnelles collectées et les données commerciales générées doivent être utilisées et stockées dans la partie continentale de la Chine pendant une période d'au moins 2 ans. Sauf disposition contraire des lois et réglementations, ces informations et données ne doivent pas être divulguées.
Mesures relatives à l'administration de l'information sur la santé de la population (mesures pilotes)	5 mai 2014	Commission nationale de la santé et de la planification familiale (supprimée depuis)	Article 10 Les informations relatives à la santé de la population ne doivent pas être stockées sur des serveurs situés à l'extérieur de la Chine. Il est également interdit de faire héberger ou de louer des serveurs situés à l'étranger pour stocker ces informations.

Document	Date de publication	Service de publication	Dispositions pertinentes
Règlement sur l'administration du secteur du crédit	21 janvier 2013	Conseil des affaires d'État chinois	Article 24 La collecte, la conservation et le traitement des informations recueillies par les organismes de crédit en Chine doivent être effectués en Chine. Lorsque les organismes de crédit fournissent des informations aux organisations ou aux particuliers en dehors de la Chine, ils doivent se conformer aux lois, aux règlements administratifs et aux dispositions pertinentes du service du Conseil des affaires d'État chargé du contrôle et de l'administration du secteur du crédit.
Avis de la Banque populaire de Chine pour la protection efficace des informations financières personnelles par les institutions bancaires	21 janvier 2011	Banque populaire de Chine	6. Le stockage, le traitement et l'analyse des informations financières personnelles collectées en Chine doivent être effectués en Chine. Sauf disposition contraire des lois et règlements et de la Banque populaire de Chine, les institutions financières bancaires ne doivent pas fournir d'information financière personnelle à des destinataires en dehors de la Chine.

Source : informations publiques.

(2) Différends internationaux en matière de gouvernance des données

Alors que l'affirmation selon laquelle les données sont une ressource stratégique de base est largement admise par la communauté internationale, la gouvernance des données est devenue l'un des enjeux fondamentaux du dialogue et du jeu dans le domaine de la gouvernance internationale du cyberespace. Le fait que l'objet des discussions sur la gouvernance internationale des données s'étend progressivement des données personnelles aux données non personnelles montre un approfondissement continu de la coopération et de la concurrence autour des données entre les pays du monde. En raison des différences de systèmes, les pays ont naturellement des divergences sur la question des flux transfrontières de données. Ces divergences empêchent la formation de mécanismes et de systèmes de gouvernance mondiale permettant d'équilibrer les besoins réglementaires des pays avec les besoins de circulation de données, posant une difficulté importante pour la réglementation internationale des droits des données. Dans ce contexte, la Chine doit de toute urgence renforcer et améliorer son système de réglementation des flux transfrontières de données, étudier, avec une approche globale, la connexion logique intrinsèque entre la gouvernance des données, la souveraineté des données et l'économie numérique, et préparer le soutien des normes externes, afin d'améliorer ses capacités de gouvernance des données.

La « juridiction au bras long » dans la réglementation des flux transfrontières de données. La stratégie de souveraineté des données des États-Unis et de l'UE est à caractère offensif. Elle se réalise par l'extension de la juridiction sur les données transfrontières. La CLOUD Act permet aux autorités de réglementation, de police et de justice américaines d'accéder aux données stockées en dehors du pays par des sociétés américaines au moyen de procédures juridiques nationales, tout en permettant aux

République populaire de Chine doivent être stockés à l'intérieur de la Chine. Lorsque ces données doivent être fournies à des destinataires en dehors du pays pour des besoins de l'entreprise, une évaluation de sécurité doit être organisée selon les modalités formulées par les services d'État chargés de l'administration du cyberespace en coopération avec les services compétents du Conseil des affaires d'État, à moins que des lois ou des règlements administratifs n'en disposent autrement ».

« gouvernements étrangers qualifiés » d'accéder directement à des données auprès des sociétés américaines à des fins d'enquête et de justice. En échange, ces pays renoncent à l'exigence de localisation de ces données (Institut d'étude de droit Jingdong 2018, p. 21). Du côté de l'Union européenne, la localisation des installations (ou des données) et les flux transfrontières de données sont des sujets importants de la réglementation, que ce soit dans le mécanisme d'adéquation du RGPD ou la Convention 108[38]. En revanche, la stratégie de souveraineté des données des économies émergentes comme la Chine et la Russie est orientée vers la défense. Elle cherche à résoudre les problèmes de gouvernance des données et d'application de la loi par le biais de la localisation des données. Ainsi, en permettant l'accès aux données en dehors des frontières traditionnelles définies par la souveraineté territoriale d'un pays, la juridiction au bras long accentue les conflits entre les pays en matière de juridiction des données et de pouvoir exécutif. Sans aucun doute, la propagation du modèle américain et européen de « juridiction au bras long » affectera profondément le modèle de réglementation mondiale des données : d'une part, elle fournit un moyen spécial de réguler le flux des

38 Le champ d'application territorial prévu à l'article 3 du RGPD de l'Union européenne va au-delà de l'espace dans lequel les normes juridiques, telles qu'elles sont traditionnellement comprises, s'appliquent et peut poser des défis à l'intégrité du pouvoir exécutif des autres États souverains. Le RGPD autorise les transferts transfrontaliers de données à caractère personnel dans les trois cas suivants : (1) Un transfert de données à caractère personnel vers un pays tiers ou à une organisation internationale peut avoir lieu lorsque la Commission a constaté par voie de décision que le pays tiers, un territoire ou un ou plusieurs secteurs déterminés dans ce pays tiers, ou l'organisation internationale en question assure un niveau de protection adéquat. (« décision d'adéquation »). Un tel transfert ne nécessite pas d'autorisation spécifique. (2) Le transfert de données concerne des clauses contractuelles standard, des règles d'entreprise contraignantes, des codes de conduite et des mécanismes de certification approuvés par l'UE, s'appliquant principalement aux organisations et aux entreprises. (3) La personne concernée a donné son consentement explicite au transfert envisagé, ou d'autres dérogations pour des situations particulières. Cela signifie que tout organisme impliqué dans le traitement des données à caractère personnel des citoyens de l'UE, qu'il soit ou non situé sur le territoire de l'UE, peut être soumise au règlement. En d'autres termes, le règlement devient une loi universelle de facto, établissant la juridiction au bras long de l'UE.

données ; d'autre part, elle pose de nouvelles difficultés pour le système de droit administratif mondial.

Différends en matière de réglementation des flux transfrontières de données. Pour lutter efficacement contre la criminalité liée aux données, il est nécessaire de réformer les pouvoirs de répression extraterritoriaux, mais les pouvoirs extraterritoriaux ne seront efficaces qu'à condition de respecter la souveraineté du cyberespace. En tant que composants du principe de souveraineté, les pouvoirs de répression extraterritoriaux et la souveraineté des données forment une unité. Toute législation qui pourrait porter atteinte à la souveraineté ou avoir un impact réel sur celle-ci pourrait être remise en question. En mettant en place un système institutionnel unilatéral d'accès aux données à travers la CLOUD Act, les États-Unis placent leurs droits au-dessus du respect mutuel, de la confiance mutuelle et de la gouvernance commune, affectant sérieusement la souveraineté des données des « gouvernements non qualifiés » selon les critères américains. L'Union européenne encourage activement la libre circulation des données entre ses États membres et favorise vigoureusement la formation d'une stratégie de marché numérique unique. Toutefois, elle prévoit des contrôles stricts sur les transferts de données depuis le territoire de l'UE vers un territoire en dehors de l'UE et exige un niveau de protection adéquat. En d'autres termes, l'Union européenne applique une politique souple à l'intérieur et une politique stricte à l'extérieur. Dans l'ensemble, à l'heure actuelle, il n'existe pas de règles internationales communes régissant les flux transfrontières de données. Les différends internationaux en la matière nécessitent d'être régulés, les pays souverains s'efforcent tous d'obtenir une juridiction sur les données pour leurs intérêts nationaux, et la gouvernance de la souveraineté des données nationales devient de plus en plus compliquée.

Conflits internationaux en matière de gouvernance mondiale des données. Puisque la souveraineté des données représente le pouvoir et la légitimité d'un État à contrôler ses données, sa définition est devenue une question clé dans l'établissement d'un système et de règles pour une gouvernance mondiale des données. « Sur le plan international, de plus en plus de pays et de régions ont commencé à construire leur système juridique de souveraineté des données pour normaliser la gestion des données » (He Bo 2017). La CLOUD Act des États-Unis, le RGPD de l'Union européenne et d'autres systèmes de gouvernance de données tournent tous autour de la souveraineté des données. Par ces réglementations, les pays ou régions visent à établir des systèmes et des règles dans leur propre intérêt, à protéger leurs propres ressources de données contre les atteintes, à obtenir et à contrôler autant de ressources de données que possible en dehors de leur propre territoire, pour davantage d'intérêts nationaux. Toutefois, à mesure que de plus en plus de pays émergents participant à la gouvernance du cyberespace, le paradigme législatif traditionnel, dominé par l'Europe et les États-Unis, est en train d'être brisé et remodelé, et un nouveau système juridique mondial de gouvernance des données est en train d'être formé. Dans ce processus, il reste un grand défi à relever : trouver un équilibre délicat entre les compromis nécessaires à une position commune et la protection des intérêts spécifiques de chaque État. Dans l'ensemble, le système juridique international pour la gouvernance des ressources de données en est encore à ses débuts. Malgré des consensus sur certaines questions majeures, il n'existe pas encore de système de droit international public ou de droit international coutumier universellement contraignant pour tous les États et qui peut être universellement respecté. Dans ce contexte, la Chine devrait accélérer l'amélioration de ses lois et réglementations relatives à la souveraineté des données au niveau national, tirer pleinement parti de son expérience de coopération avec d'autres pays et régions au niveau international, promouvoir la construction d'un système de gouvernance des données conforme aux intérêts de la Chine et se faire entendre davantage sur la scène internationale.

(3) Importance internationale de la législation sur les droits des données

Les Propositions du Comité central du Parti communiste chinois sur la formulation du 14e plan quinquennal de développement économique et social national et les objectifs à long terme pour 2035 appellent expressément à participer activement à l'élaboration de règles et de normes internationales dans le domaine numérique. Compte tenu des grandes divergences actuelles entre les pays, un système mondial coordonné de gouvernance des données ne pourra pas être formé à court terme. Dans ce contexte, la Chine devrait servir son objectif stratégique de construire une économie numérique puissante, promouvoir de manière globale la construction d'un système et d'une conception de haut niveau de la législation sur les droits des données, explorer un système-cadre pour la gouvernance des flux transfrontières de données, adapté aux conditions nationales et à la voie de développement de la Chine, et occuper une position plus dominante dans l'élaboration des règles.

Les droits des données sont au cœur de l'intégration entre le droit interne et le droit international. « Du point de vue des sources juridiques, la mondialisation du droit est l'harmonisation et l'intégration du droit interne et international, ainsi que des lois nationales des différents pays[39] ». Sous la mondialisation et le développement numérique, les flux transfrontières de données sont devenus une activité importante et le droit n'est plus dominé par un seul État. Des droits nationaux avec une concurrence en souveraineté et un droit international émergent sont les nouvelles tendances. À l'heure actuelle, bien qu'il existe un consensus entre les États sur l'application du droit international à la gestion des relations internationales dans le cyberespace et à la protection des données, des conflits avec le droit national, en particulier le droit interne des pays occidentaux développés, sont encore fréquents lorsqu'il s'agit de discussions sur les principes et les mesures concrètes pour établir une réglementation internationale des données. S'agissant de la construction d'un système international de réglementation des données, les pays développés occidentaux sont plus enclins à imposer à d'autres pays certains principes de leur législation nationale qui sont propices à la protection de leurs propres intérêts, ce qui entraîne des conflits avec de nombreux pays en développement, dont la Chine, et entrave dans une certaine mesure le développement juridique de la gouvernance mondiale du cyberespace international. « Les droits des données impliquent à la fois le droit privé, le droit public et la souveraineté, puisqu'ils comportent de la

39 Le droit national est une notion parallèle au droit international. Il s'agit d'une classification basée sur la formulation du droit et les sujets sur lesquels le droit s'applique. Le droit national est formulé pour un État spécifique et s'applique dans les limites de la souveraineté de l'État. Les sujets du droit national sont généralement les individus ou les organisations. L'État peut également devenir un sujet dans des relations juridiques particulières (Gao Changfu 2019).

souveraineté reflétant la dignité de l'État, des droits publics reflétant l'intérêt général et des droits de l'individu relatifs aux données » (Laboratoire clé de la stratégie des mégadonnées 2019, p. 160). Afin d'éviter les frictions mutuelles en matière de souveraineté des données, il faudrait formuler des normes internationales, construire un système de droit numérique et former une communauté juridique internationale dans le cadre de la coopération internationale. Ce sont des moyens réalisables permettant à l'humanité de bâtir une communauté de destin dans le cyberespace grâce à l'état de droit. Du point de vue du développement de l'État de droit dans le monde, les différents droits tendent à se fusionner, à se mondialiser et à s'unifier. Basé sur l'interaction positive entre le droit international et le droit national, le droit des données pourra devenir une force motrice importante pour l'intégration organique entre le droit national et le droit international.

Le droit des données favorise la construction d'une communauté de destin dans le cyberespace. L'inscription de l'idée de « promouvoir la construction d'une communauté de destin pour l'humanité » dans la Constitution chinoise[40] indique que le concept d'une communauté de destin pour l'humanité est désormais pleinement intégré dans la construction du système d'État de droit en Chine et est devenu l'idéologie directrice fondamentale pour les échanges entre la Chine et l'étranger et sa participation à la gouvernance mondiale dans la nouvelle ère. La construction d'une communauté de destin dans le cyberespace est justement un concept de gouvernance formé sous la direction de l'idée de « communauté de destin pour l'humanité ». À l'heure actuelle, la réforme du système mondial de gouvernance des données est entrée dans une période critique, et la construction d'une communauté de destin dans le cyberespace est devenue de plus en plus le consensus de la communauté internationale, qui exige le respect de la souveraineté des données nationales dans le cadre du droit international. « L'objectif de la primauté du droit dans les relations

40 Le Préambule de la Constitution de la République populaire de Chine (Modifiée par amendement de 2018) stipule que « la Chine adhère à la voie du développement pacifique, adhère à une stratégie d'ouverture basée sur des avantages mutuels ; elle s'efforce de développer ses relations diplomatiques et ses échanges économiques et culturels avec les autres pays, et elle promeut la construction d'une communauté de destin pour l'humanité ».

internationales est de sauvegarder les droits de la communauté humaine à travers le respect et l'application du droit international par tous les pays, de renforcer les devoirs de la communauté et de promouvoir la primauté du droit dans la gouvernance mondiale, afin de bâtir une communauté de destin pour l'humanité équitable, juste, rationnel et démocratique » (Joel R. et Reidenberg 1993). En tant que moyen de définir les droits et obligations relatifs aux éléments de données dans le cyberespace, le droit des données traduit l'idéologie, les valeurs et la philosophie de l'ère numérique. La transformation actuelle du paradigme de la gouvernance de l'Internet reflète la tendance générale de l'évolution de la gouvernance mondiale des données. Le droit des données est une nouvelle formule que la Chine prescrit au monde pour la gouvernance mondiale de l'Internet. Il fournit la sagesse chinoise et une solution chinoise pour promouvoir la construction d'une communauté de destin dans le cyberespace.

Fusion des civilisations et ordre mondial. Au cours de l'histoire, l'application généralisée de la science et de la technologie a grandement favorisé l'échange et la fusion des civilisations. Le processus de diffusion de la science et de la technologie est lui-même un processus d'intégration des civilisations. Toutefois, aujourd'hui, alors que le monde subit les changements les plus profonds des cent dernières années, le choc des civilisations est inévitable, qu'il s'agisse de l'Internet, de la chaîne de blocs, de l'ordre social, des normes éthiques, de l'économie numérique ou encore de la gouvernance numérique. La construction d'une communauté de destin dans le cyberespace ne signifie pas simplement une convergence des intérêts, mais plus important encore, elle exige l'adhésion aux valeurs communes de l'humanité. Cette adhésion ne peut être réalisée que par un dialogue constant entre les civilisations à l'ère numérique. Comme l'a souligné le président Xi Jinping à la Conférence sur le dialogue des civilisations asiatiques, « l'aspiration à tout ce qui est beau est une quête commune de l'humanité que rien ne peut retenir. Les civilisations n'ont pas à s'affronter ; ce qu'il faut, ce sont des yeux capables de voir la beauté dans toutes les civilisations » (Xi Jinping 2019). La fusion des civilisations favorise la réalisation des valeurs de l'ordre mondial. Sous l'impact de la nouvelle révolution numérique, le monde entier réfléchit et cherche des règles institutionnelles pour l'ère numérique. Dans ce contexte, le droit des données pourra aider l'ordre mondial à évoluer vers une civilisation numérique plus rationnelle et plus juste, en faveur de la justice numérique. En même temps, un des moyens efficaces de promouvoir la fusion et l'ordre des civilisations est le développement civilisé des données, ou la construction d'une civilisation numérique. En accélérant le processus de la civilisation numérique, le droit des données deviendra une force essentielle pour la fusion des civilisations du monde et la reconstitution de l'ordre mondial.

Bibliographie

1. Edgar Bodenheimer, *Jurisprudence: The Philosophy and Method of the Law*, trad. Deng Zhenglai, China University of Political Science and Law Press, 2017.
2. Marjie T. Britz, *Computer Forensics and Cyber Crime* (3ème édition), trad. Dai Peng, Zhou Wen et Deng Yongjin, Publishing Electronics Industry, 2016.
3. Anita L. Allen et Richard C. Turkington, *Privacy Law: Cases & Materials*, trad. Feng Jianmei et al., China Democracy Legislative Publishing House, 2004.
4. Akira Ōsuka, *生存权论* [Théorie du droit à la vie], trad. Lin Jie, Law Press China, 2001.
5. Nishida Noriyuki, *日本刑法各论* [Sur le droit pénal japonais], trad. Liu Mingxiang et Wang Zhaowu, China Renmin University Press, 2007.
6. *Grande Charte d'Angleterre*, trad. Chen Guohua, Commercial Press, 2016.
7. *Code pénal allemand,* trad. Xu Jiusheng et Zhuang Jinghua, China Legal Publishing House, 2000.
8. Déclaration de Vienne sur la criminalité et la justice : relever les défis du XXIe siècle, <www.un.org/zh/documents/treaty/files/A-CONF.187-4-REV.3.shtml>, 17/04/2000.
9. CMND. 7341, The Lindop Report into Data protection, Londres: HMSO, 1978.
10. Gloria González Fuster, *The Emergence of Personal Data Protection as a Fundamental Right of the EU*, New York: Springer International Publishing, 2014.
11. Herbert L. Packer, *The Limits of the Criminal sanction*, Redwood City: Stanford University Press, 1988.
12. Joel R. et Reidenberg, « Rules of the Road for Global Electronic Highways: Merging the Trade and Technical Paradigms », *Harvard Journal of Law and Technology* 6, (1993).

13. Paul M. Schwartz et Daniel J. Solove, « The PII Problem: Privacy and a New Concept of Personally Identifiable Information », *New York University Law Review* 1814, No. 86 (2011).
14. Chen Bing et Gu Dandan, « 数字经济下数据共享理路的反思与再造一以数据类型化考察为视角 » [Repenser et réinventer le partage des données dans l'économie numérique, sur la base d'une analyse de la typologie des données], *Journal of Shanghai University of Finance and Economics*, 2020, n° 2.
15. Chen Haifan et al., *个人资料的法律保护：放眼中国内地、香港、澳门及台湾* [Protection juridique des données personnelles – dans la partie continentale de la Chine, à Hong Kong, à Macao et à Taiwan], Social Academic Press (China), 2014.
16. Laboratoire clé de la stratégie des mégadonnées, *块数据5.0：数据社会学的理论与方法* [Données en blocs 5.0 : Théories et méthodes de sociologie des données], CITIC Press, 2019.
17. Laboratoire clé de la stratégie des mégadonnées, *数权法1.0：数权的理论基础* [Loi sur les droits numériques 1.0 : Fondements théoriques], Social Sciences Academic Press (China), 2019.
18. Laboratoire clé de la stratégie des mégadonnées, *数权法2.0：数权的制度建构* [Droit des données 2.0 : construction du système de droits], Social Sciences Academic Press (China), 2020.
19. Gao Changfu, « 浅议法律全球化 – 兼论国际法和国内法的互动 » [Mondialisation du droit & interaction entre le droit international et le droit national], *Journal of Jishou University* (édition Sciences sociales), 2019, n° 3.
20. He Bo, « 数据主权法律实践与对策建议研究 » [La pratique juridique en matière de souveraineté des données et quelques recommandations], *Information Security and Communications Privacy*, 2017, n° 5.
21. He Yuan, *数据法学* [Étude du droit des données], Peking University Press, 2020.
22. Hu Jianmiao, « 如何认识"法律冲突" » [Comment appréhender les conflits de lois], *Study Times*, 14/10/2020, p. 002.
23. Huang Xiaomin, « 大数据时代个人数据民法保护若干问题分析 » [Une analyse de certaines questions concernant la protection des données personnelles à l'ère des mégadonnées], *Legality Vision*, 2020, n° 8.
24. Jiang Bixin, « 法律行为效力：公法与私法之异同 » [Validité des actes juridiques : la différence entre le droit public et le droit privé], *Journal of Law Application*, 2019, n° 3.
25. Jiang Ping et Mi Jian, *罗马法基础* [Fondements du droit romain], China University of Political Science and Law Press, 1987.

26. Institut d'étude de droit Jingdong, *欧盟数据宪章:〈一般数据保护条例〉GDPR 评述及实务指引* [Commentaire et guide de lecture du RGPD, la charte européenne des données], Law Press China, 2018.
27. Li Hong, 日本刑法精义 [Essence du droit pénal japonais], China Prosectoral Press, 2004.
28. Li Haiying, « 网络安全法的价值追求与制度选择 » [Les valeurs et le choix institutionnel de la loi sur la cybersécurité], *Information Security and Communications Privacy*, 2015, n° 9.
29. Li Xiuqun, *宪法基本权利水平效力研究* [Une étude de l'efficacité des droits fondamentaux de la Constitution], thèse de doctorat, Université de science politique et de droit de Chine, 2007.
30. Lian Yuming, *大数据蓝皮书：中国大数据发展报告* No. 1 [Livre bleu sur les mégadonnées : Premier rapport sur le développement des mégadonnées en Chine], Social Sciences Academic Press (China), 2017.
31. Liang Shangshang, « 公共利益与利益衡量 » [Équilibre entre l'intérêt public et les autres intérêts], *Tribune of Political Science and Law*, 2016, n° 6.
32. Lin Min, « 政府信息公开中知情权和隐私权的冲突与协调原则 » [Conflit entre droit à l'information et droit à la vie privée dans la divulgation de l'information gouvernementale et principes d'harmonisation], *Library and Information Service*, 2007, n° 2.
33. Liu Dexue, « 个人资料保护中的权利冲突问题研究 » [Une étude des conflits de droits dans la protection des données personnelles], dans Chen Haifan et al., 个人资料的法律保护 – 放眼中国内地、香港、澳门及台湾 [Protection juridique des données personnelles – dans la partie continentale de la Chine, à Hong Kong, à Macao et à Taiwan], Social Academic Press (China), 2014.
34. Liu Kaixiang, « 民法典中的公权力与私权利界限及其意义 » [Les frontières des droits publics et privés et leur importance dans le Code civil], *Social Governance Review*, 2020, n° 7.
35. Liu Shen, *国内法律冲突及立法对策* [Conflits du droit interne et réponses législatives], China University of Political Science and Law Press, 2003.
36. Ma Changshan, « 数字社会的治理逻辑及其法治化展开 » [Llogique de la gouvernance dans une société numérique et son développement fondé sur le droit], *Science of Law (Journal of Northwest University of Political Science and Law)*, 2020, n° 5.
37. Ma Changshan, « 智慧社会背景下的"第四代人权"及其保障 » ['Quatrième génération de droits de l'homme' et sa protection dans le contexte d'une société intelligente], *China Legal Science*, 2019, n° 5.

38. Mo Jihong, « 论宪法与其他法律形式的关系 » [Sur la relation entre la Constitution et les autres formes juridiques], *Journal of Shanghai Institute of Political Science and Law*, 2007, n° 6.
39. Tang Kaiyuan, « 论政府信息公开与保密的量度 » [Divulgation d'information gouvernementale et confidentialité], *Seeker*, 2005, n° 8.
40. Wang Liming, « 隐私权的新发展 » [Nouveaux développements dans le droit à la vie privée], *Renmin University Law Review*, 2009, n° 1.
41. Wang Liming, « 隐私权内容探讨 » [Sur le contenu de la vie privée], *Zhejiang Social Science*, 2007, n° 3.
42. Wang Qianyun, « 人工智能背景下数据安全犯罪的刑法规制思路 » [La lutte contre la criminalité liée à la sécurité des données par la réglementation pénale dans le contexte de l'intelligence artificielle], *Legal Forum*, 2019, n° 2.
43. Wang Suyuan et Ren Erxin, « 权利冲突及其配置 » [Conflits de droits et leur aménagement], *Journal of Lanzhou University*, 1999, n° 1.
44. Wang Xiuxiu, *个人数据权：社会利益视域下的法律保护模式* [Droits de l'individu sur les données personnelles : modèle de protection juridique sous l'angle des intérêts de la société], thèse de doctorat, Université des sciences politiques et du droit de l'Est de Chine, 2016.
45. Wang Xuehui et Zhao Xin, « 隐私权之公私法整合保护探索一以大数据时代个人数据隐私为分析视点 » [Intégration public-privé dans la protection du droit à la vie privée : analyse de la confidentialité des information » personnelles à l'ère des « mégadonnées], *Hebei Law Science*, 2015, n° 5.
46. Wang Yan et Ye Ming, « 人工智能时代个人数据共享与隐私保护之间的冲突与平衡 » [Conflit et équilibre entre le partage des données personnelles et la protection de la vie privée à l'ère de l'intelligence artificielle], *Theory Journal,* 2019, n° 1.
47. Wei Xiaomin, « 公民个人信息的刑法保护 » [Protection pénale des informations personnelles], *Nan Fang Lun Kan*, 2020, n° 7.
48. Wu Changhong, *个人信息的刑法保护研究* [Protection des informations personnelles par le droit pénal], Shanghai Academy of Social Press, 2014.
49. Wu Weiguang, « 大数据技术下个人数据信息私权保护论批判 » [Une critique de la protection des droits privés relatifs aux données personnelles sous la technologie des mégadonnées], *Political Science and Law*, 2016, n° 7.
50. Wu Weiguang, « 构建公权与私权相结合的大数据技术规治体系 » [Construisons un système de réglementation de la technologie des mégadonnées combinant les droits publics et privés], *Journal of Cyber and Information Law*, 2019, n° 1.
51. Wu Xinghua, « 数据共享与隐私权保护 » [Partage des données et protection du droit à la vie privée], *Journal of the Shandong University of Science and Technology* (édition Sciences sociales), 2017, n° 4.

52. Xi Jinping, « 在亚洲文明对话大会开幕式上的主旨演讲 » [Discours principal à la cérémonie d'ouverture de la Conférence sur le dialogue des civilisations asiatiques], *Quotidien du Peuple*, le 15/05/2019, p. 5.
53. Yang Xueke, *数字宪治主义研究* [Étude du constitutionnalisme numérique], thèse de doctorat, Université du Jilin, 2020.
54. Yao Yuerong, *宪法视野中的个人信息保护* [La protection des informations personnelles sous l'angle constitutionnel], Law Press China, 2012.
55. Zhang Huilin, *论公共利益对私权的限制一以所有权过度限制的救济为视角* [Sur la restriction des droits privés pour cause d'intérêt public 1 centré sur l'optique de la réparation des restrictions excessives sur la propriété], thèse de doctorat, Université Jilin, 2013.
56. Zhang Qianfan, *宪法* [Constitution chinoise], Peking University Press, 2012.
57. Zhao Bingzhi et Yu Zhigang, *计算机犯罪比较研究* [Une étude comparative des crimes informatiques], Law Press China, 2004.
58. Zhao Hongrui, Wang Hongwei, Zhang Chunlei et Wang Heyong, « 俄罗斯最新〈主权互联网法〉的内容、特点、对策 » [Contenu, caractéristiques et mesures de la loi pour un Internet souverain de Russie], <http: / lawyeredu.pkulaw.cn/ index.php?m=content&c=index&a=show&catid=11&id=1138>.
59. Zhao Yingjie et Sun Ruidong, « 宪法视角下环境权之人权属性分析 » [Une analyse des droits environnementaux en tant que droits de l'homme dans une perspective constitutionnelle], *Journal of North China University of Science and Technology* (édition Sciences sociales), 2020, n° 3.
60. Zhou Hanhua, « 个人信息保护的法律定位 » [Positionnement juridique de la protection des informations personnelles], *Studies in Law and Business*, 2020, n° 3.
61. Zhou Youyong, *行政法基本原则研究* [Une étude des principes fondamentaux du droit administratif] (2ème édition), Wuhan University Publishing House, 2005.
62. Zhu Xinli et Tang Mingliang, « 法治政府建设的二维结构一合法性、最佳性及其互动 » [La structure bidimensionnelle d'un gouvernement fondé sur l'État de droit : sa légitimité, son optimalité et son interaction], *Zhejiang Academic Journal*, 2009, n° 6.

CHAPITRE 4

Innovation institutionnelle de la législation sur les droits des données

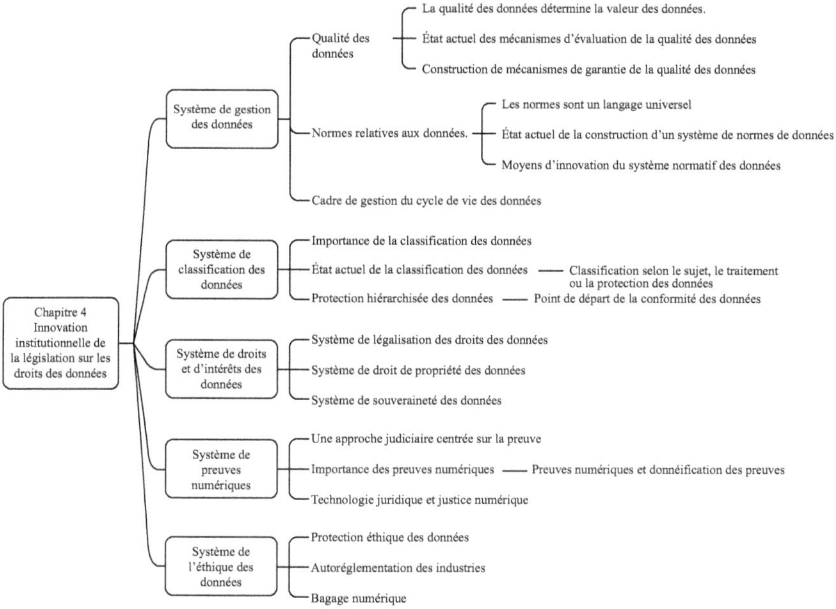

Le système juridique coordonne les idéaux et les réalités d'une société. Il appartient à la zone intermédiaire entre le monde standard et le monde réel. Cela est particulièrement vrai pour le système de législation sur les droits des données. Son importance réside non seulement dans le maintien et la réalisation de la justice, mais aussi dans la création de l'ordre. Autrement dit, le système de droits des données devrait aider à minimiser les coûts de l'utilisation des données et à améliorer l'efficacité de l'allocation des ressources de données grâce à des dispositions institutionnelles qui combinent les relations et les règles en matière de droits des données et qui permettent une intégration, une régulation et une protection efficaces des relations de droits. Cependant, en raison des besoins réels, la protection des données ne devrait pas uniquement prendre en compte la protection des droits privés. Elle devrait aller au-delà du consentement éclairé pour adopter une attitude ouverte, inclusive et amicale qui favoriserait à la fois le développement industriel et la justice sociale. Il faudrait maintenir la flexibilité des règles pertinentes et faire un meilleur usage du mécanisme d'élaboration de règles ascendant et distribué, afin de mettre en place des dispositifs d'appui en ligne avec des objectifs de valeur spécifiques et former des réglementations et des systèmes juridiques de protection des données plus adaptés aux besoins réels. Dans l'exploration de la législation sur les droits des données, nous tentons de créer un ensemble de systèmes institutionnels, tels qu'un système de gestion des données, un système de classification des données, un système d'intérêts des données, un système de preuves numériques et un système d'éthique des données, pour contribuer à l'exploration théorique et à l'amélioration des règles.

4.1 Système de gestion des données

« L'intégration des technologies de l'information à l'économie et à la société a déclenché une croissance rapide des données. Les données sont devenues une ressource stratégique de base du pays et exercent une influence de plus en plus importante sur les activités de production, de circulation, de distribution et de consommation au niveau mondial, ainsi que sur les mécanismes de fonctionnement économique, les modes de vie de la société et la capacité de l'État à gouverner[1] ». Face au volume

1 Conseil des affaires d'État de la République populaire de Chine, Plan d'action pour la promotion du développement des mégadonnées, <www.govcn/zhengce/content/2015-09/05/content_10137.htm>, consulté le 5 septembre 2015.

conséquent, à la dispersion des sources et à la diversité des formats de données, l'innovation dans les systèmes de gestion est essentielle au développement durable et de qualité des mégadonnées. Le rapport du 19e Congrès national du PCC a proposé la construction d'une « Chine numérique » ; le 14e Plan quinquennal de Chine a également souligné qu'il faudrait « établir des systèmes et des normes de base pour les droits de propriété des ressources de données, le commerce et la circulation, la transmission transfrontière et la protection de la sécurité des données, tout en promouvant leur développement et leur utilisation ». La réalisation de ces objectifs doit se fonder sur des données de haute qualité. Dans ce contexte, la réglementation en matière de qualité des données, l'établissement de normes de données et la mise en place d'un système de gestion des données ciblant le cycle de vie complet des données pourront fournir une orientation scientifique vers une exploitation au maximum des données.

(1) Qualité des données

« La qualité des données désigne la mesure dans laquelle les caractéristiques des données répondent à des exigences explicites et implicites lorsqu'elles sont utilisées dans des conditions spécifiées » (Administration nationale de régulation des marchés et Commission nationale d'administration de la normalisation 2018, p. 1). La qualité des données est à la base du développement et de l'application des mégadonnées et reflète le niveau de la civilisation numérique. Aujourd'hui, en raison de leurs quantités massives, les données sont souvent déformées. Afin de maximiser la valeur des mégadonnées tout en réduisant leurs effets négatifs et de sauvegarder efficacement la sécurité personnelle, sociale et nationale, il est impératif de construire un système de gestion de la qualité des données guidé par les principes fondamentaux de la protection des données (Qi Aimin et Pan Jia 2015).

La qualité des données détermine la valeur des données. Le monde est en train de connaître un mouvement mondial porté par les données, la technologie et les médias sociaux. Ce mouvement offre de grandes possibilités pour créer des gouvernements et des entreprises plus responsables, plus réactifs et plus efficaces, ainsi que pour booster la croissance économique. La Charte pour l'ouverture des données publiques, signée par les chefs-d'État du G8 en juin 2013, pose des exigences claires sur la qualité et la quantité des données : d'une part, elle demande la compilation de données de qualité et, d'autre part, elle appelle à l'ouverture des données de grande qualité qui soient à jour, complètes et exactes[2]. De toute évidence, l'ouverture des données est devenue le cœur de ce mouvement mondial et la qualité des données est essentielle pour une ouverture efficace. L'article 57 du Règlement sur les données de la zone économique spéciale de Shenzhen (document de consultation), publié en juillet 2020 par le Bureau judiciaire municipal de Shenzhen, stipule que « les acteurs du marché des données doivent établir et améliorer la structure organisationnelle de gouvernance des données et le mécanisme d'auto-évaluation, organiser et mener des activités de gouvernance des données, renforcer la gestion de la qualité des données et promouvoir la réalisation de la valeur des données ». La réalisation de la valeur des mégadonnées repose principalement sur l'intégration de données de qualité, puisque les données isolées n'ont aucune valeur réelle.

2 Charte pour l'ouverture des données publiques, Principe no 2 : De qualité et en quantité. Nous reconnaissons que les gouvernements et le secteur public détiennent de grandes quantités de données susceptibles de présenter un intérêt pour les citoyens. Nous reconnaissons également que l'ouverture de données de haute qualité peut nécessiter du temps, et qu'il importe de travailler ensemble et de consulter des utilisateurs de données ouvertes, à l'échelle nationale et au-delà, afin de déterminer quelles données il convient de diffuser en priorité et d'améliorer. Nous diffuserons des données ouvertes de grande qualité qui soient à jour, complètes et exactes. Dans la mesure du possible, les données seront disponibles sous leur forme initiale non modifiée, et présenteront le meilleur degré de granularité possible ; nous veillerons à ce que l'information contenue dans les données soit rédigée en langage simple et clair, de manière à être comprise par tous, étant entendu que la présente Charte ne prévoit pas d'obligation de traduction ; nous assurerons que les données fassent l'objet d'une description complète afin que leurs usagers disposent de suffisamment d'information pour comprendre leurs forces et leurs faiblesses, leurs limites sur le plan de l'analyse, les exigences en matière de sécurité et les modalités pour les traiter ; nous diffuserons les données dès que possible, permettrons aux utilisateurs de fournir un retour d'information, puis les réviserons afin de garantir qu'elles soient conformes aux normes les plus élevées de qualité de données.

Étant donné que le développement de normes scientifiques et rationnelles pour la gestion de la qualité des données aide à réaliser l'association et la fusion des données, il contribue à maximiser la valeur des données.

État actuel des mécanismes d'évaluation de la qualité des données. Des organisations internationales comme le Fonds monétaire international (FMI), ainsi que de nombreux pays comme le Royaume-Uni et la Suède, attachent une grande importance à la législation sur la gestion de la qualité des données. Dans l'ensemble, la législation sur la gestion de la qualité des données au niveau international comprend trois catégories de textes : loi et règlements spéciaux, documents normatifs, et dispositions intégrées dans la législation générale. Par exemple, le FMI a publié le Cadre d'évaluation de la qualité des données et le Système général de diffusion des données, le Royaume-Uni, la Suède et d'autres pays ont élaboré leurs propres cadres d'évaluation et de gestion de la qualité des données. À l'heure actuelle, la législation chinoise sur la gestion de la qualité des données est composée des trois types de textes sous-mentionnés et repose principalement sur des documents normatifs. Des normes de gestion de la qualité des données sont généralement intégrées dans des normes sectorielles, telles que la norme Sécurité des données financières – Lignes directrices pour la classification de la sécurité des données, les Lignes directrices pour la catégorisation et la classification des données industrielles (pilote), les Directives de classification des données pour le secteur des valeurs mobilières et des contrats à terme et les Lignes directrices pour la gestion des données des institutions financières bancaires, etc.

Construction de mécanismes de garantie de la qualité des données. Les Technologies de l'information – Indicateurs d'évaluation de la qualité des données, publiés par l'Administration nationale de régulation des marchés et la Commission nationale d'administration de la normalisation en juin 2018, indiquent clairement que les caractéristiques des données comprennent six aspects : la conformité, l'intégralité, l'exactitude, l'uniformité, la ponctualité et l'accessibilité (voir le tableau 4-1). Premièrement, en ce qui concerne la conformité, elle désigne la mesure dans laquelle les données sont conformes aux normes de données, aux modèles de données, aux règles de conduite, aux métadonnées ou aux données de référence faisant autorité. Plus précisément, les normes de données sont les règles

Tableau 4-1 Indicateurs d'évaluation de la qualité des données

Caractéristiques des données	Indicateurs	Descriptions
Conformité	Normes relatives aux données	Mesure de la conformité des données par rapport aux données Note 1 : Lors de l'évaluation de la qualité des données, il est nécessaire de recueillir les normes qui ont été appliquées pour la dénomination, la création, la définition, la mise à jour et l'archivage des données, y compris les normes internationales, les normes nationales, les normes sectorielles, les normes locales ou les réglementations connexes. Note 2 : Tout aussi importante que l'archivage des données, la destruction des anciennes données dans une règle de données complète est généralement régie par une réglementation précise et applicable.
	Modèle de données	Mesure de la conformité des données par rapport aux modèles Note 1 : Un modèle de données est un moyen de décrire visuellement la structure et l'organisation des données. C'est la norme pour l'expression des données. Note 2 : Lors de l'évaluation de la qualité des données, il est nécessaire de vérifier s'il existe une définition claire et compréhensible du modèle de données et la forme d'organisation des données.
	Métadonnées	Mesure de la conformité des données par rapport à la définition des métadonnées Note : Les métadonnées servent de normes, décrivent ou sculptent les autres données pour faciliter la recherche ou l'utilisation des informations. Lors de l'évaluation de la qualité des données, il est nécessaire de vérifier si un document de métadonnées interprétable est fourni.

Tableau 4-1 Continué

Caractéristiques des données	Indicateurs	Descriptions
	Règles de conduite	Mesure de la conformité des données par rapport aux règles de conduite Note 1 : Les règles de conduite sont des principes ou des directives faisant autorité utilisés pour décrire les interactions d'opérations et établir des règles relatives aux résultats et à l'intégrité des actions et des comportements de données. Note 2 : Lors de l'évaluation de la qualité des données, il est nécessaire de vérifier s'il existe des règles de conduite correctement archivées.
	Données de référence faisant autorité (source de données faisant autorité)	Les données de référence sont un ensemble de valeur ou un tableau de classification utilisé comme référence par les systèmes, les bases de données de logiciels d'application, les processus, les rapports, les enregistrements de transaction et les enregistrements principaux. Note : Une liste de données de référence doit être collectée lors de l'évaluation de la qualité des données.
	Normes de sécurité	Les normes de sécurité désignent les règles relatives à la sécurité et à la confidentialité, y compris la gestion des autorisations sur les données, le masquage des données, etc.
Intégrité	Intégrité des éléments de données	Degré d'affectation des éléments de données dans un jeu de données qui doivent être affectés selon les règles de conduite.
	Intégrité des enregistrements de données	Degré d'affectation des enregistrements de données dans un jeu de données qui doivent être affectés selon les règles de conduite.
	Exactitude du contenu des données	Vérifier si le contenu répond aux attentes.

(*Continué*)

Tableau 4-1 Continué

Caractéristiques des données	Indicateurs	Descriptions
Exactitude	Conformité du format des données	Vérifier si le format des données (y compris le type de données, la plage de valeurs, la longueur des données, la précision des données, etc.) répond aux exigences attendues.
	Taux de répétition des données	Mesure de la répétition inattendue d'un champ, d'un enregistrement, d'un fichier ou d'un jeu de données spécifique
	Unicité des données	Mesure de l'unicité d'un champ, d'un enregistrement, d'un fichier ou d'un jeu de données spécifique
	Taux d'occurrence des données douteuses	Mesure des données non valides en dehors du champ, de l'enregistrement, du fichier ou du jeu de données correct
Cohérence	Cohérence des données identiques	Les mêmes données stockées dans des emplacements différents ou utilisées par des applications ou des utilisateurs différents doivent être cohérentes ; en cas de modification, les mêmes données stockées dans des emplacements différents doivent être modifiées simultanément.
	Cohérence des données liées	Vérifier la cohérence des données liées selon les règles de contrainte de cohérence.
Ponctualité	Exactitude basée sur la période	Mesure dans laquelle le nombre d'enregistrements ou la distribution de fréquence basé sur la plage de dates répond aux besoins des opérations.
	Exactitude basée sur le moment	Mesure dans laquelle le nombre d'enregistrements ou la distribution de fréquence basé sur l'horodatage, ou le temps de retard répond aux exigences des opérations.

Tableau 4-1 Continué

Caractéristiques des données	Indicateurs	Descriptions
	Temporalité	Relation de synchronisation relative entre les éléments de données de la même entité dans un jeu de données.
Accessibilité	Accessibilité	Accessibilité des données en cas de besoin
	Disponibilité	Disponibilité des données pendant leur durée de vie effective.

Source : Administration nationale de régulation des marchés et Commission nationale d'administration de la normalisation, *Technologies de l'information – Indicateurs d'évaluation de la qualité des données*, China Standards Publishing House, 2018.

et les références pour la dénomination, la définition, la structuration et les plages de valeurs des données. Les modèles de données sont des représentations d'image et de texte d'une analyse qui identifie les données nécessaires à l'organisation pour mener à bien sa mission, sa fonction, son but, son objectif et sa stratégie, ainsi que pour gérer et évaluer l'organisation. Les métadonnées font référence à des données relatives aux données ou à des éléments de données (qui peuvent inclure leur description de données), ainsi qu'à des données relatives à la propriété, au droit d'accès, aux chemins d'accès et à la volatilité des données. Les données de référence faisant autorité sont les sources de référence faisant autorité. Deuxièmement, l'intégrité fait référence à la mesure dans laquelle les éléments de données sont affectés selon les règles de données. Troisièmement, l'exactitude désigne la mesure dans laquelle une donnée représente avec précision la valeur réelle de l'objet qu'elle décrit. Quatrièmement, la cohérence désigne la mesure dans laquelle les données ne sont pas en conflit avec celles utilisées dans d'autres contextes spécifiques. Cinquièmement, la ponctualité fait référence à l'exactitude des données dans les changements de temps. Sixièmement, l'accessibilité fait référence à la mesure dans laquelle les données sont accessibles (Administration nationale de régulation des marchés et Commission nationale d'administration de la normalisation 2018, p. 1). La construction d'un mécanisme de garantie de la qualité des données consiste à normaliser et à guider les données tout au long de leur cycle de vie en ce qui concerne ces six caractéristiques, et à normaliser la gestion de la qualité des données grâce à un mécanisme solide d'évaluation de la qualité.

(2) *Normes relatives aux données*

Les normes sont un langage universel. Les normes de mégadonnées seront le « passeport » pour accéder au marché international des mégadonnées. Celui qui fixe les normes détient le pouvoir de discours et celui qui peut maîtriser les normes occupe la place dominante. Le Secrétaire général Xi Jinping a souligné qu'il était important et urgent de renforcer les travaux de normalisation et de mettre en œuvre la stratégie de normalisation. Les normes favorisent l'innovation et le développement et dirigent l'évolution de notre époque. En tant que garantie fondamentale pour le développement sain de l'industrie des mégadonnées, les normes de données déterminent directement la qualité du développement de l'industrie des mégadonnées. Seules des normes élevées pourront apporter des résultats de qualité. Pour assurer le développement sain et ordonné du domaine des mégadonnées, il est urgent d'établir un ensemble complet de normes et de références. Ce n'est qu'en renforçant la compréhension des normes de mégadonnées dans la concurrence internationale, en mettant vigoureusement en œuvre une stratégie de normalisation, en accélérant les travaux de normalisation des données, en favorisant davantage l'intégration de divers types de normes, en explorant les normes dans le domaine des mégadonnées et s'efforçant de dominer et même de contrôler les normes internationales de mégadonnées que nous pourrons prendre une position dominante dans la distribution mondiale des ressources de données, jouer un rôle proactif dans la concurrence internationale et diriger la révolution numérique.

État actuel de la construction d'un système de normes de données. En Chine, les Avis relatifs à l'utilisation des mégadonnées pour améliorer les services et la réglementation des acteurs du marché, publiés par le Bureau du Conseil des affaires d'État en juillet 2015, et le Plan d'action pour la promotion du développement des mégadonnées émis par le Conseil des affaires d'État en août 2015 ont tous deux établi des exigences claires pour la mise en place d'un système de normes de données[3]. Dans le cadre de cette politique nationale, « partant des caractéristiques sectorielles et régionales du développement de l'industrie des mégadonnées, diverses régions du pays ont mis en place des comités techniques locaux de normalisation des

3 Les Avis relatifs à l'utilisation des mégadonnées pour améliorer les services et la réglementation des acteurs du marché affirment le rôle important des mégadonnées dans la réglementation du marché. Dans la partie dédiée aux tâches prioritaires, les Avis proposent qu'il faudrait « mettre en place un système normatif des mégadonnées en étudiant la formulation de normes de base, de normes techniques, de normes d'application et de normes de gestion relatives aux mégadonnées ; accélérer l'établissement de normes techniques relatives à la collecte, au stockage, à l'ouverture, au partage, à l'utilisation, à la garantie qualité et à la gestion de sécurité des données gouvernementales ; et guider la mise en place de normes pour le partage et l'échange d'informations entre les entreprises ». Le Plan d'action pour la promotion du développement des mégadonnées porte sur le déploiement des travaux de développement de mégadonnées en Chine. Dans la section sur le mécanisme politique, le Plan souligne l'importance de « mettre en place un système de normes et de références ». Plus précisément, il faudrait « promouvoir la construction d'un système normatif pour l'industrie des mégadonnées, accélérer l'établissement d'un système de normes de données et de normes statistiques pour les institutions publiques (services gouvernementaux, entreprises publiques, etc.), promouvoir la formulation et la mise en œuvre de normes communes clés telles que les normes pour la collecte de données, l'ouverture des données gouvernementales, les normes d'indicateurs, les catalogues de classification, les interfaces d'échange, les interfaces d'accès, la qualité des données, le commerce de données, les produits techniques, la sécurité et la confidentialité, accélérer la mise en place d'un système de normes pour les transactions du marché des mégadonnées ; mener des projets pilotes pour tester et vérifier les normes, mettre en place un système d'évaluation de la conformité des normes, laisser jouer pleinement le rôle des normes dans le développement du marché des services, l'amélioration des capacités de service et le soutien à la gestion de l'industrie ; et participer activement à la formulation des normes internationales pertinentes ».

mégadonnées. Ces comités sont chargés de formuler progressivement des normes locales de mégadonnées afin de former des systèmes normatifs de mégadonnées sûrs, fiables, unifiés, pratiques et efficaces au service du développement local de l'industrie des mégadonnées » (Groupe de travail sur les normes de mégadonnées du Comité technique national de normalisation des technologies de l'information et Institut de normalisation électronique de Chine 2020). Par exemple, le Guizhou, le Guangdong et le Shandong ont mis en place des comités techniques de normalisation des mégadonnées au niveau provincial. La Mongolie intérieure a créé son Comité technique pour la normalisation de l'informatique en nuage et des mégadonnées. Le Shanxi a créé son Comité provincial pour la sécurité des réseaux et la normalisation des technologies de l'information et des mégadonnées, et Shanghai a créé son Comité technique municipal pour la normalisation des données publiques. En s'appuyant sur les comités techniques provinciaux de normalisation, diverses régions ont élaboré et formé des normes locales avec des caractéristiques distinctives. Par exemple, la province de Guizhou a élaboré une dizaine de normes locales pour les données gouvernementales, telles que les Métadonnées de base pour les données gouvernementales ouvertes, les Lignes directrices pour les données gouvernementales ouvertes, les [2]Lignes directrices pour la classification des données gouvernementales, etc. La province de Shandong, qui met l'accent sur la réforme structurelle de l'offre agricole, a élaboré une dizaine de normes locales pour les mégadonnées en agriculture, y compris le Système normatif des mégadonnées en agriculture et les Exigences fondamentales pour le traitement des mégadonnées en agriculture. De son côté, la Région autonome de la Mongolie intérieure a développé des normes en se basant sur la construction de sa plate-forme cloud, telles que les Lignes directrices pour la gestion de la sécurité des mégadonnées publiques, les Normes relatives à la qualité d'accès aux données de plate-forme de mégadonnées et les Normes de rédaction du système normatif des mégadonnées, pour promouvoir l'échange de données publiques et une ouverture de données publiques de qualité.

Moyens d'innovation du système normatif des données. L'élaboration de normes est un indicateur important pour le développement durable de la gestion de la qualité des données. Le Guide de normalisation – Partie

1 : Normalisation et activités connexes – Vocabulaire général (GB/T 20000.1-2002) définit la normalisation comme « l'établissement de clauses communes et réutilisables visant des problèmes réels ou potentiels, ainsi que la formulation, la publication et l'application de documents dans le but d'obtenir le meilleur ordre dans un cadre prédéterminé et de promouvoir des avantages communs ». La construction d'un système de normes pour les données consiste à développer une série de normes pour la collecte, le traitement, la circulation, la tarification et l'ouverture des données, afin de former un ordre de données scientifique et efficace, de promouvoir les intérêts communs des différents acteurs, et maximiser les avantages politiques, économiques et sociaux apportés par l'utilisation ouverte des données. Plus précisément, à mesure que la base industrielle de l'économie numérique continue de croître et que les entreprises s'internationalisent, la construction d'un système de normes pour les données doit aller au-delà d'une simple stratégie de localisation et fournir des mécanismes de flux de données plus diversifiés aux entreprises de sorte qu'elles puissent réaliser un développement international. Cela contribuera à équilibrer efficacement les intérêts en matière de sécurité, de développement et d'ouverture.

(3) Cadre de gestion du cycle de vie des données

La valeur des données ne peut être réalisée que sur la base d'une compréhension, d'une gestion et d'une utilisation appropriées des données tout au long de leur cycle de vie. « Dans sa stratégie "Vers une économie de la donnée prospère" publiée en 2014, l'Union européenne recherche activement des mécanismes innovants basés sur la chaîne de valeur des mégadonnées et propose un plan stratégique pour promouvoir vigoureusement la "chaîne de valeur des données", de sorte que toutes les étapes de la chaîne génèrent de la valeur par le biais d'un écosystème européen cohérent axé sur les données. La chaîne de valeur des données désigne le cycle de vie des données. Elle comprend toutes les étapes de la vie des données, allant de leur production, leur validation et leur traitement jusqu'à leur utilisation et réutilisation sous forme de produits et de services nouveaux et novateurs » (Groupe de travail sur les normes de mégadonnées du Comité technique national de normalisation des technologies de l'information et Institut de normalisation électronique de Chine 2018). « En comparant des modèles de cycle de vie de données typiques en Chine et à l'étranger, nous pouvons constater qu'ils contiennent tous certaines étapes essentielles telles que la collecte des données, le traitement des données, l'utilisation des données, etc. » (Chu Jiewang et Xia Li 2020). En fonction des caractéristiques de la chaîne centrale et des données, la gestion du cycle de vie des données peut être divisée en six étapes : la collecte des données, le traitement des données, la conservation des données, le partage des données, l'analyse des données et la réutilisation des données. Parmi elles, la collecte des données comprend principalement l'identification des besoins et l'acquisition de données ; le traitement des données comprend principalement le filtrage, la réorganisation et l'intégration des données ; la conservation des données comprend principalement l'archivage, le stockage et la maintenance des données ; le partage des données comprend principalement l'ouverture et la diffusion des données ; l'analyse des données comprend principalement l'évaluation de la valeur,

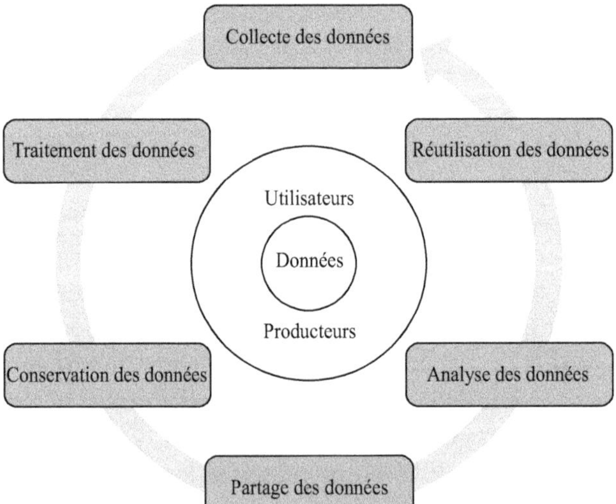

Figure 4-1 Cadre de gestion du cycle de vie des données.

l'évaluation de la temporalité et l'évaluation de la valeur globale ; et la réutilisation des données comprend principalement la réutilisation et la régénération de nouvelles données. Ces six étapes et leurs sous-étapes forment un cadre fermé de gestion du cycle de vie des données qui se renouvelle autour des sujets d'utilisation de données. Dans la gestion du cycle de vie des données, une collecte et un partage efficaces des données sont les maillons les plus importants et revêtent une réelle importance pour promouvoir la circulation sûre et libre des données entre les différents sujets et pour libérer pleinement la valeur des données.

4.2 Système de classification des données

La législation sur les droits des données doit non seulement refléter pleinement les caractéristiques de l'ère numérique et s'attaquer activement aux défis juridiques posés par les changements de notre époque, mais aussi établir des dispositions institutionnelles spéciales pour les produits de l'ère numérique. Le système de classification des données est un système sur lequel le droit s'appuie pour concevoir des cadres et des politiques de protection des données différenciés selon les exigences spécifiques des organismes de réglementation. La construction d'un tel système joue un rôle de soutien important pour réaliser les objectifs en matière de tarification du marché, de circulation libre et ordonnée, d'allocation efficace et équitable des ressources de données, et pour résoudre les problèmes de confirmation des droits des données, de sécurité des données, de protection de la vie privée, etc. Il est nécessaire de classifier les données selon leur sujet, leur traitement, leur protection et d'autres critères, de déterminer les modalités et les principes de classification des données en fonction des scénarios d'application et de définir les politiques et les mesures de protection de la classification des données. Cela contribue à construire un système de droits capable de protéger efficacement les droits et les intérêts de l'individu, de garantir pleinement la liberté de circulation des données et de donner le plein jeu aux points forts de l'économie numérique.

(1) Importance de la classification des données

« En raison de leur lien étroit, la classification et le classement des données peuvent tous deux être considérés comme de la protection des données. Le classement des données est aussi une forme de classification des données » (Liu Yun 2020). La nature scientifique et le caractère rationnel de la classification aident à définir le classement des données. Un classement rationnel des données permet de garantir que, sur la base du respect des lois, réglementations et exigences réglementaires, nous adoptons le plus haut niveau de protection pour les données les plus critiques et les plus précieuses, tout en réduisant les investissements inutiles (Li Songtao et Xie Zongxiao 2019). Dans le contexte de la transformation sociale, de la transition économique et du développement itératif de la technologie, de nouveaux types d'intérêts et de droits liés aux données ont vu le jour, et différents sujets de droits relatifs aux données ont commencé à revendiquer des changements dans le système juridique de protection des données (Li Xiaoyu 2019). « Certains sujets tels que les "producteurs de données" sont en train de prendre conscience de la nécessité ou de l'importance de la protection des données personnelles, tandis que d'autres tels que les "contrôleurs de données" et les "utilisateurs de données" font l'expérience de l'importance des données tout en éprouvant la pression de la protection de la vie privée dans le traitement des données. Les 'producteurs de données' ne partagent pas toujours une relation harmonieuse avec les "contrôleurs de données" et d'autres sujets. L'importance de la protection ou d'une utilisation raisonnable des données personnelles est encore plus évidente dans les situations où les sujets recherchent des intérêts incompatibles, voire contradictoires » (Zhang Wenliang 2018). Par conséquent, la classification des données est à la fois une exigence fondamentale pour la protection juridique des données personnelles, une mesure importante pour promouvoir le développement sain de l'économie numérique et un besoin réel de l'écologie numérique.

(2) État actuel de la classification des données

L'article 19 de la *Loi sur la sécurité des données* (projet) propose « une protection des données basée sur la classification selon l'importance des données dans le développement économique et social et selon la gravité des préjudices causés à la sécurité nationale, à l'intérêt public ou aux droits et intérêts légitimes des citoyens et des organisations en cas de falsification, de sabotage, de fuite, d'acquisition ou d'exploitation illégale des données ». Sur le plan pratique, la classification des données peut s'appuyer sur des éléments différents, allant des exigences de conformité définies par des règlements/normes à des facteurs comme l'utilité, la valeur et la propriété des actifs de données. La sensibilité des données et les risques peuvent également servir de base à la classification. Dans l'ensemble, les données peuvent être classées selon leur sujet, leur traitement et leur protection.

1. Classification basée sur le sujet des données

Selon leur sujet, les données peuvent être classées en données personnelles, données d'entreprise, données publiques, autres données d'organisations, etc. ; Les données personnelles désignent les données permettant d'identifier la personne concernée. Ces données peuvent porter sur les aspects physiques, mentaux, intellectuels, familiaux, sociaux, économiques, culturels et autres aspects de l'individu. Elles impliquent non seulement des droits personnels de l'individu, tels que sa réputation, son état de santé, son casier judiciaire et son cercle social, mais mettent également en jeu ses droits de propriété, comme ses œuvres et son patrimoine. « L'identifiabilité de la personne concernée est l'élément déterminant des données personnelles. La protection des droits et des intérêts relatifs aux données personnelles nécessite que les données puissent être associées à une personne spécifique. Ce processus d'association est appelé "identification" dans le domaine juridique » (Li Yang et Li Xiaoyu 2019). Pour cette raison, les systèmes de droit coutumier et les droits de tradition civiliste utilisent tous l'identifiabilité comme critère de définition des données à caractère personnel. Toutefois, il existe également une certaine différence entre ces deux types de systèmes juridiques[4]. L'article 4,

4 Les États-Unis, qui défendent la liberté de conduite et qui ont l'industrie des réseaux et des données la plus développée, adoptent une définition étroite des données personnelles au niveau législatif ou interprétatif, en mettant l'accent sur le caractère corrélatif des données personnelles. Contrairement aux États-Unis, l'Allemagne,

alinéa 1, du RGPD de l'Union européenne prévoit qu'« on entend par les "données à caractère personnel", toute information se rapportant à une personne physique identifiée ou identifiable (ci-après dénommée "personne concernée") ; est réputée être une "personne physique identifiable" une personne physique qui peut être identifiée, directement ou indirectement, notamment par référence à un identifiant, tel qu'un nom, un numéro d'identification, des données de localisation, un identifiant en ligne, ou à un ou plusieurs éléments spécifiques propres à son identité physique, physiologique, génétique, psychique, économique, culturelle ou sociale ». Le critère de définition de l'UE est donc relativement large car il inclut à la fois l'identification directe et indirecte de la personne concernée. Sous l'influence européenne, les milieux universitaires chinois estiment largement que le critère de fond pour la définition des données personnelles est « l'identifiabilité » (Cheng Xiao 2018 ; Yu Chong 2018 ; Gao Fuping et Wang Wenxiang 2017). La législation utilise également un critère plutôt vague incluant l'identifiabilité directe et indirecte[5] pour définir les données personnelles.

---

qui est profondément influencée par la philosophie de Kant selon laquelle l'homme existe comme fin en soi, défend la valeur suprême de la dignité humaine et de la liberté personnelle. Ainsi, l'Allemagne accorde aux personnes physiques le droit à l'autodétermination sur leurs données personnelles, afin de sauvegarder la dignité humaine et la liberté personnelle. Si une personne ne peut décider, selon ses souhaits, de la collecte, du stockage et de l'utilisation de ses données et informations par autrui, sa dignité humaine et sa liberté personnelle deviennent des promesses vides. En conséquence, la protection des droits sur les données personnelles, qui revêt d'importance constitutionnelle, devrait l'emporter sur la protection des intérêts économiques.

5 Par exemple, l'article 76, point 5, de la Loi sur la cybersécurité, adoptée en 2016, la Décision du Comité permanent de l'Assemblée populaire nationale sur le renforcement de la protection de l'information réseau, adoptée en 2012, et l'article 4 du Règlement sur la protection des informations personnelles des utilisateurs de télécommunications et d'Internet ont tous adopté une définition des données personnelles basée sur l'identifiabilité. Selon ces dispositions, les données permettant d'identifier directement une personne physique spécifique incluent son nom complet, son numéro d'identification, son empreinte digitale, son information génétique, son numéro de sécurité sociale et ses portraits, etc. ; les données qui, en combinaison avec d'autres données, permettent d'identifier indirectement une

« Les données d'entreprise font référence aux données effectivement contrôlées et utilisées par une entreprise, y compris ses données commerciales telles que financières et opérationnelles, ainsi que les données d'utilisateur légalement collectées et utilisées par l'entreprise » (Shi Dan 2019). Les premières, en tant que données commerciales non ouvertes, sont principalement protégées par les secrets commerciaux, tandis que les secondes, en tant que données commerciales ouvertes, ne sont actuellement pas protégées de façon explicite par le droit. Il existe dans une certaine mesure un vide juridique. Dans l'ensemble, « les données d'entreprise sont des données rares et économiquement bénéfiques pour l'entreprise, exprimées sous forme de symboles ou de codes. À la différence des biens corporels traditionnels, les données d'entreprise sont intangibles et immatérielles et ne peuvent exister qu'à travers des supports. Elles présentent des caractéristiques telles que la non-exclusivité objective et le caractère non consommable » (Li Yang et Li Xiaoyu 2019). « Si les données personnelles impliquent davantage le droit de la personnalité que le droit de propriété et que les données publiques impliquent plutôt l'intérêt de la société, les données d'entreprises concernent plus le droit de propriété que le droit de la personnalité » (Li Yang et Li Xiaoyu 2019).

Selon la théorie de John Locke affirmant que le travail est un fondement du droit de propriété[6] et la théorie de l'utilitarisme de Jeremy Bentham, l'investissement substantiel d'une entreprise et la valeur économique des données d'entreprise peuvent constituer les éléments de base des données d'entreprise. En particulier, la théorie de Locke soutient que les individus peuvent réclamer des droits de propriété sur les choses pour lesquelles ils ont contribué leur travail et que les individus ont le droit de jouir des avantages apportés par leurs actions (John Locke 2009, pp. 17–19). Les données d'entreprise sont des données représentant une valeur économique et

personne physique spécifique comprennent son sexe, son âge, sa profession, sa situation d'éducation, sa situation de mariage, ses intérêts, ses loisirs, sa vie sexuelle, ses habitudes, sa situation financière, etc.

6 La théorie de Locke est souvent utilisée pour expliquer la légitimité de la protection de la propriété des biens corporels. Étant donné que les données d'entreprise sont incorporelles, il n'est pas possible d'utiliser pleinement la théorie de Locke pour justifier la protection des droits et des intérêts relatifs aux données d'entreprise. Cependant, l'idée de créateur que sous-entend la théorie de Locke peut aider à comprendre cette légitimité.

générées sur la base d'investissements substantiels de l'entreprise, y compris des ressources humaines, matérielles et financières. Conformément au principe de l'équité, l'utilisation de ces données par des concurrents et d'autres individus devrait être compensée par une contrepartie raisonnable. De son côté, la théorie de l'utilitarisme s'intéresse non seulement aux intérêts des titulaires de droits individuels, mais aussi aux intérêts et au bien-être de la majorité[7]. À l'ère numérique, tous les acteurs du marché se ruent sur les données d'entreprise. Si nous autorisons tous les comportements visant à profiter des données sans contrepartie, l'enthousiasme des entreprises pour l'investissement sera détruit et l'offre de produits de données d'entreprise et les avantages qu'elles apportent à l'ensemble de la société seront affaiblis.

« Les données publiques sont par nature un produit public non exclusif et non concurrentiel » (Li Xiaoyu 2019) et impliquent essentiellement des intérêts collectifs[8]. Elles regroupent diverses ressources de données obtenues à l'échelle nationale par l'État ou les organes représentant l'État, via des procédures légales conformément aux lois et règlements administratifs pertinents, dans le cadre de l'exercice de leurs fonctions conformément à la loi, afin de répondre aux besoins de gestion des activités d'intérêt social et d'utilité publique ou d'autres besoins. L'accumulation des ressources de données publiques exerce une influence profonde sur l'écosystème des entreprises, tout en favorisant l'innovation dans les modèles de gestion des activités d'intérêt social et d'utilité publique du gouvernement (Wang Yongqi 2019). Les données publiques couvrent tous les aspects de la production et de la vie. Bien qu'elles soient gérées par le gouvernement ou des services représentant l'État, elles sont ouvertes au public et accessibles à tous. Par rapport aux données personnelles, ce sont des ressources publiques, non confidentielles, non exclusives et à caractère holistique (Wu Changhai et Chang Zheng 2017). Leur utilisation diffère de celle des biens corporels.

7 Certains chercheurs l'appellent également le principe du bonheur maximum (Li Wei 2019).

8 L'intérêt collectif signifie qu'il existe des possibilités de profit communes et un espace d'intérêt commun au sein d'un groupe. En termes de ressources de données publiques, chaque membre du groupe social tel que les individus, les entreprises ou d'autres organisations, peut librement utiliser les données publiques pour refléter la vision individualiste du collectif (Zeng Junping 2006).

L'utilisateur d'un bien corporel doit généralement payer une contrepartie pour utiliser ou disposer du bien, puisqu'il risque de l'endommager. Les données publiques, en revanche, sont de nature abstraite et leur utilisation n'entraîne pas la consommation des données elles-mêmes. En d'autres termes, la nature non concurrentielle des données publiques en tant que produit public signifie que le coût marginal d'une augmentation de sa consommation est nul. Elles devraient donc être ouvertes gratuitement (Li Xiaoyu 2019). Du point de vue des éléments constitutifs, les données publiques devraient contenir trois aspects : l'ouverture, le partage et de la libre utilisation. L'ouverture signifie que les données publiques doivent être ouvertes et que tout sujet a un accès illimité à ces données. L'ouverture des données publiques crée les conditions nécessaires à l'utilisation des données publiques, tout en excluant les données non publiques et confidentielles. Le partage signifie que les données publiques sont de nature publique et sont la propriété de tous les membres de la société. Aucun individu ni aucune organisation ne peut en avoir l'exclusivité. La libre utilisation met l'accent sur le droit de chaque sujet d'utiliser les données publiques raisonnablement en fonction de sa volonté et de profiter des avantages des données publiques résultant du développement des données.

« Autres organisations » sont un terme largement utilisé dans la législation chinoise, qui peut être interprété de deux façons selon la situation. Selon la première interprétation, le terme ne renvoie pas à des sujets spécifiques et ne constitue pas une notion juridique normative ou scientifique (voir Tableau 4-2). Selon la seconde interprétation, « autres organisations » signifient des sujets spécifiques. « Depuis que la loi chinoise sur les procédures administratives de 1989 a placé en parallèle "autres organisations" avec les termes "citoyen" et "personne morale", en particulier depuis que l'article 40 des Avis de la Cour populaire suprême sur certaines questions relatives à l'application de cette loi a proposé une définition claire des "autres organisations", ce terme s'est progressivement transformé en une expression ayant une connotation spécifique, pour faire spécifiquement référence à des sujets autres que les personnes physiques et les personnes morales » (Tan Qiping 2017). Selon l'article 52 des Interprétations judiciaires de la Loi relative à la procédure civile, on entend par « autres organisations » toute organisation légalement établie, ayant une certaine structure organisationnelle et un certain patrimoine, mais sans personnalité juridique.

Tableau 4-2 Utilisation du terme « autres organisations » sans référence à des sujets spécifiques dans les lois chinoises en vigueur (Tan Qiping 2017)

Numéro	Loi	Dispositions	Utilisation
1	Loi sur les archives	Articles 6, 7, 11, 13	Organes, organismes, entreprises, institutions et autres organisations
2	Loi sur l'évaluation des actifs	Article 12	Organes d'État pertinents ou autres organisations
3	Loi sur les organisations caritatives	Articles 61, 70	Organisations caritatives et autres organisations
4	Loi sur la promotion de la transformation des réalisations scientifiques et technologiques	Articles 17, 24, 26, 27, 39	Entreprises ou autres organisations ; entreprises, établissements de recherche et développement, établissements d'enseignement supérieur et autres organisations ; État, localités, entreprises, institutions et autres organisations ou individus
5	Loi sur la sécurité alimentaire	Article 140	Organisations sociales ou autres organisations
6	Loi sur la protection des droits et des intérêts des personnes âgées	Articles 7, 35, 37	Organes d'État, organisations sociales, entreprises, institutions et autres organisations ; organisations caritatives et autres organisations ; organismes de services professionnels et autres organisations
7	Loi sur le contre-espionnage	Article 7	Organes, organismes et autres organisations
8	Loi sur la protection de l'environnement	Article 36	Organes d'État et autres organisations fonctionnant avec le fonds financier
9	Loi sur la protection des droits des consommateurs	Article 45	Organisations sociales ou autres organisations et individus

Tableau 4-2 Continué

Numéro	Loi	Dispositions	Utilisation
10	Loi sur les marques commerciales	Article 3	Groupes, associations ou autres organisations
11	Loi relative à l'agriculture	Articles 13, 44	Entreprises, unités de recherche scientifique et autres organisations ; coopératives de production et de commercialisation, organisations économiques collectives rurales, organisations économiques coopératives professionnelles paysannes, autres organisations et individus
12	Loi sur les sanctions administratives en matière de sécurité publique	Article 52	Organes d'État, organisations populaires, entreprises, institutions ou autres organisations
13	Loi sur la sécurité routière	Article 6	Organes, armées, entreprises, institutions, organisations sociales et autres organisations
14	Loi sur la médiation populaire	Article 34	Communes, quartiers, organisations sociales ou autres organisations
15	Loi relative aux statistiques	Articles 7, 21, 41	Organes d'État, entreprises, institutions et autres organisations, ainsi que travailleurs indépendants et particuliers, etc. ; entreprises, institutions ou autres organisations
16	Loi sur les brevets	Articles 10, 18, 19	Ressortissants étrangers, entreprises étrangères ou autres organisations étrangères

(*Continué*)

Tableau 4-2 Continué

Numéro	Loi	Dispositions	Utilisation
17	Loi sur la promotion de l'économie circulaire	Articles 15, 25, 37	Vendeurs ou autres organisations ; organes d'État et autres organisations fonctionnant au fonds financier ; entreprises de recyclage des déchets et autres organisations
18	Loi relative au contrôle des stupéfiants	Articles 3, 16	Organes d'État, organisations sociales, entreprises, institutions et autres organisations
19	Loi sur la vulgarisation des sciences et des technologies	Article 3	Organes d'État, forces armées, organisations sociales, entreprises, institutions, organisations rurales de base et autres organisations
20	Loi relative à la profession de comptable	Article 2	Organes d'État, organisations sociales, entreprises, institutions et autres organisations

Sur cette base, lorsque d'« autres organisations » renvoient à des sujets spécifiques, elles devraient jouir de la propriété des données pertinentes. Leurs données devraient également être considérées dans la classification des données selon les sujets.

2. Classification basée sur le traitement des données

Du point de vue du traitement, les données peuvent être divisées en données primaires (ou données brutes) et données dérivées selon la manière dont elles sont produites. Les données primaires sont les données émanant d'enregistrements et de stockage légitimes sans s'appuyer sur des données existantes. « La production de données primaires est un processus de création dont les caractéristiques techniques sont l'enregistrement et le stockage » (Li Ya'nan 2018). « Les données primaires uniques intéressent moins en tant que ressources. Les ressources de données telles que nous connaissons désignent généralement les mégadonnées. Les données primaires peuvent être divisées en données ayant une valeur économique et données sans valeur économique. Au fur et à mesure que les jeux de données connaissent des changements quantitatifs et qualitatifs, leur disponibilité et leur valeur économique dépassent progressivement celles des données personnelles » (Zhu Mingjie 2019). De leur côté, « les données dérivées font référence aux données systématiques, lisibles et utiles émanant du traitement algorithmique, du calcul et de l'intégration de données primaires enregistrées et stockées. Par exemple, il peut s'agit de données de comportement, de données relatives aux préférences d'achat, à la solvabilité, etc. » (Yang Lixin 2016). Les données dérivées ont des valeurs d'usage et d'échange et font l'objet des transactions du marché actuel des données. À la différence des données primaires qui se caractérisent par leur enregistrement et leur stockage, les caractéristiques techniques des données dérivées sont le traitement, le calcul, l'intégration des données. Dans la pratique, la définition des données primaires et des données dérivées est un grand défi. L'article 1038 du Code civil chinois stipule explicitement que les sous-traitants ne doivent pas divulguer ou altérer les informations personnelles qu'ils ont collectées ou stockent ; ni fournir illégalement des informations personnelles à des tiers sans le consentement de la personne physique concernée, à l'exception des informations qui, après le traitement, ne permettent plus d'identifier un individu spécifique et ne peuvent plus être restaurées. Toutefois, avec le développement rapide de la technologie numérique, les responsables du traitement et les sous-traitants ont accès à de plus en plus de données, à la fois primaires et dérivées, et il est difficile de déterminer si ces données restent des propriétés individuelles ou appartiennent aux responsables du traitement et aux sous-traitants. Si la propriété de ces données est entièrement attribuée aux individus, l'allocation optimale des ressources de données et le bien-être social peuvent être compromis par des procédures de définition lourdes et coûteuses. À l'inverse, si elle est attribuée aux responsables du traitement et aux sous-traitants, d'autres problèmes tels que la monopolisation de données et les atteintes au droit à la vie privée sont susceptibles de survenir (Zhang Liangliang et Chen Zhi 2020).

4. Classification basée sur la protection des données

Du point de vue de la protection, les données peuvent être divisées en données générales, données importantes, données privées, données sensibles, données désensibilisées, données de secrets commerciaux et données de sécurité nationale. La Directive 95/46/CE de l'Union européenne relative à la protection des personnes physiques à l'égard du traitement des données à caractère personnel et à la libre circulation de ces données de 1995, et le Règlement général sur la protection des données de 2016 ont défini en détail les critères et la portée des données à caractère personnel en les divisant en données générales et données sensibles[9] (voir Tableau 4-3). « Le régime juridique spécifique aux données de secrets commerciaux est un produit de la révolution industrielle et du développement rapide de l'économie de marché. Dès le XVIIIe siècle, les pays de droit coutumier, représentés par le Royaume-Uni et les États-Unis, ont formé des lois sectorielles spéciales relatives à la protection des secrets commerciaux » (Xiang

9 S'agissant de données personnelles sensibles, la directive 95/46/CE n'a pas donné de critères de définition des données sensibles, mais le Groupe de travail Article 29 sur la protection des données indique dans un rapport que les données sensibles visées par la directive 95/46/CE sont celles qui impliquent les droits fondamentaux tels que le droit à la vie privée et le droit à la non-discrimination. Le paragraphe 51 du préambule du RGPD stipule que « les données à caractère personnel qui sont, par nature, particulièrement sensibles du point de vue des libertés et des droits fondamentaux méritent une protection spécifique, car le contexte dans lequel elles sont traitées pourrait engendrer des risques importants pour ces libertés et droits ». Dans l'ensemble, l'Union européenne se base sur le niveau d'atteinte aux libertés et droits fondamentaux pour définir les données sensibles. En ce qui concerne le champ d'application des données personnelles sensibles, la directive 95/46/CE considère sensibles les données « qui révèlent l'origine raciale ou ethnique, les opinions politiques, les convictions religieuses ou philosophiques, l'appartenance syndicale, ainsi que le traitement des données relatives à la santé et à la vie sexuelle ». Au fur et à mesure que l'économie se développe et que la vision de la sensibilité évolue chez le public, le RGPD a élargi la portée des données personnelles sensibles en incluant les données qui révèlent l'origine raciale ou ethnique, les opinions politiques, la religion ou les convictions philosophiques, l'appartenance syndicale, ainsi que des données génétiques, des données biométriques, des données concernant la santé, des données concernant la vie sexuelle ou l'orientation sexuelle. En interdisant le traitement des données génétiques, des données biométriques et des données concernant l'orientation sexuelle, le RGPD a pris en compte le développement technologique et le changement d'attitude du public envers la sensibilité des données depuis la publication de la directive 95/46/CE.

Tableau 4-3 Principales données personnelles sensibles définies par l'Union européenne

Type de données	Contenu spécifique
Données génétiques	Données personnelles relatives aux caractéristiques génétiques héréditaires ou acquises d'une personne physique, pouvant fournir des informations spécifiques sur la physiologie ou la santé de la personne physique, en particulier des informations résultant de l'analyse d'un échantillon biologique de la personne physique en question.
Données biométriques	Données personnelles provenant du traitement des caractéristiques physiques, physiologiques ou comportementales d'une personne physique basé sur des techniques spéciales et permettant d'identifier la personne physique (contour de visage, empreintes digitales, etc.)
Données relatives à la santé	Y compris les données des services de santé et de soins, telles que toute information concernant une maladie, un handicap, un risque de maladie, les antécédents médicaux, un traitement clinique ou l'état physiologique ou biomédical de la personne concernée, indépendamment de sa source, qu'elle provienne par exemple d'un médecin ou d'un autre professionnel de la santé, d'un hôpital, d'un dispositif médical ou d'un test de diagnostic in vitro.
Autres données	Opinions politiques, religion ou convictions, appartenance syndicale, vie sexuelle, orientation sexuelle, origine raciale ou ethnique.

Source : informations publiques.

Liling et Shi Shangyuan 2005). En Chine, le Règlement sur la divulgation de l'information gouvernementale, émis le 3 avril 2019, contient également des dispositions spécifiques sur les informations qui doivent être contrôlés, y compris les informations impliquant des secrets d'État, des secrets commerciaux et la vie privée[10].

10 L'article 14 du Règlement sur la divulgation de l'information gouvernementale de la République populaire de Chine stipule qu'il est interdit de rendre publiques les informations gouvernementales qualifiées de secrets d'État conformément à la loi, les informations gouvernementales dont l'ouverture est interdite par les lois et

(3) Protection hiérarchisée des données

Sur la base de la classification, les objectifs de protection peuvent être différenciés pour différentes données. Plus précisément, le niveau de risque des données peut être défini selon quatre critères : leur identifiabilité, leur sensibilité, leur volume et leur contrôlabilité (voir Tableau 4-4). Premièrement, en ce qui concerne l'identifiabilité, les données permettant d'identifier facilement la personne concernée devraient faire l'objet d'une désidentification (ou anonymisation) avant toute utilisation, afin qu'elles ne permettent pas d'identifier la personne concernée sans l'aide de données supplémentaires, sauf lorsqu'elles sont utilisées à des fins légitimes nécessitant l'identification de la personne concernée. Sauf accord contraire avec la personne concernée, seuls les types et les quantités minimales de données requis pour satisfaire à l'autorisation ou au consentement de la personne concernée peuvent être traités. En outre, lorsque la personne concernée est hautement identifiable, une confirmation de la propriété des données doit être faite et les données ne peuvent être ni utilisées ni transférées sans l'autorisation. Deuxièmement, en ce qui concerne la sensibilité, les données très sensibles doivent être désensibilisées avant toute utilisation[11] afin d'assurer une protection fiable. La technologie cryptographique devrait être utilisée pour assurer la confidentialité de ces données pendant leur stockage et leur transmission. Pour les données plus sensibles, l'impact négatif de leur fuite sur la personne concernée doit être évalué et les données qui peuvent avoir des impacts négatifs importants doivent être protégées en priorité et être évaluées régulièrement. Troisièmement,

---

règlements administratifs, ainsi que les informations gouvernementales qui, une fois ouvertes, pourraient mettre en danger la sécurité nationale, la sécurité publique, la sécurité économique et la stabilité sociale. L'article 15 du règlement dispose que les organes administratifs ne doivent pas publier les informations gouvernementales impliquant des secrets commerciaux, la vie privée, etc., dont la divulgation pourrait porter atteinte aux droits et intérêts légitimes de tiers. Toutefois, avec l'accord du tiers ou lorsque les organes administratifs estiment que la publication de l'information n'aura pas d'incidence importante sur l'intérêt public, l'information sera publiée.

11 La désensibilisation est semblable à la désidentification, mais elle se concentre davantage sur la protection de la vie privée.

Tableau 4-4 Méthode de classification des données (Gao Lei et al. 2019)

Critères de classification	Niveau	Principe d'évaluation
Identifiabilité	Confidentiel	Donnée permettant d'identifier très facilement la personne concernée spécifique, sans avoir à associer des informations supplémentaires.
	Sensible	Donnée permettant d'identifier plutôt facilement la personne concernée spécifique. L'identification nécessite une petite quantité d'informations supplémentaires.
	Normal	Donnée ne permettant pas d'identifier facilement la personne concernée spécifique. L'identification nécessite une grande quantité d'informations supplémentaires.
Sensibilité	Confidentiel	La fuite d'information peut porter gravement atteinte aux intérêts de la personne concernée.
	Sensible	La fuite d'information peut causer un préjudice général aux intérêts de la personne concernée.
	Normal	La fuite d'information peut porter légèrement atteinte aux intérêts de la personne concernée.
Volume	Confidentiel	Données en grande quantité et de haute qualité.
	Sensible	Données en quantité modérée et de bonne qualité.
	Normal	Données en petite quantité et de qualité moyenne.
Contrôlabilité	Confidentiel	Données largement utilisées, avec des flux externes fréquents.
	Sensible	Données moyennement utilisées, avec des flux externes modérés.
	Normal	Données peu utilisées, avec peu de flux externes.

en ce qui concerne le volume des données, les données stockées en grande quantité dans un système doivent d'abord être classées pour être protégées de manière hiérarchique en fonction du niveau de sécurité des données. Lorsque le niveau de sécurité requis est élevé, l'intégrité des données doit être vérifiée pour éviter qu'elle ne soit compromise pendant le stockage et la transmission des données. Les données de haute qualité doivent être sauvegardées régulièrement et leur validité doit être vérifiée. Quatrièmement, en ce qui concerne la contrôlabilité, lorsque les données circulent entre différents niveaux de sécurité, il est nécessaire d'évaluer pleinement les capacités de protection de sécurité des différentes organisations, afin d'assurer une protection continue et cohérente des données tout au long du flux. En matière d'accès aux données et d'acquisition des données par les utilisateurs, un contrôle d'accès plus granulaire basé sur les attributs et les comportements des utilisateurs doit être défini dans les scénarios d'application des mégadonnées. Pour les données largement utilisées, avec des flux externes fréquents, il faudrait mettre en place la réglementation de sécurité par une tierce partie ou la supervision gouvernementale si nécessaire (Gao Lei et al. 2019).

La protection selon classification est le moyen de base de la gestion des données. Le Plan d'action pour la promotion du développement des mégadonnées appelle expressément à réglementer de manière scientifique l'utilisation des mégadonnées et à garantir efficacement la sécurité des données. Le 13e Plan quinquennal pour le développement économique et social national de la République populaire de Chine propose également « d'établir un système de gestion de la sécurité des mégadonnées, de mettre en œuvre la classification et la gestion hiérarchique des ressources de données et de garantir une utilisation sûre, efficace et fiable des données ». D'un point de vue pratique, la Chine manque encore d'un système de gestion complet couvrant l'ensemble du cycle de vie des mégadonnées. Des angles morts restent à combler au niveau des politiques et des réglementations (Wang Shan et al. 2011) ; l'efficacité des normes et des réglementations actuellement mises en œuvre n'est pas satisfaisante et il existe encore des lacunes en matière de réglementation de la conformité des conduites (Li Lu et Jiao Chengpeng 2018). À ce stade, le modèle de sécurité centré sur les réseaux et les systèmes présente plusieurs problèmes tels que l'incohérence entre les mesures de sécurité et les objectifs de protection et l'incapacité d'atteindre la protection attendue. Dans un modèle de protection selon classification, les données sont identifiées, classées et hiérarchisées pour la gestion de sécurité, et les stratégies de sécurité sont établies en fonction des besoins de confidentialité, d'intégrité, de disponibilité et de contrôlabilité des données. Cela permet de passer d'une approche centrée sur les réseaux et les systèmes à une approche centrée sur les actifs de données.

La classification des données n'est pas la destination, mais le point de départ de la conformité globale des données. Selon le rapport *Data Age 2025* de l'IDC, le volume mondial de données passera à 163ZB en 2025, soit 10 fois le volume actuel. La croissance rapide des données n'est pas seulement un nouveau défi pour la gestion des données, mais s'imposera également comme une normalité. Dans un avenir prévisible, la technologie numérique et les conditions techniques qui y sont associées ne suffiront pas pour assurer une protection totale et inclusive des données, et la protection selon classification sera un choix inévitable pour améliorer la gestion des données et diminuer les risques. D'une part, il est nécessaire d'améliorer le système de gestion de la sécurité des données basé sur la classification. « Un système de gestion de sécurité basé sur la classification et la hiérarchisation des données et adapté à l'environnement des mégadonnées doit couvrir tous les acteurs du marché des facteurs, y compris, mais sans s'y limiter, les services gouvernementaux, les entreprises et les organisations disposant de ressources de données et les prestataires de services de données tiers. Les responsabilités de chaque acteur en matière de gestion de sécurité des données doivent être clarifiées dans le système. En même temps, il est nécessaire de mettre en place des politiques différentes fondées sur les caractéristiques des ressources de données de chaque secteur, et de formuler des règles de gestion de sécurité basées sur la classification et la hiérarchisation des données et adaptées aux besoins de chaque secteur en matière de développement, d'utilisation et de circulation des ressources de données » (Chen Tian et Liu Minghui 2020). D'autre part, il est nécessaire d'accélérer l'élaboration de normes de classification des données. Pour cela, il faudrait étudier les formes, les caractéristiques, la sensibilité, l'importance, les scénarios de circulation et d'autres éléments clés des données dans différents contextes de technologies numériques, telles que l'Internet des objets, l'informatique en nuage, l'intelligence artificielle et le 5G. Il convient de définir les problèmes à résoudre par les normes, examiner de manière approfondie le statu quo de la gestion de la sécurité de divers types de données, encourager et guider toutes les parties à participer à la préparation de normes et compiler des normes de classification des données adaptées aux nouvelles activités de l'économie numérique, aux nouveaux besoins de la vie numérique et au nouvel ordre de la société numérique, pour orienter la gestion de la sécurité des données et l'allocation des ressources de sécurité.

4.3 Système de droits et d'intérêts des données

« La nouvelle révolution technologique a entraîné des changements dans l'ordre économique et social et pose également de nouveaux défis au système existant de droits et d'intérêts » (Laboratoire clé de la stratégie des mégadonnées 2019, p. 178). Dans une société numérique, le système existant de droits et d'intérêts rencontre des lacunes pratiques difficiles à surmonter. Il est nécessaire de développer un nouveau système en incorporant les mégadonnées et d'innover le système de droits et d'intérêts avec une approche tournée vers l'avenir, pour préparer l'humanité à l'avènement de « l'espace ternaire » et de l'ère numérique. Le système de droits et d'intérêts des données représente un ordre bâti sur la base des droits des données. Il comprend principalement un système de légalisation des droits des données, un système de droit de propriété des données et un système de souveraineté des données. Parmi eux, le système de légalisation des droits des données permet d'établir le rôle légal des droits des données ; le système de droit de propriété des données désigne les droits de la personne concernée relatifs à la jouissance ou à l'endommagement de ses intérêts de propriété sur les données générées par des comportements de traitement ; le système de souveraineté des données est l'extension de la souveraineté de l'État dans l'espace de données, et c'est aussi l'incarnation du droit souverain au plus haut niveau. Chacun de ces systèmes est consacré à un thème particulier et ils construisent ensemble le cadre institutionnel pour la protection et l'utilisation des droits des données.

(1) Système de légalisation des droits des données

La légalisation des droits des données est la base de la réalisation des droits des données. Du point de vue de la forme fondamentale des droits, même si la légalisation des droits des données ne peut pas être assimilée à la réalisation de ces droits, elle relie les droits des données idéaux et les droits des données réels et constitue le choix inévitable vers les droits des données réels. D'un point de vue théorique, la légalisation des droits des données est une interprétation socialisée des droits des données, centrée sur les intérêts, qui sont une manifestation externe des droits et le résultat de la socialisation des droits (Chen Hongyan et Yin Kuijie 2014). D'un point de vue réaliste, la légalisation des droits des données est le résultat d'un processus de concrétisation des droits des données. Elle reflète la trajectoire du fonctionnement juridique et constitue une garantie importante pour la réalisation des droits des données. D'un point de vue institutionnel, la légalisation des droits des données a une incidence directe sur le système économique fondamental de l'État ou du territoire. Ce n'est que par la légalisation, la clarification des sujets et la définition des droits des données que le système de propriété des données pourra être ajusté et que les relations de propriété relatives aux données pourront devenir des relations au sens juridique. L'État ou le territoire pourra ainsi parvenir à consolider l'ordre et à maintenir des relations économiques et sociales normales (Laboratoire clé de la stratégie des mégadonnées 2019, p. 187). À l'heure actuelle, les droits des données ne constituent pas encore des droits juridiques et les attentes de la population à l'égard de ces droits ne sont pas satisfaites. Il existe donc un conflit entre les droits des données idéaux et les droits des données réels.

En définissant et en décrivant la catégorie statutaire, le contenu statutaire et la validité statutaire des droits des données, la légalisation offre des bases juridiques pour la réalisation des droits des données. Par la définition de la catégorie statutaire, tous les types de droits des données seront limitativement énumérés par la loi, et il ne sera pas autorisé d'établir des types de droits autres que ceux prescrits par la loi, ni de modifier, par le biais des accords, les types de droits prescrits par la loi. Par la définition du contenu statutaire, le contenu des droits des données sera prescrit par la loi et il ne sera pas autorisé de définir d'autres droits que ceux énumérés par la loi, ni de conclure des accords contraires aux dispositions impératives de la loi. Par la définition de la validité statutaire, la validité des droits des données sera impérativement prescrite pas la loi et il ne sera pas autorisé de la modifier par des accords ou des conventions. Dans le processus de conception législative des droits des données, les législateurs doivent définir de façon exhaustive les droits des données et les protéger par des lois rationnelles, de manière à créer une base rationnelle pour leur réalisation. Dans la pratique en droit privé, les autorités de police et de justice doivent protéger raisonnablement les intérêts relatifs aux droits des données, afin de fournir des garanties réalistes pour la réalisation des droits. Dans le processus de recours juridique pour les droits des données, les parties doivent adopter une vision rationnelle des droits, afin de préserver les droits des données dont ils jouissent. Cela est essentiel à la réalisation des droits des données. Ce n'est qu'en combinant de manière organique la législation, la justice, le recours juridique et la vision rationnelle des droits des données que nous pouvons assurer le bon fonctionnement du système juridique des droits des données.

La légalisation des droits des données est un processus dynamique. Pour s'élever au niveau des droits statuaires, les droits des données, élément des droits fondamentaux pour la survie et le développement de l'homme, devraient représenter des revendications d'intérêts bien justifiées et se conformer aux exigences réalistes et aux valeurs des systèmes pertinents. C'est la raison pour laquelle la légalisation est liée à des facteurs économiques, politiques et culturels. Au niveau du système juridique, tous les éléments constitutifs des lois ont un impact sur la légalisation des droits des données. À l'heure actuelle, il manque au domaine des droits des données une protection nécessaire et spécifique du droit substantiel, ainsi que des normes du droit procédural. Au niveau idéologique et culturel, les tendances de la société seront un frein au processus de légalisation des droits des données. Malgré l'avènement de l'ère numérique, le public n'est pas suffisamment sensibilisé à la protection des données et aux droits des données. L'absence d'une culture des données freinera la concrétisation des droits des données idéaux. Au niveau du développement social, la légalisation des droits des données traduit le niveau de la civilisation juridique et de la civilisation sociale. Aujourd'hui, la valeur des données ne cesse de croître, l'humanité avance vers « l'ère des droits des données ». Toutefois, en raison des limites du développement social, les droits des données n'attirent pas suffisamment l'attention des différents secteurs de la société et la légalisation des droits des données présente un certain retard. Or, des droits de données statuaires dissociés du développement social et historique perdront toute leur pertinence.

(2) Système de droit de propriété des données

« Dans l'économie numérique, les données sont le "pétrole" et constituent une propriété intangible de grande valeur. La définition d'un régime de propriété des données est une priorité du développement de l'économie numérique et une question importante que le système juridique de l'économie numérique doit résoudre de toute urgence » (Shen Weixing 2018). Dans sa communication intitulée « Créer une économie européenne fondée sur les données » de janvier 2017, la Commission européenne a défini les trois principaux objectifs de sa stratégie relative au marché unique numérique[12]. Dans ce contexte, l'Europe a mené des études sur les données non personnelles et les droits des producteurs de données et a proposé de nouveaux types de droits de propriété des données pour réglementer les marchés et les transactions. En décembre 2017, lors de la deuxième étude collective sur la mise en œuvre de la stratégie nationale des mégadonnées au sein du Bureau politique du Comité central du Parti communiste chinois, le secrétaire général Xi Jinping a appelé

12 Le premier objectif consiste à maximiser les avantages des données en facilitant l'accès aux données produites par des machines et le partage de ces données ; le deuxième objectif est de protéger les investissements, les actifs et les données confidentielles, en mettant en place des incitations saines à l'investissement et à l'innovation ; et le troisième objectif consiste à assurer une répartition équitable des avantages entre les détenteurs de données, les responsables du traitement et les fournisseurs d'application dans les chaînes de valeur. Si le concept de « droits de propriété des données » est régulièrement évoqué dans le processus d'allocation des éléments de données, c'est essentiellement parce qu'il n'existe pas encore de règles claires sur la façon de posséder des éléments de données et d'attribuer des intérêts de propriété relatifs aux données. Le renforcement de la protection des droits de propriété des données favorisera la circulation et le commerce de données, ainsi que les applications de produits de données. Il revête d'une grande importance pour libérer et développer la productivité des données, pour dynamiser le marché des facteurs de données et pour réaliser une économie numérique portée par l'innovation.

à « construire une économie numérique avec les données comme facteur clé » et à « formuler des systèmes pour la confirmation de droits, l'ouverture, la circulation et le commerce des ressources de données, tout en améliorant le système de protection des droits de propriété des données ». Les Avis du Conseil des affaires d'État chinois sur la construction d'un meilleur système d'allocation des facteurs orienté vers le marché, publiés en mars 2020, proposent également d'étudier l'amélioration de la nature des droits de propriété en fonction de la nature des données. La même année, en octobre, le Bureau général du Comité central du PCC et le Bureau général du Conseil des affaires d'État ont publié le Plan de mise en œuvre (2020–2025) pour une réforme pilote globale à Shenzhen dans le cadre de la construction d'une ville pilote pour le socialisme à la chinoise, donnant à Shenzhen la mission de prendre l'initiative d'améliorer le système de droits de propriété des données et d'explorer de nouveaux mécanismes pour la protection et l'utilisation des droits de propriété des données. « L'attribution des droits de propriété des données est une question fondamentale dans le développement de l'industrie des données, car elle détermine la façon dont les valeurs, les obligations et les responsabilités en matière de données seront réparties entre différents acteurs » (Zhu Baoli 2019). « Un système juste de droit de propriété devrait permettre une répartition rationnelle des droits et des obligations impliqués dans les relations juridiques et équilibrer autant que possible les conflits d'intérêts de la vie sociale » (John Rawls 1995, p. 5). Dans son ouvrage *Towarda Theory of Property Rights*, l'économiste Harold Demsetz affirme que la création des droits de propriété est par nature un processus d'équilibre entre le coût et le bénéfice : les droits de propriété ne seront créés que si les bénéfices de l'internalisation des externalités par la définition des droits sont supérieurs au coût de ce processus. De même, dans le domaine des données, lorsque les bénéfices apportés par la définition des droits de propriété sont supérieurs au coût de la définition, la base économique pour l'établissement des droits des données est suffisante. Si ces bénéfices peuvent croître, c'est parce que la valeur des données est de plus en plus importante et que les données commencent à se transformer en patrimoine, voire en facteur de production. Le litige entre LinkedIn et HiQ, la bataille entre SF Express et Cainiao sur des données logistiques, la lutte entre Huawei et WeChat sur la collecte des données, la fuite de données chez Facebook… tous ces incidents pointent vers la même question fondamentale : comment devons-nous définir et protéger les droits de propriété des données ? À l'heure actuelle, les faits montrent que les conditions pour l'établissement des droits de propriété des données sont quasiment suffisantes et que le droit de propriété est une question inévitable dans toutes les étapes du cycle de vie des données.

Le système des droits de propriété des données est un produit de la réglementation gouvernementale du flux de données. Il doit être ajusté en fonction de l'efficacité sociale pour assurer l'équilibre des intérêts entre les différentes parties et le public. En tant qu'objet des droits, les données constituent la base du système des droits de propriété des données. Les personnes physiques, les entreprises de plate-forme, les organismes gouvernementaux ou les intermédiaires de services de données peuvent tous être sujet des intérêts relatif aux données. Les droits de propriété des données sont un faisceau de droits qui comprend le droit d'user, de jouir, de posséder et de disposer des données. Le système de droits de propriété des données fournit essentiellement des règles précises sur la propriété des données, la possession des données, le contrôle des données, le droit d'utiliser des données, le droit de jouir des données, le droit de disposer des données, etc. Contrairement aux droits de propriété des autres actifs, les droits de propriété des données ont la particularité d'être réplicables et non exclusifs. Ils peuvent être définis par la technologie de gouvernance ou par la conception institutionnelle. Toutefois, leur définition est plus complexe que toute définition antérieure de droits. Il n'est ni approprié ni pertinent d'appliquer le régime de propriété classique selon lequel une chose appartient à un seul propriétaire. Nous devons élaborer de nouvelles règles juridiques propres à la civilisation numérique pour permettre la coexistence des droits de propriété des données entre différents sujets.

(2) Système de souveraineté des données

Depuis le XXIe siècle, avec le développement rapide de la technologie numérique, le cyberespace est devenu le cinquième domaine des États, après les espaces maritime, terrestre, aérien et spatial. Les flux et le stockage transfrontières de données deviennent de plus en plus courants et pratiques, ce qui frappe le concept traditionnel de souveraineté nationale. Dans ce contexte, la souveraineté des données devient la base théorique de la gouvernance et de la juridiction des États en matière de données et de technologies et infrastructures connexes. La souveraineté des données découle de la souveraineté de l'État et en est une nouvelle forme. En tant que produit de l'ère numérique, la souveraineté des données est fondée sur l'existence du cyberespace. Elle est la manifestation, l'extension et le reflet de la souveraineté de l'État dans le cyberespace. Détachée des éléments géographiques, la souveraineté des données est devenue une nouvelle branche conceptuelle de la souveraineté et occupe une place centrale dans le système de souveraineté. La souveraineté des données concerne la production, la collecte, le stockage, l'analyse, l'application et d'autres étapes du cycle de vie des données. Elle implique les intérêts vitaux de l'État, des entreprises et des individus et représente une valeur infinie. Les situations internationales et nationales montrent toutes que la souveraineté des données sera le nouveau domaine de jeu entre les puissances, à l'instar des domaines terrestre, maritime et aérien. De nombreux pays et régions ont lancé la protection de leurs ressources de données, la création de systèmes de sécurité des données et la construction d'infrastructures de données, afin d'améliorer leur capacité à sauvegarder la souveraineté des données et de protéger ainsi la sécurité nationale.

La Chine est un ardent défenseur de la souveraineté des données. Le Plan d'action pour la promotion du développement des mégadonnées, adopté par le Conseil des affaires d'État chinois en août 2015, comporte des dispositions claires sur la souveraineté des données : « nous devrions tirer pleinement parti de nos avantages en matière de taille de données, [...] renforcer la protection de la souveraineté des données dans le cyberespace, sauvegarder la sécurité nationale et améliorer efficacement notre compétitivité nationale ». L'article 37 de la *Loi sur la cybersécurité* promulguée en novembre 2016 stipule expressément que « les informations personnelles et les données importantes collectées et générées par les opérateurs d'infrastructures d'information critiques dans leurs opérations en République populaire de Chine doivent être stockées à l'intérieur de la Chine ». Ces dispositions traduisent pleinement la grande importance que la Chine attache à la souveraineté des données. Il semble bien que la souveraineté des données soit devenue une condition inévitable pour rechercher une participation et une voix égales dans les affaires internationales relatives au cyberespace et pour sauvegarder les intérêts nationaux.

Le *Manuel de Tallinn* publié par l'OTAN en avril 2013 souligne qu'un État peut exercer un contrôle sur les cyber-infrastructures et les cyber-activités situées sur son territoire souverain et que toute ingérence d'un État dans la cyber-infrastructure d'un autre État souverain constitue une violation de la souveraineté (Zhu Lixin 2015). L'article 20 de la résolution de juin 2013 du Groupe d'experts gouvernementaux chargé d'examiner les progrès de l'informatique et des télécommunications dans le contexte de la sécurité internationale, adoptée par la Sixième commission de l'Assemblée générale des Nations unies, prévoit que « la souveraineté de l'État et les normes et principes internationaux dérivés de la souveraineté s'appliquent aux activités de l'information et des communications menées par l'État et à la compétence de l'État en matière d'infrastructures de l'information et des communications sur son territoire ». Cela affirme l'existence de la souveraineté nationale dans le cyberespace. L'article premier du *Manuel de Tallinn 2.0 sur le droit international applicable aux cyber-opérations* (2017) portant sur la souveraineté (principes généraux) rejette expressément l'idée de considérer le cyberespace comme un patrimoine mondial. Selon le Manuel, « bien que la qualification [du patrimoine mondial] puisse être utile dans d'autres domaines, le Groupe international d'experts n'a pas accepté cette qualification parce qu'elle ne prend pas en compte les attributs territoriaux du cyberespace et des cyber-opérations qui impliquent les principes de la souveraineté » (Schmitt M. Tallin 2017, p. 12). Conformément à l'article 2 de la Charte des Nations Unies et aux résolutions pertinentes de l'Assemblée générale, la communauté internationale a progressivement accepté l'opinion selon laquelle tout flux d'informations depuis ou vers un État souverain sans le consentement de l'État constitue une violation de la souveraineté. À l'heure actuelle, l'existence de la souveraineté des données et son importance sont reconnues dans divers accords internationaux et lois nationales, en Chine et à l'étranger, et ses connotations sont constamment enrichies.

« La "théorie de la souveraineté des données" fondée sur l'ordre public international moderne défend l'idée que la gouvernance des données relève de la souveraineté traditionnelle. Cette théorie s'est continuellement développée pour s'étendre de la cybersouveraineté à la souveraineté technologique. À l'inverse, la "théorie de la liberté des données" fondée sur l'idéal d'un Internet cosmopolite souligne que les données devraient pouvoir circuler librement sans interférence de la souveraineté. Elle se traduit notamment par une "juridiction au bras long" sur les données et sur les contrôleurs de données. Dans la pratique, ces deux théories sont à la fois en concurrence et en intégration » (Liu Tianjiao 2020). Pour les équilibrer, nous devons à la fois persister dans la construction d'un ordre basé sur la souveraineté des données, mais aussi considérer positivement l'importance de l'efficacité à l'ère numérique. Le développement de la technologie numérique incite la cybersouveraineté à évoluer vers la souveraineté des données et cela a impact profond sur la construction du droit international et de l'ordre international dans le contexte de la nouvelle ère (Huang Haiying et He Meng 2019). Alors que l'importance de la souveraineté des données devient de plus en plus évidente, tous les pays recherchent le moyen de gagner des avantages concurrentiels dans la souveraineté des données tout en assurant la souveraineté et la sécurité de l'État, dans le jeu entre ordre et liberté, entre développement et sécurité.

La sauvegarde de la souveraineté des données est d'une grande importance pour la sécurité nationale, le développement économique et la stabilité sociale d'un pays. Si les pays dotés de solides capacités de contrôle des données ne s'inquiètent pas du pillage et de l'abus des données, les pays ayant des capacités de contrôle des données plus faibles espèrent renforcer leur pouvoir en matière de gestion et d'utilisation des données grâce à la coopération internationale. À l'heure actuelle, les lois et politiques relatives à la souveraineté des données s'intéressent principalement à la gestion et au contrôle des données, tandis que les revendications et les pratiques des pays en matière de souveraineté des données portent principalement sur la gestion des flux de données transfrontières. Sur le plan international, de plus en plus de pays et régions ont commencé à construire leur système juridique de souveraineté des données pour normaliser la gestion des données (He Bo 2017). En effet, ce n'est qu'en reconnaissant les frontières souveraines des États dans le cyberespace que nous pouvons affirmer la base juridique du droit international dans la réglementation des ressources de données et former un système de réglementation international spécifique, systématique et applicable fondé sur un consensus atteint par tous les États par le biais de consultations sur un pied d'égalité. De même, ce n'est qu'en reconnaissant les frontières souveraines des États dans le cyberespace que nous pourrons mettre en œuvre des lois et réglementations internationales efficaces pour les ressources de données et exiger de tous États qu'ils s'y conforment, sous la direction des principes de paix, de coopération et de développement énoncés dans la Charte des Nations Unies, de sorte que les règlementations internationales jouent leur rôle effectif. À cet égard, pour réglementer la souveraineté des données au niveau juridique et promouvoir l'amélioration du système international de gouvernance des données, nous devrions accorder plus d'attention à la sécurité et à la protection des données tout en mettant l'accent sur l'exploitation et l'utilisation des ressources de données. Nous devons gérer avec prudence les risques d'abus de souveraineté des données et construire un cadre institutionnel pour la souveraineté des données en étudiant la réglementation des flux transfrontières basée sur la classification des données et l'élimination des abus de souveraineté des données sous la vision d'une communauté de destin.

4.4 Système de preuves numériques

Le développement de la technologie numérique a inauguré une transformation dans l'établissement de la primauté du droit en matière de preuves. En effet, l'enquête juridique a toujours bénéficié des progrès technologiques. Dès la Chine antique, des techniques scientifiques de l'époque ont été utilisées pour des enquêtes criminelles et des besoins d'identification. À la fin du XIXe siècle, avec l'achèvement de la révolution industrielle, le développement scientifique a connu une troisième vague et les applications de la technologie ont progressé de façon spectaculaire. Les activités d'exploration scientifique qui se sont développées à partir de nos activités quotidiennes ont élargi la portée des preuves indépendantes et l'imagination indépendante de l'homme, renforcé l'importance que les êtres humains attachent à la preuve et amélioré notre capacité de jugement en matière de preuves. L'utilisation des données comme preuve est le produit du développement de la preuve électronique à un stade avancé. « Par rapport aux données électroniques sous forme isolée, la preuve en mégadonnées se caractérise par des quantités importantes de données et la possibilité de masquer des règles de données pour prouver les faits. De toute évidence, cela représente un changement qualitatif. À l'heure actuelle, les mégadonnées ont commencé à être utilisées comme preuve pour résoudre des difficultés d'enquête et il y aura certainement un développement à plus long terme. Il devient donc urgent de reconnaître le statut juridique des preuves en mégadonnées et de formuler des règles correspondantes » (Liu Pinxin 2019).

(I) Une approche judiciaire centrée sur la preuve

En matière de méthode de justification judiciaire, la société humaine a connu deux changements majeurs : par le premier, la place centrale du « témoignage divin » a été remplacée par les témoignages personnels ; par le second, les preuves matérielles sont devenues la principale méthode de justification. Dans le cas du système de justification judiciaire ou du système de preuves, le développement de la société humaine reflète dans une certaine mesure « la négation de la négation », car il est passé de la preuve libre à la preuve non libre, puis à la preuve relativement libre (He Jiahong et Liu Pinxin 2019). Les principes à établir dans la formulation des dispositions juridiques relatives à la preuve et les critères à suivre lors de l'application concrète de la preuve dans la pratique judiciaire sont appelés « principes de la preuve ». Ces principes occupent une place fondamentale et constituent l'idéologie directrice de l'ensemble du mécanisme juridique fondé sur la preuve. Dans « La nécessité et les principes fondamentaux de la législation sur les preuves pénales », la Commission des affaires législatives du Comité permanent de l'Assemblée populaire nationale souligne que même si la Chine n'a pas encore clairement énoncé les principes de la preuve dans une loi spécifique, les organes législatifs de l'État s'intéressent depuis longtemps à cette question et ont invité des experts nationaux et des universitaires renommés à mener de nombreuses discussions. Ils sont convenus que, pour promulguer de bonnes lois sur les preuves, les principes fondamentaux du système des preuves devraient d'abord être établis. En outre, des juristes renommés comme He Jiahong et Liu Pinxin estiment que la Chine devrait affirmer clairement les principes généraux de justice et de rationalité de la preuve judiciaire, comme le principe de la recherche de la vérité à partir des faits, le principe de la criminalité fondée sur des preuves, le principe du témoignage et du procès, le principe de l'association de la preuve légale et de la preuve libre, tout en reflétant l'orientation de la valeur juridique et les principes des politiques sociales, tels que le principe du respect de l'État de droit et le principe de l'équité et de l'intégrité, etc. (He Jiahong et Liu Pinxin 2019, pp. 1–101).

Théorie du fait et théorie du reflet. Le monde juridique a de différents points de vue sur la preuve. Deux courants sont particulièrement influents : la théorie du fait et la théorie du reflet. La théorie du fait estime qu'une preuve est un fait qui existe ou qui s'est produit objectivement et qui est associé aux faits à prouver. Selon cette théorie, la preuve est de nature primaire. De son côté, la théorie du reflet considère « qu'une preuve ne constitue pas un fait objectif en soi, mais un reflet de faits objectifs dans l'esprit humain. Elle est de nature secondaire et non primaire et est indépendante de la conscience subjective de l'être humain » (Wu Jialin 1981). En un mot, la théorie du fait considère les preuves comme des faits, tandis que la théorie du reflet les considère comme des reflets de faits. Dans les deux théories, les faits ont un caractère originel et ils représentent ce qui est substantiel. Autour de ces deux visions de la preuve, deux grands débats sur la preuve ont été déclenchés dans les années 1950 et 1980. En même temps, ce sont actuellement les deux principales visions de la preuve dans les milieux juridique et académique en Chine.

La véracité est un trait distinctif entre les faits et les preuves. Les faits sont les vraies conditions des choses et leur caractéristique essentielle est la véracité. Un fait est « une circonstance, un événement tel qu'il a réellement eu lieu ou s'est produit ; un objet physique ou une apparence, telle qu'elle existe réellement ou existait. Une réalité actuelle et absolue, par opposition à une simple supposition ou opinion » (Xue Bo 2003). En un mot, les faits sont nécessairement vrais, tandis que les preuves peuvent être fausses. Les notions du « fait » et de « l'existence » sont étroitement liées. Le *Black's Law Dictionary* définit les faits comme des choses telles qu'elles existent réellement. En philosophie, l'existence est un concept d'ontologie, qui se réfère à un monde objectif indépendant de la subjectivité humaine : « le monde est indépendant de ma volonté » (Ludwig Wittgenstein 1962, p. 94). Pour Lénine, si les faits sont appréhendés à partir de leur ensemble et de leurs interconnexions, alors les faits ne sont pas seulement quelque chose de plus éloquent que les paroles, mais aussi une chose d'évidence concluante ; si les faits ne sont pas appréhendés à partir de leur ensemble et de leurs interconnexions, mais à partir de fragments choisis au hasard, alors les faits ne pourront pas être pris plus au sérieux qu'une plaisanterie. Au sens large, une preuve est une information en lien avec les faits à prouver. Pour Claude Shannon, fondateur de la théorie de l'information, l'information est une diminution ou une réduction de l'incertitude. Le système de preuves numériques vise à éliminer ou à réduire l'incertitude de la détermination des faits. Il revêt sans aucun doute d'une importance universelle dans la poursuite de la justice de l'humanité.

L'adoption d'une approche centrée sur la preuve permet au droit de réaliser l'équité et la justice. Cela signifie que « la détermination des faits dans les activités judiciaires doit être fondée sur les preuves et que les preuves doivent être la pierre angulaire de la justification judiciaire. En d'autres termes, la décision judiciaire doit être fondée sur des éléments de preuve. C'est la raison pour la question l'approche est aussi appelée "jugement sur preuves" » (He Jiahong et Liu Pinxin 2019, p. 86). Le professeur japonais de la procédure pénale Morikazu Taguchi estime que « la détermination des faits doit être fondée sur des éléments de preuve probants et sur des enquêtes. La notion de "faits" et la notion de "preuve corroborante" ont une importance normative particulière" ». D'un point de vue pratique, les erreurs judiciaires sont souvent le résultat d'une interaction de causes multiples, qui reflètent les dix lacunes majeures dans le système, les mécanismes et les principes de la justice pénale chinoise[13]. La prise de conscience de ces

13 Les dix principales lacunes de la justice pénale actuelle en Chine sont : 1) La fixation illégale de délai pour élucider les affaires ; 2) Un modèle d'enquête axé sur les aveux ; 3) Des collectes de preuves unilatérales ; 4) De l'interprétation inappropriée des preuves scientifiques ; 5) Des difficultés à interdire l'obtention d'aveux par la torture ; 6) Des abandons de principes pour satisfaire l'opinion publique ; 7) Des restrictions mutuelles fictives ; 8) Des procès inefficaces ; 9) Des détentions

lacunes n'est que la première étape dans la prévention d'erreurs judiciaires. Nous devons également prendre des mesures pratiques et efficaces. S'il est vrai que nous ne pouvons pas éliminer entièrement les erreurs, nous devons faire tout notre possible pour les éviter, en améliorant les procédures et les règles de preuve correspondantes.

(2) Importance des preuves numériques

Les preuves numériques sont un produit du développement de la technologie numérique. Elles désignent généralement toute preuve élaborée au moyen de la technologie numérique ou de l'équipement électronique, ou toute preuve présentée sous forme électronique permettant d'étayer les faits de l'affaire. Avec le développement et l'utilisation de la technologie numérique, les formats utilisés dans la transmission de l'information ont connu des changements radicaux et les preuves classiques sont progressivement remplacées par de nouveaux types de preuves, notamment des preuves numériques.

Normalisation des preuves. « Les normes de preuve unifiées basées sur les données sont développées pour répondre à la nécessité de construire une chaîne complète de preuves dans différents types d'affaires. Elles sont à utiliser par les tribunaux, les parquets et la police et sont intégrées dans le système de procédure fondé sur les données. Leur création vise à concrétiser des normes pour des preuves fiables et suffisantes permettant d'établir des faits clairs. L'utilisation des données est leur caractéristique essentielle et le caractère unifié est leur trait dérivé. Ces normes novatrices ont créé de nouvelles procédures d'enquête pour les tribunaux, les parquets et la police et représentent l'orientation de la réforme des normes de preuve. Elles ont enrichi le système théorique pertinent et fourni un mécanisme pour corriger la partialité dans les décisions judiciaires » (Liu Pinxin et Chen Li 2019). Dans la pratique, les norme de preuve basées sur des données sont devenues un aspect important de la réforme du domaine judiciaire et sont mises en œuvre dans le Guizhou, le Jiangsu, le

prolongées de façon excessive ; 10) L'application de peines légères en cas de preuves insuffisantes (He Jiahong 2014).

Sichuan, à Shanghai, etc. Par rapport aux preuves classiques, il s'agit d'un moyen efficace de corriger des conceptions inappropriées de la légalité des procédures, telles que la légalité fondée uniquement sur l'authenticité, la vérification ou la cohérence[14].

Une approche scientifique pour la détermination des faits. « La classification est une méthode importante d'étude théorique des preuves. Le juriste britannique du XVIIIe siècle Jeremy Bentham est généralement considéré comme le premier à classifier les preuves. Dans son œuvre majeure *Traité des preuves judiciaires*, Jeremy Bentham a mis au point neuf méthodes de classifier les preuves, telles que les preuves matérielles et personnelles, les preuves volontaires et forcées, les preuves verbales, sous serment et documentaires, les preuves directes et indirectes, les preuves originales et les preuves par ouï-dire, etc. Depuis lors, des chercheurs de différents pays ont approfondi leur étude de la classification des preuves, mais ils ont continué à appliquer des critères de classification différents. Ces dernières années, les chercheurs chinois ont avancé vers un consensus dans la classification des preuves et sont désormais enclins à distinguer les preuves verbales et physiques, les preuves primaires et secondaires, les preuves directes et indirectes, ainsi que les preuves corroborantes et contraires (He Jiahong et Liu Pinxin 2019, p. 125). La classification des preuves verbales et physiques est axée sur le contenu et la forme d'expression de la preuve. La classification des preuves primaires et secondaires est axée sur l'origine ou la source de la preuve. La classification des preuves directes et indirectes est axée sur la relation entre la preuve et les faits de l'affaire, et la classification des preuves corroborantes et contraires est axée sur la relation entre la preuve et les faits revendiqués par la même

14 La « légalité fondée uniquement sur l'authenticité » signifie que le tribunal confirme la légalité de la procédure d'obtention de la déclaration dès que la véracité de la déclaration du défendeur est approuvée. La « légalité fondée uniquement sur la vérification » signifie que l'authenticité de la déclaration est vérifiée sur la base de la corroboration mutuelle avec d'autres preuves, pour ensuite déduire la légalité de la procédure de collecte des preuves. La « légalité fondée uniquement sur la cohérence » signifie que l'authenticité de la déclaration est déduite par la cohérence des déclarations et la légalité du processus de collecte de preuves est déterminée par l'authenticité de la déclaration (Yi Yanyou 2016).

partie. Les preuves numériques sont un produit du croisement entre le droit et la technologie. « Avec l'utilisation de la science et de la technologie dans les procès, les règles traditionnelles de la preuve ont évolué. L'application de la règle du ouï-dire devient difficile avec le recours aux technologies audiovisuelles et la règle de la meilleure preuve s'affaiblit. En même temps, les problèmes de la preuve électronique sont de plus en plus importants » (Chen Xuequan 2008). Les preuves numériques, en tant que produit itératif de la preuve électronique, permettent non seulement de tracer la source des éléments, mais favorisent aussi une approche plus scientifique dans la détermination des faits.

De la vérité objective à la vérité juridique. « De la même manière que la vérité absolue et la vérité relative sont interdépendantes et mutuellement transformables, la vérité objective et la vérité juridique ne sont pas deux visions entièrement opposées de la vérité. Elles représentent deux aspects et deux niveaux d'une affaire. La vérité objective, bien qu'elle soit utopique comme la vérité absolue, offre un objectif idéal qui pourrait aider à mobiliser l'initiative subjective du personnel de la sécurité publique et de l'appareil judiciaire » (Lei Jianchang 2004). Pour le juge britannique Simon, si une preuve peut prouver ou réfuter logiquement des choses devant être prouvées, la preuve est alors pertinente. Même au risque de synonyme, nous avons de bonnes raisons de dire qu'une preuve pertinente est une preuve qui rend ces choses plus ou moins probables. Grâce à l'objectivité, à la pertinence et à d'autres caractéristiques des mégadonnées, les preuves numériques peuvent fournir des références spécifiques et directes, avec des contenus objectifs, pertinents et authentiques. L'utilisation des données comme preuve et la donnéification des preuves sont des manifestations de la haute pertinence des données numériques. Les données numériques ne sont pas de simples accumulations de données, mais sont distribuées dans l'espace, avec des lignes, des nœuds et des trames temporels. Elles renforcent la consolidation, l'exploration et l'analyse de corrélation des données sur la piste des faits, intensifient le soutien des données pour l'alerte précoce et l'élimination des risques de criminalité, et apportent de nouveaux contenus au droit des preuves, tout en fournissant une nouvelle orientation pour le changement de paradigme dans l'étude du droit des preuves.

(3) Technologie juridique et justice numérique

La technologie juridique n'est pas nouvelle, mais elle n'a jamais été aussi intégrée dans nos vies qu'elle est aujourd'hui, ce qui pose de grands défis aux règles juridiques traditionnelles des États. « Lorsque nous regardons en arrière l'évolution et le développement de l'Internet, il ressort clairement que l'Internet a apporté des défis et des changements aux règles juridiques traditionnelles, d'abord au niveau local et quantitatif, puis au niveau global et qualitatif » (Li Qian 2016). L'ère portée par la technologie juridique est une ère toute nouvelle : les lois de l'ancienne ère ne seront pas entièrement adaptées à l'ère numérique. Selon Nicholas Negroponte, notre droit est comme un poisson sur un pont de bateau qui lutte pour survivre. Il respire difficilement car le monde numérique est très différent de son environnement habituel. La plupart des lois actuelles sont faites pour le monde des atomes, mais pas pour le monde de bytes … Dans l'espace informatique, il n'y a pas de place pour les lois nationales (Nicholas Negroponte 2017, p. 278). Dans ce contexte, l'ordre juridique des données peut aider à porter la pensée juridique à un niveau supérieur. Le développement technologique pose des défis, mais peut également fournir des solutions. Les changements et les innovations apportés par les mégadonnées en ce qui concerne notre façon d'évaluer, de collecter et d'utiliser les données affecteront non seulement tous les aspects de la vie sociale, mais créeront également de nouvelles opportunités pour changer la pensée causale du droit. « Enfin, l'humanité bénéficiera du développement et du progrès de la technologie et gagnera plus de liberté et d'émancipation dans l'ère de l'intelligence à venir » (Li Haiying 2016). L'avènement de la technologie numérique va changer et même briser l'ordre et l'équilibre existants, influençant et transformant ainsi le système juridique existant.

Dans le monde numérique, le droit est dépassé par les flux de données qui se produisent à un rythme spectaculaire. Selon Edgar Bodenheimer, l'un des rôles fondamentaux du droit est de créer un ordre raisonnable dans la conduite et les relations de l'humanité qui sont nombreuses, diverses et variées, et de promulguer des règles ou des normes de conduite pour certaines actions ou certains comportements qui nécessitent des restrictions (Edgar Bodenheimer 2017, p. 500). Or, dans un monde numérique, les données sont naturellement contrôlées par le code et n'obéissent à aucune intervention humaine en dehors du code. Même si la loi déclare la propriété des données, l'ayant droit ne pourra pas se passer du code pour placer les données sous son contrôle, de la même manière que personne ne peut sortir une pomme d'un écran d'ordinateur. En revanche, si le droit ne peut pas changer la logique naturelle de la technologie, il peut influer sur la manifestation spécifique de la technologie du point de vue du comportement humain. Essentiellement, pour parvenir à réguler le monde numérique, le droit doit viser les comportements humains qu'il peut contrôler afin d'établir un ordre de données sain. La naissance de droits des données montre qu'une protection juridique séparée des données est théoriquement bien fondée et réalisable. Plus important encore, sur la base de droits de données clairs, nous pourrons élaborer des règles juridiques régissant les droits relatifs aux données personnelles, pour réglementer la collecte, l'utilisation, le stockage, la transmission, le traitement et d'autres comportements liés aux données, créant ainsi un bon ordre pour la protection et l'utilisation des données.

À l'ère numérique, chacun de nous est à la fois producteur et consommateur de données, et personne ne pourra vivre sans les données. Parallèlement, chaque relation sociale dans la société humaine est directement ou indirectement « marquée » par des données et les lois régissant ces relations sociales deviennent des lois orientées vers les données. Les données personnelles sont inextricablement liées à la vie privée, mais étant donné que les données impliquent des valeurs multiples, telles que la liberté personnelle, la dignité humaine, la valeur commerciale et la valeur pour l'administration publique, l'évaluation et l'équilibre des intérêts seront le point de départ théorique et la base du droit des données. L'équilibre des intérêts est une exigence de l'esprit du droit civil et de la justice sociale, qui imprègne tout le processus de protection juridique des données personnelles. La réalisation de l'équité et de la justice et l'optimisation de l'allocation des ressources sont à la fois des objectifs communs et une manifestation directe de la justice numérique à l'ère numérique. En effet, le développement rapide de la technologie numérique a rendu les questions relatives aux données personnelles complexes et les conflits entre les droits privés et publics en matière de données personnelles sont de plus en plus fréquents. La protection juridique des données personnelles devient donc particulièrement importante. Face à la diversité et à la contradiction des intérêts, le droit est le meilleur mécanisme pour trouver un équilibre entre des besoins infinis et des ressources limitées et pour parvenir à un arrangement rationnel des intérêts à travers des mesures législatives.

4.5 Système de l'éthique des données

La réglementation juridique est un moyen universel de protection des données, mais cela ne signifie pas que le droit est le seul moyen de réglementation et encore moins l'exclusion d'autres moyens de protection. En effet, les normes juridiques, les normes éthiques et les normes d'autoréglementation des industries sont toutes des moyens importants du système de réglementation et de contrôle de la société. En termes de perspectives morales, les mégadonnées jouent une sorte de rôle d'intégration et d'orientation des civilisations. Elles rassemblent l'énergie positive des retours de valeur ou de la critique en temps réel pour rendre la société plus dynamique, plus libre et plus ouverte, plus juste et plus efficace, promouvant ainsi le développement de l'éthique humaine (Yue Jin 2016). L'autoréglementation des industries est un modèle de réglementation du comportement des entreprises par des directives et des chartes propres à chaque industrie (Margot Priest 1998). Elle constitue une forme externe de protection éthique des données.

(1) Protection éthique des données

À chaque époque, l'éthique a des connotations différentes et spécifiques. Dans les premiers temps du cyberespace, les normes éthiques spontanées ont joué un rôle majeur dans la régulation de la sécurité des données. Avec la restructuration massive de la société numérique, la notion de l'éthique évolue et le concept de coexistence inclusive est de plus en plus accepté pour devenir un code de conduite éthique de la société numérique. Pour atteindre cet objectif, le comportement dans le cyberespace doit être réglementé par l'éthique des données.

L'éthique des données s'intéresse à des questions éthiques qui se posent dans la collecte et l'analyse des données, ainsi que dans un ensemble d'activités liées aux données telles que l'utilisation, la description, la diffusion et l'accessibilité des données dans la recherche biomédicale et en sciences sociales. « Les données étant devenues des actifs stratégiques importants, les énormes avantages sociaux et économiques qu'elles apportent entraînent inévitablement des problèmes éthiques tels que la collecte et la diffusion illégales, l'utilisation abusive de données, l'acquisition et la conservation illégales de données personnelles, l'abus de données, l'affaiblissement du pouvoir de contrôle de la personne concernée, la monopolisation de données, les inégalités dans l'application des données et l'utilisation des données pour biaiser nos choix, etc. » (Chen Yi 2020). À chaque stade de développement, les différents sujets ont des besoins différents en matière de données et des perceptions différentes de l'éthique des données. En 2016, le Comité économique et social européen (CESE) a résumé les dilemmes éthiques que nous rencontrons à différentes étapes de notre vie en dix questions majeures : la propriété, le pouvoir de contrôle, le droit à l'information, le droit à la vie privée, la confiance, la surveillance et la sécurité, l'identité numérique, la réalisation personnalisée, la désanonymisation et la fracture numérique. En fin de compte, l'éthique des données est inextricablement liée à l'être humain. Avant même leur naissance, les êtres humains participent déjà au monde numérique et tout au long de leur vie, ils continuent de fournir et d'utiliser des données à différents niveaux de sensibilisation et de différentes façons.

« Les données ont engendré le dataïsme, une philosophie de la donnéification. Le dataïsme préconise la maximisation du flux de données et la liberté d'information. Il signifie essentiellement le passage d'un système centré sur les personnes à un système centré sur les données et met l'accent sur la liberté des données, de sorte qu'elle remplace la liberté personnelle » (Li Lun et Huang Guan 2019). Comme l'a fait remarquer Yuval Noah Harari, au XVIIIe siècle, « l'humanité est passée d'une vision du monde centrée sur la divinité à une vision centrée sur l'homme. Au cours du XXIe siècle, le dataïsme pourrait nous faire passer d'une vision centrée sur les personnes à une vision centrée sur les données » (Yuval Noah Harari 2017, p. 347). Pour éviter les dangers du dataïsme, respecter les libertés et les droits de l'homme, promouvoir le partage normalisé des données et nous opposer à l'utilisation abusive des données, nous devons promouvoir une éthique humaniste des données.

La sécurité des données n'est pas seulement une question technique, mais plutôt une question d'équilibre entre les intérêts, les valeurs et l'éthique. La protection des données ne doit pas être comprise comme simplement la sauvegarde des secrets, mais comme un ensemble de règles sur l'éthique de la collecte et de la divulgation d'informations personnelles. Selon le « Plan de création du Comité national d'éthique scientifique et technologique » examiné et adopté par la Commission centrale d'approfondissement global des réformes, « nous devons redoubler d'efforts pour améliorer les normes institutionnelles et les mécanismes de gouvernance, renforcer le contrôle éthique, affiner les lois, les réglementations et les règles d'examen éthique pertinentes, et normaliser diverses activités de recherche scientifique ». La quatrième session plénière du 19e Comité central du Parti communiste chinois a également mis en avant la nécessité « d'améliorer le système de gouvernance éthique des sciences et technologies ». Le 14e Plan quinquennal de Chine souligne également la nécessité de renforcer le système éthique des sciences et de la technologie. Du point de vue de la réglementation, la gouvernance éthique de la protection des données à l'ère de la civilisation numérique consiste à adhérer à des normes éthiques. Le chercheur américain Richard A. Spinello a un jour souligné que « la technologie a tendance à se développer plus rapidement que l'éthique, et ce décalage nous cause souvent un préjudice considérable ». Il a donc proposé trois principes pour la réglementation éthique sur les réseaux, à savoir l'autonomie, l'innocuité et le consentement éclairé[15]. Au niveau national,

15 Le premier principe est l'autonomie. L'autonomie signifie que les individus sont capables de décider de leur propre mode de vie. Appliquée dans le domaine des données personnelles, elle signifie que les propriétaires de données ont le droit de décider à quelles fins et pour quelle valeur leurs données personnelles peuvent être utilisées. Le deuxième principe est l'innocuité. En d'autres termes, lorsque les données personnelles sont traitées par la technologie moderne pour créer de la valeur, aucun préjudice ne doit être causé au propriétaire des données. Il s'agit d'un des

en réponse aux questions éthiques soulevées par la technologie des mégadonnées, la communauté universitaire a également établi trois principes, à savoir le principe de l'innocuité, le principe de l'unité du pouvoir et des responsabilités et le principe du respect de l'autonomie[16]. Dans l'ensemble, nous devrions nous concentrer sur la méta-éthique du système éthique de la société numérique et sur sa réalisation, améliorer le système de protection éthique des données, éliminer les conséquences négatives de l'aliénation de la technologie des mégadonnées et nous efforcer d'assurer la justice du système d'éthique des données lui-même. En d'autres termes, lors de la conception de systèmes éthiques pertinents, il faudrait étudier en priorité les moyens de prévenir la disparition de l'humanisme, de l'humanité et de la liberté à l'ère des mégadonnées (Chen Shiwei 2016).

(2) *Autoréglementation des industries*

L'autoréglementation des industries est un modèle de réglementation du comportement des entreprises par des directives et des chartes propres à chaque industrie (Margot Priest 1998). Il s'agit d'une modération volontaire des entreprises de leur propre conduite (Maxwell J. W., Lyon T. P. et Hackett S. C. 2000). Dans le domaine des données, l'autoréglementation de l'industrie est un soutien important pour combler efficacement les lacunes de la réglementation gouvernementale et juridique et construire une écologie industrielle fondée sur la protection de la vie privée, la

---

moyens de protéger les données personnelles. Le troisième principe est le consentement éclairé. Le consentement est l'expression de la volonté subjective d'une personne. Il exige que la personne concernée comprenne clairement la manière et la finalité du traitement de ses données, c'est-à-dire qu'il est basé sur son droit à l'information (Richard A. Spinello 1998).

16 Le principe de l'innocuité signifie que le développement des mégadonnées doit être centré sur l'être humain, servir le développement sain de la société humaine et améliorer la qualité de vie des populations. L'unité du pouvoir et des responsabilités signifie que quiconque collecte ou utilise des données en sera responsable. Le principe du respect de l'autonomie signifie qu'il faudrait accorder aux producteurs de données les droits de stocker, de supprimer, d'utiliser les données ainsi que le droit à l'information (Yang Weidong 2018, p. 7.)

répression de la circulation illégale de données et l'innovation collaborative.

Elinor Ostrom estime que Leviathan ou la privatisation n'est pas la seule solution efficace. Les problèmes liés aux grandes quantités de ressources en propriété commune dans la société humaine ne peuvent pas être résolus par l'État ou le marché à lui seul. L'auto-organisation et l'autonomie sont, en fait, des arrangements institutionnels plus efficaces pour la gestion des affaires publiques (Elinor Ostrom 2000, pp. 22–50). En tant que lien entre le gouvernement et les entreprises, les associations industrielles et les chambres de commerce peuvent aider à guider les acteurs du marché à se réguler à travers la supervision, l'autoréglementation, la coordination et d'autres moyens, afin de former une sorte d'ordre privé organisé en parallèle à l'ordre public[17]. Le monde universitaire résume généralement six facteurs moteurs de l'autoréglementation industrielle : amélioration du rapport coût-avantage, prévention des risques, protection de biens communs, exigence du système, défaillance du marché ou exigence de l'innovation (voir Tableau 4-5). Dans la pratique, lorsque les entreprises décident de participer ou non à l'autoréglementation industrielle, elles prennent généralement en compte tous ces éléments. Par exemple, selon un rapport sur l'autoréglementation industrielle en Australie, les entreprises participent à l'autoréglementation notamment pour améliorer les normes de l'industrie, créer des outils de marché, améliorer le niveau d'information, éviter des réglementations gouvernementales ou répondre aux exigences légales (Philip Eijlander 2005).

Du point de vue de sa relation avec la réglementation gouvernementale, l'autoréglementation industrielle peut être divisée en autoréglementation autonome, autoréglementation alternative et autoréglementation conditionnelle. Dans l'autoréglementation autonome, la mise en place de

17 L'ordre privé fait référence au mécanisme d'autorégulation des groupes organisés formés par des individus sur la base de ressources relationnelles personnelles ou de participation volontaire. Au sein d'un pays, l'ordre privé peut devenir un système juridique formel général, mais avant cela, il fonctionne localement comme un complément ou un substitut à l'ordre public, tout en restant soumis au droit national (Yu Hui 2008, p. 290).

Tableau 4-5 Facteurs moteurs de l'autoréglementation industrielle (Chang Jian et Guo Wei 2011)

Théorie	Description
Coût-avantage	L'autoréglementation industrielle a des coûts, en particulier l'investissement des membres de l'industrie pour élaborer et mettre en œuvre l'autoréglementation. Dans le même temps, l'autoréglementation apporte également des avantages. La formulation et le respect des normes d'autorégulation peuvent apporter certains avantages aux membres de l'industrie.
Prévention des risques	La motivation la plus typique de l'autoréglementation industrielle est la prévention des images négatives de l'entreprise. Par exemple, certaines industries monopolistiques exercent une autoréglementation, comme la modification des décisions de production et de prix et la restriction de l'utilisation des droits monopolistiques, dans le but d'empêcher les réformateurs de menacer leur position de monopole.
Protection de biens communs	Les entreprises de l'industrie moderne partagent des biens communs intangibles. Pour protéger ces biens communs intangibles et restreindre les actions d'entreprises individuelles qui peuvent nuire aux intérêts généraux de l'ensemble de l'industrie, un système d'autoréglementation est indispensable.
Exigence du système	Les entreprises participent à l'autoréglementation pour maintenir le fonctionnement du système. Les entreprises peuvent être motivées à rejoindre des mécanismes d'autoréglementation pour améliorer leurs relations avec des organismes de réglementation et ainsi réduire la pression réglementaire de ces organismes et affirmer leur légitimité.
Défaillance du marché	L'autoréglementation industrielle découle d'une certaine forme de défaillance du marché, en particulier les externalités du marché, l'asymétrie de l'information, l'imperfection du droit privé et le coût excessif de la correction des défaillances du marché.
Exigence de l'innovation	Bien que l'autoréglementation réduise la transparence du marché, elle améliore le bien-être social global grâce à l'innovation. Les avantages de l'innovation dépassent généralement les pertes liées à la transparence des prix. Par conséquent, en ce sens, l'innovation est la force motrice de l'autoréglementation.

l'autoréglementation est entièrement entre les mains des organisations privées. Tant que l'autoréglementation ne viole pas les normes de valeurs générales telles que la concurrence loyale, le gouvernement l'accepte et adopte une attitude non interventionniste. Dans l'autoréglementation alternative, la mise en place de l'autoréglementation repose sur des acteurs privés, mais le gouvernement surveille le processus pour s'assurer que l'intérêt public n'est pas menacé. Dans l'autoréglementation conditionnelle, la réglementation publique et les normes privées d'autoréglementation sont combinées et l'autoréglementation est soumise au contrôle du gouvernement. Du point de vue de l'intervention du gouvernement, l'autoréglementation industrielle peut être divisée en autoréglementation obligatoire, autoréglementation avec approbation, autoréglementation forcée et autoréglementation volontaire. L'autoréglementation obligatoire désigne celle spécifiée par le gouvernement. L'autoréglementation avec approbation signifie que les organisations élaborent leurs propres programmes d'autoréglementation, qui sont ensuite soumis au gouvernement pour approbation avant la mise en œuvre. L'autoréglementation forcée désigne un système d'autoréglementation mis en place en réponse aux menaces du gouvernement d'imposer une réglementation. L'autoréglementation volontaire désigne une autoréglementation mise en place sans aucune intervention directe ou indirecte de l'État : l'État ne la promeut pas, ni l'ordonne (Black Julia 1996). Du point de vue de son efficacité, l'autoréglementation industrielle peut être divisée en autoréglementation basée sur des consultations volontaires et autoréglementation concurrentielle. Le modèle de consultation volontaire exige que les parties concernées participent à l'établissement des règles, traitent les asymétries d'information par la communication, créent des normes plus adaptées à l'environnement de l'industrie et s'efforcent de concevoir des réponses aux risques moins coûteuses. Dans un modèle d'autoréglementation concurrentielle, les différents organismes d'autoréglementation sont en concurrence, de sorte que les consommateurs puissent choisir entre les systèmes d'autoréglementation pour résoudre efficacement les problèmes d'externalités et d'asymétries d'information. Cependant, ce modèle ne convient qu'aux situations où les externalités et les asymétries de l'information ne sont pas significatives et il est affronté au dilemme du « paradoxe volontaire ». Une autoréglementation concurrentielle aide à limiter efficacement les comportements anticoncurrentiels tels que les obstacles à l'entrée dans l'industrie et les alliances de prix par les organismes d'autoréglementation, mais lorsque les externalités sont importantes, l'intervention de la réglementation publique sera indispensable pour exiger que les fournisseurs respectent des normes de qualité minimales (Anthony Ogus 1995).

Si l'autoréglementation industrielle joue un rôle important en tant que plate-forme d'essai des politiques gouvernementales et pour combler des lacunes juridiques, elle présente également des limites. Premièrement, les normes d'autoréglementation ne sont pas toujours suffisamment strictes et les procédures d'autoréglementation ne répondent pas toujours aux normes établies par les tribunaux. De plus, les règles établies peuvent changer fréquemment en raison des exigences différentes des groupes de membres du même secteur. Deuxièmement, l'autoréglementation industrielle manque de supervision et de mise en œuvre. Selon les chercheurs Mulligan et Goldman, la supervision et la mise en œuvre sont deux éléments absents dans l'autoréglementation industrielle. Le public, les décideurs et les partisans de l'autoréglementation jouent seulement un rôle superficiel pour des activités réglementaires nécessaires. L'Organisation européenne pour une société de l'information note également que la mise en œuvre de l'autoréglementation industrielle est problématique car elle n'implique aucune responsabilité devant une entité indépendante et manque de soutien juridique. À moins que la participation ne soit une obligation, l'autoréglementation ne peut affecter que ceux qui ne veulent pas bafouer les règles. Troisièmement, l'autoréglementation industrielle manque de recours juridiques. L'absence de recours juridiques efficaces pour les victimes est un autre problème de l'autoréglementation industrielle. Les politiques développées par l'industrie ne fournissent que peu de recours et de réparation significatifs pour les consommateurs, et ne compensent pas les lacunes des politiques. Quatrièmement, les coûts de l'autoréglementation industrielle peuvent accroître la difficulté de fonctionnement des professionnels ou avoir un impact indirect sur les consommateurs. Cinquièmement, l'autoréglementation industrielle est parfois liée à des intérêts privés. Ses procédures peuvent être utilisées pour nuire à des concurrents ou créer des obstacles à l'accès au secteur. Elle peut également être mise en place dans le but de contrecarrer la mise en œuvre de réglementations gouvernementales. Sixièmement, l'autoréglementation industrielle manque d'ouverture et de transparence. La participation des consommateurs étant insuffisante, leur acceptation des normes d'autoréglementation ne peut pas être garantie. « À mesure que les organismes d'autoréglementation tels que les associations professionnelles acquièrent de plus en plus de capacité en matière de coordination des services du marché et que les grandes entreprises jouent un rôle de plus en plus actif sur le marché, la société tout entière se rendra compte que sans l'autoréglementation et la co-gestion de l'industrie, il sera impossible d'améliorer constamment l'efficacité des entreprises et d'atteindre un développement rapide et sain de l'industrie » (Li Baokuan et Ye Zijing 2019). L'autoréglementation industrielle ne doit être ni trop stricte ni trop lâche. S'agissant de l'autoréglementation industrielle dans le domaine des données, il faudrait mettre l'accent sur la co-gouvernance, gérer correctement la relation entre le dynamisme et l'ordre, améliorer le système de gouvernance commune fondé sur la responsabilité des entreprises, la consultation démocratique, la synergie sociale et le développement technologique, afin de bâtir une communauté d'autoréglementation dans laquelle toutes les parties ont des responsabilités et assument leurs responsabilités.

(3) Bagage numérique

En 1994, Y. Eshet-Alkalai a résumé l'habilité numérique comme la capacité à comprendre et à utiliser diverses ressources et informations numériques affichées sur un ordinateur. En 1997, Paul Gilster a officiellement introduit la notion de « bagage numérique » dans son ouvrage *Digital Literacy*. Selon lui, le bagage numérique comprend principalement l'aptitude à accéder à l'information numérique, à comprendre et à intégrer l'information numérique. En août 2017, la Fédération internationale des associations et institutions de bibliothèques (IFLA) a publié la première déclaration systématique internationale sur le bagage numérique (« IFLA Statement on Digital Literacy »). Selon la Déclaration, le bagage numérique désigne l'aptitude à utiliser efficacement et raisonnablement la technologie numérique, dans toute la mesure du possible, pour répondre aux besoins d'information des individus, de la société et des domaines professionnels. Globalement, « le bagage numérique est en train de devenir une compétence universelle, voire une condition préalable à l'acquisition d'autres compétences. Elle se traduit notamment par la capacité et compétence globales des citoyens dans l'utilisation des technologies de l'information » (Sun Xuxin, Luo Yue et al. 2020).

Au fur et à mesure que la société humaine évolue, les inégalités sociales se présentent également sous de nouvelles formes. Lorsque la société humaine est passée du matriarcat au patriarcat, la place des hommes et celle des femmes ont profondément changé ; lorsque l'esclavage a laissé la place au système foncier, l'opposition entre esclavagistes et esclaves a évolué vers un système hiérarchique d'exploitation, fondé sur le contrôle des terres par les propriétaires. Autrefois, les disparités entre les riches et les pauvres étaient dues à la possession des moyens de production par les capitalistes et l'exploitation de la valeur résiduelle des travailleurs. Aujourd'hui, les capitalistes modernes contrôlent le destin des entreprises et des employés à travers les actions et les dividendes. Depuis toujours, divers facteurs, tels que les différences entre les sexes, les moyens de production, les outils de production, la terre, le capital, le statut économique et le pouvoir politique façonnent ensemble la position relative des différentes classes et groupes de la société, ainsi que la structure sociale globale. L'inégalité numérique est une compréhension et un jugement plus profonds de la socialisation de la technologie numérique. Selon le professeur Timothy W. Luke, qui est le premier à proposer le concept de l'inégalité numérique, un signe de l'inégalité numérique est que les luttes de classe historiques sont en train de se transformer en « guerres de l'information » entre les entreprises et les travailleurs, entre les producteurs et les consommateurs, entre les bien informés et les mal informés, entre ceux qui ont accès à la technologie et ceux qui n'en ont pas accès, et entre ceux qui ont une connaissance des réseaux et ceux qui n'en ont pas. Dans la pratique, l'inégalité numérique est passée de l'inégalité de motivation, de l'inégalité d'accès et d'efficacité à des inégalités sur le plan économique, social, culturel et en matière de capital d'information, voire des inégalités de statut et de pouvoir dans les réseaux sociaux (Yan Hui 2013, pp. 10–21).

Alors que le développement de la technologie numérique a dans une certaine mesure créé des inégalités numériques, les personnes et les organisations seront divisées en trois catégories : celles qui produisent des données, celles qui ont les moyens de collecter des données et celles qui ont la capacité à analyser des données. Nous pouvons les qualifier de « classes numériques » de l'ère des mégadonnées. En plus d'être un facteur de production, les données constituent également un produit de base à l'instar de l'habillement, du logement, de la sécurité et de l'éducation, et devraient être distribuées équitablement entre les gens. En raison de l'émergence de l'inégalité numérique, les individus ne peuvent pas partager équitablement les fruits des technologies de pointe, ce qui entraîne également une division entre ceux qui sont riches en information et ceux qui sont pauvres en information. À l'ère numérique, nous vivons dans un vaste océan de données et toutes sortes de données sont stockées sur le réseau, un espace entièrement ouvert, ce qui exige également l'établissement d'un ordre éthique des données. Avec les inégalités numériques, les riches seront certainement de plus en plus riches tandis que les pauvres seront de plus en plus pauvres. En d'autres termes, à l'ère numérique, les sous-traitants de données pourraient utiliser les avantages technologiques dont ils disposent pour obtenir et utiliser en permanence les informations des individus liées à leur vie privée ; alors que les individus, en tant que producteurs de données, ne pourront pas obtenir ni exploiter les données des sous-traitants, même si leur vie privée est divulguée ou exploitée. Par conséquent, afin de protéger la vie privée et d'optimiser la distribution des valeurs des éléments de données, il est nécessaire d'accorder une importance à l'établissement d'une éthique des données, tout en améliorant le bagage numérique des citoyens numériques.

Le 14e Plan quinquennal de Chine souligne la nécessité d'améliorer les compétences numériques de l'ensemble de la population. En effet, pendant que nous utilisons et dépendons de plus en plus de la technologie numérique, celle-ci pose également des exigences de bagage numérique aux citoyens de l'ère numérique. Le plan national des technologies de l'éducation et les normes nationales des technologies de l'éducation publiés par le gouvernement fédéral des États-Unis stipulent qu'un citoyen numérique modèle devrait être capable d'utiliser les informations et les outils numériques de manière sûre, légale et éthique. Dans son livre *Citoyenneté numérique à l'école*, Mike Ribble note que les citoyens numériques doivent être en mesure de suivre les normes pertinentes et de se comporter de manière appropriée et responsable dans l'application de la technologie. « Les exigences imposées aux citoyens dans la société réelle sont principalement exprimées en droits et en obligations. En revanche, les exigences fondamentales de la citoyenneté numérique se réfèrent principalement à certaines exigences et normes que les citoyens doivent posséder pour appliquer la technologie à la pratique et aux activités dans une société numérique » (Zhang Lixin et Zhang Xiaoyan 2015). Les Normes nationales des technologies de l'éducation pour les étudiants (deuxième édition) des États-Unis définissent clairement les devoirs et les droits des citoyens numériques : un citoyen numérique doit être capable de comprendre les enjeux humains, culturels et sociaux liés à la technologie et être capable d'agir dans le respect des lois et de l'éthique. Sur cette base, les exigences fondamentales de la citoyenneté numérique peuvent être résumées dans quatre aspects : la conscience numérique, la connaissance numérique, la capacité numérique et la culture numérique[18]. Ces quatre aspects sont le reflet global des compétences essentielles, complexes et interdisciplinaires des citoyens numériques dans leur vie de base. Ils constituent également

18 La conscience numérique se réfère principalement à l'attitude des citoyens numériques à l'égard de la technologie. Elle se traduit par la sensibilité des citoyens numériques vis-à-vis de la technologie numérique et par leur utilisation de celle-ci au service de la vie quotidienne, de l'apprentissage et du travail. La conscience numérique inclut divers éléments tels que la conscience en matière de participation numérique, de santé numérique, de sécurité numérique et de citoyenneté numérique. La connaissance numérique désigne les connaissances qu'un citoyen numérique devrait posséder pour vivre, étudier, travailler et se divertir dans une société numérique. Elles incluent des connaissances sur le système informatique lui-même, des lois et règlements, des connaissances de santé et de sécurité impliquées dans l'application des technologies de l'information dans tous les aspects de la vie quotidienne, ainsi que des connaissances sur les responsabilités et les droits des citoyens numériques. La capacité numérique désigne les compétences qu'un citoyen numérique devrait avoir pour utiliser les technologies de l'information pour vivre, étudier, travailler, se divertir, communiquer, magasiner, etc. dans le monde numérique, c'est-à-dire la capacité de survie numérique. La culture numérique signifie que les citoyens numériques doivent comprendre la culture propre au monde numérique, respecter ses normes éthiques et maîtriser son mode de fonctionnement.

le moyen de sauvegarder une écologie harmonieuse du cyberespace et de créer un monde numérique symbiotique et inclusif.

Bibliographie

1. Ludwig Wittgenstein, *Tractatus logico-philosophicus*, trad. Guo Ying, The Commercial Press, 1962.
2. Edgar Bodenheimer, *Jurisprudence: The Philosophy and Method of the Law*, trad. Deng Zhenglai, China University of Political Science and Law Press, 2017.
3. Elinor Ostrom, *Governing the Commons: The Evolution of Institutions for Collective Action,* trad. Yu Xunda et Chen Xudong, Shanghai Sanlian Bookstore Co., Ltd., 2000.
4. Richard A. Spinello, *Ethical Aspects of Information Technology*, trad. Liu Gang, Central Compilation&Translation Press, 1999.
5. Nicholas Negroponte, *L'homme numérique*, trad. Hu Young et Fan Haiyan, Publishing Electronics Industry, 2017.
6. Yuval Noah Harari, *Une brève histoire de l'avenir,* trad. Lin Junhong, CITIC Press, 2017.
7. John Locke, *Second traité du gouvernement,* trad. Ye Qifang et Qu Junong, The Commercial Press, 2009.
8. Anthony Ogus, « Rethinking Self-regulation », Oxford Journal of Legal Studies, No. 15, (1995).
9. Black Julia, « Constitutionalising Self-Regulation », Modern Law Review, No. 59, (1996).
10. John Rawls, A Theory of Justice, Cambridge: Harvard University Press, 1999.
11. Margot Priest, « The Privatisation of Regulation: Five Models of Selfregulation », *Ottawa Law Review* 29, No. 2, (1998).
12. Maxwell J. W., Lyon T. P. et Hackett S. C., « Self-regulation and Social Welfare: The Political Economy of Corporate Environmentalism », *Journal of Law and Economics*, No. 43, (2000).
13. Philip Eijlander, « Possibilities and Constraints in the Use of and Co-regulation in Legislative Policy: Experiences in the Netherlands-lessons to be Learned for the EU », *Electronic Journal of Comparative Law*, No. 9, (2005).
14. Schmitt M.Tallin, *Marnual 2.0 on the International Law Application to Cyber Operations (2nd edition)*, Cambridge: Cambridge University Press, 2017.

15. Zeng Junping, « 集体利益：一种理论解说 » [Les intérêts collectifs : une interprétation théorique], *Journal of Finance and Economics*, 2006, n° 9.
16. Chang Jian et Guo Wei, « 行业自律的定位、动因、模式和局限 » [Positionnement, facteurs moteurs, modèles et limites de l'autoréglementation industrielle], Nankai Journal (édition Philosophie et Sciences sociales), 2011, n° 1.
17. Chen Hongyan et Yin Kuijie, « 论权利法定化 » [Sur la légalisation des droits], *Journal of Northeast Normal University* (édition Philosophie et Sciences sociales), 2014, n° 3.
18. Chen Shiwei, « 大数据技术异化的伦理治理 » [La gouvernance éthique de l'aliénation des technologies de mégadonnées], *Studies in Dialectics of Nature*, 2016, n° 1.
19. Chen Tian et Liu Minghui, « 强化数据分类分级安全管理，推进完善数据要素市场化配置 » [Renforcer la classification et la gestion hiérarchisée de la sécurité des données et promouvoir l'amélioration de l'allocation du marché des données], Académie des technologies de l'information et de communications de Chine, <http：//www.caict.ac.cn/kxyj/caictgd/202004/t20200429_280540.htm>, le 29/04/2020.
20. Chen Xuequan, « 论科技发展对刑事证据制度的影响 » [Impact du développement technologique sur le système de preuves pénales], *People's Procuratorial Semimonthly*, 2008, n° 1.
21. Chen Yi, « 欧盟大数据伦理治理实践及对我国的启示 » [Gouvernance éthique des données dans l'Union européenne et son inspiration pour la Chine], *Library and Information Service*, 2020, n° 3.
22. Cheng Xiao, « 论大数据时代的个人数据权利 » [Les droits sur les données personnelles à l'ère des mégadonnées », *Social Sciences in China*, 2018, n° 3.
23. Chu Jiewang et Xia Li, « 嵌入生命周期理论的科学数据管理体系构建研究一牛津大学为例 » [Sur la construction d'un système de gestion des données scientifiques avec la théorie du cycle de vie : exemple de l'Université d'Oxford », *Journal of Modern Information*, 2020, n° 10.
24. Laboratoire clé de la stratégie des mégadonnées, *数权法1.0：数权的理论基础* [Loi sur les droits numériques 1.0 : Fondements théoriques], Social Sciences Academic Press (China), 2019.
25. Gao Fuping et Wang Wenxiang, « 出售或提供公民个人信息入罪的边界 » [Les limites de l'infraction de vente ou de communication d'informations personnelles de citoyens], *Political Science and Law*, 2017, n° 2.
26. Gao Lei et al., « 大数据应用中的个人信息分级保护研究 » [La protection hiérarchique des informations personnelles dans les applications des mégadonnées], *Journal of Information Security Research*, 2019, n° 5.

27. Administration nationale de régulation des marchés et Commission nationale d'administration de la normalisation, *GB/T36344-2018 Technologies de l'information – Indicateurs d'évaluation de la qualité des données*, China Standards Publishing House, 2018.
28. Administration nationale de régulation des marchés et Commission nationale d'administration de la normalisation, *Technologies de l'information – Indicateurs d'évaluation de la qualité des données*, China Standards Publishing House, 2018.
29. He Bo, « 数据主权法律实践与对策建议研究 » [La pratique juridique en matière de souveraineté des données et quelques recommandations], *Information Security and Communications Privacy*, 2017, n° 5.
30. He Jiahong et Liu Pinxin, *证据法学* [Théorie du droit de la preuve], Law Press China, 2019.
31. He Jiahong, « 当今我国刑事司法的十大误区 » [Dix principales lacunes de la justice pénale actuelle en Chine], *Tsinghua Law Journal*, 2014, n° 2.
32. Huang Haiying et He Mengting, « 基于CLOUD 法案的美国数据主权战略解读 » [Une interprétation de la souveraineté des données américaine basée sur le CLOUD Act], *Journal of Information Resources Management*, 2019, n° 2.
33. Lei Jianchang 1 从人性恶之假设认识法律 客观真实与法律真实之并行不悖一从证据学的认识论和方法论的角度 » [Vérité objective et vérité juridique : deux visions compatibles du point de vue de l'épistémologie et de la méthodologie de la science des preuves], *Journal of Southwest Petroleum University* (édition Sciences sociales), 2004, n° 1.
34. Li Baokuan et Ye Zijing, « 行业自律在社会共治新机制中的定位与价值 » [Position et valeur de l'autoréglementation industrielle dans le nouveau mécanisme de co-gouvernance de la société], China Financial News, <https://www.financialnews.com.cn/ll/gdsj/201901/t20190121_153352.html>, 21/01/2019.
35. Li Haiying, « 大数据的法律挑战和建议 » [Défis juridiques des mégadonnées et quelques recommandations], *Big Data Research*, 2016, n° 2.
36. Li Lu et Jiao Chengpeng, « 大数据安全保护策略研究 » [Une étude des stratégies de protection des mégadonnées], *Cyberspace Security*, 2018, n° 5.
37. Li Lun et Huang Guan, « 数据主义与人本主义数据伦理 » [Dataïsme et éthique humaniste des données], *Studies in Ethics*, 2019, n° 2.
38. Li Qian, « "互联网+"时代法律规则的变革与发展 » [Changements et développement des règles juridiques dans l'ère 'Internet +'], *Administration Reform*, 2016, n° 3.
39. Li Songtao et Xie Zongxiao, « 数据分类/分级及其相关标准解析 » [Classification des données et interprétation des normes connexes], *China Standards Review*, 2019, n° 4.

40. Li Wei, « 功利概念之辩休谟与边沁 » [Débat sur l'utilitarisme, entre David Hume et Jeremy Bentham], *Academic Research*, 2019, n° 3.
41. Li Xiaoyu, « 权利与利益区分视点下数据权益的类型化保护 » [La protection des droits et intérêts relatifs aux données basée sur leur catégorie, dans la perspective de la différenciation des droits et des intérêts], *Intellectual Property*, 2019, n° 3.
42. Li Ya'nan, « 数据保护行为规制路径的实现 » [Réalisation de la réglementation des comportements pour la protection des données], *Academic Exchange*, 2018, n° 8.
43. Li Yang et Li Xiaoyu, « 大数据时代企业数据边界的界定与澄清一兼谈不同类型数据之间的分野与勾连 » [Définition et clarification des données d'entreprise à l'ère des mégadonnées & division des champs et liens entre les différents types de données], *Fujian Tribune* (édition Sciences humaines et sociales), 2019, n° 11.
44. Li Yang et Li Xiaoyu, « 大数据时代企业数据权益的性质界定及其保护模式建构 » [La nature des droits et intérêts des entreprises en matière de données à l'ère des mégadonnées et la construction de son modèle de protection], *Xuehai*, 2019, n° 4.
45. Liu Pinxin et Chen Li, « 数据化的统一证据标准 » [Des norme de preuve unifiées basées sur les données], *Journal of National Prosecutors College*, 2019, n° 2.
46. Liu Pinxin, « 论大数据证据 » [Sur les preuves en mégadonnées], *Global Law Review*, 2019, n° 1.
47. Liu Tianjiao, « 数据主权与长臂管辖的理论分野与实践冲突 » [Division théorique et conflit pratique entre la souveraineté des données et la juridiction au bras long], *Global Law Review*, 2020, n° 2.
48. Liu Yun, « 健全数据分级分类规则，完善网络数据安全立法 » [Améliorons les règles de classification des données et la législation en matière de sécurité des données réseau], Site de l'Administration du cyberespace de Chine, <http://www.cac.gov.cn/2020-09/28/c_1602854536494247.htm>, 28/09/2020.
49. Qi Aimin et Pan Jia, « 数据权、数据主权的确立与大数据保护的基本原则 » [L'établissement des droits sur les données, de la souveraineté des données et les principes fondamentaux de la protection des mégadonnées], *Journal of Soochow University* (Edition Philosophie & Sciences sociales), 2015, n° 1.
50. Groupe de travail sur les normes de mégadonnnées du Comité technique national de normalisation des technologies de l'information et Institut de normalisation électronique de Chine, *Livre blanc sur la normalisation des mégadonnées (édition 2018)*, <http: //www.cesi.cn/201803/3709.htm>, 29/03/2018.

51. Groupe de travail sur les normes de mégadonnnées du Comité technique national de normalisation des technologies de l'information et Institut de normalisation électronique de Chine, *Livre blanc sur la normalisation des mégadonnées (édition 2020)*, <http://www.jl.cesi.cn/202009/6826.html>, 21/09/2020.
52. Shen Weixing, « 实施大数据战略应重视数字经济法治体系建设 » [La mise en œuvre de la stratégie de mégadonnées doit porter une attention particulière à la création d'un système de droit centré sur l'économie numérique], *Guangming Daily*, 23/07/2018, p. 11.
53. Shi Dan, « 企业数据财产权利的法律保护与制度构建 » [Protection juridique et construction institutionnelle des droits de propriété des données d'entreprise], *Electronics Intellectual Property*, 2019, n° 6.
54. Sun Xuxin, Luo Yue et al., « 全球化时代的数字素养:内涵与测评 », *World Education Information*, 2020, n° 8.
55. Tan Qiping, « 论民事主体意义上"非法人组织"与"其他组织"的同质关系 » [Sur l'homogénéité entre « organisations non constituées en société » et « autres organisations » au sens des sujets civils], *Journal of Sichuan University* (édition Philosophie et Sciences sociales), 2017, n° 4.
56. Wang Shan et al., « 架构大数据：挑战、现状与展望 » [Architecture des mégadonnées : défis, situation actuelle et perspectives], *Chinese Journal of Computers*, 2011, n° 10.
57. Wang Yongqi, « 公共数据法律内涵及其规范应用路径 » [Contenu juridique des données publiques et son application normative], *Digital Library Forum*, 2019, n° 8.
58. Wu Jialin, « 论证据的主观性与客观性 » [Subjectivité et objectivité de la preuve], *Chinese Journal of Law*, 1981, n° 6.
59. Wu Changhai et Chang Zheng, « 大数据经济背景下公共数据获取与开放探究 » [Acquisition et ouverture des données publiques dans le contexte de l'économie des mégadonnées], *Reform of Economic System*, 2017, n° 1.
60. Xiang Liling et Shi Shangyuan, « 中外信息保密的立法精神比较及其思考 » [Esprit de la législation sur la confidentialité de l'information en Chine et à l'étranger : comparaison et réflexion], *Information Studies: Theory & Application*, 2005, n° 4.
61. Xue Bo, *English-Chinese Dictionary of Anglo-American Law*, Law Press China, 2003.
62. Yan Hui, *中国数字化社会阶层研究* [Étude des classes sociales numériques en Chine], National Library of China Publishing House, 2013.
63. Yang Lixin et Chen Xiaojiang, « 衍生数据是数据专有权的客体 » [Les données dérivées sont l'objet de droits absolus sur les données], *Chinese Social Sciences Today*, 13/07/2016.

64. Yang Weidong, « 有效应对大数据技术的伦理问题 » [Abordons efficacement les problèmes éthiques de la technologie des mégadonnées], *Quotidien du Peuple*, 23 mars 2018, p. 7.
65. Yi Yanyou, « 非法证据排除规则的中国范式 – 基于1459个刑事案例的分析 » [Paradigme de la Chine pour les règles d'exclusion des preuves illégales, une analyse fondée sur 1459 affaires criminelles], *Social Sciences in China*, 2016, n° 1.
66. Yu Chong, « 侵犯公民个人信息罪中"公民个人信息"的法益属性与人罪边界》，《政治与法律 » [Le caractère juridique des « données personnelles » dans le délit de violation des données personnelles et les limites de la criminalité personnelle], *Political Science and Law*, 2018, n° 4.
67. Yu Hui, *管制与自律* [Réglementation et autorégulation], Zhejiang University Press, 2008.
68. Yue Jin, « 大数据技术的道德意义与伦理挑战 » [Importance éthique et défis éthiques de la technologie des mégadonnées], *Marxism & Reality*, 2016, n° 5.
69. Zhang Lixin et Zhang Xiaoyan, « 论数字原住民向数字公民转化 » [Évolution des autochtones numériques vers des citoyens numériques], *China Educational Technology*, 2015, n° 10.
70. Zhang Liangliang et Chen Zhi, « 培育数据要素市场需加快健全数据产权制度体系 » [Le développement du marché des données nécessite l'amélioration du système des droits de propriété des données], *Science and technology of China*, 2020, n° 5.
71. Zhang Wenliang, « 个人数据保护立法的要义与进路 » [Points essentiels et voie de la législation sur la protection des données personnelles], *Jiangxi Social Sciences*, 2018, n° 6.
72. Conseil des affaires d'État de la République populaire de Chine, Plan d'action pour la promotion du développement des mégadonnées, <www.govcn/zhengce/content/2015-09/05/content_10137.htm>, 05/09/2015.
73. Zhu Baoli, « 数据产权界定：多维视角与体系建构 » [Définition de la propriété des données : approche multidimensionnelle et construction du système], *Legal Forum*, 2019, n° 5.
74. Zhu Lixin, « 聚焦〈塔林手册〉透视网络战规则 » [Regard sur le Manuel de Tallinn et les règles de bataille dans le cyberespace], *China Information Security*, 2015, n° 10.

CHAPITRE 5

Législation sur les droits des données : une comparaison de modèles

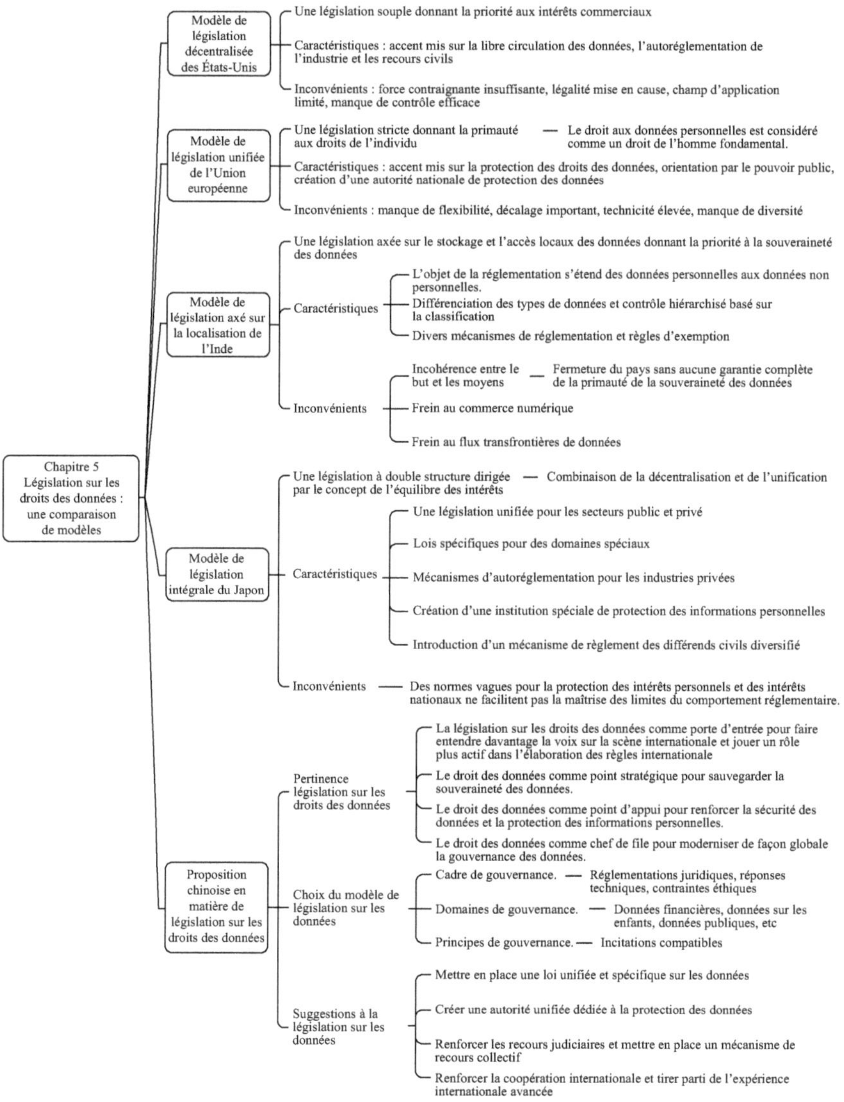

La législation sur la protection des données personnelles dans les années 1970 fut un signe important de notre prise de conscience des questions relatives à la protection des droits des données. Jusqu'en 2020, plus de 140 pays ou régions dans le monde ont adopté des normes juridiques relatives à la vie privée, à l'information ou à la protection des données. Avec l'émergence de l'Internet, des mégadonnées, de l'intelligence artificielle, de la chaîne de blocs et d'autres technologies numériques, les lois étrangères sur la protection des données personnelles sont entrées dans une nouvelle phase de révision. Étant donné que chaque pays a sa propre histoire, sa propre culture et un développement social et économique différent, les modèles législatifs en matière de protection des droits des données varient considérablement entre les pays. Globalement, ces modèles peuvent être divisés en quatre catégories : la législation décentralisée représentée par celle des États-Unis, la législation unifiée représentée par celle de l'Union européenne, la législation localisée représentée par celle de l'Inde et la législation globale représentée par celle du Japon. Chacun des quatre modèles législatifs présente des avantages et des inconvénients. Ils partagent à la fois des points de désaccord et des points communs. Sur la base d'une exploration approfondie et d'une analyse objective de ces quatre modèles et en nous inspirant de leurs points forts, nous parviendront à innover et à mettre en place un système de droits des données aux caractéristiques chinoises et adapté aux conditions nationales de la Chine.

5.1 Modèle de législation décentralisée des États-Unis

Les États-Unis sont le premier pays à étudier les droits des données et à adopter une protection législative en la matière. Le droit américain est également le plus complet en ce qui concerne les droits des données. Néanmoins, les États-Unis n'ont pas encore promulgué de législation spécifique sur la protection de droits des données ; les normes pertinentes se trouvent de façon dispersée dans de nombreuses lois fédérales et la protection des droits des données est réalisée à travers la protection des informations personnelles. En ce qui concerne le système de protection des droits des données, les États-Unis ont choisi une législation clémente qui donne la priorité aux intérêts commerciaux et ont formé un modèle unique dominé par la législation décentralisée, laquelle est complétée par les mécanismes d'autoréglementation.

Le modèle de législation décentralisé signifie qu'il n'existe pas de loi fondamentale pour la protection de la vie privée, de l'information ou des données dans le pays : la législation traite chaque secteur ou chaque enjeu de façon séparée. Les États-Unis sont un représentant typique de ce modèle : sa protection des droits des données est dispersée dans des lois fédérales complexes et variées. En droit américain, la protection des informations ou des données personnelles est considérée comme une question de la vie privée. Le droit à la vie privée est la base de la protection, que ce soit du point de vue constitutionnel ou de la responsabilité délictuelle. « Dans la Constitution et le droit général américains, le droit à la vie privée est le droit de maintenir l'intégrité, l'indépendance et l'inviolabilité de la personnalité » (Qi Aimin 2005). Pour protéger la vie privée contre les atteintes du pouvoir public, au début du XXe siècle, la Cour suprême fédérale des États-Unis a reconnu le droit à la vie privée comme un droit fondamental non explicite de la Constitution. Le pays a ensuite établi les Pratiques équitables de traitement de l'information (Fair Information Practices) comme référence législative (voir Tableau 5-1) pour éviter la divulgation dangereuse des informations personnelles et les atteintes personnelles (Groupe sur la protection des informations personnelles 2017, p. 56). Sur cette base, les États-Unis ont promulgué des lois statutaires pour protéger la confidentialité de l'information dans certains domaines. Ainsi, à l'heure actuelle, la protection de la vie privée aux États-Unis est dispersée dans la Constitution, des lois sur la responsabilité délictuelle et des lois statutaires. La structure de la protection peut être divisée à trois niveaux : Au premier niveau, la Constitution et le droit général fournissent une protection générale de la confidentialité de l'information ; au deuxième niveau, des lois spécifiques protègent les informations personnelles sensibles et les personnes plus exposées aux atteintes à la vie privée ; au troisième niveau, la Federal Trade Commission Act (FTCA) fournit un « filet de sécurité » à la protection des informations personnelles, en ciblant les « actes déloyaux ou trompeur[1] » et en

1 Conformément à l'article 5 de la Federal Trade Commission Act interdisant « les actes ou pratiques déloyaux ou trompeurs dans le commerce ou affectant le commerce », si la politique de confidentialité d'un commerçant peut induire les

réglementant la confidentialité de l'information, la sécurité des données et les pratiques commerciales à forte intensité de données (Groupe sur la protection des informations personnelles 2017, p. 58).

« Aux États-Unis, la protection des informations personnelles est assurée par des lois relatives au droit à la vie privée couvrant les niveaux fédéral et étatique. Initialement, la protection de la vie privée aux États-Unis était concentrée sur les atteintes à la vie privée par le pouvoir public. Le *Restatement of Torts* de 1934 a intégré les atteintes graves à la vie privée sans motifs justifiables dans les possibilités d'action civile » (Zhang Jiaxin 2019). La source constitutionnelle de la protection du droit à la vie privée aux États-Unis est le quatrième amendement[2] qui prévoit que « le droit des citoyens d'être garantis dans leur personne, leur domicile, leurs papiers et effets contre les perquisitions et saisies non motivées ne sera pas violé ». À mesure que la Constitution américaine passe d'un rôle défenseur à un rôle protecteur, le pays est de plus en plus conscient de la nécessité de protéger la vie privée des citoyens. Parallèlement, le corps législatif et les tribunaux ont appliqué le concept et les principes de protection de la vie privée dans de nombreux autres domaines. Tout cela a fait progresser le processus de la législation américaine sur la protection des informations personnelles. La législation américaine sur la protection des informations personnelles est divisée en niveaux fédéral et étatique. Au niveau fédéral, les États-Unis comptent près de 40 lois sur la protection des informations personnelles ; au niveau étatique, la plupart des États ont adopté des lois sur la protection de la vie privée. En particulier, la Californie a toujours été à l'avant-garde de la législation sur la protection de la vie privée en raison de sa forte concentration de sociétés Internet (Zhang Li 2019, pp. 163–164).

consommateurs en erreur et affecter effectivement leurs décisions sur les produits et services, entraînant un comportement déraisonnable, l'acte ou la pratique est « trompeuse » ; un acte ou une pratique est « déloyal » s'il cause ou est susceptible de causer un préjudice substantiel aux consommateurs qui n'est pas raisonnablement évitable par les consommateurs eux-mêmes et qui n'est pas compensé par des avantages compensatoires pour les consommateurs ou pour la concurrence.

2 Le quatrième amendement à la Constitution des États-Unis stipule que « le droit des citoyens d'être garantis dans leur personne, leur domicile, leurs papiers et effets, contre les perquisitions et saisies non motivées ne sera pas violé, et aucun mandat ne sera délivré, si ce n'est sur présomption sérieuse, corroborée par serment ou déclaration, ni sans que le mandat décrive particulièrement le lieu à perquisitionner et les personnes ou les choses à saisir ».

Tableau 5-1 Pratique législative des États-Unis en matière protection de la vie privée

Année	Loi	Éléments essentiels
1792	Quatrième amendement à la Constitution	Le droit des citoyens d'être garantis dans leur personne, leur domicile, leurs papiers et effets, contre les perquisitions et saisies non motivées ne sera pas violé.
1966	Freedom of Information Act	Les organismes gouvernementaux sont tenus de rendre leurs informations accessibles au public dans la mesure du possible et la charge de la preuve pour non-publication incombe au gouvernement.
1970	Fair Credit Reporting Act (FCRA)	Elle donne aux consommateurs le droit de corriger les erreurs et garantit que les erreurs dans les rapports de consommation ne seront pas utilisées pour nuire aux consommateurs.
1974	Privacy Act	Il réglemente le traitement des informations personnelles par les organismes du gouvernement fédéral et équilibre l'intérêt public et la protection des informations personnelles.
1978	Right to Financial Privacy Act (RFPA)	Il interdit aux institutions financières de divulguer des dossiers financiers de clients au gouvernement fédéral sans en avertir les clients et sans obtenir leur consentement. Le gouvernement fédéral doit suivre certaines procédures et fournir les pièces justificatives correspondantes pour obtenir le dossier financier d'un client.
1980	Right to Financial Privacy Act (RFPA)	Il réglemente les enquêtes des organes de finance du gouvernement fédéral sur les documents bancaires.
	Privacy Protection Act	Il établit des normes régissant l'utilisation des données contenues dans les journaux et d'autres supports média par les organes chargés de l'application des lois.
1984	Cable Communications Policy Act	Il interdit aux opérateurs de télévision en circuit fermé d'utiliser des systèmes câblés pour collecter des informations personnelles sur les utilisateurs sans leur consentement préalable.

(*Continué*)

Tableau 5-1 Continué

Année	Loi	Éléments essentiels
1986	Electronic Communications Privacy Act	Il interdit les écoutes téléphoniques non autorisées par les agences gouvernementales et interdit à tout individu ou toute entreprise d'écouter des communications.
1988	Video Privacy Protection Act	Il protège la vie privée à l'égard des achats et des locations de vidéos.
1994	Driver's Privacy Protection Act	Il impose des restrictions sur l'utilisation et la divulgation des dossiers personnels relatifs aux véhicules par les services de transport des états.
1996	Health Insurance Portability and Accountability Act (HIPPA)	Il protège la confidentialité des informations personnelles de santé et empêche toute utilisation ou divulgation non autorisée de ces données.
1999	Financial Services Modernization Act	Il définit la façon dont les institutions financières traitent les informations personnelles et privées.
2000	Children's Online Privacy Protection Act (COPPA)	Il protège les informations personnelles à l'égard de leur traitement par les fournisseurs de services en ligne et limite la collecte et l'utilisation des informations personnelles des enfants sans le consentement de leurs parents.
2008	Genetic Information Nondiscrimination Act	Il offre une protection renforcée de la vie privée et des données génétiques.
2010	Consumer Financial Protection Act	Il autorise le Bureau de protection des consommateurs en matière financière à superviser et à protéger la confidentialité financière.
2018	California Consumer Privacy Act (CCPA)	Il élargit le champ de protection et crée plusieurs nouveaux droits relatifs à la vie privée des consommateurs, tels que le droit d'accès, le droit à l'oubli et le droit à l'information, tout en obligeant les entreprises à prendre des mesures plus strictes pour protéger les données personnelles.

Tableau 5-1 Continué

Année	Loi	Éléments essentiels
2020	California Privacy Rights Act (CPRA) de 2020	Il établit de nouveaux droits en matière de confidentialité des données, impose de nouvelles obligations et responsabilités aux entreprises et aux fournisseurs de services, et crée une autorité indépendante de réglementation des données pour la mise en œuvre de la loi et la poursuite des violations de lois.

Source : informations publiques.

« Étroitement liée à la théorie de la protection de la vie privée des États-Unis et à sa tradition juridique, la législation sur la protection des informations personnelles aux États-Unis existe dans différentes lois sectorielles sur la protection de la vie privée » (Hong Hailin 2010, p. 99). La Privacy Act de 1974 est l'une des lois les plus importantes aux États-Unis pour la protection des informations personnelles et est largement reconnue comme la loi fondamentale en la matière. Son article 552a (b) interdit la divulgation d'un dossier concernant une personne à partir d'un système de dossiers sans le consentement écrit de la personne[3]. La Privacy Act compte 22 articles portant sur cinq aspects : 1) Portée de l'application. La loi s'applique uniquement aux organismes fédéraux. 2) Objet de la protection. La loi protège les dossiers personnels des systèmes de dossiers détenus par les organes administratifs. 3) Droits des personnes concernées. Les personnes concernées ont le droit de décider si elles acceptent ou non la divulgation de leurs dossiers, l'accès ou la modification leurs informations personnelles. 4) Obligations des organes administratifs. Les organes administratifs ont des obligations en matière de collecte, d'information, de confidentialité, de sécurité, de qualité des données et de respect des limites nécessaires, etc.

3 L'article 552a(b) de la Privacy Act stipule qu'« aucun organisme ne doit divulguer à un individu ou à un autre organisme un dossier contenu dans un système de dossier par quelque moyen de communication que ce soit, sauf à la suite d'une demande écrite de, ou avec le consentement écrit préalable de, la personne concernée par le dossier ».

5) Recours civils. Lorsqu'un organisme omet de modifier ou de réexaminer le dossier d'une personne spécifique selon les exigences définies, ou lorsqu'il détient des informations personnelles non conformes aux principes de l'exactitude, de la pertinence, de la mise à jour et de l'intégralité et que cela entraîne une décision erronée contre la personne concernée, la partie lésée a le droit d'intenter une action devant le tribunal local pour dommages civils

En ce qui concerne l'utilisation commerciale des informations personnelles, les États-Unis ont adopté des lois dans les domaines de la finance, de l'éducation, des communications, des informations de santé et de la protection des consommateurs (Xiang Dingyi 2019). Dans le domaine de la finance, la Right to Financial Privacy Act (RFPA) de 1978 interdit aux institutions de divulguer des dossiers financiers de clients au gouvernement fédéral sans en avertir les clients et sans obtenir leur consentement. Le gouvernement fédéral doit suivre certaines procédures et fournir les pièces justificatives correspondantes pour obtenir le dossier financier d'un client (Groupe sur la protection des informations personnelles 2017, p. 62). Dans le domaine de l'éducation, la Family Educational Rights and Privacy Act (FERPA) de 1974 interdit aux établissements d'enseignement de divulguer des informations personnelles sur les élèves, sans le consentement des élèves adultes eux-mêmes ou le consentement écrit des parents d'élèves mineurs. Dans le domaine des communications, l'Electronic Communications Privacy Act de 1986 contient des dispositions précises sur l'interception et la divulgation d'informations de communication personnelle par des tiers sans l'autorisation des personnes concernées. Il interdit notamment toute intervention dans les communications du public sans l'autorisation du tribunal. Dans le domaine des informations de santé, la Health Insurance Portability and Accountability Act (HIPAA) de 1996 stipule que les informations de santé personnelles sont protégées. Les établissements médicaux ne doivent pas autoriser à des tiers d'utiliser ces informations ou fournir à des tiers ces informations sans le consentement du patient. Dans le domaine de la protection des consommateurs, le Consumer Privacy Bill of Rights (CPBR) de 2012 souligne la nécessité d'informer les personnes en temps opportun lorsque leurs informations personnelles sont réutilisées. En particulier, il met l'accent sur le droit à l'information des consommateurs en matière de vie privée et de sécurité.

Il est clair que la législation des États-Unis sur la protection des informations personnelles soit essentiellement centralisée et applicable dans la sphère publique, à travers un modèle de législation décentralisé. La législation américaine couvre un large éventail de domaines et tous les aspects de la vie de la population, offrant une protection relativement bonne des informations personnelles dans des domaines spécifiques. Le modèle américain vise à trouver un équilibre entre la protection légitime des informations personnelles et l'utilisation rationnelle de ces informations. Il met l'accent sur la libre circulation des données, l'autoréglementation de l'industrie et les recours civils. Ce modèle présente quatre principaux avantages. Premièrement, il permet de restreindre le pouvoir législatif. En décentralisant le pouvoir législatif entre les différents organes exécutifs, ce modèle prévient une expansion excessive du pouvoir législatif. Deuxièmement, il permet de répondre de façon flexible aux demandes du marché. Grâce à la souplesse des lois, la législation décentralisée est suffisamment flexible pour répondre activement aux préoccupations sociales. Troisièmement, il aide à former un modèle de protection diversifié. « Un tel modèle législatif peut fournir une protection relativement raffinée des informations personnelles et permet de concevoir des systèmes de protection distincts pour des informations personnelles de nature différente et pour les différents types d'atteintes aux informations personnelles » (Qi Aimin 2009, p. 90). Quatrièmement, il aide à mobiliser les législatures de différents secteurs et à promouvoir une législation rapide. Dans le même temps, un modèle de législation entièrement décentralisée présente également des lacunes. En particulier, « en raison de l'absence d'une législation centralisée et unifiée, il existe inévitablement des conflits ou des chevauchements entre les différentes lois. Cela peut conduire à des normes de protection incohérentes et empêche une protection harmonieuse et efficace des informations personnelles » (Qi Aimin 2009, p. 184).

Le modèle de législation décentralisée convient principalement au domaine public et n'est pas adapté aux domaines privés tels que les groupes et les organisations sociales. En effet, avec le développement rapide de l'économie de marché, les États-Unis ne sont pas disposés à être soumis à une intervention excessive du gouvernement ou à des restrictions juridiques excessives dans la protection des informations personnelles. Ils préfèrent assurer la sécurité des informations personnelles des citoyens par le biais de l'autocontrôle, de l'autogestion et de l'autoréglementation de l'industrie. Par conséquent, avec l'avènement de l'ère numérique, les États-Unis ont choisi de s'appuyer sur le pouvoir du marché et les comportements individuels (Zhou Hanhua 2006, p. 102), soutenus par la loi, pour protéger les informations personnelles dans la sphère privée, telle que dans les groupes et les organisations sociales. En d'autres termes, la législation sur la protection des informations personnelles dans les domaines privés est axée sur l'autoréglementation de l'industrie. Cela signifie que les associations de l'industrie ou les institutions spécialisées formulent des règles de conduite ou des lignes directrices de l'industrie pour fournir un modèle de protection des informations personnelles dans chaque industrie (Jiang Po 2001, p. 443). Toutefois, les États-Unis n'appliquent pas une politique de laissez-faire en matière d'autoréglementation de l'industrie. Le gouvernement entretient des liens étroits avec l'autoréglementation industrielle, laquelle peut même être qualifiée de modèle dirigé par le gouvernement au sens strict.

L'autoréglementation de l'industrie aux États-Unis est centrée sur les normes : les organisations professionnelles définissent les normes sectorielles pour répondre aux exigences minimales de la loi. Les principales formes d'autoréglementation sont des lignes directrices constructives et des programmes de certification des règles de confidentialité en ligne. Parmi elles, les lignes directrices constructives sont élaborées par des organisations d'autoréglementation chargées de la protection des informations personnelles, et les membres de ces organisations sont tenus de s'y conformer. Par exemple, en juin 1988, l'Alliance pour la protection de la vie privée en ligne (« Online Privacy Alliance ») formée de 46 entreprises et groupes a publié ses directives sur la protection de la vie privée en ligne. Les sites Web des membres de l'Alliance devaient se conformer aux exigences des directives lors de la collecte des informations personnelles des utilisateurs[4]. Les programmes de certification des règles de confidentialité en ligne sont élaborés pour promouvoir la protection des informations personnelles par

4 « Online Privacy Alliance will Serve as Vanguard of Industry Efforts to Protect Privacy in Cyberspace », *Privacy Alliance*, 22/06/1998, <http://www.privacyalliance.org/news/06221998/>.

des certificats de confidentialité délivrés aux structures qui se conforment aux normes et exigences pertinentes en matière de protection des informations personnelles (Jiang Po 2001, pp. 449–450). Ces programmes exigent que les sites Web respectent les règles de conduite relatives à la collecte d'informations personnelles en ligne et soient soumis à de multiples formes de supervision (Zhou Xinyue 2013). Actuellement, il existe de nombreux labels de certification des règles de confidentialité en ligne aux États-Unis, notamment TRUSTe, dont le programme se compose de deux parties : certification des règles de confidentialité générales et certification des règles de confidentialité spéciales (Li Yuan 2016, pp. 62–63).

Le modèle d'autoréglementation de l'industrie aux États-Unis présente en effet de grands avantages par rapport au modèle de législation décentralisée. D'une part, face à des technologies de l'information en développement rapide, l'autoréglementation de l'industrie permet non seulement d'éviter une législation nationale prématurée qui pourrait limiter l'application de ces technologies dans la société, mais peut également prévenir des incohérences législatives causées par l'utilisation d'une technologie spécifique comme norme. D'autre part, étant donné que la collecte et le traitement des informations personnelles sont différents selon les domaines, l'autoréglementation de l'industrie permet d'améliorer la pertinence de la protection (Qi Aimin 2004). Cependant, l'autoréglementation de l'industrie comporte également des inconvénients. Premièrement, elle manque de force contraignante. Les normes d'autoréglementation ne sont pas directement garanties par le pouvoir coercitif de l'État. Elles ne sont pas accompagnées de mécanisme de recours judiciaire final ni de procédure claire de règlement des différends. Deuxièmement, l'autoréglementation de l'industrie n'a pas une couverture suffisante. Bien que d'importantes entreprises célèbres aient pris part à l'autoréglementation de l'industrie, il reste de nombreuses entreprises qui n'appliquent pas les normes d'autoréglementation, puisque la participation repose sur une base volontaire. Troisièmement, la légalité de l'autoréglementation est parfois remise en cause. Les normes d'autoréglementation formulées par l'industrie donnent souvent la priorité aux droits de propriété des entreprises sur les informations, ce qui diminue l'importance des droits des individus et des organisations (Richard A. Spinello 1999, pp. 50–51). La question de la légalité des normes d'autoréglementation se pose ainsi avec acuité. Quatrièmement, l'autoréglementation de l'industrie manque de supervision efficace. En l'absence de la supervision du gouvernement, l'autoréglementation de l'industrie pourrait conduire à des actes illégaux tels que les monopoles.

Dans l'ensemble, la législation décentralisée et l'autoréglementation de l'industrie permettent d'éviter une législation centralisée arbitraire tout en répondant aux besoins de progrès technologique rapide à l'ère numérique et de développement rapide de l'économie numérique. Elles offrent de la flexibilité face aux changements et aident à éviter une législation stricte pouvant avoir des effets négatifs sur le développement technologique, économique et le progrès social (Ren Longlong 2017, p. 79). Le modèle américain fournit une expérience utile aux autres pays dans leur législation à bien des égards. Premièrement, il valorise la valeur et l'efficacité du flux des informations personnelles et cherche à établir un équilibre entre le flux des informations personnelles et la protection de ces informations. Deuxièmement, l'autoréglementation de l'industrie, appuyée par la loi, permet de gérer des informations personnelles complexes et de réduire les coûts judiciaires. Troisièmement, l'État adopte des normes élevées pour la protection des informations personnelles afin de relever les risques et les défis liés aux flux transfrontières de données, assurant ainsi la sécurité de la circulation internationale des informations personnelles (Yang Ji 2012).

5.2 Modèle de législation unifiée de l'Union européenne

Ces dernières années, la vague mondiale de législation sur la protection des données a démontré les préoccupations de tous les pays par les questions relatives aux données. À mesure que les pays d'Europe promulguent des lois sur la protection des données, les différences entre les législations nationales peuvent affecter le flux transfrontière des données personnelles. Par conséquent, afin d'éviter des obstacles inutiles à l'intégration européenne au nom de la protection des données par les États, l'Union européenne a demandé à ses États membres d'adopter une législation unifiée pour la protection des données personnelles, de sorte que ces données puissent être adéquatement protégées dans tous les États membres de l'Union, évitant ainsi une protection insuffisante ou des lois inefficaces. La base théorique de l'Union européenne pour la législation sur la protection des données personnelles est le droit de la personnalité. Par conséquent, l'Union européenne met particulièrement l'accent sur la protection des droits et intérêts moraux des personnes impliquées dans des relations de données. Son modèle de législation unifiée fournit une norme scientifique uniforme pour la protection des données personnelles, mais en même temps, ce modèle souffre également de certains inconvénients. Il ne tient pas compte de la spécificité de la protection des données personnelles dans chaque domaine et manque de flexibilité pour s'adapter à l'environnement juridique nécessaire de chaque secteur.

Depuis les années 1970, à mesure que les fuites et les violations de données personnelles se produisent régulièrement, les pays européens sont de plus en plus préoccupés par la sécurité de ces données. En réponse à ce besoin urgent de protection des données, ils ont tenté de promulguer leurs propres lois spécifiques à la protection des données personnelles. Par exemple, en 1970, le Land de Hesse (Allemagne) a promulgué la première loi de protection des données personnelles au monde (« Loi sur la protection des données de la Land de Hesse ») (Bennett C. J. et John Rawls 1992, p. 48) ; en 1973, la Suède a promulgué la première loi nationale de protection des données personnelles (*Datalagen*) (Burkert H., pp. 43–70), et en 1977, l'Allemagne a publié sa loi nationale pour la protection des données (« Loi fédérale sur la protection des données »). En 1978, la France a adopté la *Loi Informatique et Libertés* (Flaherty D. H 1989, pp. 166–222) ; en 1981, l'Islande a adopté la loi relative au traitement des données personnelles, et en 1984, le Royaume-Uni a adopté la Data Protection Act (Bennett C. J., John Rawls 1992, pp. 47–48). Au cours de la même période, une législation similaire a également été mise en place en Irlande. D'autres pays européens comme le Portugal, la Belgique et les Pays-Bas ont aussi introduit successivement leur législation sur la protection des données personnelles. Ces législations nationales et locales ont ensuite eu un impact profond et considérable sur la protection des données en Europe (Zhang Xinbao 2015).

Ayant examiné la dynamique réelle de la circulation des données personnelles dans ses États membres, l'Union européenne a décidé, peu après sa création, d'harmoniser la législation sur la protection des données personnelles dans le cadre du processus d'intégration (Graham Pearce et Nicholas Platten 1998) en adoptant des normes uniformes de protection et des principes de traitement des données pour toutes les données à caractère personnel dans tous les domaines, y compris le secteur public, le secteur privé et toutes les industries (Groupe sur la protection des informations personnelles 2017, p. 68). Il s'agit donc d'un modèle de législation unifiée, dans lequel l'État réglemente uniformément la collecte, l'utilisation et le traitement des données personnelles par les organes et les acteurs civils du pays (Qi Aimin 2009, p. 177). Ce modèle de législation demande à l'État de promulguer une loi uniforme sur la protection des données personnelles afin de réglementer strictement les principes et les exigences de base de la protection, et sur cette base, de protéger les données personnelles par la création d'une autorité spéciale de protection. Le modèle de législation unifiée de l'UE a eu une influence significative sur les législations nationales ultérieures. Objectivement, cette influence est due plutôt à la compatibilité du modèle avec les systèmes juridiques de la plupart des pays du monde.

L'adoption par l'Union européenne d'un modèle de législation unifiée est profondément ancrée dans son contexte historique. D'une part, l'UE est une organisation internationale régionale et multinationale. Ces caractéristiques uniques exigent un modèle de législation unifiée pour la protection des données personnelles dans les États membres, de sorte que ces données puissent être adéquatement protégées. D'autre part, l'Europe, qui a souffert des deux guerres mondiales, a besoin de renforcer la protection et le contrôle des données personnelles. L'adoption d'un modèle de législation unifiée permet non seulement de fournir des normes uniformes de protection des données personnelles, mais également de mettre en place un soutien juridique efficace et une plate-forme rigoureuse faisant autorité pour la protection des données personnelles *via* la création d'autorités de contrôle indépendantes. De cette façon, les violations de données personnelles telles que les fuites peuvent être traitées en temps opportun, la sécurité des données personnelles peut être garantie, l'incertitude liée à l'application de la loi peut être diminuée, les retards et la confusion liés au traitement des incidents par les procédures juridiques peuvent être atténués et le flux de données peut être favorisé.

L'Union européenne a commencé à étudier la protection des données personnelles tôt et sa législation unifiée a déjà une longue histoire (voir Tableau 5-2). Dès 1981, le Conseil de l'Europe a adopté la première convention internationale contraignante sur la protection des données personnelles (Convention pour la protection des personnes à l'égard du traitement automatisé des données à caractère personnel ou Convention 108), qui peut être considérée comme le début d'une législation européenne unifiée. À mesure que la Communauté européenne se transforme en Union européenne, l'importance accordée à la protection des données personnelles par l'Europe a également augmentée. En 1990, le Comité exécutif de la Commission européenne a commencé à reconnaître que les lois sur la protection des données personnelles des14 États membres de l'UE constituaient un frein au flux des données et à l'établissement du marché unique européen. En 1995, afin d'atténuer ce conflit, l'UE a élaboré la Directive 95/46/CE sur la protection des données personnelles, qui marque l'adoption complète par l'Union européenne d'un processus législatif unifié. D'autres sources juridiques de l'UE pour la protection des données personnelles sont la Directive 2002/58/CE dite « vie privée et communications électroniques » et la Directive 2006/24/CE sur la conservation des données. En outre, la Charte des droits fondamentaux de l'Union européenne, signée lors du sommet de l'UE de 2000, stipule explicitement dans l'article 8 que « toute personne a droit à la protection des données à caractère personnel la concernant ». L'ensemble de la Charte est intégré au projet de Constitution pour l'Europe Nous pouvons constater que l'Union européenne attache depuis de longue date une grande importance à la protection des données personnelles.

La source juridique la plus importante pour la protection des données dans l'UE est la Directive 95/46/CE sur la protection des données personnelles adoptée en 1995. Elle constitue le premier régime juridique au monde à fournir une protection complète de la vie privée et des données (couvrant presque tous les secteurs et tous les types de traitement des données) (Zhou Hanhua 2006, p. 26). L'article 5 de la Directive prévoit que « les États membres précisent, dans les limites des dispositions du présent chapitre, les conditions dans lesquelles les traitements de données à caractère personnel sont licites ». Par cette disposition, l'UE oblige ses États membres à adopter

Tableau 5-2 Pratique législative de l'Union européenne en matière de protection des données

Année	Loi	Éléments essentiels
1970	Loi de Hesse de protection des données (Allemagne)	Il s'agit de la première loi au monde dédiée à la protection des données. Elle clarifie l'obligation des autorités administratives de conserver la confidentialité des données personnelles et définit les pouvoirs et la place des collectivités locales et des administrations publiques étatiques dans l'utilisation des données personnelles.
1973	Loi sur les données (« Datalagen ») (Suède)	Elle exige la création d'un organisme chargé spécifiquement de protéger les données personnelles. Il est interdit de traiter des données personnelles sans l'approbation de l'organisme.
1977	Loi fédérale sur la protection des données (Bundesdatenschutzgesetz – BDSG) (Allemagne)	Elle prévoit une protection uniforme des données personnelles, fondée sur le droit de la personnalité et le droit à l'autodétermination informationnelle. Elle définit également les principes fondamentaux de protection des données, le contenu de base du droit aux données personnelles, les autorités de contrôle et le système de dommages-intérêts.
1978	Loi informatique et libertés (France)	Elle stipule que le traitement des données personnelles ne doit pas porter atteinte à la personnalité, à l'identité ou aux droits privés de l'individu.
1981	Convention pour la protection des personnes à l'égard du traitement automatisé des données à caractère personnel	Elle contient des dispositions préliminaires sur la notion des données à caractère personnel, les principes de protection et le flux transfrontières de ces données. Il s'agit de la première convention internationale contraignante au monde sur la protection des données personnelles et de la vie privée

Année	Loi	Éléments essentiels
1995	Directive 95/46/CE sur la protection des données personnelles	Elle demande aux États membres d'adopter un modèle de législation unifiée et de créer des organismes indépendants de protection des données afin d'assurer une protection adéquate des données personnelles. La Directive établit un système complet de protection des données personnelles dans l'UE. Tout en améliorant le niveau de protection des données personnelles dans l'ensemble de l'UE, elle élimine les obstacles à la libre circulation des données entre les États membres.
2002	Directive sur la protection de la vie privée dans le secteur des communications électroniques	Elle interdit aux fournisseurs de services de communication et de réseau de stocker ou d'utiliser des données d'utilisateurs sans leur consentement ; et exige que les fournisseurs de services de communication et de réseau informent les utilisateurs de leur intention de poursuivre le traitement de leurs données, lorsqu'ils stockent ou utilisent des données d'utilisateurs, garantissant ainsi le droit à l'information des utilisateurs. Les utilisateurs ont également le droit de refuser le traitement de leurs données.
2006	Directive sur la conservation des données	Les fournisseurs de services publics de télécommunications, les fournisseurs de services de communication et les fournisseurs de services de réseaux publics de communication sont tenus de conserver les données de trafic et de localisation pendant une période donnée afin d'aider les autorités policières à enquêter sur les infractions graves et le terrorisme.
2016	Directive relative à la protection des données dans les domaines de la coopération policière et judiciaire en matière pénale	Elle facilite l'utilisation des données personnelles par les autorités publiques des États membres pour enquêter des infractions pénales, tout en imposant des restrictions nécessaires.
2018	Règlement général sur la protection des données (RGPD)	Les collecteurs de données doivent obtenir l'autorisation explicite de l'utilisateur pour collecter les données le concernant. L'utilisateur a la pleine propriété des données collectées le concernant, a le droit d'accéder à ses données personnelles et à leur utilisation, et peut retirer son autorisation à tout moment. En cas de retrait d'autorisation par l'utilisateur, le collecteur de données doit immédiatement supprimer les données pertinentes.

Source : informations publiques.

leurs propres lois sur la protection des données personnelles, en intégrant tous les éléments de la directive (Guo Yu 2012, p. 46). Après la publication de la directive, tous les États membres ont successivement modifié leurs lois nationales sur la protection des données personnelles conformément à la directive (Qi Aimin 2015, p. 57). L'orientation législative de la directive est d'équilibrer la libre circulation des données avec la protection des intérêts personnels dans le traitement des données[5]. Cette directive a été un chef de file international dans le domaine de la protection des données personnelles, car elle a introduit des principes et des notions liés au traitement des données, tels que le principe de la qualité des données et le principe de limitation des finalités, qui ont par la suite obtenu un large consensus. Sur la base de la directive, un cadre juridique unifié pour la protection des données personnelles au sein de l'Union européenne a été établi. Cela a favorisé le dialogue des politiques sur la protection des données personnelles entre les États membres de l'UE et l'établissement d'un marché interne basé sur le libre flux des données (Korff D. 2008).

La Directive 95/46/CE sur la protection des données personnelles comporte une préface extrêmement riche, totalisant 72 éléments dédiés notamment à l'objet de la législation et à son champ d'application. Le corps du texte comprend 34 articles répartis en sept chapitres. L'article premier, « Objet de la directive », stipule clairement que « les États membres assurent, conformément à la présente directive, la protection des libertés et droits fondamentaux des personnes physiques, notamment de leur vie privée, à l'égard du traitement des données à caractère personnel ». Toutefois, il prévoit également que « les États membres ne peuvent restreindre ni interdire la libre circulation des données à caractère personnel entre États membres pour des raisons relatives à la protection assurée en vertu du paragraphe 1 ». L'article 3, « Champ d'application », prévoit que « la présente directive s'applique au traitement de données à caractère personnel, automatisé en tout ou en partie, ainsi qu'au traitement non automatisé

5 Directive 95/46/CE du Parlement européen et du Conseil, du 24 octobre 1995, relative à la protection des personnes physiques à l'égard du traitement des données à caractère personnel et à la libre circulation de ces données, Journal officiel n° L 281 du 23/11/1995.

de données à caractère personnel contenues ou appelées à figurer dans un fichier ». La Directive définit les obligations des responsables du traitement en matière de qualité des données (article 6), de légitimité du traitement des données (article 7), d'interdiction du traitement des données sensibles (articles 8 et 9) et de notification (articles 10 et 11). Par exemple, en ce qui concerne l'obligation de notification, les articles 10 et 11 prévoient que les sous-traitants ou responsables du traitement ont l'obligation de notifier à la personne concernée les détails essentiels et les réalités du traitement des données la concernant.

Outre les obligations du responsable du traitement, la Directive 95/46/CE sur la protection des données personnelles définit également les droits des personnes concernées, y compris le droit à la participation, le droit d'accéder à ses données, le droit de s'opposer au traitement des données et le droit à la réparation. Plus précisément, l'article 12 de la Directive[6] stipule que toute personne concernée a le droit d'obtenir du responsable du traitement, sans contrainte, à des intervalles raisonnables et sans délais ou frais excessifs, la confirmation que des données la concernant sont ou ne sont pas traitées. Lorsque le traitement des données n'est pas conforme aux exigences de la directive, des mesures correctives doivent être prises

6 L'article 12 de la Directive 95/46/CE sur la protection des données personnelles dispose que « Les États membres garantissent à toute personne concernée le droit d'obtenir du responsable du traitement : a) sans contrainte, à des intervalles raisonnables et sans délais ou frais excessifs : – la confirmation que des données la concernant sont ou ne sont pas traitées, ainsi que des informations portant au moins sur les finalités du traitement, les catégories de données sur lesquelles il porte et les destinataires ou les catégories de destinataires auxquels les données sont communiquées, – la communication, sous une forme intelligible, des données faisant l'objet des traitements, ainsi que de toute information disponible sur l'origine des données, – la connaissance de la logique qui sous-tend tout traitement automatisé des données la concernant, au moins dans le cas des décisions automatisées visées à l'article 15 paragraphe 1 ; b) selon le cas, la rectification, l'effacement ou le verrouillage des données dont le traitement n'est pas conforme à la présente directive, notamment en raison du caractère incomplet ou inexact des données ; c) la notification aux tiers auxquels les données ont été communiquées de toute rectification, tout effacement ou tout verrouillage effectué conformément au point b), si cela ne s'avère pas impossible ou ne suppose pas un effort disproportionné » (Zhou Hanhua 2006, pp. 48–49).

ou des données doivent être supprimées. Les personnes concernées ont le droit d'accéder à leurs propres données, y compris obtenir l'origine des données, la finalité du traitement des données et les situations d'utilisation de leurs données. L'article 14 prévoit que la personne concernée a le droit « de s'opposer à tout moment, pour des raisons prépondérantes et légitimes tenant à sa situation particulière, à ce que des données la concernant fassent l'objet d'un traitement », et « de s'opposer, sur demande et gratuitement, au traitement des données à caractère personnel la concernant envisagé par le responsable du traitement à des fins de prospection ». L'article 15 stipule que toute personne a « le droit de ne pas être soumise à une décision produisant des effets juridiques à son égard ou l'affectant de manière significative, prise sur le seul fondement d'un traitement automatisé de données destiné à évaluer certains aspects de sa personnalité ». L'article 23 dispose que « toute personne ayant subi un dommage du fait d'un traitement illicite ou de toute action incompatible avec les dispositions nationales prises en application de la présente directive a le droit d'obtenir du responsable du traitement réparation du préjudice subi ».

Pendant longtemps, la Directive 95/46/CE sur la protection des données personnelles a joué un rôle essentiel dans la protection des données à caractère personnel. Toutefois, étant donné que bon nombre des exigences réglementaires et des règles relatives aux droits et obligations énoncées dans la Directive[7] ne sont pas directement applicables, les États membres doivent adopter une législation nationale pour se conformer aux exigences de la directive[8]. Finalement, les États membres ont fait des interprétations et des choix différents pour traduire la Directive en droit interne (Liu Yun 2017) et la directive n'a pas atteint ses objectifs attendus relatifs à l'unification du marché commun et à la protection des droits fondamentaux (Jiang Ge 2011). Pour compenser les lacunes de la directive 95/46/CE, l'Union européenne a publié la Directive vie privée et communications électroniques (Directive 2002/58/CE) en 2002. Cette dernière comporte des dispositions complémentaires sur la protection des données personnelles en termes de cookies et de spam (ou pourriel), de traitement des données commerciales

7 Voir Directive 95/46/CE sur la protection des données personnelles, article 27.
8 Voir Directive 95/46/CE sur la protection des données personnelles, article 28.

et de confidentialité des informations (Li Yuan 2019, p. 45). La Directive vie privée et communications électroniques exige que les fournisseurs de services de télécommunications et de réseau prennent les mesures appropriées pour assurer la sécurité des données personnelles des utilisateurs de services de communications publics (Groupe sur la protection des informations personnelles 2017, p. 315). Selon la Directive, les utilisateurs des services de communication publics ont le droit au secret des communications, le droit d'être protégés contre des communications non sollicitées effectuées à des fins de prospection directe, le droit de limiter l'utilisation des cookies et de limiter l'enregistrement de ses historiques.

En 2006, l'Union européenne a publié la Directive sur la conservation des données. La Directive est essentiellement obligatoire et vise à établir des lignes directrices pour les fournisseurs de services publics de communications électroniques dans les pays de l'UE en matière de traitement et de conservation des données commerciales. Elle veille à ce qu'en cas de poursuites pénales graves et de situations mettant en danger la sécurité nationale, les données personnelles des utilisateurs détenues par ces structures commerciales puissent être utilisées à des fins d'enquête (Guo Yu 2012, p. 47). La Directive exige des entreprises de communication radio qu'elles conservent tous les types de données, y compris l'adresse IP, l'heure de déconnexion, la durée des appels et les numéros de téléphone des appels entrants et sortants, et stipule que chaque État membre peut décider luimême de la durée de conservation de ces données, entre six mois et deux ans (Li Yuan 2019, p. 46). La Directive oblige les États membres à prendre des mesures pour s'assurer que les données conservées ne sont disponibles que pour les autorités judiciaires et les autres autorités de l'État légalement convenues par la loi. « Les fournisseurs de services publics de communications électroniques ou les fournisseurs de services de réseaux publics de communications qui conservent des données doivent s'assurer que les données et les renseignements connexes sont soumis aux organismes compétents en temps opportun, le cas échéant » (Hong Hailin 2010, p. 93).

Avec le développement des mégadonnées et de l'information, les données personnelles sont traitées plus rapidement et sont utilisées de diverses façons, et la Directive 95/46/CE sur la protection des données personnelles devient insuffisante. Pour mieux répondre aux exigences de l'ère numérique, le Parlement européen a adopté le Règlement général sur la protection des données (RGPD) en 2016. Le règlement, qui remplace directement la Directive 95/46/CE, est entré en vigueur en mai 2018. Le RGPD est l'acte de protection des données personnelles le plus rigoureux jamais mis en œuvre, et son champ d'application est fondé sur la superposition du principe de territorialité et du principe de compétence personnelle[9]. En d'autres termes, il s'applique non seulement aux entités situées dans les États membres qui exercent des activités de traitement des données à l'intérieur et à l'extérieur de l'UE, mais également aux entités situées en dehors de l'UE qui exercent des activités de traitement de données dans l'UE. Par rapport à la Directive 95/46/CE, le RGPD a établi le droit à l'oubli (article 17), le droit à la portabilité des données (article 20), durci les critères de consentement de la personne concernée (article 7), élargi le champ d'application des responsables du traitement (article 27), renforcé les obligations de notification des responsables du traitement (articles 19, 33, 34), intensifié la contrôle de la protection des données (article 58) et accru les sanctions en cas de violations du règlement (article 83) (Ji Leilei 2017).

Les directives et règlement européens que nous venons d'exposer proposent tous une solution à la protection des données en établissant le droit de la personnalité des données. L'Union européenne estime que « l'importance de la protection des données personnelles réside dans la protection des droits fondamentaux de l'homme et le respect de la dignité humaine » (Lei Wanlu 2018). Pendant les deux guerres mondiales, l'Union européenne a subi l'oppression la plus lourde de la nature humaine et sa douloureuse réflexion sur la violation de la dignité humaine par les nazis l'a amenée à prendre conscience de l'importance des droits de l'homme et de la protection du droit de la personnalité. En conséquence, tout système développé par l'UE et ses États membres tend à donner la priorité à la dignité humaine. De même, la dignité humaine est la valeur centrale et la base éthique de la législation sur la protection des données personnelles. La législation promeut le libre flux des données personnelles seulement sur la base de la sauvegarde de la dignité humaine. Dans l'Union européenne, la doctrine

9 GDPR Art. 3, Territorial Scope, *Intersoft Consulting*, <https://gdpr-info.eu/art-3-gdpr>, 27/03/2019.

du droit de la personnalité est la doctrine fondamentale de la protection des données personnelles au niveau juridique et les données personnelles sont une manifestation des intérêts de la personnalité. Que ce soit dans la Directive 95/46/CE et le RGPD, l'objectif de l'UE en matière de protection des données personnelles est de respecter la dignité et la liberté de l'homme et de considérer la protection des données personnelles comme un droit fondamental qui va au-delà des droits généraux (Schwartz P. et Solove D. J. 2014).

Dans l'ensemble, le modèle de législation unifiée de l'UE se caractérise par l'adoption d'une loi uniforme sur la protection des données personnelles. Son modèle de protection des données présente trois particularités : premièrement, il favorise la protection des droits de données et considère la protection des données personnelles comme un droit fondamental de l'homme, non transférable et non économique, inhérent au sujet et lié à la dignité personnelle du sujet (Wang Xiuxiu 2017) ; deuxièmement, il est dirigé par le pouvoir public de l'État et réglemente de manière uniforme et à travers des lois et des règlements unifiés la manière dont l'État, les entreprises, les individus et d'autres entités collectent, traitent et utilisent les données personnelles ; troisièmement, il met en place des autorités nationales de protection de données, coordonnées par le Comité européen de la protection des données, pour superviser les activités de traitement des données des entreprises et des organisations, auditer, enquêter et sanctionner la collecte illégale de données. Le modèle de législation unifiée de l'Union européenne a eu un impact positif sur la protection des données personnelles et a influencé de façon considérable la législation en matière de protection des données personnelles dans presque tous les pays du monde. Ce modèle présente trois principaux avantages. Premièrement, il permet de clarifier la protection des données personnelles sur le territoire national et de faire du droit des personnes physiques sur leurs données personnelles un droit juridique absolu (Qi Aimin 2009). Deuxièmement, il permet de fournir des normes juridiques uniformes et une protection des données personnelles normalisée et faisant autorité. Troisièmement, il fournit les réparations et les garanties nécessaires pour les préjudices.

L'adoption d'un modèle de législation unifiée pour tous les domaines permet d'assurer une protection juridique plus efficace des droits des données et de préserver la dignité humaine (Qi Aimin 2009, p. 79). Toutefois, le modèle de législation unifiée, tout en rendant la protection des données plus spécifique et plus complète, présente également des lacunes. Premièrement, il pourrait entraver la libre circulation des données personnelles et même de tous les types de données, et représente des coûts de mise en œuvre élevés (Diane Rowland et Elizabeth MacDonald 2004, p. 308). Deuxièmement, la législation unifiée exige une législature commune pour promulguer des lois et le manque de motivation commune pourrait être un frein important à la promulgation d'une loi unifiée sur la protection des données personnelles. Troisièmement, ce modèle ne prend pas en compte les spécificités de chaque domaine, manque de flexibilité, de rapidité et de praticabilité et s'adapte très difficilement à l'environnement juridique spécifique de chaque domaine. En somme, malgré ses inévitables lacunes, le modèle de législation unifiée adopté par l'UE a eu un impact profond et durable sur la législation des droits des données dans tous les pays de droits de tradition civiliste. Même certains pays de droit coutumier ont opté pour un tel modèle de législation.

5.3 Modèle de législation axé sur la localisation de l'Inde

À l'ère numérique, le flux transfrontière de données personnelles est devenu un facteur important dans l'interaction sociale, le développement économique et le progrès technologique. Dans le même temps, les incidents de plus en plus fréquents tels que le scandale PRISM et les attaques d'infrastructure de données mondiales mettent en évidence les risques de sécurité liés au transfert de données transfrontalier. Dans ce contexte, afin de sauvegarder la sécurité nationale, de protéger la vie privée et de promouvoir le développement de l'industrie des données, de nombreux pays ont adopté un modèle de législation axé sur la localisation pour réglementer le stockage, l'utilisation et le flux des données. En tant que pays typique disposant d'une législation sur la localisation des données, l'Inde a adopté une législation axée sur le stockage et l'accès locaux des données, pour limiter le flux transfrontalier de données personnelles. Le modèle indien met ainsi l'accent sur la priorité de la souveraineté des données. Ce modèle de législation, qui, dans une certaine mesure, assure une protection des droits des données par la fermeture, entrave également le développement du commerce numérique dans le pays ainsi que la libre circulation des données. Il peut donc avoir un impact négatif sur le taux de croissance du PIB.

Avec le développement rapide de la mondialisation économique, les échanges commerciaux entre les pays du monde sont de plus en plus fréquents, et les services transfrontaliers tels que les services cloud, le commerce électronique et le commerce numérique sont devenus des activités courantes de notre époque. Le flux transfrontière de données tend à devenir une normalité et un facteur majeur de l'économie mondiale et de l'évolution des modèles commerciaux. Selon une étude du think tank américain Brookings Institution, les flux transfrontières de données ont contribué à hauteur de 10,1 % à la croissance économique mondiale au cours de la décennie 2009–2018. La contribution des flux transfrontières de données à l'économie mondiale s'est élevée à plus de 2800 milliards de dollars en 2014 et devrait dépasser les 11000 milliards de dollars d'ici 2025 (Zhang Monan 2020). Dans le même temps, des violations de données se sont produites de façon fréquente au niveau mondial et les importantes fuites de données mettent de plus en plus en évidence les risques liés au flux transfrontières de données. Aujourd'hui, tous les pays du monde sont confrontés au même défi : trouver l'équilibre entre les intérêts de sécurité tels que la sécurité nationale, la protection de la vie privée et les valeurs économiques créées par le mouvement transfrontalier des données (Huang Daoli et Hu Wenhua 2019). Dans ce contexte, d'un côté, la libre circulation des données et l'élimination des obstacles au commerce numérique sont progressivement devenues les nouveaux sujets d'un nouveau cycle de négociations internationales multilatérales. De l'autre côté, pour des raisons de souveraineté des données, de sécurité nationale, de développement industriel et de sécurité de la vie privée, les pays ont mis en œuvre une législation sur la localisation des données les uns après les autres[10], en vue de réglementer le stockage,

10 La localisation de données signifie qu'un gouvernement exige que le stockage et le traitement des données personnelles collectées sur son territoire soient effectués

l'utilisation et le flux des données (Zhang Qianwen 2020) pour répondre aux risques de sécurité liés au transfert de données transfrontalier (Hu Wenhua et Kong Huafeng 2019).

La législation sur la localisation des données a émergé suite au scandale PRISM. En juin 2013, Edward Snowden, ancien employé de Booz Allen Hamilton, société sous-traitante travaillant pour la NSA, a révélé au *Guardian* et au *Washington Post* l'existence de plusieurs programmes de surveillance de masse américains, dont PRISM. Grâce au programme PRISM, la NSA et le FBI peuvent accéder directement aux serveurs centraux de 9 grandes sociétés informatiques multinationales américaines, notamment Apple, Microsoft, PalTalk, Skype, pour extraire de l'audio, de la vidéo, des photos, des e-mails, des fichiers et des journaux de connexion (Greenwald G. 2013, p. 1). Après la révélation du scandale PRISM, de nombreux pays, préoccupés par la surveillance étrangère et la sécurité nationale, ont légiféré sur la localisation des données. Selon l'Information Technology and Innovation Foundation, la grande majorité des pays, à l'exception de ceux d'Afrique où le niveau d'informatisation est faible, ont mis en œuvre une législation sur a localisation des données (Huang Daoli et Hu Wenhua 2019) (voir Tableau 5-3). Ces législations nationales traduisent différentes exigences en matière de localisation de données, y compris l'interdiction d'envoyer des données à l'extérieur du pays, l'obligation d'obtenir le consentement de la personne concernée avant tout transfert de données transfrontalier, l'obligation de sauvegarder les données à l'intérieur du territoire et la taxation sur les transferts de données transfrontaliers (Chander Anupam et Uyen P. Le 2015).

Différente de l'approche ascendante de l'UE consistant à protéger strictement les données personnelles en tant que droit fondamental des citoyens, la législation indienne met davantage l'accent sur le stockage et l'accès locaux des données pour protéger les données personnelles à travers la suprématie de la souveraineté des données. L'Inde est un représentant

---

sur son territoire et interdit le transfert libre de données personnelles à l'extérieur de son territoire. Certains pays comme la Belgique, le Danemark, la Finlande, l'Allemagne, la Russie, la Suède et le Royaume-Uni exigent le stockage local de certaines données financières. D'autres pays dont l'Australie et le Royaume-Uni exigent que les dossiers de santé soient conservés sur leur territoire.

Tableau 5-3 Législation en matière de localisation de données à travers le monde

Niveau d'exigence sur la localisation des données	Pays (région)
Exigences élevées : il est explicitement exigé que les données soient stockées sur des serveurs domestiques.	Inde, Brunei, Vietnam, Nigéria, Russie
Exigences générales : les dispositions juridiques relatives au transfert de données équivalent à la localisation de données.	Union européenne
Exigences partielles : de nombreuses mesures exigent le consentement de la personne concernée avant tout transfert transfrontalier.	Biélorussie, Kazakhstan, Malaisie Corée du Sud
Exigences mineures : le transfert transfrontalier de données est restreint sous certaines conditions.	Argentine, Brésil, Colombie, Pérou, Uruguay
Exigences spécifiques au domaine : les restrictions s'appliquent uniquement dans des domaines spécifiques tels que le domaine médical, les télécommunications, les finances et la sécurité nationale.	Australie, Canada, Nouvelle-Zélande, Turquie, Venezuela
Aucune exigence : il n'existe aucune obligation légale pour la localisation des données.	États-Unis, etc.

Source : informations publiques.

typique de la législation forte sur la localisation de données. Avec le développement de l'économie numérique, l'Inde a adopté une série de lois ou de documents importants ces dernières années pour mettre en œuvre de larges restrictions en faveur de la localisation de données. La première loi indienne sur la localisation des données est la loi sur les documents publics de 1993 (« Public Records Act »). L'article 4 de la loi prévoit que « personne ne doit emporter ou faire sortir de l'Inde des documents publics sans l'approbation préalable du gouvernement central ; aucune approbation préalable n'est requise si des documents publics sont emportés ou envoyés hors de l'Inde à des fins officielles ». La loi exige expressément que les entreprises informatiques placent une partie de leur infrastructure à l'intérieur du territoire indien et interdit le transfert transfrontalier des données personnelles, des données publiques et des données commerciales stockées par ces entreprises (voir Tableau 5-4).

Tableau 5-4 Pratique législative de l'Inde en matière de protection des données

Année	Loi	Éléments essentiels
1993	Loi sur les documents publics (« Public Records Act »)	Elle interdit le transfert de documents publics à l'extérieur de l'Inde, sauf à des fins officielles.
2000	Loi sur les technologies de l'information (« Information Technology Act »)	Elle stipule que toute institution ou toute personne qui n'a pas pris de pratiques et procédures de sécurité raisonnables (« RSPP ») pour protéger les données ou informations personnelles sensibles (« SPDI ») est tenue de payer une compensation pour la perte ou le gain inapproprié résultant de la négligence.
2005	Loi sur le droit à l'information (« Right to Information Act »)	Elle stipule que le fournisseur de services a le droit d'être exempté de fournir des informations commercialement ou économiquement sensibles si la divulgation de ces informations est susceptible de lui causer des profits ou des pertes inappropriés.
2011	Règles relatives aux technologies de l'information (pratiques et procédures de sécurité raisonnables et données ou informations personnelles sensibles)	Elles autorisent le transfert transfrontalier de données ou d'informations personnelles sensibles à seulement deux situations : le transfert est strictement nécessaire ou a obtenu le consentement de la personne concernée.
2018	Projet de règles sur les pharmacies en ligne (« E-Pharmacy Draft »)	Il stipule que les données générées par les pharmacies en ligne doivent être conservées localement en Inde et ne doivent en aucun cas être transférées ou stockées en dehors de l'Inde.

(*Continué*)

Tableau 5-4 Continué

Année	Loi	Éléments essentiels
	Projet de cadre politique national pour le commerce électronique en Inde	Il prévoit de nombreuses exigences en matière de localisation des données personnelles et d'autres données. Les données personnelles critiques identifiées par le gouvernement indien et les données générées par les plateformes de commerce électronique, les médias sociaux, les moteurs de recherche, etc., doivent être stockées en Inde.
2019	Projet de loi sur la protection des données personnelles de 2019 (« Personal Data Protection Bill 2019 »)	Les sociétés Internet sont tenues de stocker sur le territoire de l'Inde les données personnelles critiques collectées en Inde. Ces données ne peuvent être transférées à l'étranger qu'à des fins autorisées par la loi et doivent être désensibilisées avant tout transfert transfrontalier.

Source : informations publiques.

Actuellement, l'Inde a développé un système de protection des données personnelles composé de lois générales et partielles par le biais de législation sur la localisation des données. La collecte, le traitement, le stockage, la communication et la transmission des données personnelles sont principalement réglementés par la loi sur les technologies de l'information (« Information Technology Act ») de 2000. Cette loi prévoit que la véritable nécessité ou le consentement de la personne concernée sont les conditions préalables au transfert transfrontalier de données ou d'informations personnelles sensibles. Plus tard, les règles adoptées par le Ministère de la Technologie et des Communications de l'Inde en 2011 pour mettre en œuvre la loi sur les technologies de l'information de 2000[11] limitent la transmission de données ou d'informations personnelles sensibles à l'extérieur

11 Il s'agit des Règles relatives aux technologies de l'information (pratiques et procédures de sécurité raisonnables et données ou informations personnelles sensibles), publiées en 2011 par le Ministère de la Technologie et des Communications. Ces

du pays à deux situations : en cas de nécessité ou avec le consentement de la personne concernée[12]. Selon cette règle, lors du transfert de données ou d'informations personnelles sensibles à une personne morale ou physique située en Inde ou en dehors de l'Inde, l'expéditeur ou son représentant doit s'assurer que le destinataire offre un niveau de protection des données adéquat. Un tel transfert ne peut être autorisé qu'à des fins d'exécution d'un contrat légal entre la personne ou physique et le fournisseur de données, ou avec l'accord préalable du fournisseur de données (Li Jianing 2018).

En décembre 2019, le Cabinet indien a approuvé le Projet de loi sur la protection des données personnelles de 2019 (« Personal Data Protection Bill 2019 »). Il s'agit de la mesure de localisation de données la plus stricte de toute l'histoire de l'Inde. « Le projet de loi reprend globalement les dispositions du RGPD de l'Union européenne et introduit de nouveaux droits tels que le droit à la correction et à la suppression, le droit à la portabilité de données et le droit à l'oubli, ainsi que de nouveaux mécanismes comme l'évaluation de l'impact sur la vie privée et la protection de la vie privée par la conception, afin d'augmenter le niveau de protection des données personnelles en Inde » (Hu Wenhua et Kong Huafeng 2019). Il divise les données personnelles en données personnelles générales, données personnelles sensibles et données personnelles critiques, et met en œuvre des exigences différentes pour chacune des catégories (voir Tableau 5-5). Le projet de loi précise deux exigences très importantes en matière de localisation des données. Premièrement, les données personnelles sensibles peuvent être transférées à l'extérieur de l'Inde, mais elles doivent continuer à être stockées sur le territoire de l'Inde. Deuxièmement, les données personnelles critiques ne peuvent être traitées que sur le territoire de l'Inde. En outre, le Projet de loi sur la protection des données personnelles de

---

règles précisent un certain nombre de dispositions de la Loi sur les technologies de l'information adoptée par le gouvernement indien en 2000.

12 Règles relatives aux technologies de l'information (pratiques et procédures de sécurité raisonnables et données ou informations personnelles sensibles), 2011, Gazette de l'Inde. La Loi sur les technologies de l'information de 2000 se concentre surtout sur l'utilisation abusive de l'informatique et ne traite pas de la sécurité des données. Lors de sa révision en 2008, deux articles 43A et 72A portant sur la perte et la protection des données personnelles ont été ajoutés.

2019 stipule que toutes les organisations doivent obtenir le consentement explicite de la personne concernée lors de la collecte de données personnelles (article 11[13]), à l'exception des collectes pour des raisons de sécurité nationale ou d'urgence médicale (article 12[14]).

Les lois sectorielles indiennes, en particulier dans les secteurs de la banque, de la santé et du commerce électronique, comportent également des dispositions relatives à la localisation de données. Par exemple, en avril 2018, la Banque de réserve de l'Inde (RBI) a publié un avis qui exige que les données de tous les systèmes de paiement soient stockées sur le territoire de l'Inde. Les entreprises avaient jusqu'au 15 octobre 2018 pour mettre en œuvre la localisation de données[15]. Dans le domaine de la santé, le Projet de règles sur les pharmacies en ligne, publié par le Ministère de la Santé et de la Protection de la famille de l'Inde en 2018, stipule que les données générées par les pharmacies en ligne ne doivent en aucune façon être transférées ou stockées à l'étranger. Ces données doivent obligatoirement

13 Le paragraphe 11 (1) du Projet de loi sur la protection des données personnelles de 2019 prévoit que « les données personnelles ne seront pas traitées à moins que la personne concernée n'y consente avant le début du traitement ».

14 L'article 12 du Projet de loi sur la protection des données personnelles de 2019 prévoit que « nonobstant les dispositions de l'article 11, les données personnelles peuvent être traitées si un tel traitement est nécessaire : (a) aux fins de l'exercice de toute fonction de l'État autorisée par la loi pour : (i) fournir un service ou avantage à la personne concernée au nom de l'État ; ou (ii) délivrer une certification, une licence ou un permis au nom de l'État pour toute action ou activité de la personne concernée ; (b) en vertu de toute loi actuellement en vigueur adoptée par le Parlement ou toute législature d'État ; (c) pour se conformer à toute ordonnance ou jugement d'un organisme judiciaire indien ; (d) pour répondre à toute urgence médicale mettant en danger la vie ou la santé de la personne concernée ou de toute autre personne ; (e) pour prendre toute mesure en vue de fournir un traitement médical ou des services de santé à toute personne pendant une épidémie, une flambée de maladie ou toute autre menace pour la santé publique ; ou (f) pour prendre toute mesure en vue d'assurer la sécurité d'une personne, de fournir une assistance ou des services à toute personne en cas de catastrophe ou de violation de l'ordre public.

15 « Storage of Payment System Data », *Reserve Bank of India*, <https://www.rbi.org.in/CommonPerson/english/Scripts/FAQs.aspx?Id=2995>, 26/06/2019.

Tableau 5-5 Exigences spécifiques à chaque catégorie de données personnelles

Catégorie	Définition	Exigences spécifiques
Données personnelles générales	Elles se réfèrent principalement aux données de ou relatives à une personne physique qui permettent de l'identifier, directement ou indirectement, compte tenu de ou après être associées aux caractéristiques de la personne physique.	Il est interdit de traiter ces données personnelles sauf à des fins spécifiques, explicites et légitimes. Les données personnelles générales peuvent être stockées et transférées librement à l'extérieur de l'Inde.
Données personnelles sensibles	Elles incluent les données personnelles qui peuvent révéler, être liées à ou constituer : les données financières, les données de santé ; les identifiants officiels ; la vie sexuelle ; l'orientation sexuelle ; les données biométriques ; les données génétiques ; le statut de transgenre ; le statut intersexe ; le caste ou le tribu ; le croyance ou l'affiliation religieuse ou politique ; ou toute autre donnée classée comme donnée personnelle sensible en vertu des accords de traitement des données.	Le transfert transfrontalier de données personnelles sensibles doit remplir les conditions de l'article 34, paragraphe 1. Ces données doivent être stockées sur le territoire de l'Inde.
Données personnelles critiques	Elles sont notifiées par le gouvernement central.	Le transfert de ces données en dehors de l'Inde est interdit en principe, sauf lorsque les conditions énumérées au paragraphe 34(2) sont remplies : le transfert est nécessaire pour des raisons d'urgence médicale ou a obtenu l'accord du gouvernement central.

Source : informations publiques.

être conservées sur le territoire de l'Inde[16]. Dans le domaine du commerce électronique, le préambule du Projet de cadre politique national pour le commerce électronique en Inde indique clairement que l'Inde va promouvoir progressivement sa politique de localisation des données et exiger la création de centres de données (Institut de recherche sur la sécurité des données d'Alibaba 2019). En outre, le projet prévoit également que les données générées par les médias sociaux et les plateformes de commerce électronique, ainsi que les données personnelles critiques notifiées par le gouvernement indien, ne peuvent être stockées que sur le territoire de l'Inde (Huang Daoli et Hu Wenhua 2019).

Bien que certains textes ne soient pas encore adoptés, les textes publiés à ce jour montrent que la législation indienne sur la protection des droits des données présente trois caractéristiques principales. Premièrement, le champ de réglementation est en train de s'étendre des données personnelles aux données non personnelles. En plus de réglementer le transfert transfrontalier des données, le Projet de loi sur la protection des données personnelles de 2019 exige également que les données personnelles soient stockées sur le territoire de l'Inde. Le Projet de cadre politique national pour le commerce électronique en Inde applique également les règles de localisation de données sur les données personnelles. Ce projet représente les tendances législatives et l'orientation des politiques de l'Inde en matière de localisation de données. Il est à constater que les données personnelles sont très importantes pour les législateurs indiens, que ce soit en termes de flux transfrontières ou de localisation.

Deuxièmement, la législation indienne différencie les types de données et met en œuvre des contrôles hiérarchisés basés sur la classification. Bien que les exigences de localisation des données soient très étendues en Inde, tous les types de données ne sont pas réglementés de la même manière, mais sont contrôlés différemment selon leur sensibilité et d'autres critères. Par exemple, le Projet de loi sur la protection des données personnelles de 2019 divise les données personnelles en trois catégories : données personnelles

16 « Draft Rules For E-Pharmacy Under The Drugs And Cosmetic Rules », Mondaq, <https://www.mondaq.com/india/food-and-drugs-law/740234/draft-rules-for-e-pharmacy-under-the-drugs-and-cosmetic-rules-1945>, 27/09/2018.

générales, données personnelles sensibles et données personnelles critiques. Les données personnelles sensibles comprennent les données financières, les données de santé ; les identifiants officiels ; la vie sexuelle ; l'orientation sexuelle ; les données biométriques ; les données génétiques ; le statut de transgenre ; le statut intersexe ; la caste ou la tribu ; la croyance ou l'affiliation religieuse ou politique[17]. En ce qui concerne les données personnelles critiques, le projet de loi ne précise pas de portée spécifique, mais accorde au gouvernement le droit de les notifier. Les exigences strictes pour le transfert transfrontalier et la localisation de ces deux types de données reflètent la logique de gouvernance des données de l'Inde, qui consiste à réaliser la valeur des données par la localisation (Huang Daoli et Hu Wenhua 2019).

Troisièmement, la législation indienne comporte divers mécanismes de réglementation et des règles d'exemption. Étant donné que la localisation des données couvre un large éventail de domaines et implique des relations juridiques complexes, l'Inde a adopté des mesures réglementaires strictes basées sur sa propre situation nationale. Néanmoins, l'Inde n'a pas adopté une approche simple et unique, mais a choisi de mettre en place des mécanismes de réglementation en s'inspirant de l'expérience de l'Union européenne pour mettre en place divers mécanismes praticables pour le transfert de données transfrontalier, y compris le mécanisme de contrats uniformes et le mécanisme d'approbation par l'autorité des données, ainsi qu'en élaborant des mesures alternatives pour certains transferts transfrontaliers de données, en tenant compte des spécificités de chaque secteur et domaine. En d'autres termes, elle applique des contrôles différents pour les différents types de données (Huang Daoli et Hu Wenhua 2019). En outre, la législation prévoit également des exemptions. Par exemple, le Projet de loi sur la protection des données personnelles de 2019 prévoit que le gouvernement central indien peut exempter certaines données personnelles générales des exigences de localisation. Le Projet de cadre politique national pour le commerce électronique en Inde définit également cinq types de données qui n'ont pas besoin de se conformer aux exigences de localisation ou de transfert transfrontalier, y compris les données de services cloud et

17 Voir l'article 3 du Projet de loi sur la protection des données personnelles de 2019.

les données commerciales internes aux entreprises transfrontalières (Hu Wenhua et Kong Huafeng 2019).

Dans le contexte où la localisation des données devient une tendance législative mondiale, l'Inde a adopté une législation sur la localisation des données dans l'optique de la protection des données personnelles. La législation indienne vise à réaliser la valeur des données *via* la localisation. En d'autres termes, le pays s'appuie sur les avantages liés à la taille du marché des utilisateurs nationaux pour accumuler les ressources de données originales, tout en faisant progresser la construction d'infrastructures numériques et de centres de données locaux, afin de localiser la valeur des données par le biais de la localisation des données (Hu Wenhua et Kong Huafeng 2019). La législation indienne en matière de localisation des données protège, dans une certaine mesure, les technologies de l'information nationales et les industries connexes. D'une part, elle permet d'exclure du marché intérieur les entreprises étrangères fournissant uniquement des services transfrontaliers ; d'autre part, en augmentant les coûts de conformité, elle diminue les avantages concurrentiels des entreprises étrangères. Tout en fournissant des ressources de base à l'Inde afin de développer de nouvelles technologies, la législation indienne en matière de localisation de données offre une opportunité pour le développement des centres de données et du marché des services d'infrastructure numérique sur le territoire de l'Inde. Selon un rapport de Cushman & Wakefield, les données numériques en Inde devraient croître deux fois plus vite que les données mondiales, pour atteindre probablement 230 000 PB d'ici 2020. Le rapport prévoit qu'avec ces données, l'Inde serait le cinquième plus grand marché mondial de centres de données d'ici 2050[18].

L'adoption par l'Inde d'une législation sur la localisation des données dans l'optique de la souveraineté des données est stratégique. Les exigences strictes en matière de stockage interne des données aident, certes, à préserver la souveraineté et la sécurité des données, à protéger la vie privée et à promouvoir le développement de l'industrie des données, mais cette mesure

18 « All about India's Data Localisation Policy », *The Economic Times*, <https://economictimes.indiatimes.com/tech/ites/all-about-indias-data-localisation-policy/articleshow/66297596.cms>, 21/10/2018.

présente également de sérieux inconvénients, notamment des incohérences entre le but et les moyens. En effet, les mesures spécifiques visant à exiger le stockage local de données transfrontalières ne peuvent pas garantir entièrement la primauté de la souveraineté des données. Elles constituent une fermeture du pays et une forme de protection extrême de la souveraineté des données qui pourrait faire perdre des opportunités de développement à l'Inde (Hu Wei 2018). Dans le même temps, la législation stricte de l'Inde en matière de localisation des données entrave le développement du commerce numérique dans le pays ainsi que la libre circulation des données. Elle peut donc avoir un impact négatif sur le taux de croissance du PIB (Shi Yue 2015). Selon le Centre européen d'économie politique internationale (ECIPE), la localisation des données a coûté à l'Inde 0,80 % du PIB. Par ailleurs, au niveau international, et à une époque où la mondialisation se développe en profondeur, la législation rigoureuse de l'Inde en matière de localisation des données a également attiré l'attention de la communauté internationale et a rencontré une vive opposition de la part des pays européens et américains. La mesure est décrite comme étant une mesure protectionniste et un signe de rétrogression dans le processus de mondialisation.

5.4 Modèle de législation intégrale du Japon

Le Japon a adopté un modèle de législation intégrale pour la protection des informations personnelles. Le modèle japonais est un compromis entre la législation décentralisée et la législation unifiée. L'État adopte différentes normes et des lois distinctes pour réglementer les informations collectées et traitées par les individus et les organes administratifs. Ce modèle législatif est compatible avec les modèles américain et européen tout en présentant ses propres caractéristiques. Il fournit au Japon une protection adéquate des informations personnelles et favorise le développement de son économie numérique, mais en même temps pose également quelques problèmes.

Depuis la restauration de Meiji, le Japon met en œuvre un système d'autonomie locale, et toutes les localités autonomes peuvent élaborer leurs propres règlements dans une certaine mesure. Dans ce contexte, les systèmes de protection des informations personnelles ont progressé à des rythmes variés dans les différentes localités. En raison de la mise en œuvre de l'autonomie locale, les organes locaux autonomes ont établi des systèmes de protection des informations personnelles bien avant la législation nationale uniforme. Dès 1973, la ville de Tokushima a adopté le Règlement sur la protection des informations personnelles à l'égard de leur traitement informatique. Depuis lors, les gouvernements locaux à tous les niveaux au Japon ont progressivement légiféré sur la protection des informations personnelles. En 1982, sous l'influence d'un rapport du Département de l'administration du gouvernement japonais, les organes autonomes locaux se sont engagés dans une course à l'élaboration des règlements sur la protection des informations personnelles. Jusqu'en avril 1999, 72,3 % des administrations locales japonaises ont mis en place des systèmes de protection des informations personnelles, y compris des règlements, des règles ou des procédures (Fumio Shinpo 2006, p. 157). Par exemple, en 1984, la ville de Kasuga, dans la préfecture de Fukuoka, a lancé le Règlement de Kasuga sur la protection des informations personnelles, et en 1985, la ville de Kawasaki a publié le Règlement de Kawasaki sur la protection des informations personnelles (voir Tableau 5-6).

Par rapport à l'enthousiasme des organes autonomes locaux, le gouvernement japonais s'est montré conservateur et prudent en matière de législation sur la protection des données. Conformément aux huit principes de protection des données établis par l'OCDE, le Japon a adopté en 1988 sa première loi sur la protection des informations personnelles à l'échelle nationale : la *Loi sur la protection des données personnelles informatisées détenues par les organes administratifs*. Cette loi régit l'administration des principaux organes administratifs en matière de collecte, de traitement et de conservation des informations personnelles électroniques, et présente trois caractéristiques principales. Premièrement, en termes de champ d'application, elle s'applique aux données personnelles informatisées détenues par les organes administratifs de l'État. Deuxièmement, elle établit des droits pour la personne concernée, y compris le droit d'accès, le droit à la rectification et le droit de demander un réexamen des données. Troisièmement, elle prévoit des restrictions aux organes administratifs. Les autorités

Tableau 5-6 Pratique législative du Japon en matière de protection des informations personnelles

Année	Loi	Éléments essentiels
1973	Règlement de la ville de Tokushima sur la protection des informations personnelles à l'égard de leur traitement informatique	Il prévoit le respect des droits et des intérêts personnels relatifs à la vie privée impliqués dans le traitement des informations personnelles par le gouvernement.
1988	Loi sur la protection des données personnelles informatisées détenues par les organes administratifs	Elle réglemente essentiellement le traitement informatique des informations personnelles par les organes administratifs de l'État.
1997	Directives pour le traitement informatique et la protection des données personnelles dans le secteur privé (révisée par le ministère du Commerce extérieur et de l'Industrie)	Un label de respect de la vie privée a été créé pour certifier les entreprises dotées de mesures de protection efficaces (Label P-MARK).
1999	Loi sur la rectification de l'enregistrement de base des résidents	Elle sensibilise davantage les entreprises privées à la nécessité de protéger les informations personnelles et leur demande de compléter les mesures nécessaires dans les plus brefs délais afin d'assurer une protection infaillible des informations personnelles.
2003	Loi sur la protection des informations personnelles	La Loi sur la protection des informations personnelles est le texte fondamental de ces cinq lois connexes. Elle réglemente la collecte, le traitement et l'utilisation des informations personnelles dans leur ensemble, et établit des principes de base uniformes à appliquer par les secteurs public et privé.
	Loi relative à la protection des informations personnelles détenues par les autorités administratives	
	Loi relative à la protection des informations personnelles détenues par des institutions administratives indépendantes	

(*Continué*)

Tableau 5-6 Continué

Année	Loi	Éléments essentiels
	Loi sur l'établissement du Comité d'examen de la divulgation et de la protection des informations personnelles	
	Loi visant à améliorer les textes impliqués dans la mise en œuvre de la Loi sur la protection des informations personnelles détenues par les organes administratifs	
2017	Lignes directrices pour la protection des informations personnelles dans le domaine financier	Elles réglementent l'utilisation et le transfert des informations personnelles dans le domaine financier.
2020	Loi sur la protection des informations personnelles (amendement)	Afin de répondre aux exigences de l'innovation technologique à l'ère des mégadonnées et de prévenir les risques dans la protection des informations personnelles à l'avenir, l'amendement a intégré de nouvelles dispositions, telles que la protection des droits individuels, la promotion de l'utilisation des informations, l'élargissement de la responsabilité des entreprises, le renforcement des sanctions légales et l'application extraterritoriale, etc.

Source : informations publiques.

administratives ne doivent pas conserver les informations personnelles au-delà des limites nécessaires à l'exercice de leur activité et doivent déterminer, dans la mesure du possible, leur but spécifique de conservation. Il est, en principe, interdit d'utiliser ou de fournir des informations personnelles à d'autres fins que celles prévues pour la conservation. Tout organe administratif qui conserve des informations personnelles doit préparer un fichier à l'avance et le placer dans un endroit facile d'accès et le mettre gratuitement à la disposition des citoyens.

Pourtant, la loi de 1988 ne réglemente que les organes administratifs et ne porte pas sur les entreprises privées. Des dispositions sont prises pour la collecte, le traitement et la conservation des informations personnelles par les autorités administratives, mais elles ne couvrent pas d'autres domaines, comme la collecte et la conservation des informations personnelles par les entreprises privées. Elle est donc incomplète et reste une exploration préliminaire de la protection des informations personnelles. Elle n'offre pas de solution pour la fuite d'informations personnelles et d'autres problèmes auxquels la société japonaise est affrontée. Outre des réglementations strictes sur la protection des informations personnelles détenues par les autorités administratives, des normes de l'industrie ont également été établies pour réguler l'utilisation et la protection des informations personnelles dans diverses industries au Japon. Par exemple, en 1997, le ministère du Commerce extérieur et de l'Industrie a promulgué les Directives pour le traitement informatique et la protection des données personnelles dans le secteur privé ; en 1998, le ministère des Postes et télécommunications a publié les Directives sur la protection des informations personnelles dans l'industrie des télécommunications. Ces documents ne sont pas juridiquement contraignants et servent uniquement de lignes directrices dans diverses industries.

Au cours des années qui ont suivi, de nombreux actes malveillants se sont produits dans la société japonaise tels que des fuites et des ventes illégales d'informations personnelles par des entreprises et des banques, et le Japon a réalisé que son système de protection des informations personnelles était encore incomplet. En novembre 1998, le gouvernement japonais a révisé les Principes directeurs de base pour le développement d'une société avancée de l'information et de la communication. Les principes mettent l'accent sur la nécessité d'une réglementation législative plus poussée, et le Japon continue de renforcer la réglementation gouvernementale et l'autoréglementation privée dans le domaine de la protection des informations personnelles (Chi Jianxin 2016). En octobre 2000, le gouvernement japonais a soumis au Premier Ministre le programme de la loi fondamentale sur la protection des informations personnelles. Sur cette base, le Siège stratégique informatique a complété des dispositions spécifiques et a soumis le projet de loi au Parlement pour examen, afin de finaliser rapidement une législation globale sur la protection des informations personnelles (Masao Horibe 2000). En mai 2003, le Parlement japonais adopte la *Loi sur la protection des informations personnelles*, avec quatre règlementations connexes, y compris la *Loi relative à la protection des informations personnelles détenues par les organes administratifs*, la *Loi relative à la protection des informations personnelles détenues par des institutions administratives indépendantes*, la *Loi sur l'établissement du Comité d'examen de la divulgation et de la protection des informations personnelles* et la *Loi visant à améliorer les textes impliquées dans la mise en œuvre de la Loi sur la protection des informations personnelles détenues par les organes administratifs*. Dès lors, un système juridique complet de protection des informations personnelles s'est formé au Japon et c'est le système actuellement en vigueur (voir Figure 5-1).

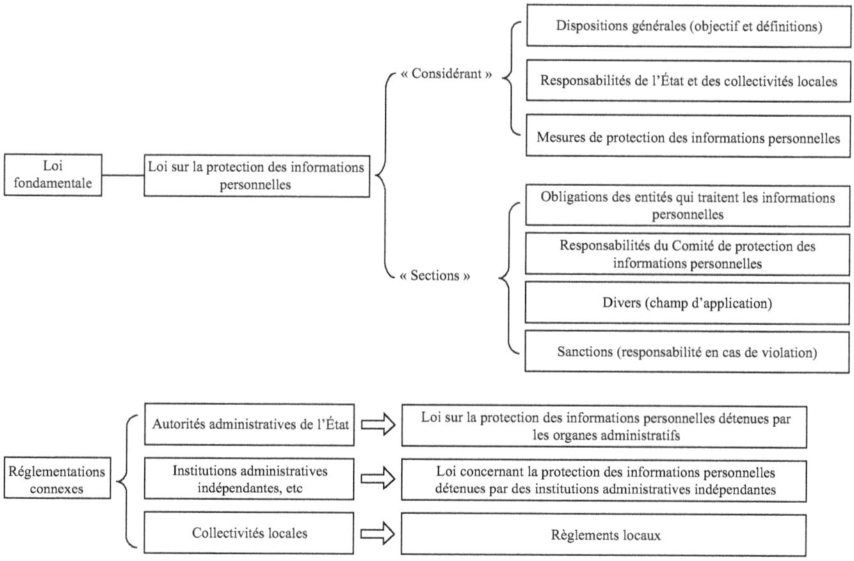

Figure 5-1 Système juridique du Japon pour la protection des droits des données.

Sur le plan de la forme, le système juridique du Japon pour la protection des droits relatifs aux informations personnelles est construit sur un modèle combinant la décentralisation et l'intégration (Qi Aimin 2009), ce qui signifie la combinaison d'une législation nationale uniforme et de l'autoréglementation de l'industrie. En s'inspirant des normes et des réglementations internationales, le Japon a mis en place un système de réglementation juridique à plusieurs niveaux, allant des normes du droit international à la *Loi sur la protection des informations personnelles*, en passant par des politiques et directives gouvernementales. En outre, le gouvernement et le secteur privé peuvent également formuler des lois spécifiques ou des normes d'autoréglementation de l'industrie selon la *Loi sur la protection des informations personnelles*, aidant ainsi à former un système juridique et réglementaire relativement solide pour la protection des informations personnelles. D'une manière générale, le modèle législatif pour la protection des informations personnelles au Japon est un compromis entre le modèle américain et le modèle de l'UE. Il prend en compte à la fois les limites de l'autoréglementation de l'industrie et la nécessité d'une réglementation juridique, tout en évitant les exigences strictes de l'Union européenne en matière de protection des droits des données. Il vise donc à trouver un équilibre entre la protection des informations personnelles et le libre flux des données (Zhou Hanhua 2006, p. 164). Il semble bien que la pratique législative du Japon en matière de protection des droits des données soit un exemple réussi inspiré des modèles européen et américain.

Le système juridique japonais de protection des informations personnelles est centré sur la *Loi sur la protection des informations personnelles* mise en œuvre depuis 2005. Celle-ci est la loi fondamentale qui dirige toute la protection des informations personnelles au Japon. Sur le plan de la forme, elle concorde avec les exigences de la Directive 95/46/CE sur la protection des données personnelles, mais en réalité, elle intègre également des caractéristiques de la loi américaine sur la protection des informations personnelles, tout en gardant certains principes législatifs propres au Japon. Sur le plan du contenu, la loi ne confère pas directement des droits spéciaux à la population, mais garantit que les droits et intérêts légitimes de la population ne seront pas compromis, tout en reconnaissant l'utilisation efficace des informations personnelles (Li Dandan 2015). Structurellement, elle comporte 6 chapitres, 59 articles et 7 dispositions supplémentaires. Parmi eux, le chapitre 1 énonce l'objet de la loi et les définitions, le chapitre 2 clarifie les responsabilités de l'État et des collectivités locales, le chapitre 3 définit les mesures de protection des informations personnelles, le chapitre 4 précise les obligations des entités qui traitent les informations personnelles, le chapitre 5 définit les exceptions à l'application de la loi et le chapitre 6 énonce les dispositions pénales. L'adoption de cette loi est extrêmement importante tant pour les individus que pour les entreprises : d'une part, elle offre des moyens juridiques pour protéger les informations personnelles ; d'autre part, elle oblige les entreprises à accorder une importance sans précédent à la protection des informations personnelles des utilisateurs et élève cette protection au niveau stratégique de l'entreprise.

Pour assurer la traçabilité des flux d'informations (Masahiro Sogabe 2017), le Japon a renforcé en 2017 l'administration des informations personnelles par les autorités réglementaires de l'État en adoptant une approche moniste et a révisé en grande partie la *Loi sur la protection des informations personnelles*. Premièrement, la notion d'« informations sensibles » a été ajoutée. Les « informations sensibles » désignent toute information relative à l'opinion politique, à la croyance religieuse, à l'adhésion à un syndicat, à la race ou l'origine ethnique, aux lieux de naissance et de résidence, aux soins de santé, à la vie sexuelle au casier judiciaire, etc. (Masayuki Watanabe 2016). Deuxièmement, un nouveau chapitre sur le Commission de protection des informations personnelles a été ajouté (articles 59 à 74). Ce chapitre stipule les différentes questions relatives à la Commission, y compris sa création, ses missions, son indépendance de l'exercice des pouvoirs, son président, les membres de son comité spécial, la durée du mandat, la protection de l'identité, le rappel, le bureau, les réunions, les obligations de confidentialité et l'élaboration des règles, etc. (Zhang Hong 2020). Troisièmement, le « délit de mise à disposition illégale de de bases de données d'informations » a été créé. Plus précisément, un opérateur commercial traitant des informations personnelles (ou son directeur, représentant ou administrateur s'il s'agit d'une personne morale), lorsqu'il a fourni ou utilisé de manière furtive une base de données d'informations personnelles (y compris celles entièrement ou partiellement dupliquées ou traitées) qu'il a traitées dans le cadre de l'activité de son entreprise dans le but de rechercher pour lui-même ou pour un tiers des bénéfices illégaux, est passible d'une peine d'emprisonnement avec travail d'un an au plus ou d'une amende d'au plus 500 000 yens.

Après amendement, la *Loi sur la protection des informations personnelles* contient 88 articles en 7 chapitres, portant respectivement sur les dispositions générales, les responsabilités des gouvernements central et locaux, les mesures relatives à la protection des informations personnelles (politiques de base, mesures du gouvernement central, mesures des collectivités locales et coopération entre les gouvernements central et locaux), les obligations des entreprises de traitement d'informations personnelles, la Commission de protection des informations personnelles, les dispositions diverses et les dispositions pénales. Il convient de noter que, sur la base du cadre de l'ancienne loi, l'amendement a amélioré le contenu des sections pertinentes, telles que les restrictions en matière de mise à disposition d'informations personnelles à des tiers à l'extérieur du pays énoncées au chapitre 4, section 1 (article 24), les obligations des opérateurs qui traitent les informations de manière anonyme énoncées à la section 2 (articles 36 à 39), les pouvoirs de supervision de la Commission de protection des informations personnelles énoncées à la section 3 (articles 40 à 46) et les dispositions relatives à la Commission de protection des informations personnelles énoncées au chapitre 5 (Yo Nishimura 2016).

La nouvelle *Loi sur la protection des informations personnelles* prévoit des dispositions expansionnistes et ciblées en fonction de circonstances spécifiques et présente trois particularités. Premièrement, de nouvelles notions telles que le « code d'identification individuel » ont été introduites. En plus des informations personnelles de base, l'article 2, paragraphe 1 de la nouvelle loi ajoute les données contenant un « code d'identification individuel » dans le champ des informations personnelles[19]. En complément,

19 Article 2, paragraphe 1, de Loi sur la protection des informations personnelles : « Informations personnelles » désignent les informations relatives à un individu vivant qui relèvent de l'un de chacun des éléments suivants : (i) celles contenant un nom, une date de naissance ou d'autres descriptions [c'est-à-dire tout élément (à l'exception d'un code d'identification individuel) indiqué, enregistré ou autrement exprimé à l'aide de la voix, du mouvement ou d'autres méthodes dans un document, un dessin ou un enregistrement électromagnétique] par lesquelles un individu spécifique peut être identifié (y compris celles qui peuvent être facilement

le paragraphe 2 prévoit deux situations où un code peut être qualifié de « code d'identification individuel » : i) un caractère, une lettre, un chiffre, un symbole ou d'autres codes en lesquels une caractéristique corporelle partielle de l'individu spécifique a été convertie afin d'être mis à disposition pour une utilisation par des ordinateurs[20] ; ii) autres codes qui sont attribués à différents destinataires dans les activités courantes[21]. Deuxièmement, les mesures de protection ont été renforcées. L'article 25, paragraphe 1, prévoit que, sauf dans des circonstances exceptionnelles, un opérateur commercial de traitement d'informations personnelles doit, lorsqu'il a fourni des données personnelles à un tiers, conserver un enregistrement conformément aux règles de la Commission de protection des informations personnelles à la date de la fourniture des données personnelles, le nom ou l'appellation du tiers, et d'autres contenus prescrits par les règles de la Commission[22]. Troisièmement, la nouvelle loi définit la création de la Commission de protection des informations personnelles et établit les critères de sanctions en cas de violation de la loi. La Commission de protection des informations personnelles a le pouvoir de réglementer toutes les entités qui traitent des

rassemblés avec d'autres informations et ainsi identifier un individu spécifique). Article 1, paragraphe 2 : Un « code d'identification individuel » dans la présente loi désigne ceux prescrits par décret du Cabinet qui sont tout caractère, lettre, chiffre, symbole ou autre code relevant de l'un de chaque élément suivant.(i) ceux capables d'identifier un individu spécifique qui sont un caractère, une lettre, un chiffre, un symbole ou d'autres codes en lesquels une caractéristique corporelle partielle de l'individu spécifique a été convertie afin d'être mis à disposition pour une utilisation par des ordinateurs ; (ii) les caractères, lettres, chiffres, symboles ou autres codes qui sont attribués à l'utilisation de services fournis à un particulier ou à l'achat de biens vendus à un particulier, ou qui sont indiqués ou enregistrés électromagnétiquement sur une carte ou autre document délivré à une personne physique afin de pouvoir identifier un utilisateur ou un acheteur spécifique, ou un destinataire d'émission en ayant fait lesdits codes différemment attribués ou, indiqués ou recodés pour ledit utilisateur ou acheteur, ou destinataire d'émission.

20 Article 1 (1) de la Loi sur la protection informations personnelles (décret n° 507 de 2003).

21 Articles 1(2) à (8), 3 et 4 de la Loi sur la protection des informations personnelles.

22 Article 25 (enregistrement en cas de fourniture d'informations personnelles à des tiers, etc.) et article 26 (confirmation des informations par les destinataires tiers, etc.).

informations personnelles (y compris tous les types d'informations personnelles décrits à l'article 2 de la loi).

La nouvelle *Loi sur la protection des informations personnelles* reflète pleinement le modèle législatif du Japon. Son article 1er définit ainsi l'objet de la Loi : « Cette loi vise à protéger les droits et les intérêts de l'individu tout en considérant l'utilité des informations personnelles, [...] à la lumière de l'utilisation considérablement accrue des informations personnelles à mesure que notre société avancée basée sur l'information et la communication évolue ». Il est à constater que le gouvernement japonais a adopté un modèle de protection des droits des données à double structure qui compromet le modèle américain de législation décentralisée avec le modèle européen de législation unifiée. La nouvelle *Loi sur la protection des informations personnelles* combine justement les modèles américain et européen pour équilibrer la protection des informations personnelles et la circulation des données. Elle présente à la fois des caractéristiques de loi fondamentale préconisée par le modèle de l'UE et des caractéristiques de loi générale utilisée par le modèle américain (Chi Jianxin 2016). Les trois premiers chapitres sont à caractère fondamental, car ils contiennent des dispositions de principes pour les organes publics et non publics, tandis que les quatre derniers chapitres sont à caractère général, car ils portent sur les obligations des entités privées, y compris les personnes physiques, les entreprises et les organisations (les médias et les groupes politiques sont exemptés des dispositions obligatoires, mais doivent adopter des mesures d'autoréglementation) (Xie Qing 2006).

Le modèle législatif japonais se caractérise principalement par l'introduction d'une protection intégrale des informations personnelles. En plus de la *Loi sur la protection des informations personnelles* qui est une loi unifiée pour les secteurs public et privé, des lois spéciales ont été adoptées pour des domaines spécifiques et la société civile est encouragée à développer des mécanismes d'autoréglementation de l'industrie. Ce modèle combine les avantages des modèles américain et européen, tout en corrigeant leurs lacunes. Toutefois, le modèle législatif intégral, tout en protégeant pleinement et étroitement les droits des données, pose également des problèmes. Par exemple, dans la vie réelle, le comportement de chacun implique plus ou moins des informations personnelles. Après l'adoption de la *Loi sur la protection des informations personnelles*, de nombreuses idées et activités innovatrices ne peuvent plus être concrétisées en raison des restrictions imposées par des dispositions de protection des informations personnelles. Ainsi, dans une certaine mesure, la loi japonaise sur la protection des informations personnelles restreint la façon dont les citoyens s'expriment et freine le développement de la diversité dans la société japonaise. En même temps, des normes vagues pour la protection des intérêts personnels et des intérêts nationaux ne facilitent pas la maîtrise des limites du comportement réglementaire.

5.5 Proposition chinoise en matière de législation sur les droits des données

L'expérience d'autres pays peut être une source d'inspiration précieuse pour attaquer nos problèmes. Il serait sans aucun doute bénéfique de nous inspirer des expériences réussies d'autres pays ou d'apprendre de leurs échecs, ou même d'introduire directement des lois et des systèmes efficaces de l'étranger. Sans comparer les règles internationales de gouvernance des données, nous ne pourrons pas saisir les éléments essentiels de la législation sur les droits des données et de la gouvernance des données. À l'étranger, l'étude de la protection des données est depuis longtemps passée d'un domaine marginal à un domaine transversal, auquel les gouvernements attachent de l'importance, les entreprises prêtent attention et les individus s'intéressent. En Chine, des discussions approfondies autour de la législation sur les droits des données ont été menées sous différents angles et à différents niveaux par de différents milieux. Pour parvenir à une bonne gouvernance, il est nécessaire de légiférer sur la base des conditions nationales. Le succès ou de l'échec d'une législation réside dans la prise en compte des conditions réelles et dans sa capacité à répondre à des besoins réalistes. Il en est de même pour la législation chinoise sur les droits des données.

(1) Pertinence de la législation sur les droits des données

Un bon système juridique sera transmis d'époque à époque et une bonne gouvernance garantira la paix et la prospérité du monde. L'expérience historique montre qu'un système avancé est le fondement et la garantie de la prospérité économique et de la sécurité nationale dans un pays. La réalité du monde contemporain prouve également que la gouvernance efficace est le fondement fondamental de la compétitivité et du renouveau d'un pays. Aujourd'hui, la Chine est en train de vivre les changements numériques sociaux les plus vastes et les plus profonds de l'histoire de l'humanité. Elle met également en œuvre une innovation ambitieuse et unique dans l'État de droit numérique. La naissance du Code civil de la République populaire de Chine a marqué l'entrée de la Chine dans l'âge de la codification. Le Code civil chinois reflète pleinement les caractéristiques de l'ère numérique et s'attaque aux défis juridiques posés par les changements de notre époque, tout en fournissant des dispositions institutionnelles spéciales pour les produits de l'ère numérique. Si le Code civil français de 1804 est le code civil de l'âge de la vapeur et le Code civil allemand de 1900 celui de l'électricité, alors le Code civil chinois de 2020 est le code civil de l'âge numérique. Contrairement à la plupart des pays du monde, la Chine n'a pas adopté de loi uniforme spécifique à la protection des droits des données, mais a opté pour un modèle de législation décentralisée, avec un système législatif composé de lois, de règlements, de règles et de divers types de documents normatifs. Ces textes forment ensemble un système juridique complexe, décentralisé et à plusieurs niveaux pour la protection des droits des données dans tous les domaines. Tout en devant complet, ce système législatif des droits des données montre une tendance à la décentralisation. La codification étant une exigence réelle et une tendance inévitable de la législation sur les droits des données, nous devrions chercher à renforcer notre système des droits des données à travers la codification.

La Chine devrait utiliser la législation sur les droits des données comme porte d'entrée pour faire entendre davantage sa voix sur la scène internationale et jouer un rôle plus actif dans l'élaboration des règles internationales. À l'ère numérique, celui qui possède les données aura le pouvoir de les interpréter et pourra probablement garder un pas d'avance dans la concurrence à l'avenir. Le Secrétaire général Xi Jinping a souligné que « la Chine doit, à mesure qu'elle s'ouvre au monde et qu'elle participe aux affaires internationales en tant que puissance responsable, faire bon usage de l'État de droit ». Le droit des données est une innovation et une percée dans le domaine juridique. Il dirigera la mondialisation du droit. Si la Chine s'appuie sur la législation du droit des données et accélère la construction d'un système juridique des mégadonnées centré sur les droits des données, le système de droits des données et les lois sur les droits des données, elle pourrait prendre l'avantage essentiel dans le développement mondial des mégadonnées, faire entendre davantage sa voix sur la scène internationale et jouer un rôle plus actif dans l'élaboration des règles internationale en matière de mégadonnées, offrant ainsi la sagesse et des solutions chinoises pour promouvoir une gouvernance mondiale de l'Internet fondée sur la primauté du droit.

La Chine devrait s'appuyer sur le droit des données pour occuper une place dominante stratégique et sauvegarder la souveraineté des données. À mesure que la mondialisation des données progresse, la souveraineté des données est confrontée à de sérieux défis. D'une part, en raison des différences de modèles législatifs et de stratégies adoptés par les États pour la gestion et la protection des données, du flux transfrontière de données, des particularités du traitement des données, du jeu de la souveraineté des données entre les États et d'autres facteurs, les États ont un pouvoir limité pour exercer efficacement leur souveraineté des données, et leur capacité en matière de stockage et de contrôle des données est également affaiblie. D'autre part, étant donné que la communauté internationale n'a pas encore clairement défini la souveraineté des données, les règles internationales en la matière sont absentes. Parallèlement, en tant que nouveau droit des États, la souveraineté des données est confrontée à nouveaux défis et menaces, notamment les menaces à la sécurité des données, l'hégémonisme numérique, le protectionnisme de données, le capitalisme de données et le terrorisme basé sur les données (Laboratoire clé de la stratégie des mégadonnées 2020, p. 124). Par conséquent, si nous nous appuyons sur le droit des données comme force stratégique pour explorer la réglementation juridique de la souveraineté des données et établir le statut juridique de la souveraineté des données, nous pourrions maîtriser plus facilement la souveraineté des données, assurer la sécurité nationale des données et maintenir l'ordre international des données.

La Chine devrait s'appuyer sur le droit des données pour renforcer la sécurité des données et la protection des informations personnelles. Plus précisément, elle devrait accélérer la législation du droit des données en tant que droit de rang supérieur, renforcer l'étude des droits des données, du système de droits des données et des lois sur les droits des données dans le processus législatif de la sécurité des données et de la protection des informations personnelles et accélérer la construction du système de législation sur les droits des données. Cela permettra de fournir une orientation avancée et scientifique à l'amélioration des lois dans le domaine numérique, notamment la *Loi sur la cybersécurité*, la *Loi sur la sécurité des données* et la *Loi sur la protection des informations personnelles*.

La Chine devrait s'appuyer sur le droit des données pour moderniser de façon globale sa gouvernance des données. Le véritable symbole de l'émergence de la Chine devrait être la modernisation de sa gouvernance nationale et une importance établie dans le système de gouvernance mondial. La technologie de gouvernance centrée sur la gouvernance des données étant au cœur de la modernisation de la gouvernance d'État, celle-ci ne peut être réalisée qu'avec la modernisation de la gouvernance des données. Le 8 décembre 2017, lors de la deuxième étude collective sur la mise en œuvre de la stratégie nationale des mégadonnées au sein du Bureau politique du Comité central du Parti communiste chinois, le Secrétaire général Xi Jinping a souligné que nous devions renforcer la recherche sur les politiques internationales de gouvernance et les règles de gouvernance des données, afin de proposer des solutions chinoises. En tant que première puissance des données au monde, la Chine devrait tirer pleinement parti de ses avantages uniques en termes de volume de données, d'application dans les scénarios, etc., renforcer le rôle positif de l'Internet, des mégadonnées, de l'intelligence artificielle, de la chaîne de blocs, de l'information quantique et d'autres technologies de gouvernance dans la modernisation de la gouvernance nationale, et traduire les avantages du système de droits des données en l'efficacité dans la gouvernance de données. La Chine devrait s'appuyer sur le droit des données pour promouvoir l'interaction entre l'État de droit national et l'État de droit international et la mise en place d'un système mondial de gouvernance des données qui préserve les intérêts nationaux tout en favorisant le dialogue, la concurrence et la coopération. Cela aidera à améliorer de manière globale le pouvoir de parole et les capacités de gouvernance de la Chine dans le système mondial de gouvernance des données.

(2) Choix du modèle de législation sur les droits des données

Bien qu'il existe un consensus mondial sur la nécessité de protéger les données personnelles, les modèles de protection adoptés par les pays sont très différents. Jusqu'à présent, aucun consensus n'a encore été trouvé en ce qui concerne le mécanisme d'équilibre entre les concurrents, la protection des droits de l'individu et le cadre normatif. Dans l'ensemble, le modèle de de l'Union européenne (ou modèle axé sur la législation nationale) est plus propice à la protection des données personnelles, tandis que le modèle américain (ou modèle combinant la législation décentralisée et l'autoréglementation de l'industrie) répond mieux au besoin de libre flux des données. Ils présentent tous deux leurs avantages et inconvénients respectifs. Dans le débat sur les modèles de protection des données, la question centrale consiste à trouver un équilibre entre la promotion de l'utilisation commerciale des données et la protection adéquate des droits des individus.

Cadre de gouvernance. À l'heure actuelle, les milieux universitaires chinois sont parvenus à un consensus important selon lequel les droits des données devraient être protégés par une législation spécifique, mais il n'y a pas eu de discussion plus approfondie sur le modèle législatif à adopter (Yang Ji 2012). Globalement, les modèles législatifs adoptés par les États pour la protection de droits des données sont tous des choix fondés sur les circonstances nationales. Par conséquent, la Chine ne peut pas recopier simplement le modèle législatif d'un autre pays pour sa propre protection des droits des données, et doit équilibrer les intérêts de l'État, le développement économique et les intérêts des individus en matière de vie privée. La protection des droits des données est un projet systémique complexe qui nécessite à la fois la souplesse de l'éthique et la rigidité du droit, notamment pour construire un système de normes sociales orienté vers l'éthique, un système de restrictions technologiques basé sur des algorithmes et un système de prévention et de contrôle des risques garanti par le droit. Premièrement, il faut de la réglementation juridique. Bien que le système actuel de la Chine pour la protection des droits des données comporte des documents normatifs de différents niveaux et types, la protection est dispersée dans des dispositions juridiques. Il est donc nécessaire de rendre la législation sur les droits des données plus systémique. Deuxièmement, il faut des solutions technologiques. Le droit ne peut résoudre tous les problèmes une fois pour toutes, et il est irréaliste de reposer tout notre espoir sur la législation. Pour élever la protection des droits des données à un nouveau palier, il est nécessaire d'utiliser des moyens de la technologie numérique, tels que l'Internet, les mégadonnées, l'informatique en nuage et la chaîne de blocs pour mettre en place des barrières de protection. Troisièmement, il faut des contraintes éthiques. Sans contraintes éthiques, les nouvelles technologies pourraient être utilisées à des fins malveillantes et entraîner l'humanité dans l'obscurité, au lieu de lui apporter du bien-être (Chen Jiang 2019). À l'heure actuelle, le système d'autoréglementation industrielle de la Chine dans le domaine de la protection des droits des données en est encore à ses débuts et manque d'engagement éthique. Il faudrait construire un mécanisme d'autoréglementation de l'industrie orienté par le gouvernement et donner aux associations professionnelles plus d'espace d'autoréglementation, sur la base du respect de la législation.

Domaines de gouvernance. À l'heure actuelle, la Chine a formé un système juridique à plusieurs niveaux couvrant plusieurs domaines pour la protection des droits des données. La protection des droits des données est en train de s'étendre du secteur de l'Internet aux secteurs de la finance, des télécommunications, des transports, de l'éducation, de la santé et de la médecine. Dans l'ensemble, les dispositions actuelles relatives à la protection des données couvrent différents types de données dans divers domaines, notamment les données financières, les données sur les enfants, les données publiques, etc. En ce qui concerne les données financières, ce sont, de par leur nature, des informations personnelles spéciales. Actuellement la législation chinoise n'a pas établi de définition claire des données financières. Généralement, nous considérons qu'elles désignent les données collectées et utilisées par les institutions financières (He Yuan 2020, p. 205). Au niveau juridique, la législation spécifique de la Chine sur la protection des données financières se reflète principalement dans les réglementations sectorielles et les normes nationales, et un système de réglementation préliminaire a déjà pris forme. Par exemple, la Spécification technique pour la protection des informations financières personnelles publiée par la Banque populaire de Chine en février 2020 établit des exigences institutionnelles globales et systématiques relatives aux obligations de protection des données des institutions financières. En ce qui concerne les données sur les enfants, leur protection est devenue un sujet important au niveau mondial. Les Nations Unies promeuvent vigoureusement la protection des données sur les enfants, l'Europe et les États-Unis ont également constamment renforcé la protection de ces données. En Chine, la question a également reçu une attention croissante. La protection des données relatives aux enfants est un élément important de la protection des mineurs en Chine. Actuellement, la Chine cherche activement à améliorer la protection institutionnelle de ces données et a adopté une législation spéciale pour la protection des données relatives aux enfants, qui est le Règlement sur la protection des informations personnelles en ligne relatives aux enfants. En ce qui concerne les données publiques, à mesure que le processus d'ouverture des données gouvernementales avance en Chine, l'industrie des mégadonnées basée sur les données publiques a continué de se développer. Dans ce contexte, la législation sur les données publiques est devenue l'une des priorités de la construction institutionnelle dans le cadre de la stratégie de mégadonnées de Chine. Pour la législation sur les données publiques, la première question à étudier est également le modèle législatif à opter. Bien que la Chine ait adopté une série de réglementations dans les domaines liés aux données publiques, elle n'a pas encore de législation uniforme sur les données publiques. De ce fait, les gouvernements locaux et les autorités compétentes ont parfois du mal à appréhender les frontières des données publiques lors de la collecte, du partage et de l'utilisation des données (Wang Yongqi 2019). Par conséquent, l'État devrait accorder une attention suffisante à la législation uniforme centrale sur les données publiques.

Principes de gouvernance. Le droit régule les relations sociales et représente l'unité organique entre les normes de conduite et les règles d'arbitrage.

« Si les règles juridiques imposent simplement diverses interdictions ou dispositions contraignantes, leur mise en œuvre effective sera inévitablement affectée par l'incompatibilité des incitations » (Zhou Hanhua 2018). Tant la recherche théorique que le développement pratique montrent que si les incitations ne sont pas compatibles, la loi jouera plutôt un rôle de gestion que de gouvernance[23]. Les lois formulées de cette façon sont difficiles à mettre en œuvre dans la pratique[24] et peuvent également conduire à des problèmes en chaîne, tels que des applications excessive, inefficace, sélective, déficiente, ou encore l'opposition des cibles et la falsification des services exécutifs[25]. Malgré leurs différences, les modèles législatifs des États-Unis, de l'Union européenne, de l'Inde et du Japon présentent une règle commune : quel que soit le modèle, quelle que soit la rigueur de la loi, la compatibilité des incitations est indispensable pour atteindre la protection souhaitée. L'incompatibilité des incitations rendra la mise en œuvre des lois difficile[26] : non seulement les données ne seront pas protégées, l'innovation

23 Certains chercheurs ont fait remarquer que beaucoup de législation ancienne reflétait plutôt l'idée de gestion ou même de réglementation, car elle met un accent excessif sur le pouvoir du gouvernement et accorde une attention insuffisante aux droits des acteurs du marché (Zhang Shouwen 2014).

24 Pour comprendre la relation entre la scientificité des politiques et l'efficacité de leur mise en œuvre, voir Ding Huang, « 政策制定的科学性与政策执行的有效性 » [Sur le caractère scientifique de la formulation des politiques et l'efficacité de la mise en œuvre des politiques], *Nanjing Journal of Social Sciences*, 2002, n° 1.

25 Zhou Xueguang propose une analyse organisationnelle de la cause fondamentale institutionnelle des problèmes qui existent dans la mise en œuvre des politiques en Chine (déviation par rapport à l'objectif initial, collusion des gouvernements locaux). Selon lui, la conception des incitations dans une organisation a pour but d'induire des comportements propices aux objectifs de l'organisation. Cependant, si les incitations ne sont pas conçues correctement, elles peuvent conduire à des comportements qui sont incompatibles avec les objectifs de l'organisation. Dans ce cas, plus le mécanisme d'incitation formel est puissant, plus le phénomène de substitution d'objectifs est grave et plus la motivation de la collusion est forte. Cette théorie semble également convaincante pour analyser les difficultés de mise en œuvre auxquelles certaines lois et réglementations apparemment strictes sont confrontées dans la pratique (Zhou Xueguang 2008).

26 Selon des chercheurs britanniques, la Directive 95/46/CE sur la protection des données personnelles est davantage perçue par les entreprises comme une

pourrait également être freinée (Tal Z. Zarsky 2017). Par conséquent, la clé du succès ou de l'échec de la législation ne réside pas dans le choix du modèle proprement dit, mais dans le caractère scientifique des principes de gouvernance. Pour choisir un modèle législatif adapté à la situation de la Chine, d'une part, il est nécessaire d'aller au-delà de la simple comparaison juridique et normative des quatre modèles. Il faudrait non seulement voir leurs différences, mais également tirer parti de l'expérience utile de chacun des modèles. D'autre part, « il est nécessaire de prendre en compte le contexte du régime et de nous inspirer de l'expérience de base de la Chine en matière de réforme et d'ouverture et de la tendance des réformes administratives mondiales, afin d'éviter de nous engager sur de fausses pistes » (Zhou Hanhua 2018). Ce n'est que de cette façon que nous pourrons intégrer les forces de chaque modèle et trouver une voie aux caractéristiques chinoises pour la gouvernance des données fondée sur le droit.

(3) Suggestions à la législation sur les droits des données

Il faudrait mettre en place une loi unifiée et spécifique sur les données. À cause de conceptions sociales, de l'industrie numérique, des technologies et de la planification législative, la Chine n'a pas encore adopté de loi unifiée et spéciale sur la protection des droits des données. Les normes juridiques régissant la protection de ces droits se trouvent actuellement dans des lois civiles et pénales fondamentales et dans divers documents juridiques tels que des règlements spéciaux publiés par les organes législatifs de l'État. À l'heure actuelle, certaines localités et industries ont fait des explorations utiles dans le domaine de la législation sur les données. Cela a, dans une certaine mesure, favorisé la mise en œuvre des principes juridiques abstraits de la protection des droits des données. Toutefois, en l'absence de l'orientation claire d'une loi de haut rang, cette pratique

paperasserie et des exigences bureaucratiques que comme une aide aux entreprises pour produire de meilleurs produits. Ainsi, bien que la directive soit très stricte, elle est seulement respectée « sur le papier » et n'est pas effectivement mise en œuvre. (Lilian Edwards, « Coding Privacy », *Chi.-Kent L. Rev* 84, (2010) : 871) législative ascendante ne peut jouer qu'un rôle limité dans l'amélioration globale de la protection des droits des données en Chine. En comparaison, l'élaboration d'une loi unifiée et spécifique sur les données au niveau national présente plus d'avantages. Par conséquent, la Chine devrait se conformer aux tendances et pratiques internationales, amener véritablement la protection des droits des données sur la voie de l'État de droit et adopter une loi complète et unifiée sur les données dès que possible, afin de systématiser la protection des droits des données.

Il faudrait créer une autorité unifiée dédiée à la protection des données. À l'heure actuelle, la gouvernance des données en Chine manque de direction centrale : les pouvoirs des autorités sont simplement étendus pour gérer la protection des données dans leur secteur ou dans les secteurs connexes en fonction de leurs pouvoirs initiaux. Par exemple, dans les secteurs de la finance, des télécommunications, de la médecine et de l'Internet, ce sont les autorités de réglementation de chaque industrie qui se chargent de la protection des données dans leur industrie. L'avantage de cette protection décentralisée est qu'elle permet de prendre en compte les caractéristiques propres à chaque industrie. En revanche, à long terme, la protection décentralisée ferait augmenter le nombre d'entités réglementaires et il serait difficile de clarifier les responsabilités et les pouvoirs de chaque entité, ce qui affaiblirait la force de la réglementation. La mise en place d'une autorité chargée spécifiquement de la protection des données est une pratique courante au niveau mondial. Elle aide à suivre la mise en œuvre des lois nationales sur la protection des données, à améliorer le niveau de protection des données dans l'ensemble du pays et à créer des services de guichet unique permettant aux personnes concernées de revendiquer leurs droits. Par conséquent, dans son processus de législation sur les droits des données, la Chine peut se référer à la Federal Trade Commission des États-Unis, au Comité européen de la protection des données et à la Commission de protection des informations personnelles du Japon, pour mettre en place une autorité spéciale de protection des données, de sorte à faire jouer pleinement le rôle du contrôle administratif, à résoudre rapidement et efficacement les différends et à assurer le développement normal du marché.

Il faudrait renforcer les recours judiciaires et mettre en place un mécanisme de recours collectif. Tout acte qui viole les intérêts légitimes de la personne concernée constitue une violation des droits des données. Les droits doivent être accompagnés de recours. La réalisation d'un droit nécessite la garantie par droit de recours correspondant. À l'heure actuelle, les recours judiciaires en Chine se limitent encore à la divulgation inappropriée de données. Il n'y a aucune disposition concernant la collecte et l'utilisation inappropriées de données basées sur de nouvelles technologies, de nouvelles activités et de nouveaux modèles économique, dans l'environnement des mégadonnées. Au niveau mondial, les pays affichent une tendance commune à combiner l'application stricte des lois par le gouvernement, l'autoréglementation des industries sous pression et des mécanismes de recours de faible intensité. En cas de violation de droits des données, la personne concernée peut non seulement saisir l'autorité de réglementation compétente, qui fournira des recours administratifs, mais également choisir d'obtenir des recours judiciaires en intentant une action en justice. En comparaison, les recours judiciaires de la Chine sont loin de jouer leur rôle dans la protection des droits des données. Il faudrait donc renforcer les recours judiciaires, compléter les formes de violation de droits des données dans le contexte des mégadonnées par l'introduction d'interprétations judiciaires et établir un mécanisme de recours collectif permettant à des personnes concernées de former un plaignant collectif. De cette façon, les atteintes identiques aux droits des données peuvent être confiées au même représentant professionnel, le coût des recours sera réduit et la capacité de réparation de l'appareil juridique sera renforcée.

Il faudrait renforcer la coopération internationale et tirer parti de l'expérience internationale avancée. Le monde d'aujourd'hui étant hautement intégré, la législation nationale doit inévitablement être placée dans l'environnement international général, et les effets extraterritoriaux des lois doivent également être harmonisés avec le droit international et les traités internationaux. D'un point de vue mondial, les États attachent une importance croissante à la protection des droits des données et les conflits juridiques dans ce domaine soulèvent également des problèmes à de nombreux niveaux. La protection des droits des données n'est plus une simple question de droit interne, puisque de grandes quantités de données peuvent être collectées, stockées et utilisées à l'échelle mondiale, sans contrainte temporelle ni spatiale. Basés sur des objectifs différents, les États adoptent des protections différentes des droits des données. À cet égard, la Chine devrait renforcer la coopération internationale dans la législation future sur les droits des données, participer activement à l'élaboration et à la ratification de conventions internationales en la matière, établir des mécanismes de communication et de coordination et des mécanismes d'application conjointe de la loi, et coordonner les différends entre les pays relatifs à la protection des droits des données et à l'application transfrontalière de la loi, afin de bâtir ensemble une plate-forme de sécurité pour la protection des droits des données. Dans le même temps, la Chine devrait s'inspirer des normes, principes et lois avancés en matière de protection des droits des données régissant les organisations internationales, les pays et les régions, afin d'établir un système juridique adapté aux besoins du développement de l'économie numérique du pays et de l'améliorer. Nous devrions promouvoir la législation sur les droits des données avec une perspective mondiale orientée vers le futur. Plus tôt nous fixons les valeurs et les normes pour les données, plus nous aurons de chance de prendre des avantages et de diriger le processus d'établissement des valeurs. À l'avenir, le droit en matière d'économie numérique est le droit chinois qui a le plus de possibilités d'aller à l'international. Dans le même temps, pour que l'économie numérique chinoise dirige le monde, nous devons respecter les limites, offrir des garanties institutionnelles de meilleure qualité, plus équitables et plus durables pour les droits des données des différents sujets, et fournir des règles juridiques complètes et précises pour le domaine numérique.

Bibliographie

1. Spinello, *Ethical Aspects of Information Technology*, trad. Liu Gang, Central Compilation&Translation Press, 1999.
2. Fumio Shinpo, *隐私权的生成与展开* [Naissance et diffusion du droit à la vie privée], Seibundoh Publishing Co., Ltd., 2000.
3. Diane Rowland et Elizabeth MacDonald, *Information Technology Law*, trad. Song Lianbin, Lin Yifei et Lü Guomin, Wuhan University Press, 2004.
4. « All about India's Data Localisation Policy », The Economic Times, <https://economictimes.indiatimes.com/tech/ites/all-about-indias-data-localisation-policy/articleshow/66297596.cms>, 21/10/2018.

5. « Draft Rules For E-Pharmacy Under The Drugs And Cosmetic Rules », Mondaq, <https://www.mondaq.com/india/food-and-drugs-law/740234/draft-rules-for-e-pharmacy-under-the-drugs-and-cosmetic-rules-1945>, 27/09/2018.
6. « Online Privacy Alliance will Serve as Vanguard of Industry Efforts to Protect Privacy in Cyberspace », Privacy Alliance, 22/06/1998, <http://www.privacyalliance.org/news/06221998/>.
7. « Storage of Payment System Data », Reserve Bank of India, <https://www.rbi.org.in/CommonPerson/english/Scripts/FAQs.aspx?Id=2995>, 26/06/2019.
8. Bennett C. J. et John Rawls, Regulating Privacy: Data Protection and Public Policy in Europe and the United States, Ithaca: Cornell University Press, 1992.
9. Burkert H., « Privacy-Data Protection/ German/European Perspective », Governance of Global Networks in the Light of Differing Local Values, Christoph Engel and Kenneth H. Keller, pp. 43–70, Baden-Baden: Nomos Verlagsgesellschaft.
10. Chander Anupam et Uyen P. Le, « Data Nationalism », *Emory Law Journal* 64, (2015).
11. Directive 95/46/CE du Parlement européen et du Conseil, du 24 octobre 1995, relative à la protection des personnes physiques à l'égard du traitement des données à caractère personnel et à la libre circulation de ces données, Journal officiel n° L 281 du 23/11/1995.
12. Flaherty D. H., P*rotecting Privacy in Surveillance Societies: The Federal Republic of Germany, Sweden, France, Canada, and the United States,* Chapel Hill and London, University of North Carolina Press, 1989.
13. GDPR Art. 3, Territorial Scope, Intersoft Consulting, <https://gdpr-info.eu/art-3-gdpr>, 27/03/2019.
14. Graham Pearce et Nicholas Platten, « Achieving Personal Data Protection in the European Union »,*Journal of common Market Studies* 36, No. 4 (1998).
15. Greenwald G., « US Orders Phone Firm to Hand Qver Data on Millions of Calls: Top Secret Court Ruling Demands Ongoing », *The Guardian*, 06/06/2013.
16. Korff D., « EC Study on the Implementation of the Data Protection Directive », *SSRN,* <http://ssrn.com/abstract=1287667>, 24/10/2008.
17. Lilian Edwards, « Coding Privacy », *Chi.-Kent L. Rev* 84, (2010).
18. Schwartz P. et Solove D. J., « Reconciling Personal Information in the United States and European Union », *California Law Review* 102, No. 2 (2014).
19. Tal Z. Zarsky, « Incompatible: The GDPR in the Age of Big Data », *Seton Hall L. Rev* 47, (2017).
20. Institut de recherche sur la sécurité des données d'Alibaba, « Rapport sur la politique mondiale en matière de flux transfrontières de données et la stratégie

de la Chine », *SECRSS*, <https://www.secrss.com/articles/13274>, 28/08/2019.

21. Masahiro Sogabe, « 個人情報保護法とメディア » [Loi sur la protection des informations personnelles], マスコミ倫理 [éthique des médias], 2017, n° 695.
22. Chen Jiang, « 避免新技术伤人，需要伦理和法律约束 » [La prévention des atteintes aux personnes par les nouvelles technologies nécessite des moyens éthiques et juridiques], *Qianjiang Evening News*, 18/11/2019, p. A0016.
23. Chi Jianxin, « 日韩个人信息保护制度的比较与分析 » [Comparaison et analyse des systèmes de protection des informations personnelles au Japon et en Corée du Sud], *Journal of Intelligence*, 2016, n° 12.
24. Laboratoire clé de la stratégie des mégadonnées, *主权区块链1.0：秩序互联网与人类命运共同体* [Chaîne de blocs de souveraineté 1.0 : Internet d'ordre et communauté de destin pour l'humanité], Zhejiang University Press, 2020.
25. Ding Huang, « 政策制定的科学性与政策执行的有效性 » [Sur le caractère scientifique de la formulation des politiques et l'efficacité de la mise en œuvre des politiques], *Nanjing Journal of Social Sciences*, 2002, n° 1.
26. Masayuki Watanabe, « これ一冊で即対応平成29 年施行改正個人情報保護法Q & A と誰でもつくれる規程集 » [Réponse immédiate avec ce volume 2017 révisé de la loi sur la protection des informations personnelles, Q & A et collection de réglementations à adopter par tous], Daiichi Hoki, 2016, n° 80.
27. Groupe sur la protection des informations personnelles, *个人信息保护国际比较研究* [Une étude comparative internationale sur la protection des informations personnelles], China Financial Publishing House, 2017.
28. Guo Yu, *个人数据保护法研究* [Une étude des lois relatives à la protection des données personnelles], Peking University Press, 2012.
29. He Yuan, *数据法学* [Étude du droit des données], Peking University Press, 2020.
30. Hong Hailin, *个人信息的民法保护研究* [Protection des informations personnelles en droit civil], Law Press China, 2010.
31. Hu Wei, « 跨境数据流动立法的价值取向与我国选择 » [Orientation des valeurs et choix de la Chine dans la législation sur les flux transfrontières de données], *Social science*, 2018, n° 4.
32. Hu Wenhua et Kong Huafeng, « 印度数据本地化与跨境流动立法实践研究 » [La pratique de l'Inde en matière de localisation des données et de législation sur les flux transfrontières de données], *Computer Applications and Software*, 2019, n° 8.
33. Huang Daoli et Hu Wenhua, « 全球数据本地化与跨境流动立法规制的基本格局 » [Situation globale de la législation mondiale sur la localisation

des données et les flux transfrontières de données], *Information Security And Communications Privacy*, 2019, n° 9.
34. Ji Leilei, « 个人信息保护立法路径比较研究 » [Une étude comparative des voies législatives pour la protection des informations personnelles], *Library Development*, 2017, n° 9.
35. Jiang Ge, « 个人信息保护法立法模式的选择 – 以德国经验为视角 » [Choix du modèle législatif pour la protection des informations personnelles : expérience allemande], *Science of Law (Journal of Northwest University of Political Science and Law)*, 2011, n° 2.
36. Jiang Po, *国际信息政策法律比较* [Comparaison des politiques et règlementations internationales relatives à l'information], Law Press China, 2001.
37. Masao Horibe, « 日本における個人情報保護のぁり方 » [Protection des informations personnelles au Japon], *Jurist*, 2000.
38. Lei Wanlu, « 我国个人信息权的立法保护 – 对美国和欧盟个人信息保护最新进展的比较分析 » [La protection législative du droit aux informations personnelles en Chine : une analyse comparative des derniers progrès réalisés dans la protection des informations personnelles aux États-Unis et dans l'Union européenne], *People's Tribune: Frontiers*, 2018, n° 23.
39. Li Dandan, « 日本个人信息保护举措及启示 » [Mesures de protection des informations personnelles au Japon et leur inspiration pour notre pays], *People's Tribune*, 2015, n° 11.
40. Li Jianing, « 印度个人信息保护法律研究 » [Une étude des lois indiennes relatives à la protection des informations personnelles], *Legal and Economy*, 2018, n° 9.
41. Li Yuan, *大数据时代个人信息保护研究* [Protection des données personnelles à l'ère des mégadonnées], Huazhong University of Science and Technology Press, 2019.
42. Li Yuan, *大数据时代个人信息保护研究* [la protection des données personnelles à l'ère des mégadonnées], Thèse de doctorat, Université de droit et de science politique du Sud-ouest, 2016.
43. Liu Yun, « 欧洲个人信息保护法的发展历程及其改革创新 » [Développement, réforme et innovation de la protection des informations personnelles en Europe], *Jinan Journal* (édition Philosophie et Sciences sociales), 2017, n° 2.
44. Qi Aimin, « 美国信息隐私立法透析 » [Une analyse de la législation américaine sur la confidentialité de l'information], *Presentday Law Science*, 2005, n° 2.
45. Qi Aimin, *拯救信息社会中的人格：个人信息保护法总论* [Sauvegarde de la personnalité dans la société de l'information : une théorie générale de la protection des informations personnelles], Peking University Press, 2009.
46. Qi Aimin, *中国信息立法研究* [Une étude de la législation chinoise relative à l'information], Wuhan University Press, 2009.

47. Qi Aimin, *大数据时代个人信息保护法国际比较研究* [Étude comparative des lois relatives à la protection des données personnelles à l'ère des mégadonnées], Law Press China, 2015.
48. Qi Aimin, « 论个人信息保护法的统一立法模式 » [Sur le modèle de législation unifiée pour la protection des informations personnelles], *Journal of Chongqing Technology and Business University*, 2009, n° 4.
49. Qi Aimin, « 论个人信息保护法的统一立法模式 » [Sur le modèle de législation unifiée pour la protection des informations personnelles], *Journal of Chongqing Technology and Business University* (édition Sciences sociales), 2009, n° 4.
50. Qi Aimin, « 美德个人资料保护立法之比较 1 兼论我国个人资料保护立法的价值取向与基本立场 » [Comparaison de la législation américaine et allemande sur la protection des données personnelles & orientation des valeurs et positionnement de base de la législation chinoise sur la protection des données personnelles], *Gansu Social Sciences*, 2004, n° 3.
51. Ren Longlong, *大数据时代的个人信息民法保护* [La protection des données personnelles par le droit civil à l'ère des mégadonnées], Thèse de doctorat, Université de commerce international et d'économie de Pékin, 2017.
52. Shi Yue, « 数字经济环境下的跨境数据流动管理 » [Gestion des flux transfrontières de données dans l'économie numérique], *Information Security and Communications Privacy*, 2015, n° 10.
53. Wang Xiuxiu, « 个人数据保护立法的经济分析与路径选择 » [Analyse économique et choix du modèle de la législation sur la protection des données personnelles], *Journal of Shanghai Normal University* (édition Philosophie et Sciences sociales), 2017, n° 3.
54. Wang Yongqi, « 公共数据法律内涵及其规范应用路径 » [Contenu juridique des données publiques et son application normative], *Digital Library Forum*, 2019, n° 8.
55. Yo Nishimura, « 日本个人信息保护制度及其对中国的启示 » [Le système japonais de protection des informations personnelles et son aspiration pour la Chine], *Internet Law Review*, 2016, n° 1.
56. Xiang Dingyi, « 比较与启示欧盟和美国个人信息商业利用规范模式研究 » [Comparaison et révélation : étude des modèles européen et américain en matière de réglementation de l'utilisation commerciale des informations personnelles], *Journal of Chongqing University of Posts and Telecommunications* (édition Sciences sociales), 2019, n° 4.
57. Xie Qing, « 日本的个人信息保护法制及启示 » [Le système juridique japonais en matière de protection des données personnelles et ses aspirations], *Political Science and Law*, 2006, n° 6.

58. Yang Ji, « 域外个人信息保护立法模式比较研究 – 以美、德为例 » [Étude comparative des modèles de législation à l'étranger pour la protection des informations personnelles : exemples des États-Unis et de l'Allemagne], *Library Theory and Practice*, 2012, n° 6.
59. Yang Ji, « 域外个人信息保护立法模式比较研究 – 以美、德为例 » [Étude comparative des modèles de législation à l'étranger pour la protection des informations personnelles : exemples des États-Unis et de l'Allemagne], *Library Theory and Practice*, 2012, n° 6.
60. Zhang Hong, « 大数据时代日本个人信息保护法探究 » [Une étude de la loi japonaise sur la protection des informations personnelles à l'ère des mégadonnées], *Law and Economy*, 2020, n° 3.
61. Zhang Jiaxin, « 大数据时代个人信息安全问题探析一基于中美欧制度的比较 » [Problèmes de sécurité des informations personnelles à l'ère des mégadonnées : une analyse comparée des régimes chinois, européen et américain 1 nous baser sur *China Market*, 2019, n° 12.
62. Zhang Li, *数据治理与数据安全* [Gouvernance des données et sécurité des données], Posts & Telecom Press, 2019.
63. Zhang Monan, « 跨境数据流动全球态势与中国对策 » [Flux transfrontières de données : situation mondiale et solutions chinoises], *China Opening Journal*, 2020, n° 2.
64. Zhang Qianwen, « 数据本地化措施之国际投资协定合规性与中国因应 » [Conformité des accords d'investissement internationaux avec les mesures de localisation des données et réponse de la Chine], *Studies in Law and Business*, 2020, n° 2.
65. (Zhang Shouwen, « 政府与市场关系的法律调整 » [Régulation juridique de la relation gouvernement-marché], China Legal Science, 2014, n° 5.)
66. Zhang Xinbao, « 从隐私到个人信息：利益再衡量的理论与制度安排 » [De la vie privée aux informations personnelles : dispositions théoriques et institutionnelles pour la réévaluation des intérêts], *China Legal Science*, 2015, n° 3.
67. Zhou Hanhua, « 探索激励相容的个人数据治理之道 – 中国个人信息保护法的立法方向 » [Sur la possibilité d'une gouvernance des données personnelles compatible avec les incitations : orientation de la législation chinoise sur la protection des informations personnelles 1 Chine *Chinese Journal of Law*, 2018, n° 2.
68. Zhou Hanhua, *个人信息保护前沿问题研究* [Étude des questions frontières de la protection des informations personnelles], Law Press China, 2006.
69. Zhou Hanhua, *域外个人数据保护法汇编* [Compilation de lois étrangères sur la protection des données personnelles], Law Press China, 2006.

70. Zhou Xinyue, « 论美国行业自律模式及对我国个人信息保护立法模式的启示 » [Le modèle américain d'autoréglementation de l'industrie et son éclairage sur la législation de la protection des informations personnelles en Chine], *Business*, 2013, n° 23.
71. Zhou Xueguang, « 基层政府间的"共谋现象" – 个政府行为的制度逻辑 » [La collusion entre les gouvernements de base ou la logique institutionnelle d'un comportement gouvernemental], *Sociological Studies*, 2008, n° 6.

CONCLUSION

Contemporanéité et rééquilibrage du droit des données

Le monde est à un moment critique marqué par les changements les plus profonds jamais constatés depuis un siècle. En 1945, l'humanité a utilisé pour la première fois des armes nucléaires, montrant ainsi sa capacité d'autodestruction. Depuis lors, cette capacité a continué de se développer et la civilisation humaine est menacée par de nouveaux dangers, allant du changement climatique aux épidémies, en passant par la technologie génétique et l'intelligence artificielle. Selon la théorie des risques, cette période constitue une « période pivot », jusqu'à l'émergence d'une gouvernance mondiale qui permette de relever les défis de manière coordonnée et systématique et non par la chance. La pandémie de Covid-19 nous a rappelé la place de l'humanité dans l'écosystème et dans le cours de l'évolution. Le défi mondial posé par la Covid-19 est une autre preuve du conflit culturel entre l'Orient et l'Occident, lequel est essentiellement un choc des civilisations, ou un produit inévitable de l'âge industriel. Face à de tels conflits, nous sommes amenés à nous demander de quelle manière l'humanité devrait se diriger vers l'avenir. Notre recherche montre que la construction d'une communauté de destin pour l'humanité est la solution fondamentale et que nous devrions adopter la vision d'un avenir partagé pour l'humanité et construire conjointement une architecture globale pour l'ère numérique. Une communauté de destin pour l'humanité révèle l'inévitable tendance de l'humanité à passer de la civilisation industrielle à la civilisation numérique. Dans le cadre de cette tendance, la construction d'un nouvel ordre de civilisation numérique est devenue une priorité absolue.

Question juridique à l'ère numérique

D'un monde duel à un monde ternaire. Actuellement, la société humaine, l'espace informatique et le monde physique sont en train de fusionner. Dans le passé, les êtres humains vivaient dans un monde duel composé d'espace physique et d'espace social et l'ordre était formé par l'interaction et l'influence mutuelle entre les personnes, ainsi qu'entre les personnes et les choses. Les personnes étaient l'auteur de l'ordre et dirige l'ordre de la société humaine. Le développement intégré des réseaux, des données et de l'intelligence artificielle a brisé les limites physiques de l'espace-temps pour les reconstruire numériquement, faisant de l'espace numérique un nouveau pôle d'espace dans le monde. Dans ce nouvel espace, les données sont le « sol » sur lequel sont nées les différentes « choses ». À mesure que le monde passe de deux espaces à trois espaces, l'ordre des activités humaines sera restructuré en conséquence. Les règles de production et de vie, les formes d'organisation sociale, les systèmes de gouvernance sociale et les normes du système juridique existants, formés sur la base du monde à deux espaces, seront certainement confrontées à l'impact de la logique de développement du monde à trois espaces. De nouveaux types de relations juridiques, telles que celles dans l'économie numérique, dans la conduite autonome et dans l'édition génomique, ne cessent d'émerger. L'expérience et les règles existantes de l'humanité sont confrontées à des défis extrêmes et à des reconstructions structurelles. Il faut, de toute urgence, de la recherche théorique et des réponses pratiques. Pour être efficace, le droit doit évoluer avec le temps. Nous devons prêter une attention particulière aux technologies de pointe et répondre activement aux défis, maîtriser les risques, coordonner le développement du droit et le développement de notre ère et promouvoir activement la transformation des principes juridiques, du droit et de l'État de droit en réponse à la transformation sociale.

De l'homme physique à l'homme de données. L'homme est le point de départ logique du droit et le droit est une expression concentrée de la nature humaine. Le fondement juridique du droit des données s'appuie également sur la nature humaine. L'homme a développé une dépendance à l'égard des données alors qu'il continue de dépendre de ses semblables et des objets. Lorsque la production basée sur les données, la vie basée sur les données et les vies numériques deviennent réalité, l'intelligence humaine et l'intelligence artificielle fusionnent, les « personnes physiques » se transforment en « personnes de données », et l'image, la signification et l'extension de la « personne » seront profondément modifiées. À l'avenir, la société humaine pourrait être composée de personnes physiques, de robots et d'hommes à gène modifié et l'homme de données sera la nouvelle manifestation de la nature humaine à l'ère numérique. Il est à noter que le statut de « l'homme de données » est un problème juridique inévitable auquel nous devrons faire face. Le développement de la biotechnologie et de la technologie intelligente modifie de manière substantielle l'existence humaine. Les êtres humains sont en train d'être complétés, transformés et réorganisés. La complémentarité homme-machine, l'interaction homme–machine, l'intégration homme-machine, la coopération homme-machine et la symbiose homme-machine deviennent des tendances. À l'ère numérique, le pouvoir des données et les relations en lien avec les données exigent des principes et un système juridiques différents de ceux qui régulaient le travail à la chaîne du XIXe siècle et l'automatisation du XXe siècle. Le système juridique traditionnel, en particulier le système des sujets de droit, a été ou est confronté à des défis sans précédent. Du point de vue de l'évolution du droit, il semble qu'il n'y ait aucune raison de douter que la portée des sujets de droit s'élargisse dans le futur pour couvrir l'homme de données ou toute autre nouvelle espèce dans le cyberespace. Bien que ce ne soient que des spéculations, les humains devraient probablement faire preuve d'anticipation et prendre au sérieux cette question juridique majeure de l'humanité.

Des droits l'homme classiques aux droits de l'homme numériques. Les données sont devenues une ressource stratégique importante et un facteur clé de production. Elles couvrent et enregistrent tous les aspects de la vie d'une personne de sa naissance à son décès et représentent une nouvelle façon d'exprimer les droits de l'homme dans la nouvelle ère. Les droits de l'homme sont en train de connaître une profonde refonte numérique. Que ce soit en termes de caractéristiques, d'éléments essentiels, de contenu ou de forme, ils évoluent du physique vers le numérique et les droits de l'homme numériques émergent naturellement. La technologie numérique est une épée à double tranchant qui apporte à la fois des promesses et des crises pour les droits. Pour cette raison et afin de répondre aux besoins de développement de l'ère numérique, il est important et nécessaire de promouvoir la transformation de notre vision des droits de l'homme en passant du monde physique au monde numérique, et de renforcer les contraintes éthiques et les réglementations juridiques sur le développement et l'utilisation de la technologie numérique, à l'aide du pouvoir et de l'autorité des droits de l'homme. Dans la gouvernance mondiale, l'absence d'un système de discours chinois est incohérente avec le rôle de grande puissance de la Chine. Ainsi, la Chine devrait former rapidement un système de discours, en particulier en matière de droits de l'homme, qui soit à la mesure de son statut de grande puissance. Pour saisir les opportunités de l'ère numérique et appréhender l'évolution de notre époque, nous devons commencer l'interprétation juridique et la construction institutionnelle des droits de l'homme numériques, et ainsi diriger les innovations théoriques, institutionnelles et pratiques en matière de communauté de destin pour l'humanité, devenant le créateur et le gardien du futur système des droits de l'homme.

Changements juridiques à l'ère numérique

De la possession exclusive au partage altruiste. Que ce soit à l'âge agricole ou à l'âge industriel, la possession exclusive des ressources est au cœur des règles. De la terre aux minéraux, la propriété de chaque ressource est distincte et unique. C'est également à cause de ce modèle exclusif que la société humaine est souvent prise dans des luttes acharnées pour des ressources. Ce modèle crée des inégalités et un gaspillage énorme des ressources sociales laissées inoccupées. À l'ère numérique, la propriété et le droit d'usage des données sont en train de se séparer. Il semble même que le droit d'usage sera plus important que la possession, car il permet de rendre accessibles ses propres ressources pour échanger et établir des liens avec autrui. La propriété des données pourrait donc être un élément bien moins important que *l'usus* et le *fructus* des données. Le marché des données, en tant que facteurs de production, nécessite donc une posture de partage, qui privilégie l'usage plutôt que la possession des données. En effet, dans une société numérique, la structure des relations détermine que la décentralisation, le décloisonnement, la disparition des frontières sont le mécanisme interne de la société, que l'ouverture, le partage, la coopération et le bénéfice mutuel en sont l'esprit fondamental. Ces caractéristiques font que le développent de la société est axé sur les personnes et que l'altruisme est la valeur fondamentale de notre époque. Les propositions de valeur altruistes augmentent la volonté des gens de transférer et de partager leurs droits des données, favorisant ainsi la transformation positive des transferts et des partages. Lorsque les ressources de données sont extrêmement abondantes et peuvent être distribuées à la demande, le concept de partage équitable sera enraciné dans l'esprit des gens, le travail numérique deviendra un moyen d'accéder au bonheur et l'altruisme se renforcera considérablement. L'altruisme, présent dans la nature humaine, sera stimulé, par le système des droits des données.

De l'autonomisation par droit à l'autonomisation par technologie. Les philosophes du XVIIe et du XVIIIe siècle ont conçu un système ingénieux permettant le passage de droits de l'homme naturels à l'autonomisation juridique : il consiste à abandonner certains droits de la nature humaine et à introduire des pouvoirs publics et des contraintes juridiques pour imposer les restrictions nécessaires aux droits naturels. Grâce aux contrats sociaux, l'État et le gouvernement sont créés, les lois et les institutions sont promulguées et l'autonomisation juridique devient un symbole important de la société moderne. À mesure que la société humaine continue d'accélérer son évolution vers les réseaux, les données et l'intelligence artificielle, l'autonomisation par technologie devient une caractéristique majeure de l'ère numérique. Les forces sociales passent de la violence, de la richesse et de la connaissance à la technologie, et chaque centre technique devient, dans un certain sens, une sorte de centre de pouvoir. Lawrence Lessig, professeur à Harvard, a même soutenu dans son ouvrage de 1999 *Code et autres lois du cyberespace* que « le code fait loi » (« Code is law »). En effet, avec l'avènement de la technologie numérique, les actions de l'homme sont progressivement dirigées par la conception architecturale de la technologie, au lieu des facteurs sociaux. Comme le code définit toutes les étapes et règles à l'avance, les êtres humains ne peuvent que suivre les dispositions du code.

Puisque la loi de l'Internet est déterminée par le code, celui qui maîtrise le code détient le pouvoir de définir la loi. L'offre croissante de technologie a entraîné l'émergence de la réglementation du code et de la réglementation des algorithmes. Comme l'a fait remarquer Yuval Noah Harari dans son livre *Homo Deus : Une brève histoire de l'avenir* : notre droit deviendra des règles numériques qui régiront tout comportement humain, à l'exception des lois de la physique. À l'avenir, le code et le droit pourront aller de pair.

De la justice accessible à la justice numérique. Avec l'expansion des frontières de la technologie numérique, les différends en ligne ont augmenté de manière exponentielle, tandis que les modèles de procès traditionnels et les mécanismes alternatifs de règlement des différends ne sont pas en mesure de les traiter. Il est donc urgent de mettre en place des mécanismes de règlement des différends en ligne, des tribunaux intelligents, etc. pour garantir le respect des droits des personnes dans la société numérique. La technologie numérique offre de nouvelles possibilités de résolution des litiges relatifs aux données. Elle aide non seulement à trier les dossiers, à simplifier les procédures, à réduire les coûts, à prévenir les litiges et à améliorer les procédures de règlement des différends, mais rend également la justice plus accessible que jamais. Dans leur ouvrage *Digital Justice: Technology and the Internet of Disputes* (2019), Ethan Katsh et Orna Rabinovich-Einy ont proposé pour la première fois le concept de la justice numérique dans le monde de l'Internet, affirmant que la justice numérique remplacerait progressivement la justice traditionnelle pour devenir le principe et le critère du monde numérique. La proposition du concept de la justice numérique est non seulement une étape importante dans l'étude de la justice, mais nous fournit également une instruction pour aller vers l'avenir, comprendre et maîtriser l'avenir. Selon Lord Justice Briggs, les tribunaux traditionnels sont le produit de l'ère industrielle, tandis que les tribunaux en ligne sont le produit de l'ère de l'Internet ; les premiers deviendront inévitablement moins importants pour laisser la place aux seconds. Nous devons être prêts à dépenser du temps, des ressources financières et des efforts pour construire des tribunaux en ligne ! Les tribunaux en ligne seront le nouveau type de tribunal le plus révolutionnaire et le plus bouleversant de notre époque ; ils changeront la façon dont les tribunaux et les parties réalisent la justice. Toutes les grandes inventions ont déclenché une révolution dans le monde juridique. À l'ère numérique, l'égalité, la liberté, la démocratie, la primauté du droit, l'ordre et la justice seront tous redéfinis. L'intégration du droit et de la technologie est devenue une tendance de développement évidente.

Paradigme de l'État de droit à l'ère numérique

Le droit des données est la solution au problème de déficit de gouvernance numérique. La prochaine révolution bouleversante de la société humaine ne sera pas une révolution violente pour briser le vieil appareil d'État, mais une révolution de l'État de droit pour réguler les empires numériques. Le droit est un dispositif important pour gouverner le pays, et de bonnes lois sont la condition préalable à une bonne gouvernance. La primauté du droit est le moyen de base de la gouvernance mondiale et la garantie fondamentale d'une bonne gouvernance mondiale. L'État de droit, fondé sur des règles et des procédures, n'est pas seulement le modèle dominant de la gouvernance mondiale actuelle et le discours commun de la communauté internationale, mais constitue aussi le critère pour évaluer le développement et le progrès de la civilisation. Un État de droit clair et prévisible est le langage, l'aspiration et l'attente de tous les pays du monde. La solution du déficit de gouvernance mondiale nécessite une nouvelle clé. Les principes de consultations réciproques, d'engagement commun et de partage des fruits en fournissent une issue. La proposition du droit des données a jeté les bases juridiques pour la sauvegarde de la souveraineté nationale sur les données. Il nous permet de saisir le droit de participer à la formulation des règles en matière de données et de faire entendre notre voix sur la scène internationale. Il contribue à mettre en place une gouvernance mondiale de l'Internet fondée sur le droit et revêt une importance particulière pour la construction d'une communauté de destin dans le cyberespace. Le droit des données est une exploration théorique révolutionnaire, à la fois basée sur la réalité et tournée vers l'avenir. Elle favorisera certainement le développement de l'économie numérique, l'administration numérique, la gouvernance sociale numérique et les progrès de la civilisation numérique.

Le droit de partage est le droit central à l'ère de la civilisation numérique. Le droit des données est une construction systémique basée sur la culture de l'altruisme et vise à promouvoir l'établissement d'un système juridique dans le domaine numérique. Le postulat de l'homme de données fournit la base théorique pour la construction de la culture et des institutions altruistes. Si la théorie de l'altruisme est valide, le droit de partage pourrait alors devenir un droit fondamental de l'homme. Cette possibilité révélera la nature des droits des données et sur la base de cette nature, nous pourrions construire le système de droits des données et son système juridique, favorisant ainsi l'établissement d'un nouvel ordre de civilisation numérique. En ce sens, le droit de partage est une hypothèse théorique fondée sur le système des droits de l'homme, une caractéristique essentielle du système des droits des données, une connotation culturelle de l'altruisme et un soutien important à la civilisation numérique. Il représente l'orientation de valeur d'une communauté de destin pour l'humanité. Le droit de partage jouera un rôle décisif dans le droit des données, un outil juridique majeur de la gouvernance mondiale. Grâce à l'innovation théorique et à des efforts continus de l'humanité, le droit de partage pourrait devenir un nouveau jalon du développement des droits de l'homme.

L'État de droit numérique pourrait représenter et diriger la gouvernance chinoise. Un bon système juridique sera transmis d'époque à époque et une bonne gouvernance garantira la paix et la prospérité du monde. L'expérience historique montre qu'un système avancé est le fondement et la garantie de la prospérité économique et de la sécurité nationale d'un pays. La réalité du monde contemporain prouve également que la gouvernance efficace est le fondement fondamental de la compétitivité et du renouveau d'un pays. Le système de l'État de droit est l'épine dorsale du système de gouvernance de l'État. Si la bonne loi est respectée dans le monde, alors le monde sera gouverné ; si la bonne loi est établie dans un pays, alors le pays sera gouverné. Le Secrétaire général Xi Jinping a souligné que « la Chine doit être capable d'appliquer l'État de droit lorsqu'elle entre sur la scène internationale et participe aux affaires internationales en tant que puissance responsable ». Il a indiqué que « le système de gouvernance mondiale se trouve dans une période clé d'ajustement et de changement. Nous devons participer activement à l'établissement des règles internationales et agir comme un participant, un promoteur et un chef de file dans le processus de réforme de la gouvernance mondiale ». Cependant, depuis longtemps, la Chine joue un rôle faible dans l'élaboration du droit international et est même marginalisée dans les relations internationales. À l'heure actuelle, la Chine ajuste sa posture et son image et passe d'un simple participant de l'ordre international à un leader constructif au sein du système. Le renforcement de la législation dans le domaine numérique est d'une grande importance pour construire un système de gouvernance numérique solide avec des caractéristiques chinoises, pour donner une nouvelle force motrice au développement axé sur l'innovation et pour façonner de nouveaux avantages en matière de développement. Le droit en matière d'économie numérique est le droit chinois qui a le plus de possibilités d'aller à l'international. La cinquième session plénière du 19e Comité central du PCC propose de construire des regroupements de l'industrie numérique dotés de compétitivité internationale. En tant que grande économie numérique, la Chine a la responsabilité d'explorer une voie autonome de l'État de droit numérique et de prendre de l'avant pour diriger l'avenir dans le domaine de l'État de droit numérique. La législation sur les droits des données est justement un produit innovant de ce contexte. Elle pourrait devenir un outil majeur de l'émergence et du développement international du droit chinois. À l'heure actuelle, la situation internationale est fortement agitée, les incertitudes et l'instabilité ont nettement augmenté, l'impact de la pandémie de Covid-19 sera profond et long et la mondialisation économique rencontre de l'opposition. Le monde entre dans une période de turbulences et de changements, au cours de laquelle l'unilatéralisme, le protectionnisme et l'hégémonisme menacent la paix et le développement dans le monde. Dans ce contexte, la proposition d'une communauté de destin pour l'humanité est très opportune. La construction d'une telle communauté dépend de l'avancement de l'État de droit numérique. Il faudrait donc établir de bonnes lois et promouvoir la bonne gouvernance dans la communauté internationale, faire jouer pleinement le rôle central de l'État de droit numérique dans la gouvernance mondiale de l'Internet et faire évoluer la gouvernance chinoise, afin de transformer l'idéal de la communauté de destin pour l'humanité en réalité.

À l'heure actuelle, l'État de droit numérique a déjà commencé à prendre forme. Le droit numérique est devenu une science dominante. Étant donné qu'aucune réponse ne peut être trouvée dans les manuels traditionnels, il faut de l'innovation et des percées « de zéro à un ». Dans l'ère post-épidémique, la concurrence internationale dans le domaine numérique sera certainement plus intense et la complexité des problèmes augmentera certainement de manière exponentielle. La cinquième session plénière du 19e Comité central du PCC a souligné qu'il faudrait accélérer le développement numérique, faire de la Chine une cyberpuissance, bâtir inébranlablement une Chine numérique, renforcer le développement autonome de la technologie comme un soutien stratégique au développement national et accélérer la construction d'une puissance technologique. Par rapport à cette exigence, la construction d'une discipline, d'un système académique et d'un système de parole pour l'État de droit numérique n'est qu'un petit pas. De nombreuses questions bien réelles restent encore à solutionner.

Au cours de ces dernières années, le Laboratoire clé de la stratégie des mégadonnées s'est engagé dans l'étude théorique de l'ordre numérique et a proposé une « trilogie de la civilisation numérique », à savoir des résultats théoriques relatifs aux données en bloc, au droit des données et à la chaîne de blocs de souveraineté. Cette trilogie vise essentiellement à construire les trois piliers du nouvel ordre de la civilisation numérique. En tant que réponse à trois questions fondamentales du nouvel ordre de la civilisation numérique, les données en bloc, le droit des données et la chaîne de blocs de souveraineté seront la pierre angulaire principale pour promouvoir le passage de l'humanité de la civilisation industrielle à la civilisation numérique. Les données en bloc permettent de résoudre le problème de convergence. La donnéification permet de converger toute chose et la convergence sera la clé d'un univers transformé par les données. Le droit des données aborde la question du partage. Le droit de partage, en tant que construction institutionnelle basée sur l'altruisme, est au cœur du droit des données. La chaîne de blocs de souveraineté aborde la question de la bienveillance. Par bienveillance, on entend « la conscience du bien », telle préconisée par le « yangmingisme ». Si les valeurs de convergence, de partage et de bienveillance sont établies sur le plan de la théorie, le passage de l'humanité vers une civilisation numérique n'aura alors plus aucun obstacle culturel.

Au XXIe siècle, l'essor continu de la Chine est le plus grand changement de la politique internationale. Du point de vue des pays, le véritable essor est de fournir une civilisation pour le monde. Le célèbre juriste américain Roscoe Pound a soutenu que l'ordre juridique avait deux missions : maintenir les valeurs existantes de la civilisation et promouvoir le développement des capacités humaines. En ce sens, la civilisation numérique peut être considérée comme de l'éthique numérique, de la gouvernance numérique et de la théorie du droit numérique sur lesquelles repose le droit des données. Elles guident et soutiennent les choix de valeur et les fonctions du droit des données. En équilibrant les intérêts dans le domaine des droits des données, elles aident à créer et à maintenir un ordre numérique propice à la protection et à l'utilisation des données, réalisant ainsi la protection des droits de l'homme numériques. Alors qu'un nouveau cycle de révolution technologique et industrielle se poursuit en profondeur et que la civilisation industrielle et la civilisation numérique se croisent, nous devons adapter de toute urgence la législation chinoise sur les droits des données à notre époque et faire évoluer l'équilibre les intérêts. Anthony Giddens qualifie les moments où la sécurité ontologique est perturbée comme des « moments de destin ». À ces moments, nous quittons le passé et avançons vers le futur, nous sortons de notre état ancien pour remodeler un nouvel état. Dans la marche vers la réalisation de la grande mission historique de préservation et de promotion de la civilisation numérique, nous espérons que le droit des données pourra apporter une contribution importante.

Bibliographie

1. Wang Chunhui et Cheng Le, « 解读民法典"隐私权和个人信息保护" » [Droit à la vie privée et protection des informations personnelles selon le Code civil], *Journal of Nanjing University of Posts and Telecommunications* (Édition Sciences sociales), 2020, n° 3.

Postface

En mars 2017, le professeur Lian Yuming, directeur du Laboratoire clé de la stratégie des mégadonnées, a proposé pour la première fois le terme « droit des données » en chinois. Le terme a ensuite été validé et publié par le Comité national des termes en sciences et technologies, faisant de la Chine le premier pays au monde à proposer un droit des données. La même année, le 6 juin, le Gouvernement populaire municipal de Guiyang et l'Université de science politique et de droit de Chine ont signé un accord pour construire conjointement une base de recherche du Laboratoire clé de la stratégie des mégadonnées. Le 6 juillet, l'Université de science politique et de droit de Chine a approuvé la création du premier Centre d'étude du droit des données de Chine.

Le 28 mai 2019, l'Université de science politique et de droit de Chine et le gouvernement populaire municipal de Guiyang ont organisé un séminaire sur l'ouvrage *数权法1.0* [Droit des données 1.0] et ses traductions en anglais et en chinois traditionnel, à l'occasion de l'inauguration de l'Alliance des think tank pour une Chine numérique. Zhao Deming, membre du comité permanent du Comité du Parti pour la province du Guizhou et secrétaire du Comité du Parti pour la ville de Guiyang, a assisté au séminaire et prononcé un discours, affirmant pleinement les innovations théoriques du *Droit des données 1.0*. Il estimait que le droit des données aurait certainement un impact positif sur le développement de l'économie numérique, la construction du gouvernement numérique, la gouvernance de la société numérique et les progrès de la civilisation numérique. Dès sa sortie, le *Droit des données 1.0* a suscité un vif intérêt mondial. Plus de 200 médias étrangers (en anglais, français, allemand, espagnol, etc.) et plus de 170 médias chinois se sont intéressés à l'ouvrage. Selon certains médias étrangers, sa publication a jeté les bases juridiques pouvant aider l'humanité à passer de la civilisation industrielle à la civilisation numérique et offrir une nouvelle clé pour entrer dans la civilisation numérique.

Le 28 juillet 2020, l'Université de science politique et de droit de Chine et le Gouvernement populaire municipal de Guiyang ont organisé conjointement une Conférence de presse du Forum des think tank pour une Chine numérique & Cérémonie de lancement du *Droit des données.* L'évènement a marqué la sortie mondiale des versions en français et en allemand du *Droit des données 1.0*, et des versions en chinois simplifié, en chinois traditionnel et en anglais du *Droit des données 2.0*. La sortie de ces ouvrages représente non seulement l'approfondissement des recherches théoriques du Laboratoire clé de la stratégie des mégadonnées, mais aussi une percée majeure dans l'innovation théorique de Guiyang en matière de mégadonnées. Le *Droit des données 2.0* se démarque par trois aspects. Premièrement, il propose de manière innovante l'hypothèse de l'homme de données ; deuxièmement, il met en avant trois droits et intérêts : les droits des données, le droit de partage et la souveraineté des données ; troisièmement, il répond aux instructions du président chinois Xi Jinping relatives à « la gestion des défis juridiques, de sécurité et de gouvernance liés au développement des mégadonnées », qui avaient été présentées dans sa lettre de félicitation au « Big Data Expo 2019 ».

Le présent ouvrage *Droit des données 3.0* s'appuie sur plus de 300 systèmes juridiques relatifs à la vie privée, aux informations ou aux données adoptés par les principaux pays (régions) du monde et les organisations internationales. À travers l'étude de l'origine, le tri, la comparaison et l'analyse des dispositions pertinentes de textes étrangers relatifs aux droits des données, ce livre étudie les questions frontières de la législation sur les droits des données en Chine. Parallèlement, nous avons sélectionné soigneusement les systèmes juridiques étrangers les plus fondamentaux et les plus avant-gardistes en matière de droits des données pour les traduire en chinois. Ces traductions forment la collection 数权法译丛 [Droit des données : une collection de textes juridique traduits]. Ces travaux ont été menés dans deux buts. D'une part, ils nous permettent d'apprendre et de nous inspirer des réalisations et des pratiques matures à l'étranger en matière de système de droits des données, favorisant ainsi la construction de l'État de droit numérique en Chine. D'autre part, ils nous aident à proposer, sur la base de comparaisons et d'équilibrage, des règles de droit des données conformes aux intérêts de la Chine et à exporter des règles juridiques chinoises, construisant ainsi des règles de droit des données régionales ou mondiales basées sur les règles chinoises.

Les discussions, études et rédactions du présent ouvrage ont été organisées par le Laboratoire clé de la stratégie des mégadonnées. La démarche globale et les idées centrales ont été présentées par Lian Yuming, qui s'est également chargé de la conception du cadre global. Le plan et la thématique de l'ouvrage ont été essentiellement affinés par Long Rongyuan ; la rédaction a été confiée à Lian Yuming, Zhu Yinghui, Song Qing, Wu Jianzhong, Zhang Tao, Long Rongyuan, Song Xixian, Zhang Longxiang, Zou Tao, Chen Wei, Shen Xudong, Yang Zhou, Yang Lu et Xi Jinting ; et l'assemblage a été réalisé par Long Rongyuan. Chen Gang a fourni de nombreux points de vue prospectifs et instructifs pour ce livre. Zhao Deming, membre du comité permanent du Comité du Parti pour la province du Guizhou, secrétaire du Comité du Parti pour la ville de Guiyang et secrétaire du comité de travail du Parti pour le Nouveau district de Gui'an ; Chen Yan, vice-président de la CCPPC pour la province du Guizhou, secrétaire adjoint du Comité du Parti pour la ville de Guiyang et maire de Guiyang, secrétaire adjoint du comité de travail du Parti et directeur du comité de gestion pour le Nouveau district de Gui'an ; Xu Hao, ancien membre du comité permanent du Comité du Parti pour la ville de Guiyang et maire adjoint exécutif de Guiyang, et Liu Benli, membre du comité permanent et secrétaire du Comité du Parti pour la ville de Guiyang, ont également apporté des idées novatrices pour le présent ouvrage. Ce livre peut donc être qualifié de cristallisation d'une sagesse collective. Nous tenons aussi à remercier l'équipe de direction et les responsables d'édition de la maison Social Sciences Academic Press de Chine. La publication du présent ouvrage n'aurait pas été possible sans la clairvoyance, la vision unique, l'audace et l'appui de son président Wang Liming, qui a affecté plusieurs de ses éditeurs pour la planification, la révision et la conception du livre.

Au cours de l'étude et de la rédaction de ce livre, de nombreux séminaires universitaires de haut niveau ont été organisés, avec la participation d'experts, d'universitaires de renom et d'élites professionnels des milieux scientifiques, technologiques et industriels. Pour Wu Dahua (Académie des sciences sociales du Guizhou), Pan Shanbin (Université des nationalités du Guizhou), Sun Zhiyu (Université du Guizhou) et Shen Xuefeng (Université de Guiyang), lorsque les données deviennent un facteur de production, le droit doit évoluer afin de les protéger de la même manière qu'il protège les autres facteurs tels que la terre, le travail, le capital ou encore la technologie. Li Zheng (Université de science politique et de droit de Chine), Qu Qingchao (Institut d'étude des données Longxin), Li Youxing (Université du Zhejiang) et Su Yu (Université populaire de sécurité publique de Chine) soulignent que le droit des données ne s'intéresse pas simplement à la protection et à l'utilisation des données, plus important encore, il promeut la transformation fondamentale d'une législation axée sur la protection des intérêts vers une législation axée sur les droits des données. La technologie de gouvernance basée sur le droit des données deviendra un nouveau moteur pour la modernisation du système de gouvernance et de la capacité de gouvernance. Selon Gu Fugang (Bureau d'administration du développement des mégadonnées de Guiyang), Zhao Hong (Université de science politique et de droit de Chine), Qin Shuai (Université populaire de sécurité publique de Chine), Song Qing (Institut d'étude de la stratégie de développement axée sur l'innovation de Guiyang) et Wu Yueguan (Académie des sciences sociales du Guizhou), si le droit réel est la pierre angulaire des règles de la civilisation industrielle, le droit des données sera alors la pierre angulaire des règles de la civilisation numérique. Yang Xiaohu (Université du Zhejiang), Luo Yihong (Académie des sciences sociales du Guizhou), Xiao Yu (cabinet d'avocats Guizhou Zhongchuanlian) et Zheng Weicheng (Guiyang Big Data Industry Group Co., Ltd.) estiment que la clé du droit des données consiste à trouver un équilibre entre la protection effective des droits des données et la promotion d'une utilisation maximale des données. Son but est de promouvoir le libre partage des données personnelles tout en sauvegardant l'intérêt public et la sécurité publique.

La « trilogie de la civilisation numérique » lancée par le Laboratoire clé de la stratégie des mégadonnées (*Données en bloc*, *Droit des données* et *Chaîne de blocs de souveraineté*) représentante les trois piliers de la construction d'un nouvel ordre de la civilisation numérique et a une influence considérable tant en Chine qu'à l'étranger. Aujourd'hui, notre droit fait face à des défis sans précédent liés au développement technologique. Nous devons prêter une attention particulière aux technologies de pointe et répondre activement à ces défis, maîtriser les risques, coordonner le développement du droit et de la technologie et promouvoir activement la transformation du droit, de l'État de droit et des principes juridiques en réponse à la transformation sociale. Pour continuer à améliorer le système théorique du droit des données, nous sortirons également le *Droit des données 4.0 et* le *Droit des données 5.0.* Les versions en chinois traditionnel et en langue étrangères (anglais, français, allemand) seront également disponibles. La promotion internationale de ces ouvrages nous aidera à saisir le pouvoir de parole et le pouvoir d'élaboration des règles en matière numérique, dans un monde où les règles internationales relatives à l'Internet ne sont pas encore en place.

Au cours de la préparation du présent ouvrage, nous avons constaté que le développement numérique était devenu un sujet majeur de la recherche juridique en Chine. De nombreuses écoles de droit ont créé des centres de recherche indépendants pour étudier le droit en matière de cyberespace, de données, d'intelligence artificielle, l'État de droit numérique ou encore l'État de droit de l'avenir. La force de recherche ne cesse de croître et de plus en plus de jeunes chercheurs commencent à s'intéresser à ces sujets. Parallèlement, dans le torrent de la transformation et du développement numériques, d'innombrables praticiens de la justice se battent sur la ligne de front. La publication de la série *Droit des données* est donc une nécessité contemporaine. Elle vise à présenter les observations frontières, les recherches théoriques et d'autres résultats académiques dans le domaine du droit numérique en Chine et à l'étranger, donnant ainsi un aperçu des progrès en matière de législation sur les droits des données. Partant de la théorie académique, le présent ouvrage tente de proposer ses propres opinions sur le choix des valeurs, les problèmes fondamentaux, les difficultés, les systèmes clés et le modèle législatif du droit des données, dans l'espoir de servir la recherche et l'amélioration des règles. Durant la rédaction du présent ouvrage, nous nous sommes efforcés de nous appuyer sur les recherches et les idées les plus récentes. Néanmoins, nos capacités ont des limites, il y a donc inévitablement des omissions et des erreurs dans le livre, d'autant plus qu'il couvre des domaines variés et complexes. Nous nous excusons pour toute éventuelle erreur et invitons les lecteurs à nous en informer, en particulier en ce qui concerne les citations et les références.

Laboratoire clé de la stratégie des mégadonnées
Le 15 novembre 2020

ANNEXE I

Compilation des interprétations des dispositions du Code civil chinois relatives aux données et aux informations sur le réseau*

Article 111 : Droit à l'information personnelle

Les informations personnelles des personnes physiques sont protégées par la loi. Toute organisation ou personne ayant besoin d'informations personnelles d'autrui doit chercher à les obtenir par des moyens légaux et assurer la sécurité de ces données. Elle ne doit pas collecter, utiliser, traiter ou transmettre illégalement des informations personnelles d'autrui, ni commercialiser, fournir ou divulguer illégalement des données personnelles d'autrui.

Compréhension et application

La *Loi sur la cybersécurité* définit la notion d'informations personnelles comme « toute information, enregistrée électroniquement ou par d'autres moyens, qui, seule ou en combinaison avec d'autres informations, permettent d'identifier une personne physique, y compris, mais sans s'y limiter, les noms complets, les dates de naissance, les numéros

* Voir *Code civil de la République populaire de Chine*, China Legal Publishing House, 2020, pages 82, 96, 96,304, 321, 344, 553, 560,562, 564, 567, 681, 682,684, 685, 706.

d'identification, les informations biométriques personnelles, les adresses, les numéros de téléphone, etc. Selon cet article, les informations personnelles devraient présenter les éléments de base suivants : 1) Le sujet de l'information est une personne physique, à l'exclusion des personnes morales et des organisations non constituées en société ; 2) Les informations personnelles sont enregistrées électroniquement ou d'une autre manière 3) Elles sont identifiables et peuvent identifier l'identité personnelle d'une personne physique, seules ou en combinaison avec d'autres informations. Outre les types courants d'informations personnelles énumérés dans la loi, telles que le nom, la date de naissance, le numéro de pièce d'identité, les informations biométriques personnelles, l'adresse et le numéro de téléphone d'une personne physique, tout ce qui permet d'identifier l'identité personnelle d'une personne physique, seul ou en combinaison avec d'autres informations, entre dans le champ des informations personnelles. Par exemple, avec les technologies de l'information modernes, l'Internet, les terminaux mobiles intelligents, les appareils portables et d'autres dispositifs permettent d'enregistrer tous les aspects de la vie d'une personne, les informations de localisation et les données comportementales découlant de ces technologies constituent également des informations personnelles. Le droit à l'information personnelle est un droit important dont jouissent les citoyens dans la société de l'information moderne. Il implique des intérêts de la personnalité du sujet de l'information, et est également étroitement lié à d'autres intérêts personnels et de propriété du sujet de l'information. Par conséquent, la protection des informations personnelles revêt une réelle importance pour défendre la dignité humaine des citoyens, les protéger contre toute immixtion illégale et maintenir un ordre social normal.

[Références] Voir les articles 14, 29 et 50 de la *Loi sur la protection des droits des consommateurs* ; les articles 42 et 76 de la *Loi sur la cybersécurité* ; l'article 29 de la *Loi sur les banques commerciales* ; l'article 22 de la *Loi sur les professions médicales* ; l'article 19 de la *Loi sur les cartes d'identité des résidents* ; l'article 252-1 du Code pénal ; et Interprétation de la Cour populaire suprême et du Parquet populaire suprême sur l'application des lois aux affaires pénales impliquant la violation des informations personnelles.

Article 127 : Protection des données et de la propriété virtuelle sur le réseau

Lorsque la loi prévoit des dispositions sur la protection des données et de la propriété virtuelle sur l'Internet, ces dispositions doivent s'appliquer.

Compréhension et application

Les données peuvent être divisées en données primaires et en données dérivées. Les données primaires sont des données qui ne dépendent pas de données existantes, tandis que les données dérivées font référence aux données systématiques, lisibles et utiles émanant du traitement algorithmique, du calcul et de l'intégration de données primaires enregistrées et stockées. Par exemple, il peut s'agit de données de comportement, de données relatives aux préférences d'achat, à la solvabilité, etc. Les données qui peuvent devenir un objet de propriété intellectuelle sont des données dérivées. La propriété virtuelle sur le réseau fait référence au réseau virtuel lui-même et aux enregistrements électromagnétiques sur le réseau ayant des caractéristiques de propriété. Il s'agit d'un nouveau type de propriété numérique dont la valeur peut être mesurée à l'aide des mesures existantes. En tant que nouveau type de propriété, la propriété virtuelle sur le réseau présente des caractéristiques différentes de propriétés existantes.

[Références] Articles 10 de la *Loi sur la cybersécurité.*

Article 469 : Forme de conclusion des contrats et forme écrite

Les parties peuvent conclure un contrat par écrit, oralement ou sous une autre forme.

La forme écrite comprend, entre autres, les contrats écrits, les courriers, les télégrammes, les télex et les fax, par lesquels le contenu peut être exprimé de manière tangible.

Les messages de données qui expriment de manière tangible le contenu sous forme d'échange de données informatisées (EDI), de courrier électronique, etc. et qui peuvent être facilement consultés et utilisés sont considérés comme des données sous forme écrite.

Compréhension et application

Si les parties n'ont pas conclu de contrat par écrit ou oralement, mais qu'il est possible de présumer, à partir des actes civils accomplis par les deux parties, qu'elles ont la volonté de conclure un contrat, le tribunal populaire peut déterminer que le contrat a été conclu sous « d'autres formes » (voir l'article 2 de l'interprétation de la Cour populaire suprême sur plusieurs questions relatives à l'application du droit des contrats de la République populaire de Chine).

[Références] Article 135 du Code civil, article 4 de la *Loi relative aux signatures électroniques* et article 16 de la *Loi sur l'arbitrage*.

Article 491 : Confirmation et moment de conclusion du contrat ; soumission des commandes par internet et moment de conclusion du contrat

Si les parties concluent un contrat par courrier, message de données ou autres formes nécessitant une confirmation, le contrat est formé lorsque la confirmation est signée.

Si les informations sur le bien ou service diffusées par l'une des parties par le biais d'Internet ou d'autres réseaux d'information répondent aux conditions de l'offre, le contrat est formé lorsque l'autre partie sélectionne le bien ou service et soumet une commande avec succès, sauf accord contraire des parties.

Compréhension et application

Dans le cas des contrats conclus par courrier et par données électroniques, le contrat est en fait formé lorsque la promesse requise est faite. Toutefois, si les parties ont convenu que la signature d'une confirmation est obligatoire, le contrat est conclu à la signature de confirmation. Par conséquent, le moment où les parties signent la confirmation est le moment où le contrat sous forme de courrier ou message de données est formé. La confirmation de la formation du contrat dans les transactions en ligne est basée sur des caractéristiques des transactions en ligne (signature d'un contrat en ligne, absence de signes évidents de l'acte d'offre et de promesse). Les informations sur les biens ou les services publiées par une partie sur un réseau d'information tel qu'Internet sont considérées comme une offre pour un contrat de transaction sur le réseau, pour autant qu'elles remplissent les conditions d'une offre. L'autre partie, c'est-à-dire le consommateur, est considéré d'avoir donné sa promesse lorsqu'il sélectionne des biens ou des services sur le réseau et passe une commande. Le contrat est conclu lorsque l'interface du service de transaction en ligne indique que la commande a été soumise avec succès. Ainsi, le moment où l'interface affiche « commande soumise avec succès » est le moment où le contrat de transaction en ligne est conclu.

[Références] Article 49 de la *Loi sur le commerce électronique* ; article 52 de la *Loi sur les ventes aux enchères*.

Article 512 : Règles relatives à la détermination du délai de livraison pour un contrat électronique

Si l'objet d'un contrat électronique conclu par le biais d'Internet et d'autres réseaux d'information concerne des marchandises livrées au moyen d'une logistique express, le moment de la signature du destinataire est le moment de la livraison. Lorsque l'objet du contrat électronique est une prestation de services, l'heure indiquée dans le bon électronique ou le bon physique généré est l'heure de la prestation de services ; si le bon susmentionné ne contient pas l'heure ou contient une heure incompatible avec l'heure réelle de la prestation de services, l'heure de la prestation réelle de services prévaut.

Si l'objet du contrat électronique est livré au moyen d'une transmission en ligne, le moment où l'objet du contrat entre dans le système spécifique désigné par l'autre partie et devient identifiable dans ce système est le moment de la livraison.

Si les parties au contrat électronique conviennent autrement du mode et du moment de la livraison des biens ou de la prestation des services, les dispositions de leur accord s'appliquent.

Compréhension et application

La détermination du délai de livraison pour un contrat de transaction conclu sur le réseau différencie trois situations : 1) Si les marchandises sont livrées par logistique express dans le cadre d'un contrat de vente par Internet, le moment de la livraison est celui de la signature du destinataire. Dans le cas d'un contrat de service de réseau, étant donné qu'il n'y a pas d'indicateur visible de livraison, l'heure indiquée dans le bon électronique ou le bon physique généré est l'heure de la prestation de services ; si le bon susmentionné ne contient pas l'heure ou contient une heure incompatible avec l'heure réelle de la prestation de services, l'heure de la prestation réelle de services prévaut. 2) Lorsque l'objet du contrat électronique est livré au moyen d'une transmission en ligne, comme un contrat de services de conseil en ligne, le moment où l'objet du contrat (par exemple un rapport de conseil) entre dans le système désigné par l'autre partie et devient identifiable dans ce système est le moment de la livraison. 3) Si les parties au contrat électronique conviennent autrement du mode et du moment de la livraison des biens ou de la prestation des services, les dispositions de leur accord s'appliquent. Par exemple, lorsque l'acheteur du contrat de vente choisit lui-même son propre service de logistique express pour récupérer les marchandises, le moment où l'objet de la vente est confié à la logistique express choisie par l'acheteur est le moment de livraison.

[Références] Articles 51 à 57 de la *Loi sur le commerce électronique*.

Article 1019 : Protection du droit à l'image

Aucune organisation ni aucun individu ne peut porter atteinte au droit à l'image d'autrui en dégradant, défigurant ou falsifiant son image au moyen des technologies de l'information. Sans le consentement de la personne concernée, il est interdit de reproduire, d'utiliser ou de publier son portrait, sauf disposition contraire de la loi.

Sans le consentement de la personne concernée, le titulaire des droits d'une œuvre en portrait ne peut pas utiliser ou publier le portrait, par voie de publication, de reproduction, de distribution, de location, d'exposition, etc.

Compréhension et application

La dégradation et la défiguration sont des actes courants d'atteinte au droit à l'image. Toutefois, toute dégradation ou défiguration ne constitue pas une infraction. Dans le cas des parcs d'attractions, le fait de copier le visage d'un visiteur sur un dessin animé à des fins de divertissement n'a pas la gravité d'une dégradation ou d'une défiguration et ne constitue donc pas une infraction. En revanche, l'utilisation de technologies de l'information pour falsifier le portrait d'autrui est un acte d'atteinte au droit à l'image d'autrui. De nos jours, l'utilisation de l'intelligence artificielle et d'autres technologies de l'information permet de réaliser la « falsification profonde » du visage humain et de transplanter des portraits arbitrairement, faisant ainsi passer pour authentiques des portraits falsifiés. Dès lors que l'auteur utilise les technologies de l'information pour falsifier le portrait d'autrui, cet article et les dispositions pertinentes du chapitre de la responsabilité délictuelle peuvent s'appliquer. Pour les nombreux sites web qui vendent des logiciels de « changement de visage », les fournisseurs de services internet peuvent être tenus conjointement et solidairement responsables du manquement à leurs obligations.

[Références] Article 42 de la *Loi relative à la protection des droits et des intérêts des femmes* ; article 4 de la *Loi relative à la santé mentale* ; article 22 de la *Loi sur la protection des héros et des martyrs* ; article 39 du Règlement sur la prévention et le traitement du sida ; lettre de la Cour populaire suprême sur l'affaire en appel Zhu Hong c. journal Shanghai Science and Technology et Chen Guangyi pour violation du droit à l'image.

Article 1028 : Atteinte au droit à l'honneur en cas de distorsion de faits dans un reportage médiatique

Si un sujet civil a la preuve que le contenu d'un reportage dans un journal, un magazine, sur Internet et sur autres médias est inexact et porte atteinte à son droit à l'honneur, il a le droit de demander aux médias de prendre les mesures nécessaires telles que la correction ou la suppression à temps.

Compréhension et application

Les dispositions de cet article rejoignent celles du paragraphe 2 de l'article 1025 du titre des droits de la personnalité. Si un reportage dans la presse, sur Internet ou dans d'autres médias est inexact et porte atteinte au droit à l'honneur d'autrui, ces médias ont l'obligation de le corriger et de le retirer en temps utile. Lorsque l'inexactitude cause un préjudice, le média a l'obligation de réparer.

Article 1032 : Droit à la vie privée et vie privée

Les personnes physiques jouissent du droit à la vie privée. Aucune organisation ni aucun individu ne peut porter atteinte à la vie privée d'autrui par l'espionnage, le harcèlement, la divulgation, la publication ou autres moyens.

La vie privée désigne la tranquillité de la vie personnelle et les espaces, les activités et les informations privées d'une personne physique dont elle ne souhaite pas être connus par autrui.

Compréhension et application

Le droit à la vie privée est un droit de la personnalité d'une personne physique, qui lui permet de contrôler l'intimité et la sécurité de sa vie privée, y compris l'espace privé, les activités privées et les informations privées dont elle ne souhaite pas être connus par autrui, et d'être libre de toute ingérence.

Article 1033 : Différentes atteintes au droit à la vie privée

Sauf disposition contraire de la loi ou avec le consentement exprès du titulaire du droit, aucune organisation ni aucun individu ne peut commettre les actes suivants :

1) S'immiscer dans la tranquillité de la vie privée d'autrui par le biais d'appels téléphoniques, de SMS, de messageries instantanées, de courriers électroniques, de tracts, etc.
2) Pénétrer, photographier ou espionner l'espace privé d'autrui, tel que son domicile, sa chambre d'hôtel, etc.
3) Filmer, espionner, écouter ou divulguer les activités privées d'autrui.
4) Filmer ou espionner des parties physiques intimes d'autrui.
5) Traiter des informations privées d'autrui.
6) Violer le droit à la vie privée d'autrui d'une autre manière.

Compréhension et application

Aucune organisation ni aucun individu, en tant que sujet d'obligations, n'est autorisé à se livrer aux actes suivants qui portent atteinte au droit à la vie privée d'autrui en matière d'espace privé, d'activités privées, de parties physiques intimes, d'informations privées et de tranquillité : 1) S'immiscer dans la tranquillité de la vie privée d'autrui par le biais d'appels téléphoniques, de SMS, de messageries instantanées, de courriers électroniques, de tracts, etc. La tranquillité est le droit d'une personne physique de maintenir un état de vie privée paisible et tranquille contre toute intrusion illégale d'autrui, et de maintenir la satisfaction de besoins spirituels intangibles. L'intrusion dans la tranquillité d'autrui par le biais d'appels téléphoniques, de SMS, de messageries instantanées, de courriels, de tracts, etc., communément appelés harcèlement par appels téléphonique, par SMS et par courriel, porte atteinte à la tranquillité personnelle et constitue une atteinte au droit à la vie privée.

2) Pénétrer, photographier ou espionner l'espace privé d'autrui, tel que son domicile, sa chambre d'hôtel, etc. L'espace privé comprend à la fois des espaces privés spécifiques comme les résidences personnelles, les chambres d'hôtel, les bagages des voyageurs, les cartables des étudiants, la correspondance personnelle, etc., et des espaces privés abstraits qui se réfèrent exclusivement au journal intime, c'est-à-dire à l'espace privé de la pensée. 3) Filmer, espionner, écouter ou divulguer les activités privées d'autrui. Les activités privées désignent toutes les activités personnelles, sans rapport avec l'intérêt public, telles que la vie quotidienne, les interactions sociales, la vie conjugale, les affaires extraconjugales, etc. Filmer, enregistrer, divulguer, espionner ou écouter ces activités constitue une atteinte aux activités privées. 4) Filmer ou espionner des parties physiques intimes d'autrui. Les parties physiques intimes sont également privées, telles que les organes génitaux et les zones érogènes. Filmer ou espionner des parties intimes d'autrui constitue une atteinte à la vie privée. 5) Traiter des informations privées d'autrui. Les informations privées sont des informations concernant la vie privée d'une personne physique. L'acquisition, la suppression, la divulgation ou le commerce des informations privées d'autrui constituent une violation du droit à la vie privée. 6) Violer le droit à la vie privée d'autrui d'une autre manière. Cette clause offre un filet de sécurité : tout acte qui porte atteinte aux informations privées, aux activités privées, à l'espace privé, à l'intimité corporelle, à la tranquillité de la vie privé, etc. constitue une atteinte au droit à la vie privée.

[Références] Article 39 de la Constitution ; article 136 du Code de procédure pénale ; article 24 de la *Loi sur la surveillance* ; article 245 du Code pénal, article 32 de la *Loi sur le contre-espionnage* ; articles 42 et 48 de la *Loi sur les sanctions administratives en matière de sécurité publique* ; articles 12 et 22 de la *Loi sur la police populaire* ; article 19 de la *Loi sur la police armée populaire* ; article 4 du Règlement sur les privilèges et les immunités diplomatiques ; article 25 du Règlement sur l'administration des services de sécurité ; article 496 de l'Interprétation de la Cour populaire suprême sur l'application de la loi de procédure civile de la République populaire de Chine ; articles 39 et 58 de la Loi relative à la protection des mineurs.

Article 1034 : Protection des informations personnelles

Les informations personnelles des personnes physiques sont protégées par la loi.

Les informations personnelles désignent toute information, enregistrée électroniquement ou par d'autres moyens, qui, seule ou en combinaison avec d'autres informations, permet d'identifier une personne physique, y compris, les noms complets, les dates de naissance, les numéros d'identification, les informations biométriques personnelles, les adresses, les numéros de téléphone, les adresses e-mail, les informations de santé, les informations de localisation, etc.

Lorsque les informations personnelles sont des informations privées, les règles du droit à la vie privée s'appliquent et dans le cas contraire, les règles de protection des informations personnelles s'appliquent.

Compréhension et application

La définition des informations personnelles dans le Code civil est essentiellement la même que la celle établie dans la *Loi sur la cybersécurité.* Il s'agit essentiellement de « toute information, enregistrée électroniquement ou par d'autres moyens, qui, seule ou en combinaison avec d'autres informations, permet d'identifier une personne physique spécifique ». L'article 76 de la *Loi sur la cybersécurité* définit les « informations personnelles » comme « toute information, enregistrée électroniquement ou par d'autres moyens, qui, seule ou en combinaison avec d'autres informations, permet d'identifier l'identité personnelle d'une personne physique, y compris, mais sans s'y limiter, les noms complets, les dates de naissance, les numéros d'identification, les informations biométriques personnelles, les adresses, les numéros de téléphone, etc. ». Il ressort que la définition des informations personnelles diffère légèrement entre le Code civil et la Loi sur la cybersécurité : le Code civil met l'accent sur l'identification

« d'une personne physique spécifique », tandis que la Loi sur la cybersécurité souligne l'identification « de l'identité personnelle d'une personne physique ». En réalité, les informations personnelles d'une personne physique ne sont pas toutes des informations liées à son identité personnelle, mais comprennent également des informations qui ne sont pas liées son identité. En définissant les informations personnelles comme « toute information, enregistrée électroniquement ou par d'autres moyens, qui, seule ou en combinaison avec d'autres informations, permet d'identifier une personne physique spécifique », le Code civil offre une portée de protection plus large que celle de la *Loi sur la cybersécurité*. L'article 1 de l'Interprétation de la Cour populaire suprême et du Parquet populaire suprême sur l'application des lois aux affaires pénales impliquant la violation des informations personnelles précise ce qui suit : les « informations personnelles des citoyens », telles que stipulées dans l'article 253-1 du Code pénal, font référence aux informations enregistrées électroniquement ou par d'autres moyens qui permettent d'identifier une personne physique spécifique, seules ou en combinaison avec d'autres informations, telles que les noms complets, les numéros d'identification, les coordonnées personnelles, les adresses, les numéros de compte, la situation patrimoniale, les données de déplacement, etc. Par rapport à celle de la *Loi sur la cybersécurité*, la définition des « informations personnelles » à l'article 1034 du Code civil a ajouté dans les exemples « les adresses e-mail, les informations de santé, les informations de localisation ». La principale différence entre le courriel (ou e-mail) et le courrier classique est que l'adresse e-mail est une adresse virtuelle qui existe sous forme électronique. Les informations de santé concernent l'état de santé d'une personne, ses caractéristiques humaines et génétiques, etc. Les informations de localisation reflètent les déplacements d'une personne physique spécifique, telles que son transport personnel, son domicile, sa localisation, etc. qui sont pour la plupart de nature privée. Actuellement, la législation existante sur la protection des informations personnelles est plutôt étroite et ne met pas en évidence les contenus relatifs à la vie privée. En réalité, le droit aux informations personnelles présente à la fois des caractéristiques du droit de la personnalité et des caractéristiques du droit de propriété, mais les intérêts relatifs aux informations personnelles et privées relèvent seulement du droit de la personnalité. Par conséquent, la protection des informations personnelles en Chine devrait être axée sur la protection des informations de vie privée des personnes physiques. Le Code civil souligne la protection des « informations privées » dans les informations personnelles et applique les dispositions relatives au droit à la vie privée. Toutefois, le Code civil n'est pas une loi spéciale pour la protection des informations personnelles. Par conséquent, le droit de déposer une demande, les mécanismes de recours et de protection ainsi que la circulation et la transaction des informations non privées et non confidentielles des individus devraient être réglementés par la *Loi sur la protection des informations personnelles*, une loi spécifique à la protection des informations personnelles. À cet égard, le Code civil prévoit que « lorsque les informations personnelles sont des informations privées, les règles du droit à la vie privée s'appliquent et dans le cas contraire, les règles de protection des informations personnelles s'appliquent ». De cette façon, il fournit un espace législatif nécessaire pour que la Loi sur la protection des informations personnelles mette davantage l'accent sur la protection des informations de vie privée des personnes physiques (Wang Chunhui et Cheng Le 2020).

Article 1035 : Restrictions au traitement des informations personnelles

Le traitement des informations personnelles doit respecter les principes de légalité, de légitimité et de nécessité, ne doit pas être excessif et doit se conformer aux conditions suivantes.

1) Obtenir le consentement de la personne physique ou de son tuteur, sauf dispositions contraires prévues par les lois ou les règlements administratifs.
2) Publier les règles de traitement des informations.
3) Indiquer clairement la finalité, les modalités et la portée du traitement des informations.

4) Ne pas violer les dispositions des lois et des règlements administratifs ni l'accord des parties.

Le traitement des informations personnelles comprend la collecte, le stockage, l'utilisation, la reproduction, la transmission, la fourniture et la divulgation des informations personnelles.

Compréhension et application

Actuellement, la protection des informations personnelles en Chine applique essentiellement le « principe de légalité, de légitimité et de nécessité ». Ce principe est apparu pour la première fois sous forme juridique dans l'article 29 de la *Loi sur la protection des droits des consommateurs* révisée en 2013, qui prévoit que « les exploitants sont tenus de suivre les principes de légalité, de légitimité et de nécessité dans la collecte et l'utilisation des informations personnelles des consommateurs et d'obtenir le consentement du consommateur. La finalité, la méthode et la portée de la collecte et de l'utilisation des informations doivent être indiquées ». Ce principe est ensuite réaffirmé dans l'article 41 de la *Loi sur la cybersécurité* du 1er juin 2017 qui prévoit que « les opérateurs de réseau doivent suivre les principes de légalité, de légitimité et de nécessité dans la collecte et l'utilisation des informations personnelles ». Les principes définis à l'article 1035 du Code civil sur la protection des informations personnelles sont fondamentalement identiques à ceux de la Loi sur la cybersécurité et de la Loi sur la protection des droits des consommateurs, soit « principes légalité, de légitimité et de nécessité ». En revanche, la *Loi sur la cybersécurité* et la *Loi sur la protection des droits des consommateurs* mentionnent « la collecte et l'utilisation des informations personnelles », alors que l'article 1035 du Code civil ne mentionne que « le traitement des informations personnelles ». En réalité, le principe de légalité, légitimité et de nécessité pour la protection des informations personnelles tel que défini par la loi chinoise n'est pas mise en œuvre de façon satisfaisante.

Dans la pratique, dès lors que la personne concernée accepte la « clause de confidentialité » du responsable du traitement ou du sous-traitant, la condition dite « de légalité, de légitimité et de nécessité » est remplie. L'article 1035 du Code civil, en plus de stipuler que « le traitement des informations personnelles doit être conforme aux principes légalité, de légitimité et de nécessité », interdit également le traitement excessif et définit quatre conditions légales de traitement (Wang Chunhui et Cheng Le 2020).

Article 1036 : Exemptions pour le traitement des informations personnelles

L'auteur ne sera pas tenu civilement responsable du traitement d'informations personnelles dans l'une des circonstances suivantes :

1) Le traitement a été raisonnablement réalisé dans le cadre du consentement de la personne physique ou de son tuteur ;
2) Le traitement concerne des informations que la personne physique a divulguées de son propre chef ou qui ont été divulguées légalement, sauf si la personne physique a expressément refusé le traitement ou si le traitement de ces informations porte atteinte à ses intérêts vitaux ;
3) Le traitement a été réalisé afin de sauvegarder l'intérêt public ou des droits et intérêts légitimes de la personne physique.

Compréhension et application

Cet article énonce trois situations dans lesquelles le traitement des informations personnelles est exonéré de la responsabilité civile, parmi lesquelles la troisième situation concerne les traitements réalisés pour sauvegarder l'intérêt public ou des droits et intérêts légitimes de la personne physique. Dans l'ensemble, les exemptions de responsabilité pour le traitement des informations personnelles prévues par le Code civil sont conditionnelles et soumises à certaines restrictions. 1) Le traitement a été raisonnablement réalisé dans le cadre du consentement de la personne physique ou de son tuteur ; Le sujet du « consentement » prévu à ce paragraphe comprend aussi bien les personnes physiques majeures, les tuteurs de mineurs ou de malades mentaux, et le traitement des informations personnelles est limité à la portée du consentement de la personne physique ou de son tuteur et ne peut être excessif. 2) Le traitement concerne des informations que la personne physique a divulguées de son propre chef ou qui ont été divulguées légalement, sauf si la personne physique a expressément refusé le traitement ou si le traitement de ces informations porte atteinte à ses intérêts vitaux ; Ce paragraphe a deux significations : premièrement, l'auteur peut traiter les informations que la personne physique a divulguées de son propre chef ou qui ont été légalement divulguées, telles que le nom, le numéro de téléphone ou l'adresse électronique de la personne physique divulgués à d'autres personnes, mais le traitement de ces informations doit respecter le principe de « légalité, légitimité et nécessité » ; deuxièmement, même si l'information est divulguée par la personne physique elle-même ou a été légalement divulguée, l'auteur ne doit pas la traiter si la personne physique refuse expressément le traitement ou si le traitement de l'information porte atteinte à ses intérêts vitaux. 3) Le traitement a été réalisé afin de sauvegarder l'intérêt public ou des droits et intérêts légitimes de la personne physique. L'intérêt public est une notion qui s'oppose à l'intérêt personnel et il est plus approprié pour le Code civil d'utiliser l'expression « intérêt public ». À l'ère de l'Internet, le recours aux exemptions pour « intérêt public » doit être limité dans la mesure du possible pour éviter de porter atteinte aux « informations privées » des personnes physiques. Le Code civil établit un choix entre « dans l'intérêt public » et « pour sauvegarder des droits et des intérêts légitimes de la personne physique ». Il prévoit également que même si le traitement des informations personnelles est dans l'intérêt public ou pour sauvegarder des droits et intérêts légitimes de la personne physique, il doit être effectué de manière raisonnable afin d'être exonéré de toute responsabilité (Wang Chunhui et Cheng Le 2020).

Article 1037 : Droit de décider de ses informations personnelles

Les personnes physiques peuvent accéder à ou copier leurs informations personnelles auprès du processeur de l'information conformément à la loi ; et si les informations sont incorrectes, elles ont le droit de s'y opposer, de demander leur rectification ou la prise d'autres mesures nécessaires sans retard.

Toute personne physique qui constate que le processeur de l'information a traité ses informations personnelles en violation de lois, de règlements administratifs ou d'accords a le droit de demander au processeur de l'information de supprimer ses informations sans retard.

Compréhension et application

La loi chinoise sur la cybersécurité a été la première à confirmer sous forme juridique le « droit de supprimer » et le « droit de corriger » les informations personnelles d'une personne physique. Le droit des citoyens de supprimer leurs informations, tel que prévu par la *Loi sur la cybersécurité*, s'exerce principalement dans deux circonstances : premièrement, la personne concernée constate que l'opérateur de réseau a collecté et utilisé ses informations en violation des lois, des règlements administratifs ou de l'accord entre les deux parties ; deuxièmement, la finalité spécifique de la collecte des informations personnelles par l'opérateur de réseau a été atteinte ou la période convenue entre les deux parties a expiré. Dans ces deux cas, la personne concernée a le droit de demander à l'opérateur de supprimer et de cesser d'utiliser ses informations personnelles. Le droit du citoyen de corriger ses informations incorrectes signifie que la personne concernée a le droit de demander à l'opérateur de réseau de compléter ou de corriger ses informations personnelles collectées ou stockées par lui si elle constate qu'il y a des erreurs ou des lacunes. Le Code civil prévoit trois droits pour les personnes concernées. Le premier est le droit de consulter ou de copier leurs informations personnelles auprès du processeur des informations, conformément à la loi. Le « processeur des informations » désigne le fournisseur de services réseau qui « collecte, stocke, utilise, traite, transmet, fournit et divulgue » les informations personnelles, et le sujet des informations personnelles a le droit d'accéder à ses informations personnelles et de les copier conformément à la loi. Deuxièmement, s'il s'avère que les informations personnelles sont inexactes, le sujet a le droit de s'y opposer et de demander une correction en temps utile. En général, il est difficile pour la personne concernée de découvrir des erreurs dans le contrôle et le traitement de ses informations personnelles par l'opérateur de réseau, et le seul moyen de savoir s'il y a une erreur est de demander ou de copier ses informations personnelles conformément à la loi. Cette disposition du Code civil compense l'exercice insuffisant des droits des personnes concernées par les informations personnelles en vertu de *la Loi sur la cybersécurité*. Troisièmement, s'il s'avère que le processeur des informations a traité des informations personnelles en violation des dispositions des lois et règlements administratifs ou de l'accord entre les parties, la personne concernée a le droit de demander leur suppression en temps utile. Le « droit de suppression » prévu par le Code civil pour la personne concernée se fonde sur deux situations juridiques : la première est celle où le processeur des informations traite les informations personnelles de la personne concernée en violation des dispositions des lois et des règlements administratifs ; la seconde est celle où le processeur des informations viole l'accord conclu avec la personne concernée. Lorsque l'une de ces deux situations se produit, la personne concernée a le droit de demander au processeur des informations de supprimer les informations en temps utile. La suppression doit se faire promptement, c'est-à-dire « sans délai ». Considérant qu'il est difficile pour les fournisseurs de services de réseau de détecter les erreurs dans les informations personnelles qu'ils contrôlent et traitent, et de supprimer des informations personnelles qui ont été traitées en violation des lois et règlements administratifs ou des accords entre les parties, le droit de correction et de suppression pour les personnes concernées prévu par le Code civil et la *Loi sur la cybersécurité* adopte fondamentalement le principe de « notification-retrait ». En d'autres termes, pour procéder à la « correction » ou la « suppression », le fournisseur de services réseau devrait d'abord être informé des erreurs. Il s'agit d'une sorte de tolérance pour les opérateurs de réseau et les fournisseurs de services d'information (données) (Wang Chunhui et Cheng Le 2020).

Article 1038 : Sécurité des informations personnelles

Les processeurs d'informations ne doivent pas divulguer ou altérer les informations personnelles qu'ils ont collectées ou stockent ; ni fournir illégalement des informations personnelles à des tiers sans le consentement de la personne physique concernée, à l'exception des informations qui, après le traitement, ne permettent plus d'identifier un individu spécifique et ne peuvent plus être restaurées.

Les processeurs d'informations doivent prendre des mesures techniques et d'autres mesures nécessaires pour garantir la sécurité des informations personnelles qu'ils collectent et stockent, et pour empêcher la fuite, l'altération ou la perte de ces informations ; en cas de fuite, d'altération ou de perte d'informations personnelles, ils doivent prendre rapidement des mesures correctives, informer la personne physique conformément aux dispositions et faire rapport aux autorités compétentes concernées.

Compréhension et application

L'article 42 de la *Loi sur la cybersécurité* stipule que les opérateurs de réseaux ne doivent pas divulguer, altérer ou détruire les informations personnelles qu'ils collectent et ne doivent pas fournir d'informations personnelles à des tiers sans le consentement de la personne concernée, à l'exception des informations personnelles qui ne permettent pas d'identifier une personne spécifique et ne peuvent être restaurées après le traitement. Les opérateurs de réseau doivent prendre des mesures techniques et d'autres mesures nécessaires pour assurer la sécurité des informations personnelles qu'ils collectent et pour empêcher la fuite, l'altération ou la perte de ces informations. En cas de fuite, d'altération ou de perte d'informations personnelles, ou en cas de risque d'une telle fuite, altération ou perte, ils doivent prendre immédiatement des mesures correctives, informer la personne physique conformément aux dispositions et faire rapport aux autorités compétentes concernées. L'article 1038 du Code civil suit fondamentalement les dispositions de l'article 42 de la *Loi sur la cybersécurité*, mais il met davantage l'accent sur le traitement des informations « stockées », en plus de la collecte. Les services de stockage d'informations et de données constituent une part importante de l'activité d'un opérateur de réseau, mais le traitement des informations et des données doit être basé sur un contrôle effectif. Le Code civil et la *Loi sur la cybersécurité* imposent quatre exigences concernant les obligations des opérateurs de réseaux ou des processeurs d'informations en matière de sécurité de l'information. Premièrement, le processeur d'informations ne doit pas divulguer ou altérer les informations personnelles qu'il collecte ou stocke. Les informations personnelles collectées et stockées par le processeur d'informations conformément à la loi et au contrat font partie de la relation juridique de tutelle entre le processeur des informations et la personne concernée. Par conséquent, sans le consentement et l'autorisation de la personne concernée ou du fiduciaire des données, il est strictement interdit au processeur de divulguer ou d'altérer les informations personnelles qu'il collecte et stocke. Deuxièmement, il est interdit de fournir illégalement des informations personnelles à des tiers sans le consentement de la personne physique concernée, à l'exception des informations qui, après le traitement, ne permettent plus d'identifier un individu spécifique et ne peuvent plus être restaurées. L'interdiction au processeur d'informations de fournir à des tiers des informations personnelles qu'il a collectées et stockées conformément à la loi et au contrat, sans le consentement de la personne concernée, constitue une ligne rouge à ne pas franchir. Bien entendu, les informations qui ne permettent plus d'identifier une personne spécifique et qui ne peuvent plus être restaurées grâce à des moyens techniques tels que la désidentification, n'entrent pas dans le champ de la restriction. Troisièmement, le processeur d'informations doit prendre des mesures techniques et d'autres mesures nécessaires pour garantir la sécurité des informations personnelles qu'il collecte et stocke, et pour empêcher la fuite, la falsification et la perte de ces informations. Les « mesures techniques et autres mesures nécessaires » comprennent principalement deux aspects : le premier aspect couvre les techniques de prévention des fuites d'informations personnelles, notamment la technologie de cryptage, comme le chiffrement de base de données, le pare-feu de base de données, le masquage des données, etc. ; le second aspect couvre les « autres mesures nécessaires », qui se réfèrent principalement aux systèmes et mécanismes visant à prévenir la fuite, l'altération et la perte d'informations, tels que le système de gestion de la conformité des informations et des données personnelles, le mécanisme d'audit de sécurité des informations et des données personnelles, la classification des informations et des données personnelles et la sauvegarde des informations et des données personnelles importantes, etc. Quatrièmement, en cas de fuite, d'altération ou de perte d'informations personnelles ou en cas de risque d'une telle fuite, altération ou perte, des mesures correctives doivent être prises en temps utile, les personnes physiques doivent être informées et les évènements ou risques doivent être signalés aux autorités compétentes conformément aux règlements. Certains incidents de fuite, d'altération et de perte d'informations sont subjectivement dus aux opérateurs de réseau, tandis que d'autres sont causés par des hackers, qui utilisent la technologie de réseau pour pénétrer illégalement dans les systèmes de données des opérateurs de réseau afin de voler des informations et d'altérer des données, provoquant ainsi la destruction et la perte de données. En cas de fuite, d'altération ou de perte d'informations personnelles, l'opérateur de réseau doit prendre immédiatement des mesures correctives. En particulier, en cas de « fuite, d'altération ou de perte » d'informations personnelles entraînant ou pouvant entraîner des conséquences graves, l'opérateur de réseau doit informer immédiatement l'autorité compétente chargée de l'octroi des licences, et coopérer rapidement avec les services compétents pour enquêter et gérer l'incident. L'amendement (IX) au Code pénal chinois introduit en 2016 a créé une nouvelle infraction intitulée « délit de refus de s'acquitter de son devoir de gestion de la sécurité des réseaux d'information » : si un fournisseur de services réseau ne remplit pas ses obligations de gestion de la sécurité des réseaux et refuse de mettre en œuvre des mesures correctives après avoir été notifié par l'autorité de surveillance, et que cela entraîne la diffusion massive d'informations illégales, la fuite d'informations sur les utilisateurs de réseau, la perte de preuves pénales, des conséquences graves, ou gêne sérieusement les autorités judiciaires dans leur enquête sur l'infraction, le fournisseur sera tenu pénalement responsable (Wang Chunhui et Cheng Le 2020).

[Références] Articles 42 de la *Loi sur la cybersécurité* ; article 29 de la *Loi sur la protection des droits des consommateurs* ; article 35 du Règlement relatif à la gestion des cartes ; article 12 du Règlement de la Cour populaire suprême sur l'application des lois aux cas de violation des droits et intérêts personnels par le biais de réseaux d'information.

Article 1039 : Obligation des organes de l'État et de leur personnel en matière de respect de la confidentialité des informations personnelles

Les organes de l'État, les organismes statutaires exerçant des fonctions administratives et leur personnel sont tenus de garder confidentielles la vie privée et les informations personnelles des personnes physiques dont ils ont eu connaissance dans l'exercice de leurs fonctions. Ils ne doivent pas les divulguer ou les fournir illégalement à des tiers.

Compréhension et application

L'article 14 du Règlement du Conseil des affaires d'État sur les services gouvernementaux en ligne stipule que les services gouvernementaux et leur personnel qui divulguent, vendent ou fournissent illégalement à des tiers des informations personnelles, des secrets commerciaux et des données de vie privée dont ils ont eu connaissance dans le cadre de l'exercice de leurs fonctions, ou qui ne remplissent pas leurs fonctions conformément à la loi, négligent leurs devoirs, abusent de leurs pouvoirs ou se livrent à la corruption, seront tenus légalement responsables conformément à la loi. En fait, les institutions exerçant la fonction de supervision du réseau devraient inclure, en plus des organes de l'État et leur personnel, des organismes exerçant des fonctions de supervision administrative. Ces organismes sont principalement chargés par les organes de supervision de l'État pour exercer des fonctions de supervision administrative. Les organes de l'État et leur personnel, ainsi que les institutions chargées par les organes de l'État pour exercer des fonctions de supervision des réseaux et leur personnel, connaîtront un grand nombre d'informations personnelles, notamment des informations relatives à la vie privée des individus, dans le cadre de l'exercice de leurs fonctions. Ces informations doivent rester strictement confidentielles et ne doivent pas être divulguées ou fournies à des tiers de manière illégale. Le droit aux informations personnelles présente à la fois des caractéristiques du droit de la personnalité et des caractéristiques du droit de propriété, mais les intérêts relatifs aux informations personnelles et privées relèvent seulement du droit de la personnalité. Par conséquent, la protection des informations personnelles en Chine devrait être axée sur la protection des informations de vie privée des citoyens. Toutefois, le Code civil n'est pas une loi spéciale pour la protection des informations personnelles. Par conséquent, le droit de déposer une demande, les mécanismes de recours et de protection ainsi que la circulation et la transaction des informations non privées et non confidentielles des individus devraient être réglementés par la *Loi sur la protection des informations personnelles* spécifique à la protection des informations personnelles (Wang Chunhui et Cheng Le 2020).

Article 1194 : Responsabilité délictuelle des utilisateurs du réseau et des fournisseurs de services de réseau

Lorsqu'un utilisateur du réseau ou un fournisseur de services de réseau utilise le réseau pour porter atteinte aux droits et intérêts civils d'autrui, il encourt la responsabilité délictuelle. Lorsque la loi en dispose autrement, ces dispositions s'appliqueront.

Compréhension et application

L'atteinte aux droits par le réseau désigne diverses atteintes aux droits et intérêts d'autrui qui se produisent sur Internet. Il ne s'agit pas d'une atteinte spécifique à un droit (intérêt) particulier, ni d'une atteinte particulière avec des éléments spécifiques, mais de toutes les atteintes qui se produisent dans l'espace Internet. Les atteintes aux droits et intérêts civils d'autrui commises par les utilisateurs du réseau peuvent globalement être divisées en trois catégories. La première catégorie concerne les atteintes aux droits de la personnalité, notamment : 1) atteinte au droit au nom par le vol ou l'usurpation du nom d'autrui ; 2) atteinte au droit à l'image par l'utilisation de l'image d'autrui sans autorisation ; 3) atteinte au droit à l'honneur par la publication d'articles attaquant ou diffamant autrui ; 4) atteinte au droit à la vie privée par l'intrusion illégale dans l'ordinateur d'autrui, l'interception illégale d'informations transmises par autrui, la divulgation non autorisée d'informations personnelles d'autrui et l'envoi de pourriel. La deuxième catégorie concerne les atteintes aux intérêts de la propriété. En raison de la commodité et de la nature commerciale des activités en réseau, les atteintes aux droits de propriété par le biais du réseau sont très courantes, telles que les vols de fonds sur les comptes bancaires en ligne d'autrui. Toutefois, l'infraction la plus typique de cette catégorie est l'atteinte à la propriété virtuelle d'autrui, comme les vols d'équipement de jeu en ligne, de monnaie virtuelle, etc. La troisième catégorie concerne les atteintes aux droits de propriété intellectuelle, notamment la violation des droits d'auteur et des droits de marque d'autrui. 1) Violation des droits d'auteur, telle que la transmission numérique non autorisée des œuvres d'autrui, le contournement des mesures techniques, la violation des bases de données, etc. 2) Violation des droits de marque, telle que l'utilisation de la marque d'autrui sur des sites web pour faire délibérément croire aux consommateurs que le site web est celui du propriétaire de la marque, l'enregistrement malveillant de noms de domaine identiques ou similaires aux marques d'autrui, etc. Le terme « fournisseur de services réseau » a une connotation large et devrait inclure non seulement les fournisseurs de services techniques, mais aussi les fournisseurs de services de contenu. Les fournisseurs de services techniques désignent principalement les entités du réseau qui fournissent des services d'accès, de mise en cache, d'espace de stockage d'informations, de recherche et de lien, et qui ne fournissent pas directement d'informations aux utilisateurs du réseau. Les « fournisseurs de services de contenu » désignent les entités du réseau qui fournissent activement du contenu aux utilisateurs du réseau. Leur statut juridique est le même que celui des éditeurs, et ils doivent être responsables de l'authenticité et de la légalité du contenu qu'ils mettent en ligne. S'ils fournissent des informations illicites, telles que des fausses informations contre autrui ou des œuvres cinématographiques et télévisuelles violant les droits d'auteur, ils encourent la responsabilité délictuelle. Les règles générales relatives à la responsabilité délictuelle sur Internet comprennent les règles de responsabilité pour les délits commis par les utilisateurs du réseau sur les réseaux d'autrui et les règles de responsabilité pour les délits commis par les fournisseurs de services de réseau à travers leurs propres réseaux. Dans les deux cas, le principe de la responsabilité pour faute est appliqué pour déterminer la responsabilité délictuelle, et l'utilisateur du réseau ou le fournisseur de services de réseau est responsable des actes de violation du réseau commis par lui-même. L'expression « lorsque la loi en dispose autrement » dans cet article se réfère à d'autres lois qui imposent la responsabilité civile des utilisateurs de réseaux et des fournisseurs de services de réseaux en cas d'atteinte aux droits et intérêts civils d'autrui par Internet. Par exemple, la *Loi sur le commerce électronique*, la *Loi sur la protection des droits des consommateurs* et la *Loi sur la sécurité alimentaire* prévoient toutes des dispositions spéciales pour ces infractions. Dans ce cas, la responsabilité délictuelle de l'auteur sera déterminée conformément aux dispositions spécifiques de ces lois.

[Références] Articles 13 à 17 et 20 à 24 du Règlement sur la protection du droit de diffusion de l'information en ligne ; Dispositions de la Cour populaire suprême sur plusieurs questions concernant l'application de la loi dans les affaires civiles d'atteinte au droit de diffusion de l'information en ligne.

Article 1195 : Règles de notification pour la procédure de notification et de retrait relative à la responsabilité délictuelle sur Internet

Lorsqu'un utilisateur du réseau utilise les services du réseau pour porter atteinte aux droits d'autrui, l'ayant droit a le droit de notifier au fournisseur de services du réseau de prendre les mesures nécessaires telles que la suppression, le blocage et la déconnexion des liens. La notification doit comporter des preuves préliminaires de l'infraction et des informations sur l'identité réelle de l'ayant droit.

Dès la réception de la notification, le fournisseur de services réseau doit la transmettre sans délai à l'utilisateur du réseau concerné et prend les mesures nécessaires en fonction des preuves préliminaires de l'infraction et du type de service ; si les mesures nécessaires ne sont pas prises en temps utile, le fournisseur de services de réseau sera tenu conjointement et solidairement responsable avec l'utilisateur du réseau pour les dommages supplémentaires.

Si l'ayant droit cause un dommage à l'utilisateur du réseau ou au fournisseur de services du réseau à la suite d'une notification erronée, il encourt la responsabilité délictuelle. Lorsque la loi en dispose autrement, ces dispositions s'appliqueront.

Compréhension et application

Le droit de notification de l'ayant droit : si un utilisateur du réseau utilise des services de réseau fournis par d'autrui pour commettre une infraction, le fournisseur de services de réseau n'en sera en principe pas responsable, car il n'est pas en mesure d'examiner toutes les informations massives. La solution pour ce type d'infractions est la procédure de notification et de retrait. Plus précisément, lorsqu'un ayant droit estime que ses droits et intérêts ont été violés, il a le droit d'en informer le fournisseur de services de réseau, de sorte que celui-ci prenne les mesures nécessaires telles que la suppression, le blocage et la déconnexion des informations publiées par l'utilisateur du réseau sur le site Web, afin de retirer l'impact des informations en question. La procédure de notification et de retrait vise principalement à dégager, sous certaines conditions, le fournisseur de services de réseau de sa responsabilité délictuelle indirecte en cas d'infraction commise directement par un utilisateur de réseau. Dès la réception de la notification de l'ayant droit, le fournisseur de services de réseau doit effectuer deux actions : premièrement, transmettre rapidement la notification à l'utilisateur du réseau concerné, et deuxièmement, prendre rapidement les mesures nécessaires telles que le retrait, le blocage ou la déconnexion des informations concernées, en fonction des preuves préliminaires, du type de service et des besoins réels. Si le fournisseur de services de réseau a rempli ces deux obligations, il n'encourra pas sa responsabilité délictuelle. Si le fournisseur de services de réseau ne prend pas les mesures nécessaires en temps utile, il sera tenu conjointement et solidairement responsable avec l'utilisateur du réseau pour les dommages supplémentaires dus à l'absence des mesures. En revanche, lorsqu'un fournisseur de services de réseau porte lui-même atteinte aux droits et intérêts d'autrui, la procédure de notification et de retrait ne peut pas être invoquée pour le déroger de sa responsabilité délictuelle. Enfin, la notification transmise par le titulaire de droits doit comporter des preuves préliminaires de l'infraction et l'identité réelle du titulaire de droits. Toute notification sans ces deux éléments sera invalide. L'article prévoit également des sanctions en cas d'exercice abusif du droit de notification : Si les mesures nécessaires prises suite à une notification abusive ont causé des dommages à l'utilisateur du réseau ou au fournisseur de services de réseau, l'auteur de la notification abusive sera responsable des dommages causés à l'utilisateur du réseau ou au fournisseur de services de réseau. Lorsque la loi en dispose autrement, ces dispositions s'appliqueront.

Article 1196 : Règles de contre-notification pour la procédure de notification et de retrait relative à la responsabilité délictuelle sur Internet

Après avoir reçu une notification transmise, l'utilisateur du réseau peut soumettre une déclaration de non-existence d'infraction au fournisseur de services de réseau. La déclaration doit comporter des preuves préliminaires de l'inexistence de l'infraction et des informations sur l'identité réelle de l'utilisateur du réseau.

Dès la réception de la déclaration, le fournisseur de services de réseau doit la transmettre à l'ayant droit qui avait envoyé la notification et l'informer qu'il peut déposer une plainte auprès des autorités compétentes ou engager une action en justice auprès du tribunal populaire. Si, dans un délai raisonnable après que la déclaration transmise est parvenue à l'ayant droit, le fournisseur de services de réseau n'est pas informé que l'ayant droit a déposé une plainte ou engagé une procédure judiciaire, il met rapidement fin aux mesures prises.

Compréhension et application

Lorsque l'ayant droit exerce son droit de notification pour demander des mesures nécessaires à l'encontre des informations publiées par un utilisateur du réseau, le fournisseur de services de réseau transmet cette notification à l'utilisateur du réseau. À la réception de la notification, l'utilisateur du réseau a le droit de contre-notifier en soumettant une déclaration de non-existence d'infraction au fournisseur de services de réseau. Cette déclaration doit également comporter des preuves préliminaires de l'inexistence de l'infraction ainsi que des informations sur l'identité réelle de l'utilisateur du réseau. En l'absence de ces deux éléments, la contre-notification sera invalide. Si l'ayant droit n'a pas informé le fournisseur de services de réseau qu'il avait engagé une action en justice ou une poursuite dans un délai raisonnable après avoir reçu la contre-notification, le fournisseur de services de réseau devrait mettre rapidement fin aux mesures prises pour supprimer, bloquer ou déconnecter les informations publiées par l'utilisateur du réseau afin de protéger la liberté d'expression de l'utilisateur du réseau qui est aussi le titulaire du droit de contre-notification.

Article 1197 : Responsabilité conjointe et solidaire des fournisseurs de services de réseau et des utilisateurs du réseau

Si un fournisseur de services de réseau sait ou devrait savoir qu'un utilisateur utilise ses services de réseau pour porter atteinte aux droits et intérêts d'autrui, sans pourtant prendre de mesures nécessaires, il sera conjointement et solidairement responsable avec cet utilisateur du réseau.

Compréhension et application

L'évaluation de la « connaissance » de l'infraction est un problème très difficile dans la pratique. Les juges doivent intégrer divers facteurs dans des cas spécifiques et utiliser des critères raisonnables. Généralement, ils doivent suivre trois grands principes. Premièrement, les critères de jugement devraient être différents selon le type de services techniques fournis par le fournisseur de services de réseau. Pour les fournisseurs de services d'accès et de mise en cache, les critères doivent être plus stricts que ceux utilisés pour les fournisseurs d'autres services. Les services d'accès connectent les sites web aux utilisateurs du réseau. Toutes les informations du réseau, y compris les informations illicites, sont transmises par les services d'accès, mais cette transmission est immédiate et la quantité d'informations est très importante. Le fournisseur de services de réseau est incapable de vérifier chacune d'entre elles. Par conséquent, si les critères de « connaissance » sont trop souples, cela pourrait amener le fournisseur de services d'accès à assumer des responsabilités excessives et affecter les services d'accès universel. Deuxièmement, les critères de jugement devraient également être différents selon l'objet de la protection. En ce qui concerne les droits d'auteur, à moins que l'infraction ne soit très évidente, le fournisseur de services de réseau ne devrait généralement pas encourir sa responsabilité tant qu'il n'a pas procédé à l'orchestration artificielle des informations publiées par l'utilisateur du réseau. Pour les soupçons de diffamation d'autrui, d'utilisation abusive de l'image d'autrui, de publication illégale d'informations personnelles d'autrui, etc., il est parfois difficile de déterminer avec précision s'il s'agit d'actes illicites sans audience devant un tribunal. Les fournisseurs de services de réseau n'étant pas des organes judiciaires, ils ne devraient pas être tenus d'avoir des connaissances juridiques professionnelles, et encore moins d'être tenus de vérifier chacune des informations publiées par les utilisateurs. En général, ils devraient être exonérés de responsabilité si les informations publiées par les utilisateurs ne constituent pas une infraction. Troisièmement, les fournisseurs de services de réseau techniques n'ont pas l'obligation d'examiner toutes les activités des utilisateurs. Dans la pratique judiciaire, il faut déterminer avec prudence si ces fournisseurs de services de réseau « savaient » que les utilisateurs du réseau utilisaient leurs services réseau pour commettre une infraction. Si les critères d'appréciation sont trop larges, ils pourraient amener les fournisseurs de services de réseau à assumer en fait une obligation d'examen général. Toutefois, en raison de la nature ouverte d'Internet, les informations sur le réseau sont complexes et volumineuses, le fait d'exiger les fournisseurs d'examiner chacune d'entre elles peut augmenter considérablement les coûts d'exploitation des fournisseurs de services de réseau et entraver le développement de l'industrie Internet.

Article 1226 : Responsabilité des institutions médicales en cas de violation de l'obligation de respecter la vie privée et la confidentialité des informations personnelles des patients

Les institutions médicales et leur personnel médical doivent préserver la confidentialité de la vie privée et des informations personnelles des patients. Ceux qui divulguent la vie privée et les informations personnelles des patients, ou leurs dossiers médicaux sans le consentement des patients, encourent la responsabilité délictuelle.

Compréhension et application

Au cours d'un traitement médical, afin de permettre au personnel médical de poser un diagnostic précis, les patients communiquent à leur médecin des informations privées et personnelles. Le dossier médical, qui est un enregistrement du traitement du patient, est lui-même une information privée et personnelle du patient. Les institutions médicales et le personnel médical ont une obligation de confidentialité et ne doivent pas divulguer ou rendre publiques la vie privée, les informations personnelles ou les dossiers médicaux des patients. La divulgation de la vie privée et des informations personnelles des patients ou la diffusion non autorisée de dossiers médicaux des patients constitue une violation du droit à la vie privée et aux informations personnelles. L'auteur encourt la responsabilité de réparation. La responsabilité délictuelle des institutions médicales en cas de violation du droit à la vie privée et aux informations personnelles des patients est complémentaire au droit de revendiquer des droits de la personnalité prévu par le Code civil. En effet, l'article 995 du Code civil dispose qu'« en cas d'atteinte au droit de la personnalité, la victime a le droit de demander à l'auteur de l'infraction d'en assumer la responsabilité civile conformément aux dispositions du Code civil et d'autres lois ». Par conséquent, le patient peut réclamer des dommages-intérêts conformément au présent article et peut également réclamer à l'établissement médical d'autres responsabilités civiles conformément à l'article 995 du Code civil. Le présent article étant plus spécifique, il est plus approprié pour le patient victime de l'invoquer afin d'engager la responsabilité délictuelle de l'institution médicale.

[Références] Article 995 du Code civil ; article 22 de la *Loi sur les professions médicales* ; article 1 de l'interprétation de la Cour populaire suprême sur plusieurs questions concernant la détermination de la responsabilité pour préjudice moral dans les délits civils.

ANNEXE II

Index des lois et règlements étrangers relatifs à la protection des données

Tableau Index des lois et règlements étrangers relatifs à la protection des données

Pays / Organisation	Titre français	Titre original
Argentine	Loi sur la protection des données personnelles	Law for the Protection of Personal Data
Azerbaïdjan	Loi sur l'information, l'informatisation et la protection de l'information	Law of the Republic of Azerbaijan on Information, Informatization and Protection of Information
	Loi sur le droit d'accès à l'information	Law of the Republic of Azerbaijan on Right to Obtain Information
Égypte	Loi sur la protection des données personnelles	Data Protection Law
	Loi sur la lutte contre la criminalité liée aux réseaux et aux technologies de l'information	مكافحة†جرائم†تقنية†المعلومات"
Irlande	Guide pratique sur la notification de violation des données personnelles dans le cadre du RGPD	A Practical Guide to Personal Data Breach Notifications under the GDPR
	Projet de loi sur le partage des données et la gouvernance	Data Sharing and Governance Bill
	Projet de loi sur la sécurité en ligne et la réglementation des médias	General Scheme of the Online Safety & Media Regulation Bill

(Continué)

Pays / Organisation	Titre français	Titre original
	Loi sur la protection des données de 2018	Data Protection Act 2018
Estonie	Loi sur la protection des données personnelles	Personal Data Protection Act
Angola	Loi n° 22/11 sur la protection des données personnelles	Law 22/11 on Personal Data Protection
	Loi sur la protection des systèmes et des réseaux d'information	Protection of Information Systems and Networks Law
Autriche	Loi fédérale sur la protection des données personnelles	Bundesgesetz über den Schutz personenbezogener Daten
	Loi sur la protection de l'information	Bundesgesetz vom 18. Oktober 1978 über den Schutz personenbezogener
Australie	Projet de loi modifiant la Loi sur la protection de la vie privée (Coordonnées de la santé publique) de 2020	Privacy Amendment (Public Health Contact Information) Act 2020
	Loi sur les dossiers de santé électroniques sous contrôle personnel	Personally Controlled Electronic Health Records Act
	Loi sur la notification des violations des données	Notifiable Data Breaches Act
	Loi contenant l'amendement sur la vie privée (secteur privé)	Privacy Amendment (Privacy Sector) Act
	Projet de loi sur les droits de données des consommateurs	Customer Data Right Bill
	Directives de gestion de la sécurité des informations	Information Security Management Framework
	Loi sur la vie privée	Privacy Act
Barbade	Loi sur l'utilisation abusive des ordinateurs	Computer Misuse Act

Pays / Organisation	Titre français	Titre original
Papouasie-Nouvelle-Guinée Papouasie-Nouvelle-Guinée	Loi sur la cybercriminalité de 2016	Cybercrime Code Act 2016
Bahamas	Loi sur la protection des données (Confidentialité des informations personnelles)	Data Protection (Privacy of Personal Information) Act
Pakistan	Projet de loi sur la prévention de la criminalité électronique	Prevention of Electronic Crimes Bill
Paraguay	Loi sur la protection des données personnelles	Law for the Protection of Personal Data
Brésil	Protection des logiciels, des droits de propriété intellectuelle des produits logiciels et autres réglementations pertinentes	Protection of Software, Intellectual Property Rights of Software Products and Other Relevant Regulations
	Loi relative à la lutte contre la criminalité sur Internet	Crimes ciberneticos sob a egide da Lei 12.737/2012
	Loi générale sur la protection des données personnelles	Lei Geral de Prote9ao de Dados Pessoais
Bulgarie	Loi sur la protection des données personnelles	Personal Data Protection Act
	Loi sur l'accès à l'information publique	Access to Public Information Act
	Loi sur la protection des informations classées	Protection of Classified Information Act
Bénin	Code du numérique en République du Bénin	Loi n° 2017-20 portant code du numérique en République du Bénin

(*Continué*)

Pays / Organisation	Titre français	Titre original
Belgique	Loi relative à la protection de la vie privée à l'égard du traitement des données personnelles	Act of 8 December 1992 on the Protection of Privacy in Relation to the Processing of Personal Data
	Loi sur les caméras	The Act of 21 March 2018 modifying the act on the installation and use of cameras (Camera Act)
	Loi sur la vie privée	Act of 30 July 2018 on the protection of natural persons with regard to the processing of their personal data (« Privacy Act »)
Pérou	Loi sur la protection des données personnelles	Personal Data Protection Law
Islande	Loi sur la protection des données et le traitement des données personnelles	Act on Data Protection and the Processing of Personal Data
Pologne	Loi sur la protection des données personnelles	Act on the Protection of Personal Data
Botswana	Loi de protection des données	Data Protection Act
Burkina Faso	Loi sur la protection des données personnelles	Loi 010-2004/AN portant protection des données à caractère personnel
Danemark	Loi sur la protection des données au Danemark	Danish Data Protection Act
	Loi sur le traitement des données personnelles	Act on Processing of Personal Data
	Loi sur la réutilisation de l'information dans le secteur public	Act on the Reuse of Public Sector Information
	Deuxième loi sur l'adaptation et la mise en œuvre de la protection des données de l'UE	Second EU Data Protection Adaptation and Implementation Act

Pays / Organisation	Titre français	Titre original
Allemagne	Loi fédérale sur la protection des données	Bundesdatenschutzgesetz
	Loi sur la protection des données de la Land de Hesse	Hessisches Datenschutzgesetz
	Loi fédérale sur la protection des données	Federal Data Protection Act
	Loi sur la concurrence numérique	The 10th Amendment to the German Act Against Restraints of Competition – Focus on: Digital markets and ECN+ Directive
	Charte des droits fondamentaux du numérique de l'Union européenne	Charter of Digital Fundamental Rights of the European Union
	Loi sur les téléservices	Teleservices Act
	Loi sur la sécurité des technologies de l'information	IT Sicherheitsgesetz
Dubaï	Loi de protection des données	Data Protection Law (DIFC LAW No. 5 of 2020)
Togo	Loi sur la protection des données personnelles	Data Protection Law
ANASE	Cadre de gestion des données	ASEAN Data Management Framework
Les 10 pays de l'ANASE et la Chine, le Japon, la Corée du Sud, l'Australie et la Nouvelle-Zélande	Partenariat économique régional global (dispositions relatives aux données)	Regional Comprehensive Economic Partnership (RCEP)
	Loi sur la sécurité des infrastructures d'information critiques	The Federal Law On Security of Critical Russian Federation Information Infrastructure

(*Continué*)

Pays / Organisation	Titre français	Titre original
Russie	Loi sur l'information, les technologies de l'information et la protection de l'information	The Federal Law (No. 149-FZ of July 27, 2006) On Information, Informational Technologies and the Protection of Information
	Amendements à certains actes législatifs de la Fédération de Russie en ce qui concerne la clarification de la procédure de traitement des données personnelles sur Internet	Federal Law No. 242-FZ, On the Introduction of Amendments to Certain Legislative Acts of the Russian Federation with regard to the Clarification of the Procedure for the Processing of Personal Data in Data Telecommunications Networks
	Loi sur la réglementation technique	The Federal Law (No. 184 of 27.12.2002) on Technical Regulation
	Amendements à la Loi sur les communications et à la Loi sur l'information, les technologies de l'information et la protection de l'information de la Fédération de Russie	Федеральный закон от 01.05.2019 n 90-ФЗ "О внесении изменений в Федеральный закон" О связи "и Федеральный закон" Об информации, информационных технологиях и о защите информации
	Loi fédérale sur les données personnelles	Federal Law of 27 July 2006 No. 152-FZ on Personal Data
	Loi sur la localisation des données	Федеральный закон от 21 июля 2014 г N 242 ФЗ О внесении изменений в отдельные за
	Doctrines de sécurité de l'information	Доктрины информационной безопасности
	Nouvelle loi sur les blogueurs	Russia's New « Bloggers Law »
	Proposition de loi visant à lutter contre les contenus haineux sur internet	
	Loi n° 2018-493 du 20 juin 2018 relative à la protection des données personnelles	

Pays / Organisation	Titre français	Titre original
France	Loi n° 2004-801 du 6 août 2004 relative à la protection des personnes physiques à l'égard des traitements de données à caractère personnel	
	Loi relative à la protection des données personnelles	
	Loi pour une République numérique	Loi n° 2016-1321 du 7 octobre 2016 pour une République numérique
	Loi Informatique, fichiers et libertés	Loi n° 78-17 du 6 janvier 1978 relative à l'informatique, aux fichiers et aux libertés
	Loi n° 2019-759 du 24 juillet 2019 portant création d'une taxe sur les services numériques et modification de la trajectoire de baisse de l'impôt sur les sociétés	
Fidji	Loi sur la cybercriminalité de 2021	Cybercrime Act 2021
Philippines	Loi sur la confidentialité des données	Data Privacy Act
Union Africaine	Lignes directrices sur la protection des données à caractère personnel pour l'Afrique	Personal Data Protection Guidelines for Africa
	Convention de l'Union africaine sur la cybersécurité et la protection des données personnelles	African Union Convention on Cyber Security and Personal Data Protection
Finlande	Loi de protection des données	Data Protection Act
	Loi sur la protection des données personnelles	Personal Data Protection Act

(*Continué*)

Pays / Organisation	Titre français	Titre original
Colombie	Loi sur la protection des données personnelles (Loi n° 1581)	Personal Data Protection law 2012 (Law 1581/2012)
Costa Rica	Loi n° 8968 sur la protection de la personne à l'égard du traitement des données personnelles	Law No. 8968 on the Protection of the Person Concerning the Treatment of Personal Data
Grenade	Loi sur les transactions électroniques	Electronic Transaction Act
Corée du Sud	Loi sur la promotion de l'utilisation des réseaux d'information et de communication et la protection des données	Act on Promotion of Utilization of Information and Communication Network and Data Protection
	Loi sur la protection des informations personnelles	Personal Information Protection Act
	Loi sur la protection des renseignements personnels dans les organismes publics	공공기관 개인정보 보호법
	Règlement sur la sécurité des systèmes d'information et la protection de la confidentialité des informations personnelles	Regulations on Establishing Information System Security and Protecting Personal Information Privacy
	Loi fondamentale sur le robot	로봇기본법안
	Loi sur la protection et l'utilisation des informations de localisation	Act on the Protection, Use, etc. of Location Information
	Loi sur la promotion de l'industrie de la sécurité de l'information	정보보호산업의 진흥에 관한 법률
	Loi sur la promotion de l'industrie de la sécurité des communications	정보보호산업의진흥에관한법률

Pays / Organisation	Titre français	Titre original
	Loi sur l'utilisation et la protection des informations de crédit	Credit Information Use and Protection Act
	Loi sur le développement de l'informatique en nuage et la protection des utilisateurs	Act on the Development of Cloud Computing and Protection of its Users
	Loi sur la promotion de l'utilisation des réseaux d'information et de communication et la protection des données	Act on Promotion of Information and Communications Network Utilization and Information Protection
	Loi sur la promotion du développement et de la généralisation de robots intelligents	Intelligent Robots Development and Distribution Promotion Act
Pays-Bas	Loi sur les services de renseignement et de sécurité	Wet op de inlichtingen en veiligheidsdiensten
	Loi de protection des données	Data Protection Act
	Loi de 2020 sur la mise en œuvre de la Charte numérique	Digital Charter Implementation Act, 2020
	Renseignements sur les informations d'assurance-dépôts des compagnies d'assurance-dépôts	Deposit Insurance Corporation Deposit Insurance Information Regulations
	Règlement sur les demandes et les fournitures électroniques d'information (TPS/TVH)	Electronic Application and Provision of Information (GST/HST) Regulations
	Règlement sur les documents électroniques et l'information électronique	Electronic Documents and Electronic Information Regulations

(*Continué*)

Pays / Organisation	Titre français	Titre original
Canada	Loi sur la base de données sur les délinquants sexuels à haut risque	High Risk Child Sex Offender Database Act
	Loi sur la protection des informations personnelles et les documents électroniques	Personal Information Protection and Electronic Documents Act
	Règlement sur les informations de radiodiffusion	Broadcast Information Regulations
	Règlement sur la responsabilité maritime et la déclaration de renseignements	Maritime Liability and Information Return Regulations
	Règlement sur l'accès à l'information	Access to Information Regulations
	Loi du Canada sur la sécurité du partage de l'information	Security of Canada Information Sharing Act
	Règlement sur les informations de crédit de taxe sur les intrants (TPS/TVH)	Input Tax Credit Information (GST/HST) Regulations
	Charte numérique	Digital Charter
	Loi sur la confidentialité numérique	Digital Privacy Act
	Loi sur la sécurité de l'information	Security of Information Act
	Loi sur l'accès à l'information	Access to Information Act
	Règlement sur les informations relatives aux notes de crédit et aux notes de débit (TPS/TVH)	Credit Notes and Debit Memo Information (GST/HST) Regulations
	Règlement sur les informations relatives au crédit (sociétés d'assurance)	Credit Information (Insurance Company) Regulations
	Loi sur la protection de la vie privée	Privacy Act

Pays / Organisation	Titre français	Titre original
	Règlement sur l'examen des informations relatives aux substances dangereuses	Hazardous Materials Information Review Act
République tchèque	Loi sur la protection des données personnelles	Personal Data Protection Act
Zimbabwe	Loi sur le traitement des données personnelles	Personal Data Processing Act
	Loi sur l'accès à l'information et la protection de la vie privée	Access to Information and Protection of Privacy Act
Organisation de coopération et de développement économiques (OCDE)	Principes et Lignes directrices pour l'accès aux données de la recherche financée sur fonds publics	Principles and Guidelines for Access to Research Data from Public Funding
	Recommandation du Conseil concernant les Lignes directrices régissant la protection de la vie privée et les flux transfrontières de données de caractère personnel	Recommendation of the Council Concerning Guidelines Governing the Protection of Privacy and Transborder Flows of Personal Data
	Déclaration sur les flux transfrontières de données	Declaration on Trans-border Data Flows
	Lignes directrices de l'OCDE sur la protection de la vie privée et les flux transfrontières de données de caractère personnel	OECD Guidelines on the Protection of Privacy and Trans-border Flows of Personal Data
Qatar	Loi sur la vie privée et la protection des données personnelles	Law No. 13 of 2016 Concerning Privacy and Protection of Personal Data

(*Continué*)

Pays / Organisation	Titre français	Titre original
Croatie	Loi sur la protection des données personnelles	Personal Data Protection Act
Kenya	Projet de loi sur la protection des données du Kenya	Kenya Data Protection Bill of 2020
	Loi de protection des données	Data Protection Act of 2019
Lettonie	Loi sur la protection des données personnelles	Personal Data Protection Law
Laos	Loi sur la protection des données électroniques	Law on Electronic Data Protection
Lituanie	Loi sur la protection juridique des données personnelles	Law on the Legal Protection of Personal Data
	Principes directeurs concernant les fichiers personnels informatisés	Guidelines Concerning Computerized Personal Data Files
Nations Unies	Principes des Nations Unies pour la protection des données personnelles et le respect de la vie privée	Personal Data Protection and Privacy Principles
	Principes directeurs pour la réglementation des fichiers personnels informatisés	Guidelines for the Regulation of Computerized Personal Data Files
	Loi réglementant l'utilisation des données nominatives dans les traitements informatiques	Act Concerning Use of Nominal Data in Computer Processing
	Confidentialité, éthique et protection des données : Note d'orientation du GNUD concernant les mégadonnées à l'appui de la réalisation du Programme 2030	Data Privacy, Ethics and Protection: Guidance Note on Big Data for Achievement of the 2030 Agenda
Liechtenstein	Loi de protection des données	Datenschutzgesetz (DSG)

Pays / Organisation	Titre français	Titre original
Luxembourg	Dispositions spécifiques pour la protection de la personne à l'égard du traitement des données à caractère personnel dans le secteur des communications électroniques	Specific Provision for the Protection of Persons with Regard to the Processing of Personal Data in the Electronic Communications Act
	Cadre général de la protection des données	Act of 1 August 2018 on the Organisation of the National Data Protection Commission and the General Data Protection Framework
	Loi relative à la protection des personnes à l'égard du traitement des données à caractère personnel et à la libre circulation de ces données	Law No. 677/2001 on the Protection of Individuals with regard to the Processing of Personal Data and Free Movement of Such Data
	Loi relative à la protection des personnes à l'égard du traitement des données à caractère personnel	Law of 2 August 2002 on the Protection of Persons with Regard to the Processing of Personal Data
Roumanie	Loi portant création, organisation et fonctionnement de l'Autorité nationale de contrôle du traitement des données personnelles	Law No 102/2005 on the Setting Up, Organisation and Functioning of the National Supervisory Authority for Personal Data Processing
	Loi n° 190/2018 de Roumanie	Romanian Law No. 190/2018
	Loi de protection des données	Data Protection Act
Malte	Loi de protection des données	Data Protection Act
Malaisie	Loi sur la protection des données personnelles	Personal Data Protection Act
Maurice	Loi sur la cybersécurité de 2012	Cybersecurity Act of 2012

(*Continué*)

Pays / Organisation	Titre français	Titre original
	Loi de protection des données	Data Protection Act
	Loi pour des réseaux de communications sécurisés et fiables	Secure and Trusted Communications Networks Act
	Loi sur la protection de la vie privée en ligne des enfants	Children's Online Privacy Protection Act
	Loi type sur la sécurité des données d'assurance	Insurance Data Security Model Law
	Loi sur la protection des données aux frontières	Protecting Data at the Border Act
	Acte de clarification légale de l'utilisation de données à l'étranger	Clarifying Lawful Overseas Use of Data Act (« Cloud » Act)
	Loi sur l'application de la loi pénale et la dissuasion de l'utilisation abusive des appels téléphoniques automatisés	Telephone Robocall Abuse Criminal Enforcement and Deterrence Act
	Loi sur la protection des utilisateurs de téléphone	Telephone Consumer Protection Act
	Loi sur les communications par câble	Cable Communications Policy Act
	Loi sur le croisement des fichiers informatiques et la protection de la vie privée	Computer Matching and Privacy Protection Act
	Loi sur les télécommunications	Telecommunication Act
	Loi relative aux signatures électroniques	ESign Act
	La loi sur la confidentialité des communications électroniques	Electronic Communications Privacy Act
	Loi relative à la liberté de l'information électronique (amendement)	Electronic Freedom of Information Act (Amendment)

Pays / Organisation	Titre français	Titre original
	Loi sur la lutte contre les appels téléphoniques automatisés	Pallone-Thune Traced (Pallone-Thune Telephone Robocall Abuse Criminal Enforcement and Deterrence)
	Loi sur la lutte contre la propagande étrangère et la désinformation	Countering Foreign Propaganda and Disinformation Act
	Loi sur la confidentialité et la sécurité des données personnelles	Personal Data Privacy and Security Act
	Loi sur la sécurité des réseaux publics	Secure Public Networks Act
	Loi sur les renseignements relatifs au crédit	Fair Credit Reporting Act
	Loi sur la protection de l'information des infrastructures critiques	Critical Infrastructure Information Act
	Grande négociation sur la législation relative à la confidentialité des données	A Grand Bargain on Data Privacy Legislation For America
	Principes de la sphère de sécurité internationale	Safe Harbor Privacy Principles
	Loi sur la sécurité nationale et la protection des données personnelles	National Security and Personal Data Protection Act
	Projet d'ordre pour le rétablissement de la liberté d'Internet	Restoring Internet Freedom Order Draft
	Loi sur la non-discrimination en matière d'information génétique	Genetic Information Nondiscrimination Act
	Loi sur la fraude et les abus informatiques	Computer Fraud and Abuse Act

(*Continué*)

Pays / Organisation	Titre français	Titre original
États-Unis	Loi sur la protection du consommateur de Californie	California Consumer Privacy Act
	Loi sur le renforcement de la sécurité informatique (Amendement)	Computer Security Enhancement Act (Amendment)
	Loi sur la protection de la vie privée des conducteurs	Drivers Privacy Protection Act
	Règlement pour la mise en œuvre de la loi sur la protection du consommateur de Californie	California Consumer Privacy Act Regulation
	Loi sur les droits à la vie privée de Californie	California Privacy Rights Act
	Loi sur le droit à l'éducation familiale et à la protection de la vie privée	Family Educational Rights and Privacy Act
	Loi sur la transférabilité et la responsabilité de l'assurance maladie	Health Insurance Portability and Accountability Act
	Loi sur la modernisation des services financiers	Financial Services Modernization Act (Gramm-Leach-Bliley Act)
	Loi sur le droit à la confidentialité financière	Right to Financial Privacy Act
	Loi sur les données gouvernementales ouvertes	Open Government Data Act
	Directive pour un gouvernement ouvert	Open Government Directive
	Loi sur les données à large bande	Broadband Data Act
	Loi fédérale sur les renseignements relatifs au crédit	Fair Credit Reporting Act
	Loi fédérale sur la gestion de la sécurité de l'information	Federal Information Security Management Act

Pays / Organisation	Titre français	Titre original
	Loi portant modification de la Loi fédérale sur la sécurité de l'information	Federal Information Security Amendment Act
	Loi sur la protection de la vie privée en matière de documents vidéo	Video Privacy Protection Act
	Loi sur les technologies de reconnaissance faciale	Facial Recognition Technology Warrant Act
	Loi sur la confidentialité des informations biométriques	Biometric Information Privacy Act Illinois
	Règlement sur les courtiers de données	Vermont's Act 171 of 2018 Data Broker Regulation
	Cadre d'éthique des données (ébauche)	Data Ethics Framework (Draft)
	Loi sur la notification des violations des données	Data Security and Breach Notification Act
	Loi de 2018 sur la prévention et l'indemnisation des violations de données	Data Breach Prevention and Compensation Act of 2018
	Loi sur la confidentialité des données	Digital Accountability and Transparency to Advance Privacy Act or the Data Privacy Act
	Loi sur l'accès mondial au numérique de 2019	Digital Global Access Policy Act of 2019
	Cadre pour le renforcement de la cybersécurité des infrastructures critiques	Framework for Improving Critical Infrastructure Cybersecurity
	Loi sur la promotion de la capacité sans fil de pointe des États-Unis	Promoting United States Wireless Leadership Act
	Loi sur la surveillance du renseignement étranger (Amendement)	The Foreign Intelligence Surveillance Act (Amendment)

(*Continué*)

Pays / Organisation	Titre français	Titre original
	Décret sur le renforcement de la cybersécurité	Executive Order on Strengthening the Cybersecurity
	Loi sur le renforcement de la cybersécurité	Cyber Security Enhancement Act
	Cadre pour la sécurité des réseaux	Network Security Framework
	Loi sur la correction de la cybervulnérabilité	Cyber Vulnerability Remediation Act
	Loi sur le partage d'informations relatives à la cybersécurité	Cybersecurity Information Sharing Act
	Loi sur les rapports de cybervulnérabilité	Cyber Vulnerability Disclosure Reporting Act
	Loi sur le partage et la protection de la cyberintelligence	Cyber Intelligence Sharing and Protection Act
	Loi sur la neutralité du réseau	Network Neutrality Act
	Loi d'Ukraine sur la coopération en matière de cybersécurité	Ukraine Cybersecurity Cooperation Act of 2017
	Loi sur la collecte et la divulgation équitables des données relatives au COVID-19	Equitable Data Collection and Disclosure on COVID-19 Act
	Contrôles de sécurité et de confidentialité pour les systèmes et organisations d'information	Security and Privacy Controls for Information Systems and Organizations
	Loi sur la liberté de l'information	Freedom of Information Act
	Loi sur la protection des informations génétiques	Genetic Information Privacy Act
	Charte des droits sur la protection de la vie privée	Privacy Bill of Rights Act

Pays / Organisation	Titre français	Titre original
	Loi sur la protection de la vie privée en matière de documents vidéo	Video Privacy Protection Act
	Normes d'autorégulation pour la protection efficace de la vie privée	Self-discipline Norms for Effective Protection of Privacy
	Loi sur sécurité de la cyberdéfense active	Active Cyber Defense Certainty Act
	Loi sur la liberté	USA Freedom Act
	Décret présidentiel (Amendement) empêchant certains groupes de se livrer à des cyber-attaques malveillantes majeures	Blocking the Property of Certain Persons Engaging in Significant Malicious Cyber-Enabled Activities
	Loi sur l'amélioration de la cybersécurité de l'Internet des objets	Internet of Things Cybersecurity Improvement Act
Maroc	Loi n° 09-08 relative à la protection des personnes physiques à l'égard des traitements de données personnelles	Law No. 09-08 relating to protection of individuals with regard to the processing of personal data
Mexique	Loi fédérale sur la protection des données personnelles privées	Ley Federal de Protección de Datos Personales en Posesión de los Prticulares (Federal aw on the Protection of Personal Data Possessed by Private Persons)
	Loi de 2020 sur la protection des informations personnelles	Proclamation No. R21 of 2020 on the Commencement of Certain Sections of the Protection of Personal Information Act
	Loi de 2018 sur la protection des informations personnelles	Protection of Personal Information Act of 2018

(*Continué*)

Pays / Organisation	Titre français	Titre original
Afrique du Sud	Loi de 2013 sur la protection des informations personnelles	Protection of Personal Information Act of 2013
	Loi sur la protection du consommateur	Consumer Protection Act
	Loi sur la promotion de l'accès à l'information	Promotion of Access to Information Act
	Loi relative aux registres de données personnelles	Act Relating to Personal Data Registers
Communauté de développement d'Afrique australe	Loi type sur la protection des données	Model Data Protection Act
Nigéria	Loi sur les données personnelles de 2000	Personal Data Act of 2000
	Règlement nigérian sur la protection des données	Nigeria Data Protection Regulation (NDPR)
Norvège	Loi sur les données personnelles de 2018	Lov om behandling av personopplysninger (personopplysningsloven) Lov data of 2018
	Règlement sur les données personnelles	Personal Data Regulations
	Loi sur le traitement des données personnelles	Act Relating to the Processing of Personal Data
	Lignes directrices relatives au champ d'application territorial du RGPD	Guidelines for Extraterritorial Application of the GDPR
	Lignes directrices sur le traitement des données à caractère personnel dans le contexte des véhicules connectés	Guidelines for the Protection of Personal Data in the Internet of Vehicles

Pays / Organisation	Titre français	Titre original
	Décision-cadre relative aux attaques visant les systèmes d'information	Council Framework Decision 2005222 JHA of 24 February 2005 on Attacks Against Information Systems
	Directive sur le droit d'auteur dans le marché unique numérique	Directive on Copyright in the Digital Singles Market
	Directive concernant le traitement des données à caractère personnel et la protection de la vie privée dans le secteur des télécommunications	Telecom Industry Personal Data Processing and Privacy Protection Directive
	Directive vie privée et communications électroniques	Electronic Communication Data Protection Directive
	Proposition de règlement européen relatif aux preuves électroniques	EU e-Evidence Regulation
	Proposition de règlement « vie privée et communications électroniques »	Proposal for a Regulation of the European Parliament and of the Council Concerning the Respect for Private Life and the Protection of Personal Data in Electronic Communications and Repealing Directive 2002/58/EC (Regulation on Privacy and Electronic Communications)
	Cadre applicable au libre flux des données à caractère non personnel dans l'Union européenne	Framework for Free Flow of Nonpersonal Data

(*Continué*)

Pays / Organisation	Titre français	Titre original
	Règlement sur le libre flux des données à caractère non personnel	Regulation on the Free Flow of Nonpersonal Data
	Lignes directrices du CEPD portant sur l'évaluation du caractère proportionné des mesures limitant les droits fondamentaux à la vie privée et à la protection des données à caractère personnel	EDPS Guidelines on Assessing the Proportionality of Measures that Limit the Fundamental Rights to Privacy and to the Protection of Personal Data
	Lignes directrices sur la notification de violations de données à caractère personnel en vertu du règlement (UE) 2016/679	Guidelines on Personal Data Breach Notification under Regulation 2016/679
	Une meilleure protection et de nouvelles perspectives – Orientations de la Commission relatives à l'application directe du règlement général sur la protection des données	EU Stronger Protection, New Opportunities: Commission Guidance on the Direct Application of the General Data Protection Regulation
	Lignes directrices pour les transferts de données à caractère personnel entre les autorités et organismes publics établis dans l'EEE et ceux établis hors de l'EEE	Guidelines 2/2020 on Articles 46 (2) (a) and 46(3)(b) of Regulation 2016/679 for Transfers of Personal Data between EEA and Non-EEA Public Authorities and Bodies
	Lignes directrices sur les critères du droit à l'oubli au titre du RGPD dans le cas des moteurs de recherche	Guidelines on the Right to be Forgotten in Search Engine Cases under the GDPR

Pays / Organisation	Titre français	Titre original
	Directive sur la conservation de données générées ou traitées dans le cadre de la fourniture de services de communications électroniques accessibles au public ou de réseaux publics de communications	Directive 2006_24_EC on the Retention of Data Generated or Processed in Connection
	Recommandations sur les mesures qui complètent les instruments de transfert destinés à garantir le respect du niveau de protection des données à caractère personnel de l'UE	Recommendations 01/2020 on Measures that Supplement Transfer Tools to Ensure Compliance with the EU Level of Protection of Personal Data Adopted on 10 November 2020
	Directive 2002/58/CE concernant le traitement des données à caractère personnel et la protection de la vie privée dans le secteur des communications électroniques (directive vie privée et communications électroniques)	2002/58/EC Directive on Privacy and Electronic Communications Concerning the Processing of Personal Data and the Protection of Privacy in the Electronic Communications Sector
	Convention pour la protection des personnes à l'égard du traitement automatisé des données à caractère personnel, concernant les autorités de contrôle et les flux transfrontières de données	Convention for the Protection of Individuals with Regard to Automatic Processing of Personal Data

(*Continué*)

Pays / Organisation	Titre français	Titre original
Union européenne	Recommandation sur le traitement invisible et automatique des données à caractère personnel sur l'Internet effectué par des moyens logiciels et matériels	Recommendation 1/99 on Invisible and Automatic Processing of Personal Data on the Internet Performed by Software and Hardware
	Règlement instituant l'Agence européenne chargée de la sécurité des réseaux et de l'information	Regulation (EC) No 460_2004 of European Net-work and Information Security Agency
	Lignes directrices sur le traitement des données à caractère personnel par des dispositifs vidéo	Guidelines 3/2019 on Processing of Personal Data Through Video Devices
	Directive du Parlement européen et du Conseil relative à la protection des personnes physiques à l'égard du traitement des données à caractère personnel et à la libre circulation de ces données	Regulations Regarding the Protection of Individuals Related to the Processing of Personal Data by the European Community and Organizations and the Free Flow of Such Data
	Directive pour la protection des personnes à l'égard de la collecte et du traitement des données à caractère personnel sur l'autoroute de l'information	Guidelines for the Protection of Individuals with Regard to the Collections and Processing on the Information Highway
	Lignes directrices relatives à la prise de décision individuelle automatisée et au profilage aux fins du règlement (UE) 2016/679	Guidance on Automated Individual Decision-making and Profiling for the Purposes of Regulation
	Principes généraux pour la protection de la vie privée sur Internet	General Principles for the Protection of Privacy on the Internet

Pays / Organisation	Titre français	Titre original
	Convention sur la cybercriminalité	Convention on Cybercrime
	Directive concernant le recensement et la désignation des infrastructures critiques européennes ainsi que l'évaluation de la nécessité d'améliorer leur protection	Council Directive 2008_114_EC European Critical Infrastructures
	Rapport contenant des recommandations à la Commission concernant des règles de droit civil sur la robotique	Draft Report with Recommendations to the Commission on Civil Law Rules on Robotics
	Charte des droits fondamentaux de l'Union européenne	Charter of Fundamental Rights of the European Union
	Guide sur le transfert international de données transfrontières	Guidance on Cross-Border International Data Transfer
	Proposition de règlement sur la gouvernance européenne des données (acte sur la gouvernance des données)	Proposal for a regulation of the European Parliament and of the Council on the European data governance (Data Governance Act)
	Directive 95/46/CE du Parlement européen et du Conseil, du 24 octobre 1995, relative à la protection des personnes physiques à l'égard du traitement des données à caractère personnel et à la libre circulation de ces données	Directive 95/46/EC of the European Parliament and of the Council of 24 October 1995 on the Protection of Individuals with Regard to the Processing of Personal Data and on the Free Movement of Such Data

(*Continué*)

Pays / Organisation	Titre français	Titre original
	Directive 2006/24/CE du Parlement européen et du Conseil du 15 mars 2006 sur la conservation de données générées ou traitées dans le cadre de la fourniture de services de communications électroniques accessibles au public ou de réseaux publics de communications, et modifiant la directive 2002/58/CE	Directive 2006/24/EC of the European Parliament and of the Council of 15 March 2006 on the Retention of Data Generated or Processed in Connection with the Provision of Publicly Available Electronic Communications Services of Public Communication Networks and Amending Directive
	Charte des droits fondamentaux dans le contexte de l'intelligence artificielle (IA) et du changement numérique	Chapter of Fundamental Rights in the Context of Artificial Intelligence and Digital Change
	Directive 95/46/CE sur la protection des données personnelles	Directive 95/46/EC on Data Protection
	Lignes directrices 07/2020 sur les notions de responsable de traitement et de sous-traitant dans le RGPD	Guidelines on the Concepts of "Controller" and "Processor" under the GDPR
	Législation sur les services numériques	Digital Services Act
	Législation sur les marchés numériques	Digital Markets Act
	Lignes directrices 4/2019 relatives à l'article 25 Protection des données dès la conception et protection des données par défaut	Guidelines for Application of Data Protection by Design and Default

Pays / Organisation	Titre français	Titre original
	Directive pour la protection des personnes à l'égard de la collecte et du traitement des données à caractère personnel sur l'autoroute de l'information	Guidelines for the Protection of Individuals with Regard to the Collection and Processing Of Personal Data on Information Highways
	Règlement général sur la protection des données (RGPD)	General Data Protection Regulation (GDPR)
	Lignes directrices sur le consentement en vertu du RGPD	Guidelines on Consent under the GDPR
	Lignes directrices sur la transparence en vertu du RGPD	Guidelines on Transparency under the GDPR
	Proposition de règlement « vie privée et communications électroniques »	Proposal for a Regulation on Privacy and Electronic Communications
	Premier rapport annuel sur le fonctionnement du bouclier de protection des données UE-États-Unis	First Annual Review of the Functioning of the EU-U.S. Privacy Shield
	Lignes directrices sur le ciblage des utilisateurs de médias sociaux	Guidelines on the Targeting of Social Media Users
	Applications mobiles à l'appui de la recherche des contacts COVID-19	Mobile Applications in Support of Contact Tracing for COVID-19

(*Continué*)

Pays / Organisation	Titre français	Titre original
	Directive 2016/680 relative à la protection des données dans les domaines de la coopération policière et judiciaire en matière pénale	Data Protection Directive (EU) 2016/680 for Police and Criminal Justice Authorities
	Rapport sur évaluation coordonnée des risques au niveau de l'Union associés aux réseaux 5G	EU Coordinated Risk Assessment of the Cybersecurity of 5G Networks
Conseil de l'Europe	Convention pour la protection des personnes à l'égard du traitement automatisé des données à caractère personnel	Convention for the Protection of Individuals with regard to Automatic Processing of Personal Data
	Directive sur le traitement des données à caractère personnel et la protection de la vie privée dans le secteur des communications électroniques	Directive 2002/58/EC of the European Parliament and of the Council of 12 July 2002 Concerning the Processing of Personal Data and the Protection of Privacy in the Electronic Communications Sector
Parlement européen	Directive sur la protection des données à caractère personnel traitées dans le cadre de la coopération policière et judiciaire en matière pénale	EU data protection in police and judicial cooperation matters: Rights of suspects and defendants under attack by law enforcement demands
	Directive sur la sécurité des réseaux et des systèmes d'information	Network and Information Security Directive
UE–États-Unis	Cadre de la sphère de sécurité	Safe Harbor Agreement Framework
	Cadre du bouclier vie privée UE–États-Unis	Privacy Shield Framwork
	Principes du cadre du bouclier vie privée UE–États-Unis	EU–US Privacy Shield Framework Principles
Portugal	Loi sur la protection des données personnelles	Lei no 58/2019– Lei de execução do RGPD

Pays / Organisation	Titre français	Titre original
Japon	Règles de gestion pour la protection des données informatisées	電子計算機処理に係るデータ保護管理規程
	Stratégie d'ouverture des données de l'administration électronique	電子行政オープンデータ戦略
	Loi concernant la protection des informations personnelles détenues par les institutions administratives indépendantes	独立行政法人等の保有する個人情報の保護に関する法律
	Loi fondamentale pour la formation d'une société de réseaux d'information avancée	高度情報通信ネットワーク社会形成基本法
	Loi sur la protection des informations personnelles	個人情報の保護に関する法律
	Loi fondamentale sur la promotion de l'utilisation des données publiques-privées	官民データ活用推進基本法
	Programme de la législation de base sur la protection des informations personnelles	個人情報保護基本法制に関する大綱
	Lignes directrices sur la protection des informations personnelles dans le secteur civil	行政機関の保有する個人情報の保護に関する法律
	Loi concernant l'interdiction de l'accès non autorisé à l'information	不正アクセス行為の禁止等に関する法律
	Loi sur l'interception des communications pour enquête pénale	犯罪捜査のための通信傍受に関する法律

(*Continué*)

Pays / Organisation	Titre français	Titre original
	Loi fondamentale sur la cybersécurité	サイバーセキュリティ基本法
	Loi sur la protection des informations personnelles détenues par les organes administratifs	Act on the Protection of Personal Information Held by Administrative Organs
	Loi concernant la protection des informations personnelles détenues par les institutions administratives	行政機関の保有する個人情報の保護に関する法律
	Principes de base pour les infrastructures d'information et de communication	高度情報通信社会に向けた基本方針
	Loi sur la protection des données personnelles informatisées détenues par les organes administratifs	行政機関の保有する個人情報の保護に関する法律
Suède	Loi relative aux données pénales	Criminal Data Act
	Loi relative aux données personnelles (Amendement)	Personal Data Act Amendment
	Loi relative aux données	Data Act
Suisse	Loi fédérale sur la protection des données	Federal Act on Data Protection
Serbie	Loi sur la protection des données personnelles	Law on Personal Data Protection
Sénégal	Loi sur les données personnelles	Personal Data Act
	Loi sur la protection des données à caractère personnel	Loi n°2008-12 sur la protection des données à caractère personnel
	Loi sur le traitement des données personnelles	Processing of Personal Data Law

Pays / Organisation	Titre français	Titre original
	Cadre stratégique pour l'utilisation responsable de la technologie de reconnaissance faciale	Policy Framework for the Responsible Use of Face Recognition Technology
Chypre	Loi relative à la protection des personnes à l'égard du traitement des données à caractère personnel et à la libre circulation de ces données	Law 2015(I) of 2018 Providing for the Protection of Natural Persons with regard to the Processing of Personal Data and for the Free Movement of Such Data
Forum économique mondial	Feuille de route pour les flux transfrontières de données	A Roadmap for Cross Border Data Flows: Future-Proofing Readiness and Cooperation in the New Data Economy
Slovaquie	Traité sur les interprétations et exécutions et les phonogrammes	Performances and Phonograms Treaty
	Loi sur la protection des données personnelles et modifiant et complétant certaines lois	Act 18/2017 on Personal Data Protection and Amendment and Supplementing Certain Acts
	Loi sur la protection des données personnelles dans les systèmes d'information	Act on Protection of Personal Data in Information System
Slovénie	Loi sur la protection des données à caractère personnel	Personal Data Protection Act
Thaïlande	Loi sur la protection des données à caractère personnel	Personal Data Protection Act
	Loi relative à l'information officielle	Official Information Act
	Loi sur la cybersécurité en Thaïlande	Thailand Cybersecurity Act
Tunisie	Loi de protection des données	Data Protection Act

(*Continué*)

Pays / Organisation	Titre français	Titre original
Turkménistan	Loi relative à l'information sur la vie privée et à sa protection	The Law of Turkmenistan No. 519-V on Information about Private Life and its Protection
Ouganda	Projet de loi sur la protection des données et la vie privée	Data Protection and Privacy Bill
	Loi sur la protection des données et la vie privée	Data Protection and Privacy Act
Uruguay	Loi sur la protection des données à caractère personnel	Protection of Personal Data (Act 18.331/2008)
	Décret n° 64/2020 de l'Uruguay	Decreto N° 64/020
Ouzbékistan	Loi sur les données personnelles	Personal Data Law
Espagne	Loi sur la protection des données à caractère personnel	Ley Organica 3/2018, de 5 de Diciembre, de Proteccion de Datos Personales y Garantia de los Derechos Digitales
	Lignes directrices sur l'utilisation des cookies	Cookie Usage Guidelines
CEDEAO	Loi complémentaire relative à la protection des données personnelles	Supplementary Act A/SA.1/01/10 on Personal Data Protection
Grèce	Protection des données personnelles et dispositions relatives à la mise en œuvre du RGPD	Protection of Personal Data and Measures for Implementation of the GDPR(Law 4624/2019)
Singapour	Rapport de consultation publique sur le projet de loi sur la cybersécurité	Report on Public Consultation on the Draft Cybersecurity Bill
	Cadre pour un partage de données de confiances	Trusted Data Sharing Framework
	Directives sur la protection des informations d'identité	Identity Information Protection Guidelines

Pays / Organisation	Titre français	Titre original
	Guide pour le développement d'un programme de gestion de la protection des données	Guide to Development a Data Protection Management Program
Singapour	Guide des évaluations d'impact sur la protection des données	Guide to Data Protection Impact Assessments
	Loi modèle sur la protection des données dans le secteur privé	Model Data Protection Code For The Private Sector
	Stratégie de cybersécurité	Cybersecurity Strategy
	Loi sur la protection des données à caractère personnel	Personal Data Protection Act
	Loi sur la cybersécurité	Cybersecurity Law
	Code de pratique en matière de cybersécurité pour les infrastructures d'information critiques	Cybersecurity Code of Practice for Critical Information Infrastructure
Nouvelle-Zélande	Loi sur la vie privée	Privacy Act
	Charte d'algorithme	Algorithm charter for Aotearoa New Zealand
Hongrie	Loi sur la protection des données personnelles et la divulgation des données d'intérêt public	Law on the Protection of Personal Data and the Disclosure of Data of Public Interest
	Loi sur le droit à l'autodétermination informationnelle et la liberté d'information	Act on Informational Self Determination and Freedom of Information
APEC	Cadre de protection de la vie privée de l'APEC	APEC Privacy Framework
	Règles de confidentialité transfrontalières de l'APEC	APEC Cross Border Privacy Rules

(*Continué*)

Pays / Organisation	Titre français	Titre original
Iran	Projet de loi sur la protection et la sauvegarde des données personnelles	Personal Data Protection and Safeguarding Draft Act
Israël	Loi sur la protection de la vie privée	Privacy Protection Law
Italie	Code de protection des données personnelles	Personal Data Protection Code
	Décret sur la cybersécurité nationale	Decreto-Legge 21 settembre 2019, n.105
Inde	Règles sur la technologie de l'information (Pratiques et procédures de sécurité raisonnables relatives aux données ou informations personnelles sensibles)	Information Technology (Reasonable Security Practices and Procedures and Sensitive Personal Data or Information) Rules
	Projet de cadre de gouvernance des données non personnelles	Non-Personal Data Governance Framework (Draft)
	Livre blanc sur la protection des données	White Paper on Data Protection
	Loi sur les technologies de l'information	Information Technology Act
	Loi sur le droit à l'information	Right to Information Act of 2005
	Loi sur la liberté de l'information de 2002	Freedom of Information Act of 2002
	Projet de loi sur la protection des données personnelles	Personal Data Protection Bill (Draft)
	Règlement sur l'administration des sociétés d'information sur le crédit	Regulations on the Administration of Credit Information Companies 2005

Pays / Organisation	Titre français	Titre original
Indonésie	Projet de loi sur la protection des données personnelles	Personal Data Protection Bill (Draft)
	Systèmes électroniques et opérations de transaction Règlement du gouvernement 82/2012	Electronic System and Transaction Operation Government Regulation 82/2012
	Loi sur l'information et les transactions électroniques	Law No. 11 of 2008 on Electronic information and transactions
Royaume-Uni	Loi sur la liberté de l'information de 2000	Freedom of Information Act of 2000
	Loi sur la protection des données de 2018	Data Protection Act of 2018
	Code de pratique pour la protection de la vie privée en ligne des enfants	Code of Practice for Protecting Children's Online Privacy
	Loi sur les communications électroniques	Electronic Communication Act
	Ordonnance sur la protection des données (également appelé « Code de pratique pour la protection des données »)	Data Protection (Designated Codes of Practice) (No. 2) Order
	Sécurité des réseaux et des systèmes d'information (consultation du public)	Security of Network and Information Systems (Public Consultation)
	Loi sur les secrets officiels du Royaume-Uni	United Kingdom's Official Secrets Act
	Loi sur l'utilisation abusive des ordinateurs	Computer Misuse Act
	Directives sur l'intelligence artificielle et la protection des données	Guidance on AI and Data Protection
	Guide des évaluations d'impact sur la protection des données (projet)	ICO GDPR Guidance Data Protection Impact Assessments (Draft)

(*Continué*)

Pays / Organisation	Titre français	Titre original
	Code de pratique pour le partage de données	Data Sharing Code of Practice
	Lignes directrices pour le traitement des données de catégorie spéciale	Lawful Basis for processing Special Category Data
	Règlement sur l'acquisition des données de communication	Communications Data Acquisition Regulations
	Guide du Règlement général sur la protection des données	Guide to the General Data Protection Regulation
	Loi de protection des données	Data Protection Act
Vietnam	Loi sur la cybersécurité	Cyber Security Law
Iran	Projet de loi sur la protection et la sauvegarde des données personnelles	Personal Data Protection and Safeguarding Draft Act
Zambie	Loi sur les communications et les transactions électroniques	Electronic Communications and Transactions Act
	Loi sur les technologies de l'information et de la communication	Information and Communication Technologies Act
Chili	Loi sur la protection de la vie privée	Law for the Protection of Private Life

Terminologie

www.ingramcontent.com/pod-product-compliance
Ingram Content Group UK Ltd.
Pitfield, Milton Keynes, MK11 3LW, UK
UKHW021857290926
8980IPUK00005B/882